Human Resource Management

21世纪高等院校人力资源管理专业教材新系

（第四版）

人事测评理论与方法

Personnel Assessment Theories and Methods

唐宁玉 主 编

李效云 单茂洪 章震宇 黄秋风 副主编

东北财经大学出版社
Dongbei University of Finance & Economics Press
大连

图书在版编目（CIP）数据

人事测评理论与方法 / 唐宁玉主编. —4版. —大连：东北财经大学出版社，2016.9（2024.8重印）
（21世纪高等院校人力资源管理专业教材新系）
ISBN 978-7-5654-2471-7

Ⅰ.人… Ⅱ.唐… Ⅲ.企业管理-人事管理-人员测评-高等学校-教材 Ⅳ.F272.92

中国版本图书馆CIP数据核字（2016）第199667号

东北财经大学出版社出版
（大连市黑石礁尖山街217号 邮政编码 116025）
网 址：http://www.dufep.cn
读者信箱：dufep@dufe.edu.cn
大连东泰彩印技术开发有限公司印刷 东北财经大学出版社发行

幅面尺寸：170mm×240mm 字数：446千字 印张：21.75
2016年9月第4版 2024年8月第24次印刷
责任编辑：李 彬 王芃南 吴 茜 责任校对：贺 欣
封面设计：张智波 版式设计：钟福建

定价：36.00元

教学支持 售后服务 联系电话：（0411）84710309

如有印装质量问题，请联系营销部：（0411）84710711

新世纪人力资源管理的思考（代序）

跨入新世纪，经济全球化、技术进步和消费者地位的提升等使得企业的外部经营环境变化越来越快。很多企业管理的研究者与实践者都有一个共识：不确定性是企业所面临的新竞争环境的主要特征。以不确定性为特征的竞争环境向企业提出了新的挑战，企业如何应对这一挑战呢？企业管理的研究者和实践者不约而同地将目光投向了人力资源。例如，核心能力理论认为，企业在本质上是一个能力体系，能力是能够为人们共同感受到的智力资本，它包括人力资本、结构资本和顾客资本。组织变革理论认为，有效的沟通是一种重要的组织资源，组织内群体之间、个体之间以及群体与个体之间能否有效地整合和分享有价值的信息与知识是衡量组织有效性的标准，从而将研究的焦点指向了组织内的人。而以资源为基础的企业理论则认为，传统的竞争优势来源（如技术、财务资源的获得）已不再能以稀缺的、不可模仿的和不可替代的方式为企业创造价值。因为人力资源的价值创造过程具有路径依赖和因果关系模糊的特征，其细微之处竞争对手难以模仿，所以，企业的人力资源将是持久竞争优势的重要来源，有效地管理人力资本，而不是物质资本，将是企业绩效的最终决定因素等。尽管不同的理论对“什么是人力资源”有着不同的解释，其殊途同归的根本原因却在于“人是企业能对自身进行变革以适应环境变化的唯一动力”。在企业系统中，人具有其他要素所没有的特性——自我变革与自我发展的能力，即也只有人，才能够对企业的构成要素以及要素之间的关系进行调整。可见，当企业与环境间的平衡被打破时，必须借助于人的力量，才能重新达成企业与环境间的适配。因此，面对不确定性的竞争环境，企业管理的研究者和实践者都只能从人——这个企业自身变革的唯一动力源上，来试图找出有效的对策。从这一认识出发，可以毫无疑问地断言，人力资源成为企业管理研究与实践的热点和核心是一种历史的必然。

然而，“人力资源”并不等同于“人力资源管理”，正如一位首席执行官在回答记者提问时所说：“如果你是指小写的hr（指人力资源），那么我认为其是企业成功的关键；如果你是指大写的HR（指人力资源部或人力资源管理实践），那我就并不这么认为了。”这表明人力资源管理在实践中并没有受到重视。为什么人力资源管理并没有在实践中发挥应有的作用呢？我们知道，人力资源管理在本质上是人力资源能够被开发的工具。企业管理者们可以运用人力资源管理实践，如人力资源规划、招聘与挑选、培训与开发、绩效管理与评估、薪酬制度管理等，来吸引、确认和保留高质量的人力资源。企业在获得高质量的人力资源之后，人力资源管理的下一个目标是鼓励人们表现出支持企业利益的行为。因为人力资源对企业持续竞争优势来说只是一个必要条件，而不是一个充分条件。人力资源潜力的实现，在一定程度上是由于人们通过表现出特定的行为而允许企业从中获益。因此，人力资源管理是人力资源和企业绩效关系的中间变量。人力资源仅仅在与正确的人力资源管理实践——通过诱发员工行为产生优势的实践——相结合时，才是有效的，即拥有正确的人力资源管理是人力资源效率最大化的必要条件。这种中间变量角色在一定程度上也解释了为什么许多企业强调人力资源的重要性，而只有极少的企业能够开发出作为竞争优势之源的人力资源。

现实中人力资源管理没有能够发挥出应有的作用通常在于人们对于人力资源管理角色的错误定位。人们依然按照传统人事管理的观念将企业人力资源管理看成“成本中心”，而在新经济条件下企业人力资源管理应该成为企业的“利润中心”。要实现人力资源管理从成本中心向利润中心的转变，企业对人力资源管理的定位应该实现如下的转变：

首先，人力资源管理部门必须转变其思想观念，从注重“人力资源管理做什么”转变为关心“人力资源管理的产出是什么”，从解决“企业经营运作过程中的人的问题”转变为解决“与人有关的企业经营运作问题”。

其次，人力资源管理者必须从传统的职能专家向战略伙伴、员工支持者转变。其中，战略伙伴角色主要集中于把人力资源的战略和行为与经营战略结合起来。在这一角色中，人力资源管理以战略伙伴的面目出现，通过提高组织实施战略的能力来帮助保证经营战略的成功。员工的支持者角色意味着人力资源管理需要帮助维持员工和企业之间的心理契约，把精力投入到员工日常关心的问题和需求上，积极地倾听、积极地反应，并向员工提供为满足他们不断变化的要求所需的资源，创造一个学习的氛围和环境，让企业员工置身于其中，激发出一种自然的学习动力和工作成就感。

最后，人力资源管理必须掌握新的技能：掌握业务，掌握人力资源、个人信誉和掌握变革。掌握业务要求人力资源管理成为企业核心经营管理的一部分，了解并参与基本的业务活动，具备强烈的战略业务导向。掌握人力资源是指人力资源管理要确保基本的管理和实践相互协调，并担当起行政职能。个人信誉是指人力资源管理者应具备良好的人际影响能力、问题解决能力和创新能力。掌握变革要求人力资源管理者应懂得如何领导企业变革与重组。很显然这四种新技能是与人力资源管理的新角色一一对应的。

人力资源管理任重而道远。相对于肩上的千斤重担，这门年轻的学科显得十分稚嫩，迫切地需要企业管理研究者和实践者们辛勤地培育。东北财经大学出版社的这套丛书从不同的层面、不同的视角对人力资源管理领域内的不同问题作了全面、系统和深入的探讨，对推动人力资源管理的理论发展，提高人力资源管理的实践水平，无疑是雪中送炭。这套丛书与20世纪90年代以来陆续引进和出版的人力资源管理教材不同，其具有两个显著的特征：一是先进性，这套丛书紧跟时代步伐，汇集了人力资源管理的最新观点、内容、原理和方法；二是适用性，这套丛书以培养能力为目标，吸收了国外教材的众多优点，特别适合于企业管理专业和人力资源管理专业的本科生、硕士研究生、教师以及人力资源经理们使用。总之，这套丛书是国内不可多得的优秀人力资源管理教材。十分感谢东北财经大学出版社给我这套丛书先睹为快的机会，读书偶感，权且为这套丛书的出版作贺。

赵曙明

于南京大学

第四版前言

为全面实施习近平总书记在党的二十大报告中强调的科教兴国战略，全面贯彻党的教育方针，落实立德树人的根本任务，加强教材建设和管理，针对本教材进行修订，并第四次出版。

本书第一版于2002年出版、第二版于2006年出版、第三版于2011年出版后，承蒙高校同行和众多读者厚爱，已在全国多所高校人力资源管理专业和其他相关专业中使用，得到诸多积极反馈，并在2004年获得国家人事部全国第四次人事科研成果三等奖、2010年获得东北财经大学出版社畅销教材奖。

第四版是根据人事测评理论和实践的近期发展，并在同行和读者反馈的基础上，对第三版进行修订而成。比较大的修订内容如下：

第1章：对案例进行了更新，增加了人事测评中存在的公平性、准确性和效率性问题。

第2章：新增“人事测评理论基础”，对匹配理论进行了阐述。

第4章：新增了一些近年来得到广泛使用的测验，如情绪智力测验、文化智力测验、主动性人格测验；对由美国教育研究协会、美国心理学会以及教育测量国家委员会共同发布的2014年版的“教育和心理测验标准（Standards for Educational and Psychological Testing）”指导手册进行了介绍。

第5章：对面试中存在的不足进行了补充；在“面试准备”中新增了面试者被问问题的准备；对非结构化面试进行了补充，增加了面试评价的相关理论模型。

第6章：新增了评价中心与其他测评方法的比较，增加了对评价中心方法优点的阐述。

第7章：对基于胜任力的绩效评估体系内容进行了补充。

第10章：在“准则关联效度”的内容中新增了元分析方法。

第12章：在“网络测评的主要方法”中新增互联网行为痕迹的人事测评，以更好地反映当前技术发展对人事测评的影响。

另外，在每章新增一些较新的补充阅读文献或相关研究结论，对一些文字或不够精确的地方进行了改正。

我们在进行每一次的补充和修改时，都希望本书能更好地体现当前人事测评的特点和趋势。和第三版一样，第四版将配备供本科教学使用的教学演示文件以及供研究生学习人事测评使用的教学大纲和文献清单，希望给各位从事人事测评课程教学的同仁提供便利，如有需要可以直接和作者联系。在第四版的修订中，我和我的博士生黄秋风进行了全部的修订工作。

有句谚语说：There is always a room for improvement。我们始终希望新版可以在旧版的基础上有所改进和提高。本书的进步和许多专家、学者、同仁、朋友、学生等诸多读者的支持密不可分，恳切希望大家继续关注本书，并不吝给出你们的宝贵建议。我们也将不忘初心，继续努力。再次感谢东北财经大学出版社李彬、王芃南等编辑对我的无比耐心和辛勤工作，使得本书可以不断得以更新。

唐宁玉

如对本书有任何疑问，请和唐宁玉联系。

联系邮箱地址：nytang@mail.sjtu.edu.cn

第三版前言

本书第一版于2002年出版、第二版于2006年出版后，承蒙同行和读者厚爱，已在全国多所高校的人力资源管理专业和其他相关专业中使用，得到诸多积极反馈，并在2004年获得国家人事部全国第四次人事科研成果三等奖、2010年获得东北财经大学出版社畅销教材奖。

第三版在前两版的基础上，根据国内外最新的研究成果和读者反馈，主要进行了以下几个方面的改进：一是内容，这是本次修订的主要也是最重要的工作。在本次修订中，对人事测评的方法（如面试、心理测验、评价中心、绩效评估等方面）进行了补充。在“面试”章节中，对行为面试和情景面试的理论基础和方法选择进行了补充，加深了对这两类面试的探讨；在“心理测验”中，补充了大五人格和工作绩效之间关系的中国研究证据；在“评价中心”一章中，对评价中心常见错误进行了阐述，更为全面地反映评价中心中可能出现的问题以及该如何克服；在“绩效评估”中，对绩效的界定进行了补充，说明作为准则的绩效的常见分类和测评指标，并对最大化绩效和典型绩效进行了解释；此外，在“效度”一章中，对范围限制进行了更为详细的介绍，指出其对效度的影响。除了在这些章节的主体内容上有所增加外，还对一些案例进行了更新和增加，并补充了相关文献和阅读材料。二是文字，根据可读性对全书的文字描述进行了调整和改进。三是结构，对部分章节的结构进行了调整，如评价中心章节。

总的来说，这些内容方面的补充和修改将使本书在前两版的基础上，更为全面，更体现目前人事测评的一些特点和趋势。此外，本书第三版将配备供本科教学使用的教学演示文件以及供研究生学习人事测评使用的教学大纲和文献清单，以希望给各位从事人事测评课程教学的同行提供便利，如有需要可以直接和作者联系。在第三版的修订中，唐宁玉博士进行了全部的修订工作。

在繁忙的教学科研之余，修订本书所花的时间超出了预期，且不断被各类工作打断。但我们总是希望新版可以在旧版的基础上有所改进和提高。本书的进步和许多专家、学者、同仁、朋友、学生、读者的支持是分不开的，恳切期待大家继续关注本书，并不吝给出您的宝贵建议。学无止境，唯有继续努力。同时，作者再次感谢东北财经大学出版社的李彬等编辑的辛勤工作。

唐宁玉

2011年9月29日修订于上海

如对本书有任何疑问，请和唐宁玉联系。

联系邮箱地址：nytang@mail.sjtu.edu.cn

第二版前言

本书第一版于2002年出版后，承蒙同行和读者厚爱，已在多所高校的人力资源管理专业和其他相关专业中使用，得到诸多积极反馈，并在2004年获得国家人事部全国第四次人事科研成果三等奖。

第二版在第一版的基础上，根据国内外最新的研究成果，对有关章节进行了补充和修改。具体为，第1章对我国人事测评发展的阶段进行了补充；第2章对人事测评的一些基本概念进行了介绍和补充；第3章对基于胜任力的指标设定方法进行了更为详细的说明，并比较了工作分析和胜任力方法的异同；第4章增加了对大五人格测验的介绍；第5章对目前常用的几种面试方法进行了更为详细的介绍；第6章对评价和发展中心的新近发展和未来趋势进行了补充和介绍；第7章对绩效评估方法的最近发展有所更新，增加了关键业绩指标方法的内容；第10章补充了不同测验的效度的元分析所得到的结果。除了在这些章节的主体内容上有所增加外，还对一些案例进行了更新和增加，并补充了一些相关阅读材料。总体来说，这些内容的补充和修改将使本书在第一版的基础上，更为全面、更体现出目前人事测评的一些特点和趋势。此外，本书第二版配备了教学课件的网络电子版本，以希望给各位从事人事测评课程教学的同行提供便利。在第二版的修订中，唐宁玉和李效云博士做了主要工作。

在从事人力资源管理教学与科研中，深感学术永无止境，所以尽管我们努力使第二版可以在第一版的基础上更为完善，但仍有不足。恳切期待各位专家、同仁和读者继续关注本书，并不吝给出你们的宝贵建议。本书的进步和读者的支持是分不开的，同时，作者再次感谢东北财经大学出版社的大力支持。

唐宁玉

2006年5月1日修订于美国哥伦比亚大学

2006年6月20日定稿于美国麻省理工学院

如对本书有任何疑问，请与唐宁玉联系。

电子邮箱：nytang@mail.sjtu.edu.cn

第一版前言

社会的不断变革，技术发展的突飞猛进，市场的风云变幻，使得许多企业意识到必须拥有和保持自己的核心竞争优势，从20世纪80年代开始，越来越多的组织日渐认识到人力资源对于组织成功的意义，人力资源日益成为组织获取持久竞争优势的重要资源。MIT的经济学家Lester C.Thurow曾分析为什么企业变得越来越关注人力资源，“考虑未来几十年的优势产业领域——微电子、生物化学、新材料、民用航空、电讯、机器人、计算机和软件，我们不难发现这些都是脑力（brainpower）产业”。如果说“脑力”推动了企业的发展，那么吸引和保留优秀人才势必成为企业制胜的关键。而对于吸引和保留人才来说，其前提是组织能够发现好的人员并且能从一大群人中将其甄选出来。这就是本书将要探讨的内容，即通过科学的方法，运用适当的工具，根据合适的程序去对人员进行测量和评价。

人事测评由来已久，可以说它结合了多种学科、多个理论，但最相关的学科当属心理测量，它是人事测评的基础，本书中涉及的很多理论源于心理测量的相关理论，然后从人事测评角度来描述、分析和探讨人事测评中常用的方法、常见的问题以及应该如何克服。

编著本书，我们深刻地感受到人事测评的理论和方法在近20年来有了很大的进步。从理论上来说，项目反应理论、概化理论正在得到进一步发展，传统的测量理论中的一些观点也正在发生变化，如对效度的看法；从方法上来说，应用项目反应理论编制测量工具、应用多种方法整合来进行人员评估、情景判断测验的发展等都给人事测评带来了新的活力；从形式上来说，应用新兴技术取代传统的纸笔测验正成为未来测评的一种趋势。我们努力想在书中将这些最新成果反映出来，故在书中一些章节以及补充阅读材料中有相关方面的较新的研究成果或实践，如有关情景判断测验的理论和方法、人事测评的效用分析、预测效度和同时效度在理论和应用上的差异等均是较为热点的问题。

本书中引用的较多的理论和研究成果对本书起到了学术支撑作用，但同时书中也引用了丰富的实践案例作为应用的参考，特别是最后一章所收录的四个案例是现实的真实反映，也可以作为学习中被评判的对象。书中所列举的一些方法具有较强的操作性，如基于胜任力的指标体系的构建是目前许多组织关心的话题，本书也作了相应的介绍，体现了理论性和实践性的结合。

另外，本书较为系统、完整地对人事测评的各个方面进行了介绍，努力呈现给读者人事测评的一个全貌。

本书共由12章构成。第1～3章是基本理论部分，对人事测评的基本概念、范畴、目的和作用进行了介绍，同时对人事测评的基本原理、现代人事测评的基本方法、人事测评指标体系的构建进行了深入的说明和分析；第4～7章是人事测评的方法和内容部分，在这里对心理测验、面试、评价中心、绩效评估的理论进行了回顾，在每一部分都有对该方法应用的详细描述；第8～10章是人事测评的技术部分，对人事测评技术关键指标信度、效度和测评误差进行了介绍，并指出了这些指标对于人事测评的实践意义；第11～12章是人事测评的应用部分，第11章对人事测评的输出——测评报告进行了讨论，第12章则以实践中的例子对人事测评进行了进一步的阐述，并对计算机技术在人事测评中的应用进行了阐述和演示。

上海交通大学管理学院唐宁玉副教授撰写了第9、10、12章，并对全书进行了补充和修改；上海市任职资格评价中心的单茂洪撰写第1～4章，上海交通大学管理学院的李效云博士撰写了第5～7章，上海中医药大学的章震宇副教授撰写了第8、11章。尽管本书的几位作者均具有心理学背景和人事测评的实践经验，但由于学术水平有限，有很多地方感觉还未达“完美”之境界，恳请广大读者、专家和同行们在阅读时不吝指正。

感谢在本书完成过程中，给予我们几位作者支持和帮助的我们的家人以及各位专家、同行和朋友，特别是笔者和作者之一李效云的博士生导师王重鸣教授，每每与导师见面，他所给予我们的高屋建瓴的指点常使我们受益匪浅。感谢东北财经大学出版社的同志对本书的编辑出版所付出的辛勤努力。

在完成本书之际，想到笔者和作者之一单茂洪在攻读硕士时的导师戴忠恒先生。戴老师致力于心理测量工作多年，事业未竟而不幸去世，也以此书作为对戴老师的纪念。

唐宁玉

于上海交通大学

目　录

第1章 /人事测评概论

学习目标

1.理解人事测评的含义。

2.认识人事测评的目的和作用。

3.掌握人事测评在不同标准下的范畴。

1.1 人事测评的含义及其基本范畴

1.1.1 人事测评的含义

人事测评是现代人事管理中基础而新兴的一门学科，说它“基础”是因为管理中的招聘、安置、考核、晋升、培训等都要以此为参考依据，说它“新兴”是因为它含有管理学、政治学、法学、心理学、社会学，以及系统工程科学、信息科学、预测技术科学等多学科的知识，属于目前仍在发展和完善中的一门交叉学科。为了更好地理解人事测评的含义，我们先对几个基本概念进行界定：

1）人事（personnel）和人事管理（personnel management）

“人事”的广义理解就是社会生产过程中所呈现出来的“人”与“事”之间的关系，因而“人事”一词的核心就是“关系”。这种关系中既有“人”和“事”在量上的对应关系，又有质上的对应关系。所谓量上的对应关系是指一定数量的事要求相应数量的人去做，而一定数量的人只能做一定数量的事；质上的对应关系是指不同类型和特点的、不同难易和繁简程度的事都要求有相应的人去做，其中的具体要求包括人的受教育程度、专业水平、技能特长、实践经历、身体状况及心理素质等方面。这种对应关系还有动态变化的特点，不但事件本身在变化和发展，人的生理、心理及各方面的素质也在不断变化，所以人和事之间的相互适应是一种动态的适应，只能保证在一定时期内相对稳定，之后随着社会各方面的发展，事对人和人对事的要求都会发生变化，这时就需要进行人事调配，或晋升，或降职，或调动，或培训，通过各种途径力争实现事得其人，人尽其才。

明确“人事”的含义和特性之后，我们不难看出，所谓人事管理就是对人事关系的管理，其目的在于调整好各方面的人事关系，使人与事以及共事人之间的相互关系达到最佳状态，以最优化的方式实现组织目标。具体来说，就是在“知人”和“识事”的基础上，根据因事择人的原则，把人和有关的事结合起来，并根据人与事各自的发展变化规律，及时调整它们之间的关系，保持人事相宜的良好状态，在必要时运用多种办法，来防范和处理人与事之间及人与人之间由于不协调而形成的对抗，同时要保证按照一定的法规政策要求进行各种活动。

2）测评（assessment）

测评，顾名思义，即测量和评价，英文中也称为 measurement and evaluation。目前比较得到认可的关于测量的定义，是由 S.S.Stevens 提出的，他说“所谓测量，就是依据规则为测量对象所具有的某一特性指派一个可资比较的数字”，而评价就是在这些数字度量的客观基础上加以深入的主观分析。

具体的测评过程就是测评主体采用科学的方法，收集被测评者在主要活动领域中的表征信息（通常为行为事实），再采用科学方法针对某一测评的目标作出数量的表征值与价值判断，或者直接从表征信息中引发和推断某些结论。显然，前一部分主要是“测”的工作，而后一部分主要是“评”的工作。这里的“测”包括测评者的耳闻、目睹、体察与调查，它是以认识与评判被测评者的某些特性为目的，以科学的测量、评价工具为手段的特定的信息收集活动。“测”包括测验、探测与观测，而“评”包括评论、评价与评定，主要是针对一定测评目标的质、量、值的品评，但也包括直接对被测评者的分析与评论。虽然测评离不开测量与评价，但并不等于测量与评价的机械相加，它是指一种建立在对个体特征信息“测”与“量”的基础上的分析判断。在测评过程中，测评者通过“测”与“量”的活动，获得所要搜集的信息，然后将它们与确定的标准进行比较认识。这里的认识不是仅凭测评主体的感性经验，而是积极地借助于一定的测量评价工具，把最终的比较和判断建立在对客观的行为事实与特征信息的搜集、测量和分析上，并且把分析判断的结果，采用语言或分数的形式进行定性或定量的转化与解释，由此反映被测评者有关特性的客观情况。

3）人事测评（personnel assessment）

结合上面两个概念，人事测评就是对人与事之间的适应关系进行定量和定性相结合的测量和评价。具体的表述是：在人事管理领域里应用专门手段和工具，依据科学的测量和评价原理，针对特定的人事管理目的如招聘、安置、考核、晋升、培训等，对人员进行多方面的系统测量和评价，进而为人事管理、开发提供可靠的参考依据。一般而言，要测评的内容包括身体素质和心理素质两大方面，其中身体素质主要是指身体健康状况和体力，心理素质主要是指智力和能力素质、品德素质、认知水平和其他一些个性素质，如兴趣、动机、气质、性格等，这也是人事测评的主要研究对象。

作为一门独立的学科，必须具备三个方面的条件：一是要有独立的研究对象，而且研究对象自身的活动有其规律性；二是要有较系统的理论知识基础；三是已经形成关于研究对象的知识体系和方法体系。人事测评的研究对象即被测个体的各种特性，这些特性都有自己本身的规律性；其理论知识基础是指管理学、政治学、法学、心理学、社会学，以及系统工程科学、信息科学、预测技术科学等学科在理论和方法上的指导；在人事测评领域中，也已经逐渐形成完备的关于人事测评的知识体系和方法体系，这在后面几章里会有详细的介绍。所以，人事测评已逐步发展成为一门独立的学科。

1.1.2　基本范畴

明确了人事测评的内涵之后，我们再来探究人事测评的外延，即人事测评的基本范畴包括哪些。

已有的对人事测评基本范畴的归纳有很多种，不同的标准有不同的理解。以测评的内容为划分标准，有智力（能力）测评、人格测评、职业兴趣测评、动机测评、胜任力测评和工作绩效测评等；以测评范围为划分标准，有单项测评和综合测评等；以测评主体为划分标准，有自我测评、他人测评、个人测评、小组测评、上级测评、同级测评与下级测评等；以测评客体为划分标准，有干部测评、管理人员测评、工人测评等；以测评事件为划分标准，有日常测评、单元测评、期中测评、期末测评、定期测评与不定期测评等；以测评结果为划分标准，有分数测评、评语测评、等级测评以及符号测评等；以测评活动性质为划分标准，有动态测评与静态测评等；以测评所用方法为划分标准，有标准化的纸笔测评、投射测评、行为模拟和观察类测评、工作模拟情景的综合类测评等；以测评所用依据为划分标准，有无目标测评、常模参照性测评与效标参照性测评（常模和效标的概念后文有详细介绍）等，晋升测评一般属常模参照性测评，人员录用与招聘也多属这种测评，驾驶员录用测评属于效标参照性测评，述职、小结等写实性测评则属于无目标测评；以测评目的与用途为划分标准，有选拔性测评、诊断性测评、配置性测评、鉴定性测评、开发性测评和发展性测评等。

下面就对以目的和用途为标准划分的不同种类的人事测评进行详细介绍：

1）选拔性测评

选拔性测评是一种以挑选合适的优秀人员为目的的人事测评，是人力资源管理活动中经常要进行的一种测评。许多待遇优厚、层次较高的职位，通常有很多求职者，这时就需要用一种公平而科学的方法在众多的竞争者中筛选出最适合的，即实施选拔性的人事测评。它的基本原则是确保测评的公平性、公正性、准确性与可比性。和其他人事测评相比，选拔性的人事测评特点主要有以下五点：

第一，测评要求强调区分功能。选拔优秀的求职者，实际上就是“矬子中间拔大个”或者是“高个中间找高个”，是一种相对的测评，特别需要通过测评把最优秀的或是最适合的求职者与一般的合格者区分开来，便于雇主录用。

第二，测评标准的刚性最强。选拔性测评的目的是把最优秀的求职者与一般的合格者区分开来，那么人们对它的要求自然就非常严格，要求测评精确程度高。因此，测评的标准一旦实施就不能轻易变动，否则所选拔出的“优秀者”就难以取信于民。

第三，测评过程强调客观性。选拔性测评方法的改进过程实际上就是使其测评过程不断客观化的过程。这种客观化的明显标志是测评方法不断地数量化与计算机化。

第四，测评指标具有选择性。一般来说，其他测评类型的指标都是将素质测评目标分解，然后根据目标直接制定指标，而选拔性测评类型的指标允许具有一定的选择性，以客观、便于操作与相关性为前提，甚至可以是一些表面上与测评标准并不相干的指标。

第五，测评结果比较直观。选拔性测评的结果或是分数或是等级，可以直观地看出高低差别。其他一些测评如评语式的测评结果相对就不那么直接，较难发挥区分的功用。

2）诊断性测评

诊断性测评的主要目的是了解员工现状和确定进一步的开发方向，主要特点有四条：

第一，测评内容或者十分精细，或者十分广泛。如果是为寻找问题的原因，测评内容就应该深入到细节；如果是为了解现状，则测评的内容就十分广泛。

第二，测评的过程是寻根问底式的，一般由现象观察出发，层层深入分析，步步综合，直到找到答案。

第三，测评的结果不公开。其他各种类型的测评结果一般都公开发布，但诊断性测评的结果只供内部掌握与参考。

第四，测评具有较强的系统性。诊断性测评要求从观察、搜寻表面特征与标志入手，继而深入分析问题与原因，诊断“症状”，并由此提出矫正方案。前面各种类型的测评无此要求。

3）配置性测评

此类测评的主要目的是合理配置人力资源。现代企业的劳动人事管理要求以“人”为中心，使人力资源进入最佳发挥状态。人力资源得到最佳发挥的前提是领导者知人善任，员工人事相匹，最终实现人尽其才、才尽其用。实践表明，不同工作职位都有一些特定的要求，当任职者现有的特点符合职位要求时，个体人力资源就能主动发挥，创造出高水平的绩效；否则，个体的人力资源就处于被动状态，低能低效。因此，在人事测评中，我们常常要运用配置性测评。与其他类型的测评比较起来，配置性测评有针对性、客观性、严格性、准备性等特点。

针对性主要体现在整个测评的中心与目的上。配置性测评的目的是以所配置的工作职位要求为依据，寻求合适的员工。整个测评活动都是围绕这一目的而进行的，适用于甲职位的配置性测评不一定适用于乙职位的配置性测评。

客观性主要体现在测评的标准上。其他类型的测评标准可以有一些主观发挥的成分，但是配置性测评的标准必须是实实在在的，必须以职位的客观要求为标准，不能主观修订。

严格性主要体现在测评的标准和组织实施中。有些工作如飞行员的驾驶工作绝不能因为一时找不到符合标准的人员而降低要求；有些工作也不是标准越高越好，让一个大学生从事打扫卫生的工作不如让一个初中生去做效果好。为保证人事配置的适合性，不但测评标准要严格执行，而且测评方法、测评实施过程都应该十分严格；否则，保证不了最后测评结果的准确性与人事配置应有的效果。

准备性主要是指此类测评是在人事管理过程的初始阶段进行的，在整个工作系统流程中有准备工作的性质。依据配置性测评结果所作的人事配置，是保证工作成效的一种必要条件、一种可能性和一种准备。随着工作要求与人员素质的变化，配置应有所改变，不能“一配定终身”。

4）鉴定性测评

此类测评又可称为考核性测评，是用来鉴定与验证某些人员是否具备特定的技能、素质或具备程度大小的人事测评。鉴定性测评经常穿插在选拔性测评与配置性测评之中。

和其他类型的测评相比，鉴定性测评的特点主要有四个：

第一，测评的结果主要是向欲了解被试素质水平的人或主试提供成绩或证明，是对被试素质结构与水平的鉴定，而其他类型的测评结果不以此为专门目的。

第二，测评侧重于被试现有素质的价值与功用，比较注重素质的当前差异而不是素质发展的原有基础或者发展过程的差异。

第三，测评过程具有概括性的特点，因为测评的范围比较广泛，涉及个体表现的各个方面，是一种总结性的测评，而其他类型的测评更明显的特点是具体性。

第四，测评结果要求有较高的信度和效度。也就是说，鉴定性的测评与其他类型相比，更要求所作的评定结论有据可查，而且充分全面，确实能说明要考查的问题，测评结果和评定结论相互一致（信度和效度在第9、10章有详细的介绍）。

在操作与运用鉴定性测评时应注意几个原则：全面性原则、充足性原则、可信性原则和权威性原则。所谓全面性原则，是指测评的范围要尽量包括个体素质形成的全过程以及素质结果中的所有因素，这样才能突出鉴定性测评的概括性特征。所谓充足性原则，是指每一个评价结论都要有充足的依据，是事实本身的反映而不是对事实的主观推论，这种充足性应体现在开展测评依据与测评信息的搜集与确定上。所谓可信性原则，是指测评结果令人信服，这就要求测评的方法科学客观，所用指标具体而有代表性。所谓权威性原则，是指测评主持者应具有一定的权威性和专业性，从质和量上保证测评结果的有效性。

5）开发性测评

开发性测评，也可称为勘探性测评，是一种以开发员工素质为目的的测评，主要目的是为人力资源开发提供科学性与可行性依据。人的素质具有可塑性与潜在性，也许目前状况下有些人还不具备某方面的素质，但他很可能具有发展的潜力，这时就需要进行开发性测评。另外，人力资源开发应该具有针对性，不同类型的人力资源应有不同的开发策略，如对于“运用型”的人应把他们培养成“实干家”，对“革新型”的人应让他们有机会接触到最新的技术资料，并对他们抱着宽容和鼓励的态度，对“管理型”的人应把他们培养成基层骨干人员，引导他们对集体的事多关心多参与。要明确不同形态的人力资源，就必须实施开发性测评。

开发性测评的特点是勘探性、配合性和促进性。所谓勘探性是指开发性测评对人力资源带有调查性，主要了解个体的特性结构中，哪些是优点，哪些是缺点，哪些是显性特性，哪些是潜在特性，哪些特性有开发价值等。所谓配合性是指测评一般是与个体特性开发相配合而进行的，是为开发服务的。所谓促进性是指测评的主要目的不在于评定特性的好坏，而在于通过测评激励与促进各种特性的和谐发展与进一步提高。

6）发展性测评

发展性测评用来确定员工的素质、业务水平的变化与发展，其主要目的是促进员工进一步提高素质、提高业务水平。

发展性测评不是一次性的测评，而是多次的测评，它往往是在员工的素质发展、业务水平提高过程中的不同阶段进行多次测评，并对这多次测评的结果进行比较，以确定员工的素质、业务水平是否比以前有进步。它特别强调的是变化与发展，也强调过程。比如，某公司有两个生产班组，公司以生产利润的增长来衡量这两个班组的生产管理水平的变化。班组A在2015年的生产利润为290万元，2016年的生产利润是300万元；班组B在2015年的生产利润为270万元，2016年的生产利润是290万元。不管是2015年还是2016年，班组A的生产利润都要比班组B高。但从变化发展的角度看，班组A在2016年度的生产利润比2015年增长了10万元，年增长率为3.45%，而班组B在2016年度的生产利润比2015年增长了20万元，年增长率为7.41%。评价结果，班组B在2016年度的生产管理水平比班组A提高得快。

通过发展性测评，可以了解一个员工或团体的发展轨迹，有利于总结经验，促使员工不断地自我反省，激励员工、促进员工持续不断地发展。

1.2 人事测评的目的、作用和意义

1.2.1 人事测评的目的

企业为什么要进行人事测评？现代人力资源管理理论认为，一个企业中人力资源是最重要的资源，只有有效地开发和科学合理地管理人力资源，企业才能健康发展。也就是说，如果人力资源作为一种资本也可以运转，管理者必须对它有所了解。很多发达工业国家的大企业，都会在不同程度上以一定的方式采用各种类型的人事测评。但是一般情况下，人们并不擅长人事测评，而且很可能人对人的看法是

主观而有所偏颇的，这就不能满足组织经常要对人、对人力资源作出尽可能准确的评价的需要。因此，企业要进行科学的人事测评。具体来说，人事测评的目的可以概括成以下四个方面：

1）选拔

根据组织发展目标所要求的人力资源规格、规模、质量来招聘人力，并安置到预先规定的岗位从事所要求的工作，以实现期望的绩效。在这个过程中，考查评价应聘者是否满足岗位的需要，是最关键的环节，人事测评扮演着最重要的角色。在传统的招聘过程中，组织往往只是查看履历表、申请表，进行一些非结构性的面试，便作出判断。这样的过程缺乏科学的根据，并没有根据岗位要求对应聘者进行客观的评价，对不同应聘者之间的评价也因为缺乏考题的统一性而没有可比性，同时也给“任人唯亲”之类的不公平的做法提供了机会。由此可见，人事测评的目的之一就是让选拔工作有据可依，使招聘工作有效进行。

2）培训

组织需要对员工进行培训的情况有两种：一是虽有预先的招聘筛选，但由于人力资源供应市场的限制，刚刚招聘进来的人不一定完全胜任组织目标对人力资源的要求；二是由于组织自身的发展，原有的人力资源已不再适合当前发展的要求。这时就需要利用人事测评来考核现有人力资源状况，针对人力资源现状与组织目标要求之间的差距对人员进行培训，以满足组织的发展需求。

有一些组织并没有做培训需求诊断和计划的意识。当它们意识到应当在培训中加以投入时，只是同意一些个人的培训申请，或者在培训市场搜寻一些信息，来完成预算。更恰当的方法应当是对企业的人力资源的现状进行诊断评价，再根据得出的结果找到培训的针对点，这样，个人能力得到开发，企业人力资源素质得到提升，进而可以带来工作绩效的改善，使企业的投资得到丰厚的回报。所以，人事测评的另一个目的就是保证组织的人力资源持续发展，时刻保证企业有完备的人力资源。

3）考核

广义地说，考核也属于人事测评的内容。组织中的考核不仅要考核绩效，而且要考核员工的表现，包括对组织的投入、工作的敬业程度等，但总体来说，都是要对人进行考查、评价，也都需要用到人事测评的技术，使考核有效、可信、公正、客观。

组织往往因为很多原因需要对员工进行考核。除了绩效考核之外，企业经营环境与目标的变化，往往是企业重新审视、考查人力资源的原因。组织需要随时掌握自己人力资源的状况，确保能满足自身发展的需要，从而实现经营目标。这应当成为组织一种自觉的经常化的意识。比如，一个企业可能要启动一项巨大的投资计划，但如果资金、环境条件、市场潜力都有很好的评估，唯独对实现该计划的人力资源没有恰当的考虑和配置，该投资计划就很可能要泡汤。因为，投资计划是离不开人的执行的。由此可见，人力资源考核意义重大，是人事测评的一个重要目的。

通常，以考核为目的的测评在特定时期内进行。在大多数组织里，这种测评是每年或每半年举行一次。对新任人员则在试用期结束时就要进行一次。在新员工上班后的第一年里对其作出数次测评也是一种普遍的做法。如纽约时代公司（The New York Times Company）每年都对其所有工会和非工会员工进行测评，但不包括行业工会，而通用磨坊公司（General Mills，Inc.）每年对其所有员工都进行测评，但操作工、非正式员工除外，他们是每6个月进行一次。

4）职位调动

职位调动主要包括升职、降职和平级调动三种。随着组织内外部环境和员工本身的变化，组织内原有的一些职位可能产生了新的要求，原来的职位担任者可能不再适合继续担任，需要进行职位调动。这时就需要对当前的职位进行测评，确保人与职位的匹配。事实上，为了进行职位调动进行的人事测评和前面的招聘考核有相同的原理，但这里的职位调动涉及优胜劣汰后的匹配，有更复杂的一面。

在一些企业中，当调动决策是针对内部候选人时，常常只根据候选人过去的工作业绩，这是有失公正的。过去的业绩只是候选人在过去的职位上作出的，其好的成绩只是表明其符合过去职位的任职要求，但并不表示对其新职位也能胜任。因此，在考查内部人选是否符合调动的要求时，过去的业绩固然值得考查，但更重要的是看其是否具备拟聘职位所要求的任职条件。也就是说，应当应用人事测评工具对内部候选人进行系统评价。

1.2.2 人事测评的作用

人事测评的主要作用有评定、诊断反馈、预测三方面，三者在现实应用中可能有所交叉，也可能相互影响。

1）评定

在人事测评活动中，最常用的就是把被测评者的特征行为与某种标准进行比较，以确定其素质水平。用来比较的标准有两种：一种是与测评对象本身无关的客观要求，如“效标（criterion）”；另一种是根据测评对象制定的“常模（norm）”。

所谓效标是指与被试群体无关的外部客观标准，是明显可见无争议的，如任职资格标准，是统一规定的，不会因测评对象群体性质的改变而变化。如在一般的百分制考试中，对任何人而言，60分就是通过，那么60分就是效标。

所谓常模就是特定群体的“效标”，如同样的百分制考试，在某个群体中分数都偏低，那么对于这个群体而言，55分可能就定为通过分，这个55分就是这个群体的成绩参照“常模”。当然，常模作为一个统计学指标，更加严格，其实质是指一组具有代表性的被试样本的测验成绩的分布结构，所用指标主要有两个：一个是成绩的集中趋势，通常用平均数来表示；另一个是离散趋势或离散度，反映的是成绩的分散状况，通常用标准差表示。常模的作用就是提供一种科学可信的参照标准，来说明某一测验成绩在同类被测者中所处的水平。举个例子：对于常用的智力测验，不同年龄阶段的算分标准不同，同样答对了10道题的个体，我们不能立即判断他是否达到了平均水平，而是要把他放到相应的群体中去判断，如果他是8岁以下，和8岁以下的常模比较他就达到了平均水平，而如果他是20岁以上的成年人，那么换成相应的常模一比较他就可能是轻度弱智了。

我们对测验成绩进行解释时不能直接用原始分数，可以将原始分数与常模相对照，然后作出可靠解释。常用的就是常模参照解释和效标参照解释。常模参照解释与效标参照解释的区别在于：常模参照解释是将应试者的成绩与同类群体的其他人（常模样本）的成绩进行比较，而效标参照解释是将应试者成绩与外在效标（如卡车驾驶员的标准）进行比较。例如，实施一项驾驶员考试之后，如果将应试者与其他人的成绩相比较，我们就可以知道该应试者的驾驶技术知识是优秀、一般，还是较差，这就是参照常模的分数进行的分数解释，如果将应试者的成绩与驾驶员等级标准（效标）进行比较，就可以知道该应试者是否达到了合格驾驶员的水平，这就是参照效标进行的分数解释。

无论是采用常模还是其他的什么标准，通过直接或间接的比较，任何人的素质都被确定在一个相应的位置上，以表明个体素质的优劣与水平高低。如果人事测评缺乏评定功能，那么就纯属一般的调查与了解。因此，可资比较的标准在人事测评中非常重要。

首先，评定作用一旦顺利实现，可以促进个体提高自我素质水平，促进形成统一认可的规范，给人力资源管理带来积极效应。社会心理学研究发现，自我测评、他人测评与群体测评是衡量一个人素质高低的三个重要参数。通过自我测评和群体测评，使一个人有了对他人与对自己的行为标准。一个人的行为基本上是按这个标准进行调整与安排的。调整的需要好像是在无意识中产生的。个体仿佛是自动地调整自己的行动去适应所确认的素质测评标准，以提高自己在这些标准上的测评分值。从人的自我意识发展过程来看，通过他人测评、自我测评与群体中互相测评，每个人都能够认识自己的特点、优点和缺点各是什么，急待改进的是什么，社会与工作需要的是什么，不需要的是什么，由此激发与产生改善自身修养的愿望与行为。因为人事测评所得的最后结果是好坏各呈，既有热情的希望又有真诚的批评，所以通过测评可以把人力资源管理者的开发期望与被测评者的自我修养有机地结合起来，促进个体素质的进一步提高。

其次，评定的作用还表现在对个体的激励与强化上。每个人都有自我尊重与超越上进的愿望，希望自己在测评中取得好成绩。获得肯定性评价的行为将会趋于高频率出现，而获得否定评价的行为将趋于低频率出现。有效的人事测评是促使个体素质的培养和发展朝着社会所要求的方向进行的强化手段。它从外部激发个体的内部动机，使培养者与修养者的动机处于积极向上的激活心态，从而产生动力、压力与活力，激励他们素质开发的行为更加自觉和积极，提高所测评的素质水平。

最后，评定的作用还表现在对员工自我修养和发展的引导上。测评的实践表明，测评过程中哪种素质的权重或分值比例越大，哪种素质就备受人们重视；反之则受忽视。这种现象在鉴定性测评和选拔性测评中，表现尤为明显。因此，在人力资源中应注意发挥人事测评的导向作用。

2）诊断反馈

人事测评活动的一个特征是它搜集信息的广泛性与科学性。任何种类的人事测评都必须广泛而系统地搜集各种素质特征信息，然后在充分占有材料的基础上作出分析。因此，无论是在搜集信息的过程中，还是在作出评价的时候，测评者都要涉及素质形成、人力资源管理与开发的方方面面。有些问题甚至要深入到根源深处才能有结果。这样，测评者可以通过测评对人力资源管理的全过程、对人力资源开发的效率与效果有个全面而细致的了解。加上测评是根据统一的标准按一定的方法来进行的，因此，对于效果好的，可以找出决定因素在哪里，对于效果不好的，也可以找出问题原因在哪里。如果测评者把所有这些信息予以整理、记录，转达给被试、上级领导或其他第三者，那就是反馈了。它可以让被试、上级领导或其他第三者了解与掌握人力资源开发的进程及素质形成的情况。

诊断反馈作用在人力资源管理的实践中可以表现在向人事管理提供咨询和参考依据上。一般来说，进行素质测评活动之后，对于诸如以下问题都可以作出有根有据的回答：人力资源管理的目标制定得是否合理科学？人力资源的配置是否合理科学？人力资源的开发方式选择得是否得当？在人事测评过程中，由于测评系统而全面地掌握了个体素质形成的过程，找到了一些问题的原因所在，明确了每个被测评者的优劣，就能有的放矢地在众多的开发方案与开发工作计划中选择出一个最为有效的方案，能抓住素质形成与发展的关键点进行优化开发。

诊断反馈作用在人力资源管理的实践中还可以表现在对测评本身的调节和控制上。从控制论角度来看，根据人事测评结果进行的开发和培养实际上也是一个调节与优化个体思想和行为发展方向的过程。

3）预测

人事测评的结果中，尤其是心理素质测评的结果，是在对个体现在及过去的一些极具代表性的行为的全面了解与概括的基础上，来判断个体心理、行为的特点和倾向。换句话说，我们并不是根据单个的特征行为来测评个体素质的，这些一定数量的特征行为对个体特性的揭示具有一定的必然性，因此人们可以依据这些表征行为发展的历史轨迹及其趋向，对被测者的心理及行为的发展进行某种预测。这种预测的有效性取决于所测特征的稳定性程度。

预测作用在人力资源管理中的主要表现是有助于员工的选拔。个体素质在数量与质量上的差异，是确认不同个体差异的重要依据。测评的预测功能使人事测评的结果具有一定的后效性。换句话说，个体素质的差异会有一定的延续性。这样我们就可以根据各个被测评者目前的素质差异来预测他将来的发展差异。

1.2.3 人事测评的意义

1）有助于资源配置的科学化

人与事如何实现科学合理的配置，这是长期以来人力资源管理与企业管理急需解决的一个重要问题。在人力资源管理中，越来越强调匹配。而且这种匹配变得越来越多维度，既有人-岗位要求的匹配，也有人-公司匹配，还有人-职业匹配以及人-文化偏好的匹配。也正因为如此，选择合适的人做合适的事变得更为复杂，而测评就愈显重要。传统的人事配置主要是依靠配置者的经验分析与主观判断。结果往往是人事不合、人事内耗。有些人甚至把因事配人作为送人情、拉关系和打击报复的手段、用人时任人唯亲、任人唯利、任人唯权，整个人事配置中缺乏客观性和公正性，很容易出现小材大用、专才偏用、歪才正用、大材小用和埋才不用的现象。通过测评可以实现人与事的科学配置，有助于消除这些人事配置中的弊端，有助于人尽其才、才尽其用。依据素质测评结果，实现自动化与公开化的人事配置，则有助于杜绝人事配置中的不正之风。

[案例1-1]

一项研究显示，70%以上的被调查经理认为，抬高和降低对员工的评价都是故意的。表1-1中是这些经理对他们这种做法的解释。结果表明，许多测评制度存在着缺陷。

表1-1　**故意抬高或降低评价的原因**

抬高评价
认为精确的评价将对下属的动机和业绩有不利影响
期望提高员工凭测评结果提薪的数量
希望避免部门不光彩事件的扩散
希望避免产生一个消极的、永久的,并可能在将来仍影响员工的负面记录
需要对那些业绩较高但已付出了很大努力的员工进行奖励
避免与某些难以管理的员工的对抗
希望促使较差或令人生厌的员工逐步离开该部门
降低评价
为了惩罚一个顽固的或难以对付的员工
为了鼓励一个有问题的员工辞职
为了缩减凭业绩提薪的下属数量
为了遵守组织不提倡经理给出高评价的规定

2）有助于人力资源开发

传统的人事管理对人力资源，基本上是一种物化式的“仓库管理”。管理人员把每个职员物化为档案袋，当作物质，像记录设备的型号、性能、价格等资料那样建立个人档案。“活”的人力资源管理变成了“死”的档案保管。人与人之间只能看到性别、年龄、职务和工种上的区别，看不出个体素质上的差异。这往往造成人才的积压与埋没，使人力资源蒙受巨大的损失。借助素质测评，不但能发现优秀人才与短缺人才，而且还能明确每个人的长处和短处，从而扬人所长，避人所短，优化组合，开发潜能。

3）有助于人力资源的优化管理

人力资源与劳动经济管理，包括编制定员、人员招聘录用、人员分配与培训、绩效考核与劳动报酬等工作。人事测评不但能为人事管理的各个环节提供科学依据，而且能把人力资源的配置与调控由静态改为动态。通过人事测评能及时提供人力资源变化信息，明确人事配置的现状及其科学化程度，因而在规划人事管理工作的近期与远期工作时，能纵观全局，明确方向，能区分实现人事管理的配置科学化的优先次序，制定切实可行的战略与措施，确定最佳方案，协调各方面的影响，形成“合力”，避免“内耗”。

此外，人事测评还有助于人事制度的变革和深化。目前国内人事制度的变革任务有三个：一是精简人员，提高机构的办事效率；二是推行公务员制度与优化组合；三是完善人力市场，实现人力资源合理流动。显然，任何一项也少不了人事测评的帮助，都需要测评结果提供客观而科学的依据。例如，人员的优化组合与人力市场的完善，既需要以人事测评为基础，又需要以人事测评为调控手段。

4）有助于员工职业生涯发展

通过人事测评帮助员工进行职业生涯规划对企业和个人都有好处。对员工提供的帮助是，更好地实现自我了解。比如，对个体择业的影响，根据测评结果，通过对自己性格、心态的了解，对适合自己的岗位特质、职业的理解，认识到更多的可能性，从而拓宽自己的思路和择业范围；对规划职业生涯的影响，根据测评提出的个性特点、适合的岗位特质、适合的职业、发展建议，可以更清晰地规划个人的职业生涯。

通过测评进行职业生涯规划对企业的好处在于，更好地理解员工。通过对员工个性特质和动力特点的了解，清晰适配的环境与岗位，便于优化人力资源配置和提升员工满意度；扩宽思路、提高管理效率，通过测评对自我、员工、适配环境的了解，可以认识到更多的可能性，从而拓宽企业的管理思路和开发方法；有效激励和获取员工忠诚，根据员工个性特质以及动力、能力状况，应用不同的管理与领导办法，统一员工与组织发展的目标，强化和巩固优秀员工的忠诚。

5）有助于提高员工的工作生活质量

所谓工作生活质量（Quality of Work Life，QWL）是指组织中所有人员的参与感、工作满意感和精神压力状况。在企业中工作生活质量已被视为人力资源开发与管理有效性的标志之一。

工作生活质量指标的重要性主要体现在：可以提高员工主人翁精神，可以提高员工自我控制能力，可以加强员工的责任感，可以增强员工的自尊心，可以提高产品的质量和产量。

人事测评的有效进行可以促进工作生活质量的提高。第一，人事测评的有效进行可以把最适当的人选安排在最适当的工作岗位上，避免大材小用或小材大用的情况发生，从而提高员工对工作的满意度；第二，人事测评可以提高招聘的效率，使员工的缺勤率和离职率降低，使企业的QWL提高；第三，人事测评的顺利进行可以使各类工作的目标、责任和特点更加明确，有利于进行工作分析；第四，人事测评的顺利进行有助于明确员工培训的方向，及时满足员工增进知识、提高技能和能力的需求；第五，人事测评的顺利进行能改善工作设计与信息交流，提升员工参与感，激发员工工作动机，降低厌烦感，进一步减少生产事故，从而有利于员工的安全和健康，并最终提高QWL。

[案例1-2]

某一省级纺织厂在与一著名外企合资后，经营战略、市场目标、产品定位都发生了根本的变化，管理方式也相应地发生变化，以适应企业的要求。于是合资双方对企业现有的员工进行了广泛评价，使用一系列人事测评工具，包括对流水线工人的气质、动作技能、基本文化素质的考查，对管理者的能力、个性等方面的考查。这一系列评价为企业合资顺利调整管理奠定了重要基础。

[案例1-3]

2014年，广西北部湾启动“北部湾经济区人才测评中心”建设项目，为机关、企事业用人单位提供应聘者各方面定量分析的参考数据，同时帮助求职者设计职业生涯提供支持。测评中心一期主要任务是建立事业单位岗位胜任力模型和对大学生进行就业指导等；二期主要任务是进行相应单位的人才测评与人才开发等；三期主要任务是组建人才测评甄选、5~10年人才开发与人才发展跟踪研究。项目负责人表示，这个人才测评项目一方面为用人单位的各种招聘考试提供更为精确的关于应聘者能力、性格特征等方面的数据和评价，是作为现行考试考查方式的一种补充；另一方面则为应聘人员提供职业生涯设计的参考数据，通过这一手段，帮助求职者，尤其是帮助没有工作经验的应届毕业生更为明确地根据个性特征、专业特长、职业目标找准自己的岗位与职业目标发展定位，知道自己的长处和不足，避免眼高手低，也可以避免人才浪费。

人事测评的目的、作用及意义说明了人事测评的重要性以及在组织中应用的广泛性，但在实践过程中，人事测评的应用需要注意以下三大方面的问题。

第一是人事测评的公平性问题：比如人事测评可能对少数族群或是少数群体（如女性、残疾人群体等）存在不公平测量；当部分群体在某一测量上总体分数较低时可能存在合法性问题或歧视问题；同一种人事测评方法对于不同类型工作或是不同工作情境的测量的公平性问题；人事测评结果的隐私问题等。第二是人事测评的准确性问题：比如人事测评导致一些不良的录用决策；面试无效性；人事测评缺乏内容效度；人事测评结果受到伪装和做假的污染等。第三是人事测评实施效率问题：如人事测评花费时间太长或是费用太高等。

这些批评的声音一方面指出了人事测评存在的不足，另一方面也提醒组织管理者在应用人事测评时，既要意识到其作用及意义，也应该看到其并非万能，并且管理者在实施人事测评的过程中要注意选择科学合理的工具并标准化其测评过程。（根据时空网新闻改写。）

1.3 人事测评的发展

1.3.1 人事测评在西方的发展

人事测评的思想渊源长远。早在公元前380年，柏拉图在其名著The Republic中就提出："没有两个人生来是完全相同的，他们可能在某些自然特征上就有所区别，一个人适合做这个工作，而另外一个人适合另外一个工作。"随后他提出了有关需要进行"军队能力倾向测试"的行动方案，但遗憾的是，当时并没有真正实施。人事测评随着心理学特别是工业组织心理学的发展而得到研究领域和实践界的广泛关注。从工业组织心理学的发展阶段来看，每一个关键期都有人事测评的成果涌现。从早期的比纳-西蒙量表、陆军军官Alpha和Beta测验、职业兴趣测验，到20世纪60年代的评价中心，再到80年代的效度概化等，既是人事测评的代表性成果，同时也是工业组织心理学发展的标志。

现代人事测评在西方的兴起是从第二次世界大战后开始的。第二次世界大战后科学技术的迅速发展和经济的起飞，对人力资源开发提出了紧迫要求。在这种背景下，西方各国十分重视人事测评这一新兴事业，开始成立机构、组织队伍并研究开发一系列新技术和方法。早期比较成功的应用人事测评的案例是美国电话电报公司通过设计一整套评价中心的方法对刚提拔的管理人员进行评价，结果发现具有相当高的有效性，这样，人事测评的方法在美国和其他一些国家得到推广，并应运而生了一批专门从事人事测评工作的机构以及上百种测评技术。

几十年的发展也使得西方人事测评有了丰富的学术成果。美国《心理学年度述评》在1994年、1997年、2000年和2008年分别发表了4篇综述性文章，对"人事选拔"领域的研究成果进行回顾并对未来研究进行展望。Sackett和Lievens在他们2008年的文章中，提出了7个人事选拔领域中的进展，这也代表了未来研究可以进一步努力的方向。现将其归纳见表1-2。

1.3.2 人事测评在我国的发展

在我国，早在古代就有许多关于测评的思想，如春秋战国时期墨子提出"尚贤任能"，主张"有能则举之，无能则下之"；孟子提出，"权，然后知轻重；度，然后知长短，物兼然，心尤甚"，说明对人进行考查和评价是非常必要的。从隋唐到清末的科举制度，是我国古代人事测评的典型代表。现代人事测评在我国是在20世纪80年代以后才得到较为广泛的发展。特别是最近几年，许多企业意识到人力资源的重要性，对如何发现好的人才、鉴定和发展好的人才日益重视，人事测评开始引起人们的关注。人事测评在中国已经发展了三十余年，这一阶段大体经过了三个历史阶段。

引进阶段：从20世纪80年代初到90年代初，国外部分心理测验被引进到国内，

表1-2　　**人事选拔研究领域中的关注问题和要点**

关注问题	要点
1.对传统结果变量测量的更好预测，包括以下几点：	
对效标范畴的更好理解和测量	效标范畴的概念化
	预测指标-效标的匹配
	重视效标测量中时间的作用
	效标测量方法改进（计算机适应性评估系统）
现有预测方法和构思的改进	采用多种方法测量同一构思
	构思测量方法改进（内隐测量、情景判断测验、条件推理等）
	提高现有选拔程序的情景化程度
	减少回答偏差
	提高现有选拔程序的结构化程度
识别和测量新的预测指标	情绪智力
	情景判断测验
识别预测指标-效标关系的调节和中介变量	情景调节因素
	人员调节因素
	中介变量（如动机）
更好理解效标-预测指标之间的关系	递增效度
	单一预测指标
2.识别和预测新的结果变量	动态绩效、适应性绩效（创造性解决问题，变革适应性、跨文化适应性）
3.提高估计预测指标-效标关系的能力	线性关系判断
	元分析方法使用
	范围限制
4.更好地理解不同组别之间的差异和选拔体系的公正性	组间均数差异
	减少差异的机制
	预测效度和负面影响
	区分度预测
5.提高选拔体系的易用性	基于网络的测评体系
6.对应聘者反应的测量	应聘者反应的结果
	方法论上的问题
	影响应聘者反应
	测量应聘者反应
7.提高决策者对选拔体系的接受程度	增加对选拔体系的知识、面试官结构化面试培训

同时根据东方人的文化背景与生活、思维习惯，国内学者修订了一部分比较经典的心理测验。

发展阶段：专家学者开始将心理测验与其他测试方式进行有机结合，如：面试技术、履历分析技术，人事测评取得了一定的实际效果，促使人事测评技术得以发展。

应用阶段：到20世纪90年代后期，评价中心（assessment center）的概念在人力资源领域得到认可并逐渐普及，并被广泛运用于测评、发展、生涯指导等领域。随着人事测评技术的进步，测评观念的普及，人事测评在人力资源管理过程中发挥越来越重要的作用。从国内现状来看，人事测评的发展主要有这样几个特点：

1）专门人事测评机构蓬勃发展

以上海为例，上海市人事局于1988年8月8日成立了上海市任职资格评价中心，采用系统仿真测评等以电脑为主要工具开展服务，成为国内最早的一家社会化人才评价机构；上海市劳动局则成立了职工技能考试中心，对职工的职业技术水平进行鉴定；上海市委组织部则成立了经营者资质评价中心。这些专门机构应用现代测评技术，为企事业单位提供人员招聘、考试录用、考核晋升等方面的人才评价服务。除此之外，高校也参与了人事测评的研究和应用工作。如上海交通大学于20世纪80年代末成立了人才资源开发研究室，在开展研究的同时，为企业提供人事测评服务。此外，随着人才市场的发展，民间机构也应运而生，其中尤以猎头公司最为活跃。一些猎头公司采用标准的评价中心方法对高层次候选人进行测评，为客户提供符合要求的候选人。

2）测评方法和技术的中国化

国内机构在人事测评工作中，主要借鉴国外先进技术，并将一些测验中国化，使其能真正反映中国人的特点。自20世纪80年代以来，国内心理学家已经对一些国外著名的测评工具进行了中国化的工作，如人格测验、职业能力倾向测验、职业兴趣测验，此外，还开始形成一些本土化的测评工具。目前，我国已经逐步形成了建立在心理学、行为科学、管理学、计算机技术等基础上的综合评价人才方法体系。

3）人事测评专业人员的培养

各地人事评价机构举行各种测评技术培训，正在形成一支人事测评的专业队伍。从事测评工作的人员，既有上面提到的专业测评机构人员，又有在企业内部负责员工选拔的人力资源管理专业人员。

4）人事测评在企业中运用取得一定成效

以上海市任职资格评价中心为例，近年来，该中心一是为企业配置管理人才提供选拔手段，先后接受陆家嘴金融贸易区联合发展公司、中美合作上海百事可乐饮料有限公司、北方工业公司上海分公司等近百家大中型企业、三资企业委托选拔管理人才；二是为机关招考公务人员提供配套服务，先后为浦东新区招考40名科、处、局级干部，为金山县组织部、卢湾区组织部等招考机关干部提供测评服务；三是为事业单位招聘急需人员提供筛选聘优办法，先后接受了中国银行上海分行、招商银行、建设银行浦东分行等单位委托，招聘急需人员；四是为引进国内外特殊人才进行素质技能评价，先后接受了30家需要引进人才的单位委托，测评了35名特殊人才；五是为人才社会择业提供咨询诊断，为2 400人提供就业指导；六是积极推广测评手段，全国有178家单位采用了该评价中心的部分测评软件。

从企业自身来看，一些企事业单位成立了专门的人员评价机构，如上海通用汽车有限公司，在1997年公司成立初大规模招聘人员时就请外部咨询机构设计了一套测评系统，并对候选人进行考查，取得了良好的效果。

虽然人事测评在我国已经有所发展，但还存在着不足。人事测评的工具还需完善，从事人事测评工作的人员的专业水准还有待提高。

1.4　本书的构架和体系

本书围绕人事测评展开，在对人事测评的基本原理进行介绍后，将根据人事测评进行的过程逐步介绍人事测评工作。人事测评的准备工作和必要前提是评价指标的确定，当准备工作完成后，才开始一系列的人事测评工作。本书认为，人事测评中人员选拔可以看作是前测，其结果可以作为预测指标，而在组织中进行的其他测评如绩效评估等，既是测评，又可以看作对人员选拔前测的检验，其结果可以作为测评的准则。本书将逐章介绍人事测评中的常用方法，包括面试、心理测验、评价中心、绩效评估，然后对人事测评的信度和效度进行介绍，并对人事测评的产出——人事测评报告的撰写进行较为详细的介绍。

本章小结

人事测评作为一门独立学科，是指在人事管理领域中对人与事的适应关系进行定量和定性相结合的测量及评价，其目的在于为人力资源管理提供科学、可靠的依据。

测评不是测量和评价的简单相加，而是指一种建立在对个体特征信息“测”和“量”的基础上的分析判断。

对人事测评范畴的分类有很多种，其中以测评所用依据为划分标准，分为无目标测评、常模参照性测评和效标参照性测评；以测评目的与用途为划分标准，分为选拔性测评、诊断性测评、配置性测评、鉴定性测评、开发性测评和发展性测评。

选拔性测评的特点是：区分功能严格，刚性最强，特别强调客观性，测评具有选择性。诊断性测评的特点是：内容或精细或广泛，过程是寻根问底式的，测评结果不公开，测评系统性强。配置性测评具有针对性、客观性、严格性、准备性等特点。鉴定性测评的特点是：特别注重测评的结果、被试的现有差异和较高的信度与效度，并更具概括性。开发性测评的特点是勘探性、配合性和促进性。发展性测评则重在过程，重在发展变化。

人事测评的主要目的有选拔、培训、考核和职位调动。

人事测评的主要作用是评定、诊断反馈和预测三点，而其意义主要表现在有助于资源配置的科学化、有助于人力资源开发、有助于劳动人事的优化管理和有助于提高员工的工作生活质量四个方面。

所谓常模，是指一组具有代表性的被试样本的测验成绩的分布结构，其指标主要有两个：平均数和标准差。

关键概念

人事　测验　人事测评　常模

课堂讨论题

1.实际操作中要实现人事测评的作用应该注意些什么？

2.人事测评与工作绩效测评有哪些异同点？

3.常模的含义是什么？它和效标的作用有什么不同？

4.结合补充阅读材料分析人事测评对企业人力资源管理的重要意义是什么。

复习思考题

1.什么是人事测评？为什么要进行人事测评？

2.人事测评有哪些分类？分类的标准各是什么？

3.选拔性测评、配置性测评、开发性测评、诊断性测评、鉴定性测评和发展性测评六种测评的特点各是什么？各自适合在什么情景下使用？

4.人事测评在具体的企业管理中发挥什么作用？结合［案例1-2］和［案例1-3］加以具体说明。

5.常模参照解释和效标参照解释有什么异同点？

6.我国目前人事测评发展的状况怎样？

补充阅读材料

材料1　　富士康招聘新员工

2011年3月25日，河南工业大学毕业生供需见面会如期举行，全球知名代加工厂富士康参加了此次见面会。从上午8点半供需会开始，其招聘摊位前就一直水泄不通。“如果我们只能招聘一个人，在你和你同学中间，我们为什么选择你？”富士康招聘人员问前来应聘的同学。面对考官的“刁难”，材料学专业毕业生周同学说：“如果我们能同时被录取那是最好的。”招聘人员听完，将周同学的简历装入旁边的档案袋，嘱咐他注意参加笔试和面试。这意味着周同学进入了下一轮竞争。“这样问，是想看看他会不会诋毁或攻击自己的同学。如果出现这种情况，那就没得商量，立即pass。”招聘人员说，人品是大学生成才成长的基础，人品差能力再强，也不会被录用。

面对富士康招聘人员的“刁难”，英语专业的毕业生白同学就没有那么幸运了。当被问及对报关工作的了解时，她显得有些尴尬：“大学没开设相关课程，也缺少对这个工作的认识。”“目前，我们公司没有适合你的岗位。”招聘人员遗憾地说。不过，招聘人员没有就此中断与白同学的对话，而是嘱咐她以后学习一些报关方面的知识：“在你能力达到后，欢迎再来我们公司应聘。”

白同学略带失望地离开，没有浪费时间之类的抱怨。她认为，用人单位直截了当地拒绝，省得自己抱有幻想，浪费精力和时间。不但如此，她还心怀感激，尤其是招聘人员对她的劝告：“说得挺好，还是怪自己能力不够，今后会多多加强学习，拓宽自己的知识面。”

富士康招聘人员一边同大学生洽谈，一边开始进行笔试。当天进行的笔试分为英语、智力和心理测试，考试时间为90分钟。其中尤其值得一提的是心理测试，富士康的心理测试共70道题，包括是否常常怒气陡升、是否失败一次后再做事会非常担心等。“这些测试应该是用来了解学生的抗压能力和心理健康水平的。一般来说，内心强大的人，工作时更不容易受外力的影响。”

资料来源　编者根据中新网新闻改写。

材料2　　　　　　**广州招国企老总笔试开考**

前日，广州市公开招聘工业企业高级经营管理人员的笔试在广州市财政学校开考。来自全国29个城市和海外共444位报名者参加了考试。中共中央组织部干部五局副局长时希平在考试现场接受记者采访时说，广州这次公开招聘国企老总是三个“一流”，即“一流的规模、一流的试卷、一流的人才”。

1）试题考品德、成就、动机、职业诚信度

这次考试的考题分为三类：一是综合管理类，考国企集团副总经理和二级企业总经理职位；二是财会经济类，考总会计师、总经济师；三是技术类，考总工程师。据试题组的负责人介绍，这套试题对不同职位“裁剪定制”，有知识题、职业性格题，还有一部分是专门考查报考者品德和成就动机的题，比如考查职业上的诚信度。

2）试卷源自“综合素质评价系统”

据悉，这套试卷有别于以往的各种人才招考试卷，脱胎于中组部、国家人力资源与战略发展研究中心以及北京大学、清华大学、上海交通大学、深圳大学等高校研究机构历时3年多共同研发出来的“高级经营管理者综合素质评价系统”，是这个系统第一次正式用于公开选拔人才。该课题组的负责人浙江大学管理学院常务副院长王重鸣博士在接受记者采访时说，为了用该系统选拔广州国企老总，课题组多次来到广州，走访了19个国企集团的一、二把手，并对全国各地的现职人员进行能力采样，形成了试题的框架。

3）444人竞逐49个职位

广州市经济贸易委员会主任平欣光介绍说，这次国企招老总有600多人报名，经资格审查，领到准考证的有555人。根据每个职位报考人数满10人才能开考的规定，在这次公开招聘的61个职位中，共有49个职位开考。到考的444位考生来自中国大陆29个城市和中国台湾、香港地区，以及加拿大、新西兰、日本等国家，其中外地考生有150人，海外回来参加考试的考生有10人。据介绍，这些考生的学历基本都在大学本科以上，还有20位博士参与竞争。

资料来源　编者根据相关新闻整理。

陈静．人才测评方法研究的新进展［J］．科技与管理，2005（3）．

WHEELER A R，et al. "The Elusive Criterion of Fit" Revisited：Toward an Integrative Theory of Multidimensional Fit［J］．Research in Personnel and Human Resource Management，2005，24（5）．

SACKETT P R，LIEVENS F.Personnel Selection［J］．Social Science Electronic Publishing，2008，59（1）：419-450.

COOK M. Personnel Selection：Adding Value Through People—A Changing Picture［M］．New York：Wiley-Blackwell，2016.

SCHULER H，FARR J L，SMITH M. Personnel Selection and Assessment：Individual and Organizational Perspectives［M］．New York：Psychology Press，2013.

第2章 / 人事测评的基本原理

学习目标

1.理解实施人事测评的基本过程。
2.掌握人事测评每个实施阶段的注意要点。
3.学习现代人事测评的几种主要方法。

人事测评，就是在现代心理学、管理学和行为科学等学科的基础上，根据岗位需求及组织特性，运用履历审查、面试、书面测验、绩效模拟测验等手段对人员进行客观测量，从而对其素质状况、个性特点、发展潜力等心理特征作出科学的评价。

此处所说的岗位需求与心理特征之间的关系就是人事测评所依据的“人-职”匹配理论，即关于人的个性特征与职业性质一致的理论，其基本思想是，个体差异是普遍存在的，每一个个体都有自己的个性特征，而每一种职业由于其工作性质、环境、条件、方式的不同，对工作者的能力、知识、技能、性格、气质、心理素质等有不同的要求。进行职业决策（如选拔、安置、职业指导）时，就要根据一个人的个性特征来选择与之相对应的职业类型，即进行“人-职”匹配，甚至是“人-组织”匹配。如果匹配得好，则个人的特征与职业要求协调一致，工作效率和职业成功的可能性就会高；反之，如果匹配得不好，则工作效率和职业成功的可能性就低。因此，对于组织和个体来说，进行恰当的“人-职”匹配具有非常重要的意义。而进行“人-职”匹配的前提：一是工作分析；二是对人的个体特性有充分的了解和掌握，而人事测评是了解个体特征的最有效方法，所以“人-职”匹配理论是现代人事测评的理论基础。其中最有影响的是个性心理学中的一些重要理论，包括“特质”论、“类型”论等。

2.1 人事测评理论基础

匹配理论是现代人事测评的理论基础。1935年，Lewin提出一个公式：B=f（P，E），B指个体行为（behaviour），P指个体（person），E指环境（environment）。他认为个体的行为是个体特质和环境共同作用的结果。从这一公式中可以看出，个体和环境都存在差异性和变异性，即每个个体有不同的知识、技能、能力或其他品质等，每个环境有自己的工作特点（如工作技能要求的深度或广度，工作技能要求的知识类型等），并且个体和环境处在时时变化中，个体与环境各自的特征共同影响个体的工作行为。基于这一思想观点，后期的学者逐渐提出了人-环境匹配理论（Schneider，2001）。人-环境匹配理论指个体与工作环境特征匹配时，二者能达到兼容和谐的状态。人-环境匹配有不同形式的匹配。Kristof-Brown，Zimmerman & Johnson（2005）总结人-环境匹配类型包括人-职业匹配、人-工作匹配、人-组织匹配、人-团队匹配和人-领导匹配。

人-职业匹配（person-vocation fit），这一形式的匹配强调个人职业选择与自身的能力兴趣等特征的匹配。霍兰德职业倾向理论是得到广泛应用的理论，他将人的个性特征分为六种类型，即现实型、研究型、艺术型、社会型、企业型和常规型，并认为不同个性类型的个体适合的职业也有所不同，比如现实型的个体不重视社交，而重视物质的、实际的利益，他们遵守规则，喜欢安定，感情不丰富，缺乏洞察力，在职业选择上，他们希望从事有明确要求，能按一定程序进行的操作性工作，如机械操作、电工技术等，而企业型的个体喜欢支配别人，有冒险精神，自信且精力旺盛，愿意发表自己的见解，他们愿意从事组织、领导的工作，如厂长、经理等（具体见第4章）。

人-工作匹配（person-job fit）指个人特质与岗位或工作的匹配。相比人-职业的匹配，人-工作匹配范围更为狭窄。Edward（1991）指出人-工作匹配有两个基本的组成部分：第一个部分是工作要求-能力匹配，指个体的知识、技能和能力与相应工作所要求的能力、知识和技能的匹配；第二个部分是需求-供应匹配，指相应工作所具备的特点能满足个体需要、目标和偏好等。

人-组织匹配（person-organization fit）指个体与组织的匹配。个体与组织的匹配强调较多的是个体个性与组织文化氛围的匹配，个体价值观与组织价值观的匹配，个体目标与组织目标的匹配。这三种类型的匹配都强调个体特征与组织特征的匹配，但强调的特征点有所不同。

人-团队匹配（person-team fit）指个人与工作团队的匹配。相比其他类型的匹配，人-团队匹配是较为新颖的概念。人-团队匹配强调个体与团队中其他同事目标、价值观或人格等方面的匹配。人-团队匹配会影响个体本身的绩效和行为，也会影响团队整体的绩效和行为。

人-领导匹配（person-supervisor fit）指个体与领导二者之间的匹配。这一类型的匹配主要强调个体与主管上级之间价值观、人格以及目标等深层心理特征的匹配。

Kristof-Brown，Zimmerman & Johnson（2005）利用元分析得出这些不同类型的匹配对个体员工的工作满意度、组织承诺、组织认同或工作绩效等有较好的正向预测作用，而对离职倾向、离职行为或感知工作压力等有较好的负向预测作用。

2.2　人事测评的基本过程及其实施

现在我们来接触具体的人事测评操作，首先要了解的是人事测评的基本过程。虽然人事测评可以划分成很多类别，但基本过程都是类似的。几乎所有的人事测评都有四个基本步骤：准备阶段、测评数据获取阶段、测评结果分析阶段和测评结果反馈阶段。

2.2.1　准备阶段

准备阶段的工作内容和工作效果是整个测评工作的基础，它直接关系到整个测评工作的展开和纵深发展，所以准备阶段的工作如果能做好、做充分，就可以为下一阶段的工作创造便利的条件，否则就会影响整个测评工作的进度和质量。准备阶段具体要做的工作主要包括以下几个方面：

1）确定测评目标

人事测评是整个人力资源管理工作的一部分，进行人事测评，首先要做的就是从人力资源管理的全局出发，确定人事测评所要达到的目标。任何人事测评的目标都要非常明确，要预先确定本次人事测评应在机构改革、人员配置和变动、员工激励、人力资源开发、制度建设等诸方面起到哪些具体的作用，以使这个测评真正服务于人力资源管理的大目标。如果没有明确的人事测评目标或者目标定位错误，极易导致为测评而测评，舍本求末、缺乏针对性，不能做到统筹兼顾，而且很可能会产生负面效果。

2）搜集必要的测评数据

因为人事测评是对员工的某些特性进行定性和定量相结合的测量和评价，所以提前搜集一些必要的测评数据和资料是很重要的，是实现人事测评定量化的前提，也是减少测评误差的一种手段。提前搜集的测评数据包括测评对象的基本信息，还有以前已测得的信息或个体档案中可以为当前测评提供参考的信息。

3）成立测评小组

人事测评在我国仍处于发展和完善的阶段，所以本身还有不完善的地方，还会引起一些人的怀疑或不理解，甚至是反对。同时，人事测评的具体方法还会打破一些常规，给某些部门、人员增加许多工作量。所以，建立测评小组领导班子是人事测评工作顺利进行的重要保证，也是人事测评日趋完善的前提。

另外，测评小组中还应有专业人员参加，他们能具体负责人事测评中的技术工作，对如何科学开展人事测评提供专业指导，这是进行人事测评不可缺少的基础性条件。

4）制订测评方案

测评方案的制订是准备阶段里最关键的一环，测评工作的开展都必须围绕和依据测评方案来施行，所以，能否制订出合适的测评方案是测评工作能否成功的重要条件。一般而言，制订测评方案要考虑以下几个方面：

（1）确定被试范围。

不同的测评对象，相应的人事测评会有不同的方法和测评标准，这就涉及工作分析或职位说明，这在后文中将会有详细的叙述。简单地说，确定测评对象范围有两方面的含义：一是确定要测评的是哪一类人员，是企业科技人员、企业管理人员还是企业行政人员；二是确定各类人员的范围，如企业科技人员包括企业中哪些人员，企业中的哪些人员属于科技人员的范畴，首先在哪个科室进行测评等。这些问题明确之后下步工作才可以确定方向。另外，由于人力、物力有限，全面开展各类人事测评会力所不及，所以，开展测评要统筹安排。

（2）设计和审查人事测评项目的构成体系。

第一次开展人事测评时，首先要按照测评目的设计测评项目的结构。如果不是第一次开展该项工作，就要对以前使用过的人事测评项目进行审查，看是否需要增加新内容，检查测评项目是否明确、直观、有效，测评项目的构成体系是否合理、完善，是否有重复或缺漏现象，确保测评项目体系科学而系统。

（3）编制或修订人事测评参照标准。

任何测评都需要可以依据的“尺度”——参照标准，人事测评也不例外。在编制人事测评参照标准时，要严格遵守人事测评参照标准的编制程序、方法和原则。另外，参照标准的制定过程本来就是一个不断完善的过程，不论是新编制的人事测评参照标准还是前次使用过的，都应该在新的测评开始之前进行重新检查和修改，如测评参照标准的内容是否合理和具有针对性，措辞是否简练，标准各等级的界限是否清楚和可操作等，这项工作在第3章会有详细的叙述。

（4）选择测评人员。

测评人员，也称主试，是测评工作的具体实施者，测评结果的好坏除了与测评项目结构、测评标准、测评方法以及一些其他组织保证有关外，很大程度上还取决于广大主持测评的工作人员的质量和数量。不同测评单位、部门可以根据自己的具体情况来确定测评人员的质量和数量。一般而言，确定测评人员的通用质量标准有：有事业心，勇于改革；办事公正，坚持原则；有主见，善于独立思考；熟悉被试的基本情况；有一定的实际工作经验；有一定的专业知识；做事认真细致、有条理，不容易出差错。从统计学原理来说，测评人员越多，人为评判造成的主观误差就越小，评判得出的结果就越客观。理论上由30名测评人员对一个被试进行测评的效果较好，但如果每次测评都找出30名测评人员也不实际，所以要根据测评的性质、方法和测评条件等具体情况来确定测评人员数量。

（5）选择相应的测评方法和测评辅助工具。

首先，不同的工作岗位要求人事测评选择合适的方法，使目标岗位的要求和测评方法相对应。因为不同的工作岗位所要求的测评内容是有很大差别的，要做到真正的人事匹配，就必须要根据岗位性质来选择测评方法。其次，不同的测评对象、不同的测评条件都要求测评方法有相应的改变，如对较高层次的管理者和对普通员工的测评之间就有测评人数的差别，前者肯定比后者的人数少、范围小，这点差别就会带来测评成本的不同，所涉及的具体测评方法也就可以有差别。另外，还需要确定测评的辅助工具和物品，如答题卡、2B铅笔、录像录音设备、秒表、计算机等。

（6）培训测评人员。

以上工作完成以后，还要对测评人员进行培训。测评人员是实际测评的具体实施者，他们必须对施测的每个环节非常熟悉，对测评的具体方法、每个操作细节都非常熟练，知道如何应对测评过程中出现的突发事件。所以，必须由专业人士对测评人员进行培训，培训内容包括测评纪律及其监控、测评的方法、测评的具体过程、测评的具体操作方法和程序步骤、本次测评有可能会出现的突发事件及应对办法等，要让他们做实际的演练。当然，如果请专门的机构进行测评，则不需要这个环节。

2.2.2　测评数据获取阶段

此阶段是实施测评的核心，是测评人员对被试进行人事测评获取测评数据的过程，供以测评的主要素材、评价的客观依据和数据基础都来源于此阶段。具体的工作内容可以分为三个部分：

1）测评前动员

测评前动员的目的是让所有被试明确测评的意义和目的，要求大家都能以积极配合的态度来参加测评，协助组织、人事部门做好对人员的管理，为合理使用人才、培养人才、选拔人才尽自己的一份力量。测评前动员可在不影响日常工作的前提下进行，先由测评领导小组的负责人动员每位中层干部，时间不要过长，要有鼓动性，然后再由中层干部回本部门进行动员。测评前动员必须由各单位、各部门的领导亲自负责，以加强测评的权威性。

2）测评时间和测评环境的选择

人事测评是在一定的时间和空间内完成的，所以，测评时间和环境的选择对测评结果有不同程度的影响。

测评时间时应根据测评的不同内容来确定。例如，测评工作的成效，由于工作成效这个测评内容变化频率较快，被试只要一测就有一定的工作绩效，所以两次测评间的时间间隔可以安排得短一些，而智力、能力的成绩相对稳定，要经过一段较长的时间才能发生变化，所以，对智力、能力的测评就不能像测评工作绩效一样，将两次测评之间的时间安排得那么短，而是需要将两次测评安排在较长的时间间隔上，这样才能收到较好的测评效果。另外，选择测评时间还应考虑是否会引起被试的疲劳或厌烦反应等因素，尽量选择被试工作状态正常的时段进行测评。

对环境的选择主要是要考虑测评现场是否适合被试完成所测任务事项。我们知道，在一个比较宽阔、阳光充足、无噪声的环境下工作、学习，会使人心情舒畅，注意力集中，工作、学习效果较好。有实验证明，在通风设备不好，空间窄小，照明不完备或照明过强、过弱，温度不适合，环境嘈杂的条件下工作、学习都会使人的不快指数和换气率增加，造成眩晕，使人心情烦躁、反应迟钝、易疲劳，妨碍记忆力，影响思考问题，工作学习效率都难以保证。所以，测评时要让被试在较好的环境中开展测评工作，使被试注意力集中、思维敏捷，提高测评准确性和测评速度。因此，在选择测评环境时要注意环境中的温度、湿度、整洁度、照明、噪音等因素。除了上述的物理环境，人文环境也应注意到，即保持整个测试的气氛良好，为此，主试的态度要保持温和，无论被试有什么特点和反应，都要表现出支持，不要对被试的反应表现出任何倾向性，否则会对被试产生暗示，从而影响测量结果的客观性。

3）测量数据阶段

测量数据阶段是主试对被试进行实际测量，从测评开始到回收测评数据的过程。此阶段中要注意保持测量的标准化，让每个被试都在同等的条件下接受测评。保证标准化测评的一个普遍做法是在测评前向被试宣讲指导语。测评指导语一般包括如下内容：

（1）人事测评的目的。

（2）强调测评与测验不同。

（3）正式测评前要做哪些预备工作。

（4）举例说明如何完成测评的项目。

（5）说明测评结果的处理和反馈安排。

指导语的时间应控制在5分钟以内，时间过长会引起被试的反感和抵触情绪。现代测评中的数据测量很多都是用计算机或一些自动化的辅助程序完成的，这样指导语就可以在机器上固定下来，否则就应打印成稿，和正式测评材料一起发给主试。

作为测试实施的阶段，要求主试严格控制整个测量的实施过程。验证被试的身份，防止作弊，防止与测评无关的因素的干扰，控制测试的进程，在允许的范围内回答被试的提问，作观察记录，处理意外事件。总而言之，要尽量保证测试实施过程的标准化。

2.2.3 测评结果分析阶段

如果说上一阶段是如何进行测量的阶段，那么这一阶段就是如何进行评价的阶段。统一回收好测评数据之后，要对所获取的原始数据进行“加工”处理，通常数据的处理是通过计算机进行的，有专门的统计方法和标准，处理结果可以通过数字、图表等形式表现出来，然后对这些数字、图表进行综合分析，通常分析要结合数字描述和文字描述两种形式。所谓数字描述是指利用测评结果的分值对被试的某些特性进行描述的方式，其中最常用的是平均分和标准分。这种描述方式是利用数字具有可比性的特征，多用于对被试之间进行比较，不一定适用于专业以外的人员参考。所谓的文字描述比较接近于通常使用的对人员进行评价的方式，便于领导、组织、人事部门参阅。在实际的人事测评中，常常会形成一个叫作“评价报告书”

的文字描述材料，这种报告书一般是综合性的，在对个体进行多项测试之后进行总评，如把个体的16PF人格测验测试结果、专业知识测试结果、数字测试结果加以整合，形成对个体较全面的非专业报告，以供用人单位和个体自己参考。

[案例2-1]

某员工进行了16PF人格测验，在测评结果分析阶段得到如下两种形式的描述。

他的数字描述是：

情绪心理状态健康者的人格因素：7.750

专注职业而有成就者的个性因素：4.800

富于发明创造能力者的人格因素：5.330

在新环境中有成长力的人格因素：3.500

事务管理能力较强者的人格因素：4.167

相应的文字描述是：

此人性格属外向型，为人开朗活泼，热情友善，处事爽朗明快，不会矫揉造作，不会刻意揣摩和计算利弊得失。决断性和自信心的水平不稳定，对于自己无把握的事情显得有些优柔寡断，缺乏果断性，对目标的专注程度和责任心有待提高，但在自己熟悉的领域表现得自信而有主见。

心理健康状况良好，对竞争和压力有一定的心理适应性，能保持平和稳定的心态，在新环境中有一定的适应能力，但仍需要注意加强应变的灵活性，注意观察和分析在新旧角色之间的差别，应根据环境变化和角色要求的不同及时调整自己的情绪状态和立场观点，尽快进入新角色。

有一定创造能力，可以从事需要发挥个人自主性的工作，比如研究工作、设计策划等工作，但事物管理能力一般，不善于处理琐碎繁杂的事物或关系，难于做有条不紊的、细致的安排，适于从事发挥个人才华的自主性较强的工作，比较容易满足，可以进一步加强进取心、敬业心的培养，争取不断提高自我修养。

2.2.4　测评结果反馈阶段

一个成熟的人事测评方案常常需要进行多次反复的校正或修订，而搜集、确定校正或修订的依据就是测评结果反馈阶段要完成的任务。因此，本阶段就是在测评结束后通过一些反馈途径来检查测评的效果。主要的途径有：

（1）通过跟踪被测评者的工作绩效，即根据事后与事实的符合度来对证测评的结论。

（2）可以在测评分数和绩效之间求相关系数，来判断测评的预测效度，并可据此对测评结果进行校正。

（3）测评结果的准确度还可以通过专家判断或群众判断来评判。

（4）测评结果的反馈还可以通过测评后员工的满意度来做指标。

2.3 现代人事测评方法简介

人事测评的现代方法有很多种，这里介绍几种常用的测评方法，并分别指出它们的优缺点和适用范围。

2.3.1 问卷法（questionnaire）

问卷法是指利用已编制的问卷，要求被试填写，再根据被试的回答来获取特定信息的一种快速而有效的方法。问卷的内容一般是要求被试对各种工作行为、工作特征和工作人员特征的某些方面（如重要性和频率）评定等级。

1）问卷的类型

问卷按答题范围划分有开放式和封闭式两种形式。所谓开放式问卷是指问卷对于被试的回答无限制，被试可以自由地、任意地回答问题。这种方式比较自然、灵活，所得材料更加可靠，但是材料的分析整理是比较困难的。所谓封闭式问卷是指问卷对于被试的回答已经规定了范围，被试只能在给出的几种答案中加以选择。这种方式易使被试受到暗示，从而降低所得材料的可靠性，但是材料的分析整理是比较容易的。

问卷的类型还可以按出题方式和功能等标准来划分。如果按出题方式划分，有图画式问卷和文字式问卷两类。所谓图画式问卷是指问卷中所有的题目都是以图形的形式出现，它的优点是没有具体的文字描述，也没有标准答案，可以激发被试的想象力，反映出被试的一些自然而深层的情况，缺点是答案形式分散，难于统计。所谓文字式问卷是指问卷中所有题目都以文字的形式出现，优点是形式固定，可以有标准化的答案，易于统计，缺点是对被试的文字理解能力有一定的要求，限制了被试的范围，而且也不能完全避免被试掩盖自己真实情况的问题。按问卷的功能划分也有两种类型：一是搜集资料型的问卷；二是测量某些特性的问卷。

2）问卷的编制原则

问卷编制中常用的题型有问答题、选择题、是非题、匹配题和填充题等几种，总的编制原则可以归纳成三个方面：

（1）在问卷内容方面，所出题目的内容要求具有代表性，符合测量工具的目的，避免贪多而乱出题目，而且题目之间要彼此独立，切忌一个题目的答案影响对另一个题目的回答。

（2）在问卷语言使用方面，要使用准确的当代语言，不要使用晦涩的词句，行文要简明扼要，最好一句话说明一个概念，不要使用两个以上的概念，否定句或双重否定句的复杂句式要特别标注出来。

（3）在问卷表达方式方面，要尽量避免主观性或情绪化的字句，避免诱导和暗示性的答案，避免伤害被试感情和涉及社会禁忌或隐私。

2.3.2　观察法（observation）

观察法是指主试有目的、有计划地在一定时间内运用感觉器官或其他工具观察员工的实际工作，用文字或图表形式记录、搜集工作信息的一种方法。它由计划准备、对特定对象的知觉观察、记录观察信息、对观察结果进行分析整理四部分组成。

观察法一般有以下几种划分方法。按观察的情景是否预先设置可将观察法分为有控制观察和无控制观察。在预先设置的情景中进行的观察叫作有控制观察；在自然情景下进行的观察叫作无控制观察。根据观察者是否参与观察情景可将观察法分为参与性观察和非参与性观察。观察者作为旁观者、不直接参与观察情景之中的观察叫作非参与性观察；观察者直接参与观察情景之中，他既是观察者又是被观察者，这种观察叫作参与性观察。根据对观察现象的取样可将观察法分为事件取样观察和时间取样观察。事件取样观察是指观察、记录预先指定的现象和行为事件，如观察某情景中的攻击性行为；时间取样观察则是在预定的时间间隔内对情景中的各种现象进行全面的观察、记录，如每月一次观察驾驶员在一天的早、中、晚的不同时间的情绪状态。根据观察时是否借助观察仪器可将观察法分为间接观察和直接观察。直接观察不借助任何仪器和手段而只凭人的感觉器官进行观察；间接观察则借助眼动仪、高速摄像机、采访机等仪器进行观察记录。

观察法应用最多的是系统的观察和有选择的观察。系统的观察是指对一些较为复杂的行为进行分步骤的或分部分的有序观察，最后再整合为整体的观察结果。有选择的观察是指对有重要意义的情景中的行为进行观察，并从中得到有关个体或群体在特定情景或任务压力下的行为特性的材料。例如，企业中观察当某一小组员工取得成功后受到奖励时，或者遭到失败受到批评时，小群体的行为、态度及工作效率有什么变化。

企业中常用的还有一种是自我观察法（self-observation）。所谓自我观察法是指被试自己对自己的行为进行观察并加以记录的方法。自我观察有利于被试自己对自己行为的监控。企业中常采用的“工作日志”就是自我观察的一种应用。对工作行为的自我观察有利于观察者对自己的工作进行总结和改进。另外，自我观察法也可以用于对学习成果的总结和提高，管理者可以根据这些员工的自我观察记录来评价其工作或学习的成果，但必须首先保证员工能如实地反映情况，这就涉及如何有效设计自我观察记录中的标准和记录目的问题。

1）观察法的操作原则

（1）观察的工作应相对静止，即在一段时间里，工作内容、工作程序、对工作人员的要求都不会发生明显的变化。

（2）适用于大量标准化的、周期短的、以体力活动为主的工作，不适用于以智力活动为主的工作。巴甫洛夫曾指出，“观察这种方法，只在研究比较简单的现象时才能应付自如，现象越是复杂，实验越是必要……观察只是收集自然界所提供的东西，而实验才能索取自然界的一切”。

（3）要注意工作行为样本的代表性。有时候，某些行为在观察过程中可能未表现出来，所以要保证选定的观察时段里能出现要观察的行为，因为有些行为并不经常出现，如要观察员工接待客户的礼貌行为，如果把观察时间选定在客户很少来访的时段，那么观察结果就可能不理想。

（4）观察人员尽可能不要引起被观察者的注意，至少不应干扰被观察者的工作。观察法的一个优势就是它强调在真实的生活、学习或工作环境中观察个体的行为表现，既要保证观测环境没有异常的布置，又要保证个体并不知道自己正在被观察，所以观察到的结果能反映出被观察者的实际情况，有效避免个体掩饰自己真实情况的可能性。

（5）观察前要有详细的观察提纲和行为标准。在运用观察法时，必须解决“观察什么”和“怎样记录”这两大问题。只有明确了观察的目的、任务，确定好纸笔或录音、录像等记录方法，观察才能富有成效，所以在观察前一定要有一份详细的观察提纲，这样在观察时才能及时记录应记录的细节。

（6）尽量使用仪器装备，并且事先训练观察人员。人的感觉器官的感知功能非常有限，有些现象无法直接通过感觉器官感知，或者不能及时、准确、完整地记录，比如被试在面对有压力情景时皮肤电、脑电、呼吸、心跳等的变化反应，主试无法单单凭感官来观察记录。更何况人不是机器，在观察时难免会因疲劳、分神、情感、主观偏见等因素影响观察的公正、全面、细致程度。所以，为提高观察的准确性、全面性和客观性，要尽量借助录像、录音、视线跟踪仪等观察仪器。另外，还要对观察人员进行培训和训练，使他们学会如何操作这些仪器设备，知道该怎样进行观察。

2）观察法的观察提纲

如前文所述，应用观察法时需要注意在观察前详细列好观察条目，即具体要观察哪些方面、哪些环节，因为自然观察法得到的结果缺乏可重复性，如果事先没有周详的准备，可能在观察过程中漏掉一些事后很难补齐的重要细节。

观察记录一般包括两大部分：一是被观察对象的基本信息，如姓名、性别、工作部门、工作年限、观察日期等；二是“要观察什么”的细化条目。表2-1是观察提纲的一个例子。

2.3.3 实验法（experiment）

观察法的缺点是难以确定因果关系，而且有时要观察的对象是可遇而不可求的，有很大的被动性，实验法可以克服这种缺点。实验法是指主试通过控制一些变量，创设一定条件，引起其他相应变量的变化，并以此来收集工作信息的一种方法。实验法主要可以分为两种：实验室实验法和现场实验法。

实验室实验法是指在实验室里进行的实验，主试使用各种仪器设备，向被试呈现刺激，记录反应，实现自动控制，从而使主试得到感兴趣的心理、行为等方面的

表2-1　工作效率观察提纲（部分）

被观察者姓名：________		日期：________	
观察者姓名：________		观察时间：________	
工作类型：________		工作部门：________	
观察内容：________			
1.什么时候开始正式工作________			
2.上午工作多少小时________			
3.上午休息多少次________			
4.第一次休息从________	开始到________	结束	
5.第二次休息从________	开始到________	结束	
6.上午共完成产品多少________			
7.与同事交谈多少次________			
8.每次交谈最短多少时间________	最长多少时间________		
9.室内温度多少________	湿度多少________		
10.噪音分贝是多少________			
11.出了多少次品________			

精确数据，对于模拟现实生活中的某些紧急情景，研究个体或群体在紧急情况下的心理和行为尤其有效。现场实验法既有实验法的优点又有观察法的优点，它也是由主试创设、控制一定的工作条件，在现实的工作情景中进行的。所以，两种方法的主要区别在于实验的地点是在实验室，还是在日常的工作现场，企业中比较常用的是现场实验法。

著名的“霍桑实验”就是在日常的工作情景中进行的，最初的研究目的是如何提高工人的工作效率。研究者从改善工人各方面的工作条件开始，然后逐渐恢复原状，结果无论条件如何变化，产量总是逐步上升，没有明显的起伏。经过他们同21 000名员工的谈话，发现影响工人生产积极性的主要是心理因素和社会因素。工人原先因为社会地位低下，积极性不高，实验开始后，他们感到受到重视，不管工作条件如何变化，都比平日努力，就是没有参加实验作业的也不甘落后，比着干，产量普遍提高。于是研究者得出结论，生产效率主要取决于员工的积极性——取决于员工家庭和社会生活以及单位中人与人的关系。这一现场实验研究也成为组织管理领域最具代表性的研究之一。

1）实验法的操作原则

（1）尽可能获得被试的配合。

（2）严格控制各种变量，即影响结果的各种因素。

（3）设计要严密。

（4）变量变化要符合实际情况，不要无意义的变化。

（5）不能伤害被试。

2）实验法的具体操作

例如，装卸工装卸货车上的货物，一般是4个人合作，30分钟可以装满一辆10

吨的货车。在实验法中，先由两个人合作，再由3个人合作，最后由5个人合作，任务都是装满一辆10吨的货车，看结果各用了多少分钟，其中哪一组合作效率最高。在此实验中，合作人数的变化是由主试控制的，是实验的自变量，装货时间是实验最终要得到的结果，是实验要考察的变量，是实验的因变量。

2.3.4 测验法（test）

人事测评的另一类常用的方法是测验法，即设计各种形式的测验来研究人事管理领域里的问题。

1）标准化的纸笔测验（standard paper-pencil test）

在人事测评中，标准化的纸笔测验就是使用纸和笔就能进行的测验。这类测验在实施过程中，一般不需要借助其他工具和手段。标准化的纸笔测验一般有事先确定好的测验题目、答卷，以及详细的答题说明，测验题目往往以客观题居多，但也有不少是主观自陈评价题。有的测验限定时间，有的则不限定时间。被试的任务一般很简单，只需按照测验的指示语回答问题即可。一个标准化的纸笔测验系统还包括客观的计分系统、解释系统、良好的常模，以及令人信服的信度、效度和项目分析数据。大多数智力测验、人格测验、成就测验、能力倾向测验等，都采用纸笔测验的形式。

标准化的纸笔测验之所以被广泛采用，是因为它有许多其他类型的测量方法所无法替代的优点：

（1）方便性。这种测验很容易实施，测验一般有详细的实施说明。一般就单一的测验而言，即使是没有受过任何训练的主试，也可以在很短的时间内学会如何操作测验的施测过程。这就使一些非专业人士也可以很好地使用这些测验。

（2）经济性。这类测验通常可以团体施测，可以节约大量的精力和时间，在较短时间内获得应试者的大量信息。

（3）客观性。纸笔类测验较为客观，它往往有标准化的实施说明、计分系统和解释系统。测试结果受测试实施者和计分人员的主观因素影响较小，可以保证在公平的前提下进行测验，应试者比较容易接受和信服。

当然，标准化纸笔测验同样有它的不足之处，这主要表现在以下三方面：

（1）受测验的形式制约，它无法对被试实际的行为表现进行测量，如口头表达能力、操作能力等。

（2）纸笔测验的实施较为程式化，我们只能搜集到测验中所考查的信息，而对于测验外的信息就很难知晓。

（3）纸笔测验中有标准答案的测验（如能力测验），并不能完全避免考试技巧和猜测因素的影响，而那些没有所谓标准答案的主观自陈形式的测验如人格测验，也往往无法完全避免应试者掩饰自己的真实情况的问题。

随着计算机信息技术的飞速发展，目前大部分的纸笔测试都被编成计算机测试程序，出现在计算机网络上，这部分纸笔测试也就变成了“人-机对话”测试。与传统的纸笔测验相比，“人-机对话”测试具有使测验更加客观化、便于控制测验程序、测验评分便捷等方面的优势。

到目前，那些客观化的纸笔测试基本上都有“人-机对话”模式的测试，而主观性的纸笔测试还暂时不能被完全计算机化。但“人-机对话”测试有许多功能已开始超过传统的纸笔测试。最突出的是计算机化自适应测试（CAT）和计算机化情景模拟测试。计算机可以根据被试的回答来及时调整题目的难度，选择适合被试水平的题目难度，使项目反应理论应用于实际成为可能，从而成功实现自适应测验。计算机处理速度非常快，对于类似下棋一类的情景模拟测试，可以很快地计算出有哪些路径可以走，而且可以快速判断什么路径最好，还可以记录被试的每一步操作、判断，能较好地对被试作出评价，而这种评价过程很复杂，往往是人工很难甚至是无法实现的。另外，“人-机对话”测试可以很好地控制题目的呈现方式，控制测试的每一个环节和步骤，使测试过程更加标准化。

2）投射测验（projection test）

投射测验主要用于对人格、动机等内容的测量。这类内容通常不可能建立具有标准答案的题目，被试主要是进行主观评价和自我陈述，其回答并无正误之分。投射技术一词于1939年由富兰克首先明确提出。在20世纪四五十年代，投射测验仍在评估中占主导地位。不过，相对说来，投射测验在人事领域中运用较少，通常用于临床鉴别。

投射测验要求被试对一些模棱两可或模糊不清、结构不明确的刺激作出描述或反应，通过对这些反应的分析来推断被试的某些心理或行为方式的特性。其逻辑假定是，人们对外在事物的看法被认为含有丰富的信息量，反映着其内在的真实状态或特征。例如，设计一幅没有任何含义、模糊不清的墨迹图，要求被试看了墨迹图之后展开联想，回答主试提出的问题。投射测验的三个主要特点是它的非结构性、掩蔽性和整体性。

（1）非结构性。这是指投射测验使用非结构化的任务作为测试材料，即允许被试产生各种各样不受局限的反应。为了促使被试充分想象，投射测验一般只有简短的指示语，测验材料也是含义模糊、模棱两可的。由于测验材料的模糊性，被试的反应较少受到情景线索和他人观点的影响，往往会表现出被试真实的内在感受、需要、个性、情绪、动机、冲突、防御等心理内容。采用投射测试可以测试出被试人格的更真实的面貌。

（2）掩蔽性。这是指测验目的的隐蔽性，被试一般不可能知道测验的真实目的，也不知道对自己的反应将作何种分析和解释，减少了被试伪装自己的可能性。当主试不是专业人士时，他也不知道测验的含义，这样测验中就可以避免主试情绪、表情、话语等主观因素对被试的额外影响，能发挥双盲测验的优点。

（3）整体性。这是指投射测验关注的是对人的总体评估，而不是对单个特征的测量。在对投射测验的结果进行解释时，要特别注意此特点。

概括而言，投射测验可以使被试不愿表现的个性特征、内在冲突和态度更容易地、更真实地表达出来，因而在对人格结构、内容的深度分析上有独特的功能，它在临床领域有一定的应用前景。但是，对于投射测验也一直存在相当多的批评：

（1）由于对投射测验结果的分析一般是凭分析者经验作出的主观推断，其科学性有待进一步考察。

（2）投射测验在计分和解释上相对缺乏客观标准，人为性较强，不同的测验者对同一测验结果的解释往往不同，很难保证人事测评的公平性，并且投射测验的重测信度也很低。

（3）投射技术是否能真正避免防御反应的干扰，在研究上并未得出一致结论。

（4）投射测验一般为个体测验，不仅测验时间长，分析结果所需要的时间也很长，实施起来耗费精力。

（5）投射测验对主试和评分者的要求很高，一般只能由经验丰富、有专业背景的人担当。这种局限使一般的人事管理人员无法直接应用投射测验，测验的传播受到影响。

虽然投射技术面临这么多批评，但心理测量学家们并没有放弃在这方面的努力，他们一直致力于使投射测验更加客观化和标准化。例如，经过改进的主题统觉测验利用内容分析的方法评分，对个体的成就动机、亲和动机、权力动机进行评估，使该测验具备了一定的客观性。相信通过不断改进和完善，投射测验将会在人事测评领域发挥其独特的作用。

3）行为模拟测验

这类测验自出现以来就受到应用界的欢迎，主要原因是行为是外显而可见的，可以客观而直接地说明问题。几十年以来，人们一直在设法通过设计各种情景尽可能接近自然地观察人们的各种行为反应。

其中，在人事测评领域里经常用的行为模拟测验有情景压力测验和模拟情景测验两种。情景压力测验（situational stress test）是指由主试向被试布置一定的任务或作业，让被试尽力去完成，借以测评被试在一定压力下的行为表现。模拟情景测验（situation simulation test）是指通过人为地模拟一个尽可能真实的工作环境作为测试情景，要求被试在此情景中完成一定的任务或作业，观察被试完成任务的过程和得到的结果。模拟情景测验和情景压力测验的唯一区别就是情景压力测验中被试处在真实的情景中，而模拟情景测验中被试是处在一个虚拟的情景中，这个虚拟的情景可以根据测验的需要迅速而不断地变化，借以充分地考查被试在不同情景中的表现。角色扮演测验（role play）就是一个典型的模拟情景测验。所谓角色扮演测验是指主试赋予被试一个假定的角色，要求其想象自己成为这个角色，并按照这个角色的要求来完成特定的任务，主试观察并评价被试角色扮演的行为过程及结果。如在招聘中层管理者时，考官可以扮演一个有思想矛盾的基层员工，要求被试扮演一个调和矛盾的领导者。为考查被试的实际应变能力，考官还可以扮演各种类型的员工，变换出各种矛盾情景让被试解决。

4）工作模拟情景的综合类测验

这类测验类似情景模拟测验，但任务是系列的，目的是抽象、集中地测评被试的综合能力，是考查实际工作中管理人员掌握和分析资料、处理各种信息以及作出决策的一种工作活动。典型的一类测验是公文筐测验（in-tray test）。公文筐测验又称文件筐测验，是让被试在事先安排好的假想情景中扮演某种管理者的角色，处理一系列的任务和文件，这些文件通常放在公文筐中，公文筐测验因此得名。管理领域里常用此测验来测查被试的计划、预测、决策、沟通等管理能力，适用对象主要是具有较高学历的人（大专以上）或企业的中、高层管理者（部门经理以上）或其他现有管理人员。

公文筐测验的优点主要体现在两方面：一是情景性强，测验时把被试置于模拟的环境中去完成一系列的工作，与通常的纸笔测验相比，显得生动而不呆板，较能反映被试的真实能力水平。与其他模拟测验相比，它提供给被试的背景信息、测验材料（文件材料及问题）和被试的作业（答题）都是以书面形式完成的，一方面考虑被试在日常工作中接触和处理大量文件的需要，另外一方面也考虑使测验便于操作和控制。二是综合性强，测验中所用材料涉及经营、市场、人事、客户、公共关系、政策法规、财务等企业组织的各方面事务，考查计划、授权、预测、决策、沟通等多方面的能力，以此来对高层管理者进行全面评价，不仅可以从多维度评定一个人的管理能力，还能挑选出有潜力的管理人才。

2.3.5　组合测评

上述几种方法中，问卷法和观察法属于社会科学常用的方法，而实验法属于自然科学常用的方法，但这些方法不是相互孤立、相互排斥的。人事测评作为一门交叉学科，可以应用多种领域的多种方法，而且，现实中的人是复杂的，是由许多不同的层面整合而成的，在不同环境条件中有相应的丰富变化，所以人事测评有时需要结合多种方法进行综合测评，全面考虑后再评价个体。在实际应用中，企业常常根据自己的实际需要，自己设计方案，把多种方法组合起来使用，常用的组合形式有三种：针对人事测评目的的组合，针对岗位与职务的组合，以及针对企业文化的组合。

1）针对人事测评目的的组合

这种组合方法是针对不同的人事测评目的（如招聘、选拔、培训、调动等）来组合不同的测量工具。我们知道，招聘可能采取淘劣的策略，也可能采取择优的策略，这取决于待定职务和人才市场的供应，如选拔、晋升一般都是采取择优策略的。策略不同，测量的内容也不同，工具的选择就可能不同。至于培训，我们既不必考虑择优或淘劣针对岗位与职务的组合，也不必过于追求全面，测量内容与工具的组合又不同。

2）针对岗位与职务的组合

此种组合针对要评价的不同岗位、职务来确定不同评价的内容，选择的测量工具也就有所不同，或者即使工具相同，设定的标准也可能不同。很显然，针对管理者的测量不适用于针对普通员工的测量，针对商场售货员的测量不适用于针对生产流水线员工的测量，而针对销售人员的测量也不适用于针对财会人员的测量。这就是所谓的因人而异、因事而异原则。

3）针对企业文化的组合

企业文化主要是指企业的指导思想和经营哲学，包括企业的价值标准、共同理想、道德规范、行动准则等。每个企业都有自己独特的历史，都可以形成自己独特的企业文化。正由于各个企业的文化水平和侧重点不一样，所以它们对员工特性的看法和侧重点也就不同，这就造成不同企业不同的人事测评标准。即使是针对同一个层次、同一个职位的评价，也可能会设定相当不同的内容和标准。举个例子，美国某著名汽车销售公司比较看重自己员工是否在业务才干、成就动机和人际关系三方面有突出的表现，而欧洲的某一著名汽车销售公司则认为合格的员工应该在业务能力、个性和动机等方面具备一定的素质。除此之外，一些跨国公司还依据当地的文化和风俗对自己的用人标准加以调整，即充分融合当地的文化习俗于自己的人事测评中。

[案例2-2]

各个企业的文化往往可以用别具一格几个字概括各自经营风格，这几个字也就是企业文化的核心和主线。美国国际商用机器公司的企业文化是“服务”，麦当劳快餐公司的企业文化是“质量、服务、清洁、价值”，迪吉多公司的企业文化是“欢迎光临，宾至如归”，得尔塔航空公司的企业文化是“自己一家人”。将企业文化作为一种现代管理手段，其目的就在于把企业的价值观念进行内化控制，让企业成员以这种共有的价值观念为准则来进行自我约束。落实到人事测评领域中就是通过测评内容来促使员工行为更符合共同的价值观念。很多企业的人事测评中融入关于企业文化的考核，以此作为促进员工内化所属企业的独特文化的重要手段，借以增强企业的内聚力、向心力和能动力，使全体员工协调一致，共同努力，最终为实现企业的共同目标而奋斗。

本章小结

人事测评的基本过程是：准备阶段→测评数据获取阶段→测评结果分析阶段→测评结果反馈阶段。

在人事测评的准备阶段里要完成确定测评目标、搜集前期数据、确定测评小组成员和制订测评方案四个主要任务。其中制订测评方案是最关键的。

人事测评数据获取阶段是实施人事测评真正的开始阶段，要选用特定的工具和方法，在适当的环境和时间里对被试进行测量。

分析阶段是对测得的数据进行分析和描述，描述的形式有数字和文字两种。

反馈阶段需要搜集关于人事测评效果的反馈信息，并以此为依据对整个人事测评进行校正或修订。

问卷法是通过让被试填写问卷来搜集信息的一种方法。按不同的分类标准，问卷可分为开放式问卷与封闭式问卷、文字式问卷与图画式问卷、搜集资料型的问卷与测量某种特性的问卷。

观察法是通过观察员工的工作表现来搜集信息的方法，按不同的分类标准可分为有控制观察和无控制观察、参与性观察和非参与性观察、事件取样观察和时间取样观察、直接观察和间接观察等。

实验法是创设一定条件，引起人们的某种心理和行为变化并进行研究的方法，它对因果关系的探讨是极富成效的。

标准化的纸笔测验具有方便性、经济性和客观性的优点，广泛应用于人事测评中。目前许多纸笔测验都已被发展成“人-机对话”测试。“人-机对话”测试具有更加客观、便于控制测验程序和评分便捷等优点，而且“人-机对话”测试在自适应测试和情景模拟测试等方面超越了纸笔测试的功能。

投射测验是呈现给被试一些模糊而没有确定意义的测验材料，让被试对此作出描述或反应，再通过对这些反应的分析来推断被试的某些心理或行为方式的特性的测验方法。

公文筐测验又称文件筐测验，是让被试在事先安排好的假想情景中扮演某种管理者的角色，处理一系列的任务和文件，并就此考查被试相关能力的测验方法。

组合测评是根据不同的复杂情况将多种测评方法组合使用。常用的组合方式有三种：针对人事测评目的的组合、针对岗位与职务的组合以及针对企业文化的组合。

关键概念

匹配理论　人事测评的基本过程　问卷法　观察法　实验法　测验法　投射测验

课堂讨论题

1.人事测评分哪几个基本步骤进行？每个步骤要完成的任务是什么？

2.编制问卷应该注意哪些问题？

3.实验法与观察法相比各自的优缺点是什么？

4.投射测验为什么在目前的人事测评中应用不多？

5.试为下列观察任务列一观察提纲：

观察不同工作年龄（1年和5年）的推销人员在推销同一新产品时的策略分别是怎样的。

复习思考题

1.匹配理论的主要内容有哪些？

2.人事测评的基本过程是怎样的？其中应该注意哪些环节和事项？

3.观察法为什么要制定观察提纲?

4.观察法有哪些不同的分类?

5.测验法有哪些种类?你能分别说说每种测验法的优缺点吗?

6.行为模拟测验的含义是什么?它与观察法相比有什么不同?

7.试评价实验法在人事测评中的应用意义。

8.案例分析题

企业在人才测评上的投入现状

1)投入时间

调查显示,超过一半的企业(59%)是在近3年内应用人才测评技术的,其中在近2年内应用的占到49%,而3年以上的仅占22%,最近2~3年是中国企业将人才测评技术引入人力资源管理的发展期。

2)采用途径

大多数应用人才测评的企业(54.9%)是通过自己的人力资源部门来开发应用人才测评技术的。在问及已应用人才测评技术的企业今后选择采用人才测评技术的途径时,尽管仍有38.5%的企业倾向于自我开发,但是选择比例有了明显下降,而且对今后倾向采用途径的选择也发生着一些微妙的变化。

3)经费投入

多数企业在人才测评上的投资预算偏低,而且与目前市场上有关人才测评技术的产品和服务价值不吻合,由此在一定程度上限制了人才测评在企业应用和发展的空间。

4)工具的技术类型选择

目前相当一部分企业使用的还是纸笔测验、手工阅卷(48.3%)和基于Windows的单机版测评软件(24%)方式。从未来选择测评工具的趋势看来,C/S架构的测评工具将不被看好,而B/S架构由于自身具有易应用、易维护和易升级以及有助于提高企业工作效率等优势而备受关注。

5)应用功能的广度和深度

目前企业将人才测评功能应用在人力资源管理中最多的依次是人员招聘与选拔、培训和发展、绩效考核、人力资源规划等。而未应用人才测评的企业也认为今后最需要将人才测评应用在人力资源管理中的亦是这几个职能。

6)将深入使用的人才测评功能

已应用人才测评的企业认为,在未来两年,对"员工职业生涯规划"(增加9.2%)、"员工心理辅导"(增加8.7%)和"团队诊断"(增加4.5%)的功能需求将加强。这显示出现代企业人力资源管理越来越关注"人"的问题。

7)人才测评应用的价值回报

调查数据表明,在企业应用人才测评的价值回报因素方面,认可度较高的有:"提高了人员招聘的有效性"(48.1%)、"提高了培训的针对性"(46.4%)、"提高了人员选拔的科学性"(45.5%)、"提高了HR的业务效率"(43.8%)、"有利于吸引和保留人才”（43.4%）。这充分展示出人才测评在企业人力资源管理中所发挥的重要作用和意义。

8）选择人才测评的决定因素

在选择人才测评产品或服务供应商时，已应用人才测评的企业和未应用的企业主要考虑的因素表现出了一致性，“功能与自身需求吻合程度”成为考虑的首要因素，而“是否有成功客户”和“产品与服务的价格”则并非是企业在选择人才测评产品或服务供应商时考虑的主要决定因素。这表明人才测评市场只有提供具有个性化和针对性的产品以及度身定做的服务才能真正满足企业的需要。

9）成功应用人才测评的关键要素

调查发现，超过一半（56.2%）的企业认为“决策层的重视和参与”是成功应用人才测评的最关键因素。“是否拥有人才测评的专业人士”、“专业的咨询和培训支持”及“科学、严谨的项目管理”也被较高程度地认为是企业成功应用人才测评的关键因素。

资料来源　作者根据中国人力资源网相关资料整理。

思考题：

你认为哪些人才测评项目上的投入效果更明显？

补充阅读材料

心理测量技术在人才测评中的应用

一、对现行测评方法的评价

（一）问题的提出

随着国家人事制度改革的不断深入，人才测评已经有了一个可喜的开端，尽管尚有不尽如人意之处。然而“如何测好”的问题又刻不容缓地摆在我们面前。十年间，我们在探索“如何评价”人才方面，已经取得了一定的进步。例如，在人才选拔过程中，重视思想政治素质，强调人才的实际能力，以及开始了向社会公开招考、择优录用的大胆尝试。但是，人才测评工作仍然存在一些薄弱环节，例如，虽然建立了考试机制，但缺少统一的标准；在考试的内容上，多偏重于知识考查，忽视发展潜能的预测；在考试技术上，沿用教育测量的做法多，借助于多种科学，引用新技术的尝试少。尽管考试录用人才的做法已赢得社会和用人部门的认可，但是高分低能的问题仍未能得到解决。总之，我们的任务十分艰巨，要使人才测评工作再上一个台阶，我们有必要对考试方法进行新的探索和研究。

（二）考试内容的分析

既然我们选拔录用人才是以“因事择人，专用一致”为原则，那么岗位需要就是我们考试内容设计的依据。下面从影响工作成绩的因素出发，对人才录用中应该考查的内容进行分析。

（1）智能因素：主要包括知识、智力、能力倾向、实践经验。

①知识与工作绩效。

知识是个人经过有目的、有选择地学习后，在头脑中形成的有系统、有层次的结构体系。知识与工作绩效关系密切，它是做好工作的基本条件。正因为如此，目前我们的人才录用考试在知识的考查上比重都较大。对知识的考查，一是看容量，二是看结构的合理性。后者对工作绩效的影响更为直接。

这两年来，对学识的考查有过争论，有人主张学识并不是推测潜能的指标，智力与能力倾向测验对潜能的预测才更有意义。这种观点认为，管理人员的发展，主要取决于基本才能的具备和运用，而非取决于某专业方面的知识有多少。

②智力与工作绩效。

所谓能力是指人的认识能力和行为所达到的水平，亦可称为一般能力。智力与知识互相联系，但不是一回事，一个人的智力水平高，将有助于他尽快地接受和掌握知识；反过来知识的不断积累，又有利于智力水平的提高，但是智力的提高与知识的积累并不成比例。

关于智力与工作绩效的关系，目前尚有争议。但大多数人认为智力因素是选择人员的必要条件。不过也有研究表明，当智力均已达到中等水平以后，它与工作绩效关系甚微，尤其是在执行类人员中，高智力很可能导致低绩效。即使是在指导类管理者中，智力也并非越高越好，因为过于聪明的人制定政策往往容易脱离实际。所以有些国家在制定选人原则上，对常识、智力采取封闭式标准，即规定录用的最低限和最高限。

③能力倾向与工作绩效。

能力倾向的含义，有广义与狭义之分。广义地说，它包括人的身体条件、智能、性格、兴趣等是否适合于某个方面的职业领域。狭义地说，它是指为了有效地进行某种特定活动所必需的特殊能力。

值得指出的是，人的能力倾向是尚未接受教育训练的潜能，它同经过学习训练而获得的才能是有区别的。

能力倾向与智力之间无必然的联系。心理学的实践证明，人的特殊能力与智力的关系很小。一个人具有较强的智力水平，可能会有一些特殊的才能，但也可能缺乏某些如音乐、美术等方面的特殊能力。而那些有美术、音乐才能的人，其聪慧性，既可能在平均者之上，也可能在平均者之下。所以，我们不能从一个人的能力倾向来推测他的智力，同样也不能从他的智力水平来推测他的特殊能力。

能力倾向与工作绩效的联系是比较明显的，如果一个人的能力与他所从事的工作特点相匹配，那么他就容易取得成功。我们提倡“用人所长”就是这个道理。

在第二次世界大战以后，心理学的主要贡献就是在能力倾向测验的发展上。现在有很多研究迹象表明，智力测验越是趋于一般化，其价值越低，能力测验如果能突出特殊性就等于提高其价值。在我们现行的考试内容设计中，大家似乎已经注意到这个因素的重要性，但在考查手段上还是一个薄弱环节。

④实践经验与工作绩效。

实践经验是指从亲身参加活动或者直接观察活动中得到的知识、技巧和行为方式。实践经验与工作绩效之间的相关性是显而易见的。尤其对于政府机关的执行类人才来讲，在某种意义上，经验比学历、知识更重要。当然三者又不可截然分开。

值得指出的是，一个人被录用前的实践经验与他将要从事的工作性质是正相关时，他的实践经验才能继续获得用武之地，否则将没有考查意义。

（2）非智能因素：主要包括政治素质、成就动机、社会适应性、身体条件。

①政治素质与工作绩效。

政治素质主要是指一个人的政治立场、信仰和态度倾向，主要体现在思想觉悟、道德情操和价值水准上。政治素质将决定工作绩效的方向，是人才考核中不可忽视的主要指标。

②成就动机与工作绩效。

成就是指一个人在工作中达成组织或个人目标所设置的期望值。实践证明，工作绩效的大小，取决于一个人的能力与成就动机的强度，即强度较高的成就动机将有助于取得工作上的成功。但是，成就动机也并非越高越好。有研究表明，成就动机处于中等强度时，工作绩效最佳。

近年来，英美国家又发展了一种新的笔试，要求个人撰写本人的未来“自传”，设想个人今后五至十年的工作计划，以此测验应试者的成就动机和筹策能力，从而发现最合适的管理人才。

③社会适应性与工作绩效。

社会适应性是指人与社会相互作用时的心理承受水平以及自我调节能力，它包括人的气质、性格、应激能力等心理指标。

社会适应性对工作绩效的影响反映在人才身上是比较直接而且明显的。例如，在智能指标基本相同的前提下，不同气质类型的人对待同一样工作表现出的活动方式和工作效果是不一样的。应该说，每一个人的社会适应性都是针对特定环境而言，并且具有适应性强与弱的区别。

社会适应性虽然不是选拔、考核人才的重要指标，但是它在实际工作中又无时无刻不在影响和制约着一个人对知识的运用、经验的积累和才能的发挥。在特殊的情况下，它将起到比智能因素更为重要的作用。例如，在应激状态下，一个人的情绪稳定性和应变能力往往比智力显得重要。事实上，对于从事行政工作的人才来说，其工作上的受挫或失败，因为适应、自我调节能力差者多，由于知识欠缺、经验不足者少。

④身体条件与工作绩效。

身体健康、精力充沛是取得工作绩效的前提和保证。当然，影响工作绩效的除了以上主观因素外，还有环境因素，在此不作讨论。

（三）考试手段的开发

工作岗位所需要的考核内容，只有借助于有效的测量方法才能考查。由于我们录用考试的对象——人——是一个受多种因素影响的复杂整体，所以我们的考核就要借助于多种方法和手段才能获得有参考价值的资料，尤其是知识老化的周期已经大大缩短，单纯的知识积累和一般能力的培养已不适应形势的需要。新形势要求选拔具有应变能力的人才，而这种人才需要通过多方面的测验才能发现。因此，各国主张考试内容应包括以下三个方面：

（1）知识测验主要包括基础知识和专业知识两部分，目前行政工作逐渐向专业化发展，因而更注重应试者的专业知识。

（2）智力测验主要包括对空间能力、察觉能力、归纳能力和语文能力的综合测验。

（3）技能测验主要包括应试者处理实际问题的速度和质量，应试者的领导才能和处理人际关系的能力，以及检验其对知识和智力运用的程度和能力。

因此，如何舍各种考试方法之短，取各种考试方法之长，通过多种教育形式的综合运用，来选拔具有独立思考能力和应变能力的人才，已成为各国发展趋势。英美等国在这方面曾作了一些尝试和改革。在国内，随着管理学、考试学、心理测量及计算机技术的不断发展和完善，能够科学、客观、全方位地考核人才已经从可望变成了可能。根据考试学和心理测量学的理论，对于人类智能的考查可以通过一系列规范化的测量方法得以实现。只是在实施中需要付出艰苦的努力，这里既包括严谨求实的研究作风，又要有走出经验框框的创新意识。

二、心理测量简介

（一）心理测验的性质

从1905年第一个作为测量人智力的工具的比纳-西蒙智利量表问世至今，心理测验就面临着两种对它的应用和发展的错误态度：一种是未思索、探索其原理、内容、方法，就妄加批评；另一种是盲目迷信，夸大测验功能，且对测验结果的解释极不慎重。这两种态度的共同原因之一都是对心理测验的性质缺乏足够的认识，因此，有必要在此阐明心理测验的性质。

为了论述方便，先从物理测量谈起。一般来说，在长度、时间、重量之类的物理测量中，对测量结果的描述几乎是没有争议的。这是因为它们是直接测量，它们的操作方法或规则（法则）已经被人们所接受。而对于大脑的产物——心理现象来说，就不能直接测量，但是人的心理必定会在人的具体活动和行为中有所表现，倘若我们对智力或人格特征这些测量对象有着明确的操作定义，便可根据它寻找一组作业或刺激（实际上就是一组测题或问卷）用以引起被试的行为，从中推论出其智慧能力或个性特征。譬如，要测量智力，便需要首先弄清“智力是什么”“哪些活动是智力活动”，而后才能定出一组作业，让被试对此作出反应，借以得到他完成这组作业的成绩，而此成绩就是他的智慧效率。然后我们就由直接测得的智慧效率推测他的智力。由此可见，心理测量是间接的测量。

其实，这种间接测量的方法，不只在心理测量上采用，在物理测量上有时也会采用。例如，测量室内气温的高低，我们只是从温度表上水银柱的升降而获知气温的高低，并不直接测量气温的高低。这是因为水银柱的升降是气温变化引起的结果，测量了水银柱的高低就是测量了空气的温度。

（二）心理测验是人才测评方法的补充

由于现代人事管理的目的就是追求人与事的有效配合，追求使用科学方法甄选适当的人才，以提高工作效率；也由于心理科学的发展，已经能够相当有效地测定人类若干心理与工作效率之间的关系。因而，目前在国外的人事考核与选拔方面，除了应用档案审查与面谈手段之外，已比较普遍地使用心理测验的技术方法。无论对企业管理人员，还是对机关工作人员的选拔或晋升，往往都必须经过各种心理测验来决定取舍。当然，在国外，人们对心理测验的认识和评价是不一致的。但是，这不能否认心理测验具有一定的科学意义。行为管理学的研究成果证实，由于人与人之间存在着个别差异，因此不同人就会对同一工作有着不同的适应性，不同的工作也就自然要求具有不同个性心理特征的人来承担。在工作性质与人的自然属性及智力发展水平之间存在着一种镶嵌现象。每一种工作都有一个能力界限，它只需要恰如其分的某种智力发展水平。一个智力发展水平偏低或智力平庸的人，去从事一种复杂或比较精尖的工作任务时，往往会感到自己力不从心，产生焦虑心理，严重的还会由于团体压力而出现心理障碍或人格异常。因此，通过心理测验来区别人们心理特征与智力结构水平的高低，并根据人们的智力发展水平来分配不同的工作，能够真正做到“人尽其才，才尽其用”。由此看来，心理测验完全可以配合其他考试评价方法，从不同角度去考核人才心理素质结构的不同侧面。诚然，作为完善的人才选拔考核方法还有待于多种方法的综合运用。

三、能力倾向测验

（一）能力倾向测验的性质

鉴别能力的测验方法，是伴随着实验心理学发展起来的。目前，这类方法在国外已被广泛应用于发现人才和员工考核的工作领域。

人的能力倾向是客观存在的，并且总是在一定的质和量的界限中表现出来，因而对于人的能力结构和倾向，不仅可以定性分析而且可以定量分析。所谓能力倾向，即构成某种知识、技能和一定行为模式的各种个人特质的状态的组合。它是一些对于不同职业的成功，在不同程度上有所贡献的心理因素。其本质可概括为两个方面：

（1）具有预见性或潜在的可能性，即现在的身心状态及诸特性，能作为预见将来的兆头，否则测验就无价值。

（2）具有稳定性和恒常性。作为能力倾向的身心状态及诸特性必须在较长时期内相对稳定，否则就无法作为预测未来的依据。

能力倾向测验的作用是测量报考者目前的能力倾向性，由此来推测他们的潜在能力及预测他将来经过进一步的训练和实践锻炼后可能取得的成就。所以说，能力倾向测验只能预测一个人将来在某方面的“可能”成就，并不能保证他在某方面的“必然”成就。因为一个人的能力倾向能否获得充分的发展，与他的身体状况、兴趣、爱好、学习态度、工作动机、机会等条件都有关系。

（二）能力倾向测验的设计原则

由于能力倾向是潜在的可能性，所以测验方法必须以基础特性中具有预见性的东西为对象。在测验的设计中，必须选择不产生练习效果的内容作为刺激的课题，因为从对容易受到学习和练习影响的课题的反应中，难以推定出基础的并且具有恒常特性的能力倾向。

在能力倾向测验的设计中，一般遵循如下原则：

（1）把握必要的有本质意义的基础特性（例如，在配置职务时，应进行职务分析）。

（2）编制问题项目，用以发现这些基础特性在行为中的作用。

（3）设定与项目相对应的选拔等级或回答范围。

（4）保证信度和效度。

为了提高信度和效度，所设计的能力倾向测验必须充分地进行预试。在预试的基础上，不断严密地验证刺激与反应间的函数关系及规律性，即实现标准化过程。应该注意的是，预测的效度不可忽视。既然能力倾向测验是以预测为基本，那么它的效标必须在将来应得到的现实成果（例如，任职后的工作绩效）中获得。

（三）能力倾向测验的功能

能力倾向测验是为了判定一个人能力倾向的有无和程度。因此，标准化的能力倾向测验具有两种功能：一是判断一个人具有什么样的能力优势，即所谓的诊断功能；二是测定在所从事的工作中，成功和适应的可能性，包括发展的潜能，即所谓的预测功能。

具体针对人才选拔考试和人事管理工作，能力倾向测验的作用主要体现在3个方面：

（1）什么样的职业适合某个人（职业选择和指导）。

（2）为了胜任某个岗位工作，什么样的人最合适（人员的录用和选择配置）。

（3）为了使个人适应某个岗位，在工作本身的哪些方面进行改善为好（合适岗位的开发和职务的再设计）。

根据能力倾向测验的作用不难看出，尽管这种测验方法在目前尚没有被更多地应用到人才录用考试中，但是它有广泛的应用价值。它可以为人才的录用考试实现如下职能：

（1）在进行人事安排时，可以录用符合条件、具有某种能力的人选，使人尽其才。

（2）可以配置与被录用者个性、能力结构相符合的岗位，使才尽其用。

（3）根据对在职人员进行的测验，能够诊断一个部门（单位）人才队伍能力结构状况，从而可以有目的地进行能力开发和组织开发。

（4）由于测验掌握了报考者的能力特征，可以作为个人职业指导、发展方向指导或人才提拔、晋升的参考依据。

值得指出的是，能力倾向测验不仅对人才录用考试工作提供了帮助，对报考者个人也颇有益处。首先，通过测验可以使报考者获得有关自己能力倾向的客观信息，帮助其正确地理解和认识自身的能力特点以及自己更适合的工作领域。其次，测验结果往往揭示出报考者以前全然不知或没有充分注意到的自己某些能力倾向。

通过测验将有助于促进其本人正确地选择职业并激发其自我开发的积极动机。

总之，为了迅速而又可靠地选拔适合某种工作的人员，有效地预测他们今后的职业成就，以满足各个部门对工作人员多样化和专业能力的要求，能力倾向测验是十分必要的。

四、个性（人格）测验

人与人之间的差异主要反映在能力与人格两方面。有关能力差异可以通过能力测验去考查，而个性上的差异就要求助于个性测验，国外习惯称为人格测验。所谓个性（人格）是一个人心理特征的统一，这些特征决定人的外显行为和内隐行为，并使它们与别人的行为有稳定的差异。严格来说，个性与人格，不是一个概念，不过在此可以通用。个性测验主要有两种方法即问卷法和投射法。

（1）问卷法，又称自陈量表。问卷法是一种自我评定问卷，即对拟测量的个性特征编制若干测题（问句），使被试逐项回答，从其答案来衡量、评价某项个性特征。问卷法不仅可以测量外显行为（如态度倾向、职业兴趣、同情心等），同时也可以测量自我对环境的感受（如欲望的压抑、内心冲突、工作动机等）。问卷法的个性测验往往存在一个难题，即被试是否坦率而真实地回答测题。在录用考核（或入学许可）中进行该类测验时，往往偏向好的一面，即选择社会所期望的答案，或把自己表现得更好的倾向。

由于个人的行为随时间而有所改变，所以个性测验所测量的行为，比能力测验的稳定性差。由于这些问题的存在，个性测验只能作为参考工具加以使用，也有一些临床心理学家把它当作咨询或人事选拔的工具。

尽管个性测验有如上的缺点或限制，但它的计分比较客观，解释比较容易，可操作性强，因而在国内外人事选拔，尤其是中级以上管理人才的选拔中应用较多。

（2）投射法。投射法（Projection）在心理学上的解释是指个人把自己的思想、态度、愿望、情绪或特征等，不自觉地反应于外界的事物或他人的一种心理作用。此种内心深层的反应，实为人类行为的基本动力，而对这种基本动力的探测，有赖于投射技术的应用。

投射评价理论认为，被试者对测验题材的解释，可以反映其心理功能。编制投射测验的心理学家认为，人类的日常反应，固然决定于当时的刺激或情景，但个人本身当时的心理状况和他过去的经验，以及对将来的期望等，对当时的知觉与反应的性质和方向，都产生了很大影响。我们常将内心情感及感觉投射到环境里去，假定面对着空泛而无限制的刺激情景（测验题材），个人可以自由想象或不自觉地对它作出种种反应，因而便会将一个人一些潜在的深层动机和人格特性投射出来。由于每个人的经验不同，对刺激所知觉的内容不同，因此，所作的反应就不可能相同。所以分析反应的结果，可以提示一个人的人格形态和深层动机，这就是投射测验设计的基本原理。

由于投射测验的材料大都是刺激模糊、结构疏松，使被试仁者见仁，智者见智，所以被试不易知道测验的目的及他的反应在心理解释上具有什么意义。投射研究最大的特点是对所呈现的刺激情景，其意义完全由自己决定，并不是由主试者武断地代他决定，因此，被试可毫无顾忌地表现某种行为或感情，对刺激情景作出反应。实际上，刺激情景本身并不重要，刺激情景的作用像银幕一样，只是被试把他的内心需要和态度投射到这张银幕上而已。在国外投射技术多用在职业兴趣测量、态度及人格测验中。一般比较通用的投射测验法有：

①联想法：通常要求被试说出某种刺激（如字词、墨迹）所引起的联想，一般指首先引起的联想。

②构造法：要求被试编造或创造一些东西如故事、图画等。

③完成法：要求被试完成某种材料，如语句完成法。

④选择或排列法：要求被试依据某种原则对刺激材料进行选择或予以排列。

⑤表露法：要求被试利用某种媒介自由地表露他的心理状态。

上述分类法较为实用，但必须注意各类之间的界限并不是十分绝对的，有许多测验可能兼有不同的形式。

值得指出的是运用投射技术编制的测验原理简单，但记分和解释都比较困难，对主试的理论修养和专业技术要求较高，故在国内很少使用。

资料来源　编者根据中国人力资源网相关资料整理.

CHUANG A, et al. Does West “Fit” with East? In search of a Chinese Model of Person-Environment Fit [J]. Academy of Management Journal, 2015, 58 (2): 480-510.

SCHMITT N. The Oxford Handbook of Personnel Assessment and Selection [M]. New York: Oxford University Press, 2012.

第3章 人事测评指标

学习目标

1. 了解制定人事测评指标的意义。
2. 掌握人事测评的内涵和结构。
3. 学习测评要素的制定方法和测评标志、测评标度的各种形式。
4. 明确测评指标的制定过程和制定原则。
5. 掌握工作分析的概念及与人事测评指标制定的关系。
6. 了解基于胜任力的人事测评指标体系。

3.1 人事测评指标的确立

人事测评指标是表征人事测评对象特征状态的一种形式，是测评人员进行人事测评时所依据的统一测评准则。它是衡量人事测评是否客观、合理的关键指标，也是尽可能减少测评过程中“人为误差因素”的手段之一。指标是规定所要达到的目标，工厂经常会给某部门确定生产指标，公司会给销售部门确定销售的数量指标等。质量鉴定部门会用某些质量指标来衡量某产品是否合格，比如用甲醛含量、防水性能、经过若干时间后自然开裂的程度等指标来衡量家庭装饰涂料的质量。在物理测量中，我们常常用长度、硬度、比重、传热性能、导电性能、摩擦系数等指标来衡量物体的物理特性，这些长度、硬度、比重等都是物理指标，是衡量物体的物理特性的维度。人事测评指标就是人事测评中衡量和评价被试的维度，确定人事测评指标就是要确定评价被试的维度。

在物理测量中，如果我们要知道一个物体的长度，只要拿把尺子去量一量就可以知道正确答案，即使是不同的度量人员，只要掌握了尺子的使用方法，对同一个物体的长度进行度量，也能得出一致的答案。尺子之所以能用来测量长度，是因为它有代表长度单位的刻度，只有规定了长度单位并有代表长度单位的刻度工具——尺子，我们才能衡量物体的长度。同样的，人事测评也必须有“尺子”才能进行评价。所以，确定人事测评指标不单单要确定评价的维度，而且还要指定或制定人事测评中使用的统一测评“尺子”。确定人事测评指标就是确定测评的维度和用来衡量这些维度的“尺子”。评价的维度相当于下面所说的测评要素，而衡量测评维度的“尺子”相当于下面所说的测评标志和测评标度。

3.1.1 绝对测评和相对测评

人事测评有两种测评方式：绝对测评和相对测评。所谓绝对测评，是指测评人员根据不同的被测对象，使用与之相应的统一测评参照标准，对被测对象进行“度量”和评价。相对测评与绝对测评不同，测评人员没有统一、明确的测评参照指标，而是不同测评人员使用自己心目中的标准对测评对象进行测评。

下面举个例子，两个家长带着各自的孩子去长跑。其中一个13岁，另一个9岁，她们在家长的指挥下做完了准备活动以后，便开始长跑。一段时间以后，一位家长提出让两个孩子进行一次长跑比赛。距离是1 000米，计时器一样，比赛结果是13岁的孩子用了5分半钟跑完全程，而9岁的孩子却用了7分钟。如何对两个孩子的成绩进行评价呢？这时，可能会出现两种结论：一位家长认为，因为13岁的孩子用的时间比9岁的少，成绩相比较之下更好，所以13岁的孩子长跑成绩比9岁的好；而另一位家长则认为，应该先去有关部门了解一下，13岁和9岁相同性别的孩子跑1 000米的成绩常模是多少。查询结果是13岁的达标成绩应该是5分钟，而9岁的达标成绩应该是7分钟，成绩对照表见表3-1（注：所用数据均为虚拟）。

表3-1 长跑成绩对照表

年龄成绩	13岁	9岁
达标成绩（女）	5分钟	7分钟
实际成绩	5分30秒	7分钟

这时，这位家长就对13岁的孩子说，你的长跑成绩没有达到你应该达到的标准，今后应该加倍努力；而对9岁的孩子说，你跑得不错，正好达到了你应该达到的水平，今后应该继续努力，不断进步。

从这两位家长的评价结果，我们可以很清楚地看到第二位家长的评价比较客观，具有说服力，也有利于两个小朋友间的团结。第二位家长的评价结果之所以公正，具有说服力，原因在于他在评价两位小朋友不同的成绩时采用的标准，他分别用两个不同年龄的标准去分别衡量两位小朋友的长跑成绩，做到了测评“尺度”的统一。如果两位小朋友的年龄相同，他就该使用同一年龄组的标准去衡量，他的测评方式就叫绝对测评，而第一位家长的测评方式就是相对测评，他是把所获取的测评结果不经加工就进行比较，所以，其结果缺乏说服力。

传统的人事测评多采用相对测评的方式。如某公司进行招聘，用随机的几个问题考评众多的竞争者，然后不同测评人员各自根据自己心目中的“理想人选”进行排队，排在前面的竞争者就是优胜者。这种测评可能会因为不同测评人员的衡量标准之间有较大偏差而对同一个竞争者有较大差异的评价。

绝对测评就可以避免这种偏差。它的每一项测评都会有一个明确而统一的测评参照标准。它可使不同测评人员心目中的“理想人选”统一到一个水平。在测评时，不同的测评人员按统一的“理想人选”标准的每一条去对被测对象进行测评，从而使测评结果客观、具有较强说服力，同时也有利于被测对象积极性的充分发挥。但由于对各类人员的要求不一致，测评参照指标要相应地进行调整，力求指标的客观性和适用性。但是，要想完全做到绝对测评也是一件很难的事，这里说的绝对测评，只能是相对于相对测评而言的绝对测评。

3.1.2　指标的构成

每个人事测评都应该有自己的测评指标，因为只有通过它才能把测评客体、测评对象、测评主体、测评方法和测评结果贯穿为一体，所以一个完整的人事测评指标应该包括三方面的内容：测评要素、测评标志和测评标度。前文我们提过，人事测评和物理测量不一样，物理测量是以物量物，具体可行，而人事测评是以主观度无形，以观念评抽象，难于操作。人事测评指标通过测评要素、测评标志与测评标度的形式，把测评对象物化为指标内容或条目式要素，把测评标准物化为测评标志与标度，将测评对象与测评标准联结起来，进行比较与评定。

1）测评要素

所谓测评要素，是指测评内容的细化条目，确定出测评的内容到底有哪些。确立测评指标的第一步就应该是制定测评要素，根据测评对象的分析结果拟定一些测评要素。分析测评对象是设计指标内容的基础，虽然指标设计的方法有很多种，但是在不同程度上均要依据对测评对象的认识与分析，否则设计出来的指标很可能不切实际。

2）测评标志和测评标度

测评标志是为每一个测评要素确立的关键性考核标准，要求必须具备可辨别、易操作的特征，通常一个测评要素要由多个测评标志来说明。测评标度是指描述测评要素或要素标志的程度差异与状态水平的顺序和度量。对于这种程度差异或状态水平的刻度表示，可以是数量的也可以是语言的，可以是精确的，也可以是模糊的。每一个要素都要制定自己相应的测评标志和测评标度。比如社交技能测评要素之一是感召力，它的测评标志和标度见表3-2。

表3-2　**感召力测评要素设计范例**

测评要素	测评标志	测评标度
感召力	擅长说服，善于赢得支持	精通　一般　很差
	能调整表情以吸引听众	精通　一般　很差
	能运用间接影响等复杂手段以造声势兴舆论，努力赢得他人支持	精通　一般　很差
	能策划引人注目的事件，以说明问题的要点	精通　一般　很差

（1）测评标志的形式。

测评标志的形式多种多样，从它表达的内涵来看，有客观式、主观评价式和半客观半主观式三种。如岗位测评指标中，打字的数量、完成特定任务所需的时间、耗氧量等均属于客观式标志；工作难度、重要性、喜欢程度等则属于主观评价式标志；能力测验分数、抽样调查的数据、实验中确定的工作平均时间等，属于半客观半主观式标志，因为这些标志所反映的内容与结果，既受主观因素的影响又受客观因素的影响。

如果从测评标志表述的形式来看，则有评语短句式、问题提示式和方向指示式三种。所谓评语短句式测评标志，是指用对测评要素的简短判断与评论的短句来作为测评标志，多为动宾词组或动补词组，有的还加入具体的量词。如面试中需要测评被试的"语言表达能力"，确立出的测评要素之一是"叙述流畅性"，它的测评标志就可以设为这样一组短句：

"少有不当间断的情形，且持续时间只有数十秒；

偶有不当间断的情形，但持续时间有1分钟以上；

常有不当间断的情形，且持续时间有1分钟以上；

多次出现不当间断的情形，且持续时间较长。"

所谓问题提示式测评标志，是指以具体的问题来提示测评者注意某个测评要素的特征。表3-3就是一个实际的问题提示式测评标志的范例。

表3-3　**职业道德测评指标设计范例（问题提示式）**

测评要素	测评标志	测评标度
职业道德	能遵守合同并信守诺言吗 能为完成目标而尽责尽职吗 能把工作安排得有条不紊吗 工作时大多数时候都能小心谨慎吗	完全能　有时能　不能 完全能　有时能　不能 完全能　有时能　不能 完全能　有时能　不能

在方向指示式测评标志中，只规定了测评要素特征应考查哪些主要方面，并没有具体规定测评的标志与标度，让测评者在大方向已知的情况下自己去把握细微的操作。这种测评在传统的测评中经常被采用，优点是指标确立迅速方便，而缺点就是很难避免测评者不同的主观判断标准造成的差异。表3-4就是一个具体的例子。

表3-4　**业务经验测评指标设计范例（方向指示式）**

测评要素	测评标志	测评标度
业务经验	主要从应聘者的业务年限、熟悉程度、有无工作成果等方面进行测评	根据具体情况具体把握

如果按测评指标的操作方式来划分，则有测定式和评定式两种。测定式标志中规定的内容是利用各种测评工具或测量仪器、仪表直接测出或计量出来的，并根据有关标准可以直接确定测评标度。如岗位测评中的体力劳动强度、有效工时利用率，人员测评中的产品数量、产值等。评定式标志是指目前无法用仪器、仪表与测

量工具测出或计量出有关标志的精确数据，只能根据现场观察、了解和对有关资料的分析，由评定人员根据有关标准直接评定出结果的标志。如岗位测评中的劳动责任、工作难度等指标中的标志，人员测评中的品德素质指标中的标志等，均属于评定式标志。

（2）测评标度的形式。

现行的测评标度的形式大致有等级式、数量式、符号式、数轴式、图表式和综合式等几种。

等级式标度是用一些等级顺序明确、具有程度差异的字词、字母或数字来揭示测评标志特征状况的刻度形式。如“甲”“乙”“丙”，“A”“B”“C”，“总是”“多数是”“偶尔是”“从来不是”，以及表3-2中的“精通”“一般”“很差”等。等级与等级之间应该具有顺序关系，等级之间的距离要适当。太大了，测评结果太粗，区分度差；太小了，测评过细，有可能使测评工作过于繁琐，不好把握与操作。研究表明，等级数超过九，程度间的区别难以把握，等级数在五以内，测评效果最佳。目前常用到的有三等级标度、四等级标度和五等级标度。其中三等级标度按上、中、下的标准可以把每个等级分别定义为：很符合、基本符合和不符合。四等级标度的每一个等级内容可定义如下：问题多，对工作有影响；问题较多，对工作有一定影响；有问题，对工作无大影响；没有问题，对工作无影响。而五等级标度各等级内容可以这样安排：问题多，对工作有较大影响；问题较多，对工作有影响；有问题，对工作有一定影响；有些问题，不影响工作；没有问题，对工作无影响。另外一种常用的五等级标度是：较高，中等偏高，中等，中等偏低，较低。等级式标度可以进行相应赋分，以便进行测评后期的数量统计分析工作。赋分包括正向赋分和反向赋分两种，以避免被试投机取巧式地猜测，即有些题按由大到小的顺序赋分，有些题按由小到大的顺序赋分。如三等级标度，当正向赋分时，三个等级就分别是1、2、3分，而反向赋分时三个等级的分数就分别是3、2、1分。以此类推，四等级标度和五等级标度同理。

所谓数量式标度是指直接以分数来揭示测评标志水平变化的一种形式。它有连续区间型和离散点标型两种形式。连续区间型的标度是设定一些数量变化的区域，允许用此区域中的任一数量表明标志的水平，见表3-5。而离散点标型标度是指用一些规定好的离散数量（一般是整数）来标度标志的水平，数量之间没有其他的过渡水平，见表3-6。两者比较起来连续区间型给测评者主观发挥的余地更充分，而离散点标型更便于数据的统计。

表3-5 连续区间型标度示例

测评要素	测评标志	测评标度
日常工作是否勤恳、踏实	工作踏实	5 ~ 3.5
	说得过去，还算认真	3.5 ~ 2
	非常不认真，总是怠工	2 ~ 0

表 3-6　　离散点标型标度示例

测评要素	测评标志	测评标度
书面	能流畅、有效、工整地运用文字进行表达和撰写	10
表达	基本能有效而流畅地运用文字进行表达和撰写	5
能力	不能有效而流畅地运用文字进行表达和撰写	0

所谓符号式标度是以一种简便的符号来揭示测评标志的不同水平。如用“□”“△”“○”来表示“上”“中”“下”三个水平，用“√”“×”表示“是”“否”等。这种标度形式的作用既能避免差异刺激的负面影响，又直观形象，且不受语种和文化程度差异的影响。

所谓数轴式标度是指用一个带有刻度和原点的数轴来表示测评标志的不同水平，如一个关于员工幸福感的测评指标设计中，它的测评标度设计如图 3-1 所示。

在下面的数轴上标出代表你感觉到的幸福程度的数点：

图 3-1　数轴式标度

这种标度方式的优点是直观而有变化，能在较大程度上允许测评者根据具体的差异加以自主变化。

所谓图表式标度是用图形与表格相结合的形式来揭示测评标志的水平状态，其优点是便于统计和比较。表 3-7 就是一个示例。

表 3-7　　领导决策作风类型自评表

题号			A	B	C	D
1	我的主要目的是	A. 找个工作并有一定地位	□			
		B. 在我的领域中我算得上最好的		□		
		C. 使我的工作得到认可			□	
		D. 感到工作有保障				□
2	我喜欢的工作是	A. 技术性的、明确规定的	□			
		B. 多样化的，不单调的		□		
		C. 可独立行动的			□	
		D. 与人打交道的				□
3	希望为我工作的人	A. 是多出成果的，快速的	□			
		B. 是很能干的		□		
		C. 是肯承担工作并响应号召的			□	
		D. 是易于接受建议的				□

续表

题号			A	B	C	D
4	在工作中我寻求	A.实际结果	□			
		B.最佳的解决方法		□		
		C.新方法、新思想			□	
		D.好的工作环境或条件				□
5	和别人的联系最好	A.是口头上的、直接的	□			
		B.是文字上的		□		
		C.是进行一次讨论			□	
		D.是开会讨论				□
6	制订计划时最看重	A.当前的需要	□			
		B.可达到的目标		□		
		C.未来的目标			□	
		D.本单位的需要				□
7	当解决问题时我	A.依赖经过验证的方法	□			
		B.运用谨慎的分析		□		
		C.寻求有创见的方法			□	
		D.感情用事				□
8	在运用信息时我	A.喜欢具体事实	□			
		B.喜欢准确而完整的资料		□		
		C.喜欢有多种抉择			□	
		D.希望有好的资料或数据，便于理解				□
9	我不知要做什么时	A.我会凭预感和直觉去做	□			
		B.我会去寻找事实		□		
		C.我会找到一个折中的方法			□	
		D.我会推迟决策				□
10	我尽量避免	A.长时间的辩论	□			
		B.给未了的工作留个“尾巴”		□		
		C.使用数学或公式			□	
		D.与别人发生冲突				□
11	我特别善于	A.记住日期和事实	□			
		B.解决疑难问题		□		
		C.看到很多可能发生的事情			□	
		D.与别人交往				□

续表

题号			A	B	C	D
12	时间宝贵，我	A.抓紧时间作出决定、行动迅速	□			
		B.紧跟着计划和优先考虑的事项		□		
		C.不承认任何压力			□	
		D.寻求指导和支持				□
13	社交场合中我一般	A.和别人谈话	□			
		B.想一想我说了什么		□		
		C.观察一下有什么事情发生			□	
		D.倾听人家谈话				□
14	我善于记住	A.人们的姓名	□			
		B.我们相会的地点		□		
		C.人们的脸			□	
		D.人们的性格				□
15	我所做的工作使我	A.有权来影响别人	□			
		B.面临挑战性的任务		□		
		C.有达到个人目标的机会			□	
		D.为群体所接受的机会				□
16	我希望一起工作的人是	A.有干劲和抱负的人	□			
		B.守时的、自信的人		□		
		C.好奇的、虚心人			□	
		D.有礼貌的、能信任他人的人				□
17	有压力时，我	A.变得坐立不安	□			
		B.把注意力集中在问题上		□		
		C.感到沮丧			□	
		D.胆小或健忘				□
18	别人认为我是	A.敢作敢为，盛气凌人	□			
		B.有纪律性，一丝不苟		□		
		C.富于想象力，追求尽善尽美			□	
		D.给人以支持，有同情心的				□
19	我的决策是	A.现实的、不带个人色彩的	□			
		B.有系统的、概括的		□		
		C.广泛的、灵活的			□	
		D.对别人需求较为敏感的				□

续表

题号			A	B	C	D
20	我不喜欢	A.失去控制	□			
		B.令人厌烦的工作		□		
		C.遵守规定			□	
		D.被人甩在一边				□

说明：此自评表要求填表人考虑20个问题，每个问题有4个答案，在他认为最符合自己情况的选项后面的方框里记8分，其次按程度轻重分别在各自的方框里记上4分、2分和1分。

计分规则：统计纵向的A、B、C和D类的总分，如A栏的分数从1到20总计为43分，B栏为102分，C栏为92分，D栏为63分，总计300分，不论每栏分数各是多少，总数就是300分。对结果的解释是看哪一栏的分数最高，最高的一栏就代表决策作风的主要类型。其中A栏代表的是指示型的决策作风，重视权力、结构和速度；B栏代表的是分析型的决策作风，重视控制、逻辑和多样化；C栏代表的是概念型的决策作风，重视成就、系统和完整；D栏代表的是行为型的决策作风，重视支持、劝说和感情。

所谓综合式标度是综合上述两种以上的标度形式来揭示测评标志的不同水平。这在实践中也是很常见的。

3.2 测评指标的制定

3.2.1 测评要素的确定方法

测评要素的确定是进行测评的关键前提。通常可以通过以下方法来确定测评要素。

1）结构模块法

制定者首先要根据不同的测评目的、测评类型、测评客体与对象结构搜集有关的内容，并设置不同的测评要素块，然后条块分割，各自独立，按不同风格拟订具体要素。实际操作中可能要采用一些统计方法来帮助确定要素块，如因素分析、聚类分析等，从众多的测评内容中归纳出有代表性的结构来。

2）样例分析法

这种方法是在特定的测评对象范围内，重点对某个调查对象或调查对象的某个方面的特征进行研究、分析，并从中寻找出测评要素。这种方法是先对少数典型的人员或工作岗位的要求、特征进行归纳，然后从中把握测评对象的特征，最终达到事半功倍的效果。具体的操作过程是首先明确测评目的与对象，然后依据测评目的与对象在应调查的总体范围中选择一个或几个有代表性的单位或个体，作为典型的样例进行调查，再从这些样例身上分析出典型的特征，最后要在众多的特征内容中找出最主要的特征，确认为最为实质的测评要素。这样既能对每个调查对象进行深入细致的解剖，形成的要素比较切合实际，又能节省人力、物力和时间，操作性较强，能以较小的代价获得较大的收效，具有较高的时效性。但实施时要确保这种分析是科学而适当的，是有针对性的、透彻的。

[案例3-1]

20世纪90年代初，美国的《财富》杂志曾对比了美国历史上包括盖茨和洛克菲勒在内的100名首富，发现他们具有一些共同特征，如具有强烈的成就动机和竞争欲，一心要干出一番事业来等。美国丹纳公司的培训发展部主任依据这个结果在自己的一个经理培训计划中加入了一个培训目标，即培养经理们的成就动机。具体内容概括为4个方面：

（1）目的明确，实现目标并达到要求的欲望非常强烈；

（2）制定的目标要求高，敢于冒风险；

（3）主动寻找减少不稳定因素的信息，千方百计地把工作做得更好；

（4）善于学习，以提高工作业绩。

3）培训目标分析法

有些测评是在特定的培训结束之后进行的，所以可以根据培训的目标来搜寻有关的测评要素。一般来说，在培训目标中，常常可以找到有关的任职要求和职责内容，这些都可以作为拟定测评要素的素材。如我们可以在一个优秀服务者的培训计划中看到以下4条要求：

（1）理解顾客的需求，为其提供满意的服务或商品；

（2）采取不同方法让顾客称心如意，为其提供满意的服务或商品；

（3）乐于提供其他的配套服务；

（4）能抓住顾客的想法，提供令人信赖的建议或忠告。

而对这4个要求稍加分析、提炼就可以得到4个测评要素：

（1）能否准确理解顾客需求；

（2）能否灵活应变，使顾客完全满意；

（3）能否主动提供额外的配套服务；

（4）能否有针对性地向顾客提供有效的建议和忠告。

4）调查咨询法

调查咨询法有问卷调查、座谈讨论、个别谈话和专家咨询等形式。在设计人事测评要素体系时，调查的内容很广泛，工作中的每一个环节都不能遗漏，要面面俱到，否则，就会影响人事测评的某一方面内容。编制测评要素的调查内容要根据测评目的和对象进行有所偏重的意见征集，广泛地加以调查、分析并条理化。在调查咨询法中，德尔菲法是一种较为常用的专家意见征询法。德尔菲是古代太阳神和预言神阿波罗的所在地，阿波罗每年都会邀请众神到德尔菲来预测未来，故后人把这种通过专家预测的方法叫做德尔菲法。和一般的专家座谈会不同的是，采用德尔菲法是由一名中间人来传递信息的，专家之间并不见面，由中间人收集专家的看法并汇总再反馈给各个专家，让他们进行进一步预测。一般德尔菲法会邀请30名左右在某个领域非常擅长的专家，先给他们有关预测话题的背景资料和信息，然后请他们作出初步预测，中间人将这些初步意见收集后将汇总过的结果再传递给每位专家，让每位专家再进行第二轮的预测，经过几个来回后，预测结果一般都相当准确。采用德尔菲法，避免了专家们面对面讨论时的群体压力和从众心理，更易于获得正确的信息。

5）头脑风暴法

这种方法是邀请一些了解测评对象、研究测评方法的专家学者或管理人员，要求他们聚在一起集思广益，毫无顾虑尽情地提出所有可以想到的测评要素，不要去干涉别人的观点，可以受他人观点的启示而提出新的测评要素。使用这种方法时，会议主持者要注意对一切意见均持赞赏态度并积极引导。由于与会者所学专业、所处背景、需要、价值观和所考虑的角度不同，所提出的测评要素难免会大相径庭，而这一点恰恰能有效地实现测评要素搜集的全面性，因此，这个会议的主要作用是调查和分析，还需要会后主持人对众多的测评要素进行综合考评，最终选出合理的测评要素。

6）文献查阅法

文献查阅法主张从相关的文献资料中查寻有关的测评要素，利用前人的研究成果来建构合适的测评要素。如某企业要测评中层管理者的社交技能，测评者搜集已有的关于企业对中层管理者社交技能的理解和要求等信息，并在此基础上定义出中层管理者应有的社交技能，即一定的感召力、煽动力和权威性，并能顺利与他人交流、灵活处理冲突等，换成测评要素的形式就可以表述成：社交技能的5个测评要素分别是感召力（有效地说服及争取支持）、交流能力（发出的信息明白无误，易被接受）、控制冲突的能力（善于沟通不同意见，解决分歧）、领导能力（能激励他人，引导他人）和促变能力（善于改变话题，控制变化节奏）。

目前，不少国家都有《职业分类字典》《专业技术鉴定标准》等专门资料可供查阅。《职业分类字典》中明确说明了各类职业、具体岗位的实际工作内容，以及相应的教育与职业培训要求，还有职业能力倾向和职业性格模式等。这些资料是确定测评要素的重要资料。我国曾经翻译过加拿大的《职业分类字典》，后来又组织人员编写了我国的《职业分类字典》。

7）工作说明书查阅法

工作说明书一般包括任职资格与职责内容，我们可以通过查阅相关的工作说明书来搜寻所需要的测评要素。后文将对工作说明书进行详细介绍。

8）理论推导法

从某些理论出发，来逐步推导测评要素。理论推导法的理论来源有两方面：一是心理学、生理学、运动学、社会学等有关人的学科理论，如个性心理学中的个性心理结构、个性类型论和特质论等理论。这些理论可以让我们知道可以从哪些维度来衡量一个人或一群人。二是与岗位相关的专业理论。这些专业理论有助于我们确定与岗位相关的岗位知识和岗位能力以及职业道德等。如我们可以从管理的有关理论来确定一个技术管理人员应该具有哪些专业知识、实践经验和实践能力，可以从市场营销学的理论来确定销售人员需要的人格、岗位知识和能力，可以从医学的有关理论确定一个消化内科医生应该具有哪些专业知识和实际能力。

有时测评要素的确定有更严格的要求，如情景模拟测验中要分解出选拔管理人员的测评要素，事先需要进行大量的调查，作出初步的要素分析，然后试测，根据得到的数据进行因素分析，在初步的要素中进一步筛选，最终得出经过验证的具有代表性的测评要素。有的测评要素的确定则需要结合多种方法进行。

[案例3-2]

客户服务人员才能测评要素见表3-8。

表3-8 **客户服务人员才能测评要素**

商业触觉	能洞察市场及竞争对手的动态趋势，认清盈利的可能性，能预见自己的行为和决定对公司盈利的影响
客户意识	为客户着想，乐意为客户服务、满足客户的需要，能照顾客户的利益
待客技巧	容易与客户建立友好关系，能与各种客户融洽相处
独立性	积极承担责任，能独立作决定，自主行动
影响性	善于谈判和说服，据理力争，能影响他人
面谈技巧	谈话自然流畅，善于控制说话的速度和交谈的内容，能迅速理解他人、吸引他人
书面沟通	书写流畅、清晰，言简意赅，表达准确，并能根据需要灵活变换书写风格
专业知识	具备与职业相关的基本知识、专门知识，充分掌握产品及服务的特性
信息搜集	懂得如何寻找有用的资料，查核数据，对资料进行加工，能判断信息的价值
解决问题技巧	预见发展趋势，辨别潜在危机和原因，能作理性的判断，确定切实可行的解决方案
坚毅性	自律、自控，面对压力和难题能保持冷静，能应对难题和挫折
组织计划性	有效地管理时间及制定工作日程，处事有条理，计划执行有力，办事高效率
可靠性	尽忠职守，依照上司的指引，遵循公司的政策和程序工作，办事可靠
团队精神	能适应团队工作，与同事互助互励，发挥团队的高效率

[案例3-3]

为使干部测评定量化、科学化，真实反映干部的全貌，我们制定了这份《企业干部测评要素调查表》（见表3-9），想就管理类干部应测评的要素征求您的意见，以作为制定干部定期测评表的依据。

请您务必把下表通读一遍，表中列有40项测评要素，从中选择出10项对管理干部必须测评的要素，在表中“标记栏”里用“△”表示，然后再选择出15项对管理干部应该测评的要素，在表中“标记栏”里以“√”表示。

谢谢您对我们工作的支持！

表3-9　　　　企业管理干部测评要素调查表

指标	序号	测评要素	要素内容	标记栏
政治指标	1	政治水平	掌握、贯彻党和政府的方针、政策的深度和广度	
	2	事业心	具有远大理想和明确的奋斗方向、目标	
	3	责任心	对工作认真负责、勇于承担责任，工作一丝不苟	
	4	进取精神	工作中具有上进心，不甘落后，力争上游	
	5	原则性	坚持原则，敢于同各种不良行为斗争	
	6	积极性	对工作主动认真，热情高，干劲大	
	7	纪律性	遵守党纪国法、厂纪厂规	
	8	协作精神	与他人或部门在工作中密切配合，不计较得失	
	9	团结同事	同事间和睦相处，关系融洽	
	10	服务精神	为基层服务主动、热情、周到，文明待人	
	11	企业荣誉感	热爱本企业，维护企业信誉，保守企业机密	
	12	正直性	办事公道，为人耿直，坚持正义	
	13	民主性	倾听各种不同意见，有事同他人商量	
	14	求实精神	追求真理，讲求实际	
	15	坚韧性	工作中意志坚强，不畏困难，不畏挫折	
	16	以身作则	在工作中严于律己，为人表率	
知识指标	17	政治理论	马列主义、毛泽东思想等基本理论	
	18	管理知识	现代管理科学的基本知识和最新发展	
	19	技术知识	生产技术上的基础知识和操作方面的基本技巧	
	20	本职专业	具有专家级水平的专业知识	
	21	外语水平	掌握外语的熟练程度和种类	
	22	知识广度	专业以外知识的广博程度	
能力指标	23	口头表达	清晰、准确、流畅地表达自己的观点和情感	
	24	书面表达	简练、有效、工整地表达思想和撰写文章	
	25	说服能力	运用一定的谈话技巧，善于赢得他人的支持	
	26	交往能力	善于同各类人建立广泛沟通和联系的能力	
	27	自学能力	自己独立学习新知识的能力	
	28	应变能力	较快地适应环境变化，冷静处理突发事件	
	29	创新能力	对事物有独特见解，可以突破传统，勇于创新	
	30	综合分析	系统、准确、全面地归纳、分析判断问题的能力	
	31	动手能力	实际操作中可以运用已有知识独立解决问题	
	32	决断能力	有预见性，总能果断而有魄力地作出恰当决定	
	33	协调能力	合理调配人、财、物，协调上下各级之间的关系	
	34	指挥能力	知人善任，统观全局，能下放一定权力发挥他人的作用	

续表

指标	序号	测评要素	要素内容	标记栏
绩效指标	35	工作数量	完成工作任务的多少	
	36	工作质量	完成工作任务的好坏和效益	
	37	工作效率	完成工作任务的速度快慢	
	38	群众威信	在员工中的威望和信誉的高低	
	39	人才培养	辨别他人的能力特点，并能促进他人的适当发展	
	40	身体状况	胜任本职工作的体力和精力状况	

3.2.2 测评指标的制定过程

测评指标需要多次反复实践才能达到较为理想的效果，而测评指标的制定过程也是一个系统的过程，如果用流程图表示就如图3-2所示。

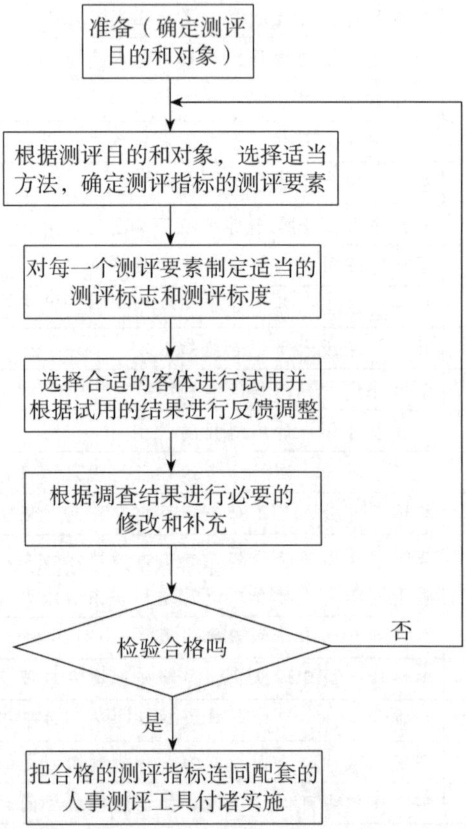

图3-2 测评指标设计流程图

流程图中值得注意的是有一个“试用”的过程，在这个过程中要注意试用的主体和客体的选择、情景控制和对偶发情况的记录。一般而言，应该选择指标设计者自己较为熟悉的测评客体作检验，这样有利于将试用结果与实际情况进行对比分析；要尽可能选择各种层次的有代表性的客体进行试用，数量一般要大于等于30；试用的场景要与将来正式场景无实质差别；试用中如果发生诸如操作时间延长、误解误用等情况，需要及时进行详细记录，以便修改时参考。另外，检验也很重要，如果指标经检验不合格，则需返回设计步骤的起始阶段，一一检验，找到出错环节，及时加以修正。

3.2.3　测评指标的制定原则

测评指标的好坏会直接影响整个人事测评的质量，所以我们应掌握一些制定的基本原则。

1）测评对象要明确

人事测评指标是关于测评对象特征的标准，而各类测评对象具有各自不同的特点，所以测评指标要针对不同的测评对象来制定具有差异性的指标。如对一名宣传干部“口头表达能力”的要求就不应该只限于口齿清楚、表达有条理性，而应该加上具有鼓动性、号召力的额外要求，但同样的要求就不能应用到一名普通企业管理人员身上，所以测评指标的制定一定要围绕测评对象的特点进行。只有明确测评的对象及其特性，才可以制定出真正行之有效的测评指标。

2）测评内容设计要合理

测评指标中的3个组成部分——测评要素、测评标志和测评标度之间要互相吻合，要符合实际情况，不能过高，也不能过低。过高则没有人可以达到，使大多数人无成就感；太低又能让大多数人轻易过关，失去了应有的鉴别力，使测评变得毫无意义。一个恰当的测评指标应该具有包容性，即每位参评者都能找到符合自己水平的评价。如一个好的企业科技人员测评标准，企业中不同等级的科技人员都能在标准中“对号入座”，既能适用于优秀企业科技人员，又能适用于仅能够胜任本职工作的科技人员。另外，测评标准的内容也要不断随着时代进步的要求加以适当变化。

3）措辞通俗易懂，表达清晰

测评标准是用于实践操作的，所以措辞应尽量避免或少用专业用语，表达要简明扼要，尽量采用大众化的语言，使具有中学文化程度的测评人员也能熟练使用此标准，减少因文字理解错误而给测评结果造成的差异和失误。另外，测评标准各测评要素之间的内涵要表达清晰，不能含糊不清、模棱两可，更不能使用带有暗示性或偏颇性的用词，否则会影响测评结果的正确性。

4）测评标志的含义要尽可能量化

确定了测评要素之后，要为每个要素确定测评标志和测评标度，这时要遵循的一个原则就是能用数量化的形式就尽可能用数量表示，其目的是使每个要素的评判都易于操作和客观化，尽量避免主观评判标准的不一致。如针对科技人员的测评指标中有一条测评要素是“工作成绩”，这就可以用完成图纸的张数、发表论文的篇数等易判断的数量指标来衡量。很显然，在目前的情况下要把所有的测评要素都用数字化的等级来衡量也并不现实，如“科研道德”“事业心”等，只能借助文字叙述来实现最终的比较。

5）测评指标体系要独立而完整

不同的测评要素可能说明的是同一个问题，这就要求说明同一问题的不同测评要素之间要保持独立，但合起来又能说明一个总的问题，只是各自的层次和角度不同。同理，同一测评要素下的多个测评标志也要求是独立而完整的。所以，独立而完整的要求加起来也就是要求整个测评指标体系的内容少而精、少而全。

3.3 工作分析与人事测评指标

3.3.1 什么是工作分析

工作分析是一种以确认职位要求与责任范围为目的的人事管理方法，其内容是通过系统的方法收集所有有关工作的信息，从而对各种工作的特点以及能胜任各种工作的人员特点进行明确规定，在我国也常被称为“职务分析”或“岗位分析”。Cascio认为：“工作分析的目的是用完成工作所需要的行为来对工作加以定义，工作分析有两个关键要素，即工作描述和工作规范。”工作分析往往被认为是人力资源管理的基础工作，根据工作分析得到的信息，形成工作描述和工作规范，而这两者结合在一起的产出形成“工作说明书”。工作分析系统如图3-3所示。

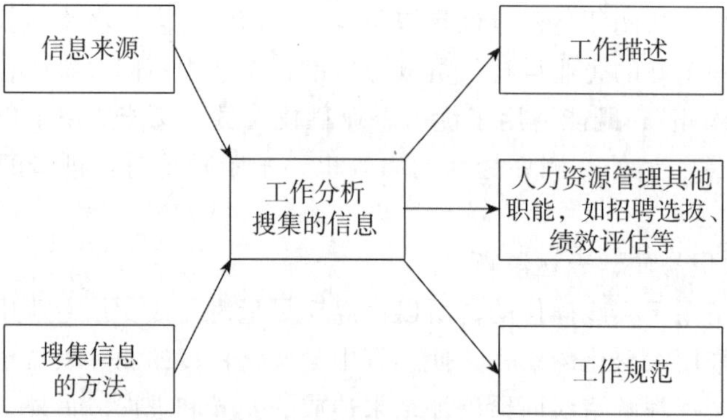

图3-3 工作分析系统

1）工作描述

所谓工作描述是指对某一工作的物质特点和环境特点的具体说明，主要包括以下几个方面：

（1）职务名称，是指组织对从事一定工作活动所规定的职务名称或职务代号，以便于对各种工作进行识别、登记、分类以及确定组织内外的各种工作关系。

（2）工作活动和工作程序，包括所要完成的工作任务、工作责任、使用的原材料和机器设备、工作流程、与其他人的正式工作关系、接受监督以及进行监督的性质和内容。

(3) 工作条件和物理环境，包括工作地点的温度、光线、湿度、噪音、安全条件、地理位置、室内或室外等。

(4) 社会环境，包括工作群体中的人数、完成工作所要求的人际交往的数量和程度、各部门之间的关系、工作地点内外的文化设施、社会习俗等。

(5) 聘用条件，包括工作时数、工资结构、支付工资的方法、福利待遇、该工作在组织中的正式位置、晋升的机会、工作的季节性、进修的机会等。

2) 工作规范

工作规范又可称为职务规范、职务要求书等，要求能说明从事某项工作的人员必须具备的生理要求和心理要求，主要包括以下几个方面：

(1) 一般要求，主要包括年龄、性别、学历和工作经验等。

(2) 生理要求，主要包括健康状况、体力、运动的灵活性、感觉器官的灵敏度等。

(3) 心理要求，主要包括观察能力、集中能力、记忆能力、理解能力、学习能力、解决问题能力、创造性、数学计算能力、语言表达能力、决策能力、特殊能力、性格、气质、兴趣爱好、态度、事业心、合作性和领导能力等。

[案例3-4] **某企业销售部经理的工作分析**

工作描述

(1) 职务名称：销售部经理。

职务代号：1137-118

别名：销售部主任、销售部主管、销售部总监

(2) 工作活动和工作程序。通过对下级的管理和监督，实施企业的销售、计划、组织、指导和控制；指导销售部的各种活动；就全面的销售事务向上级管理部门作出报告；根据对销售区域、销售渠道、销售定额、销售目标的批准认可，协调销售分配功能；批准各种有助于销售的计划，如培训计划、促销计划等。审查市场分析，以确定顾客需求、潜在的消费量、价格一览表、折扣率、竞争活动，以实现企业的目标；与大客户保持直接联系，可与其他管理部门合作，建议和批准用于研究和开发工作的预算支出和拨款；可与广告机构就制作销售广告事宜进行谈判，并在广告发布之前对广告素材予以认可；可根据销售需要在本部门内成立相应的正式群体；可根据有关规定或建议实施对本部门员工的奖惩；可以调用小汽车2辆、送货车10辆、摩托车10辆。

(3) 工作条件和物理环境。工作地点：本市。75%以上的工作日是在室内工作，一般不受气候影响，但可能受气温的影响；湿度适中，无严重噪声，无个人生命或严重受伤危险，无有毒气体。有外出要求，一年中有15%左右的工作日出差在外。

(4) 社会环境。有1名助手，销售部工作人员有25～30人，直接上级是销售副总经理；需要经常交往的部门是生产部、财务部；可以参加企业家俱乐部、员工

乐园各项活动。

（5）聘用条件。每周工作40小时，国家法定假日休息；基本工资每月4 000元，职务津贴每月500元，每年完成全年销售指标奖金10 000元，超额完成部分按1‰提取奖金；本岗位是企业中层岗位，可晋升为销售副总经理或分厂总经理；每年工作以4～10月份为忙季，其他时间为闲季；每三年有一次出国进修机会；每年有10天公休假期。

工作规范

（1）职务名称：销售部经理。

年龄：26～40岁。

学历：大学本科以上

工作经验：从事销售管理工作4年以上

（2）生理要求：无严重疾病，无传染病，能胜任办公室工作，能举重5公斤，有时需要走动和站立，平时以说、听、看、写为主。

（3）心理要求标准：

A——全体员工中最优秀的10%之内。总经理标准为100分，A即90分以上，以下同理。

B——70～89分

C——30～69分

D——10～29分

E——9分以下

具体要求：

一般智力：A

观察能力：B

集中能力：B

记忆能力：A

理解能力：A

学习能力：A

解决问题能力：A

创造能力：A

知识域：A

数学计算能力：A

语言表达能力：A

决策能力：A

性格：外向

态度：积极乐观

事业心：A

领导能力：A

合作性：B

气质：多血质或胆汁质或含其中之一的混合型

其他特点：团队合作精神，爱好广泛

3.3.2 为什么要进行工作分析

工作分析之所以能在人事管理中占有重要地位，是因为它的结论是企业进行有效的人力资源开发与管理的一个重要依据。具体而言，工作分析的意义有以下几个方面：

（1）为人事决策奠定坚实的基础。全面而深入的工作分析，可以使组织充分了解各工作的具体内容，以及对工作人员的身心要求，为正确的人事决策提供科学的依据。

（2）避免人力资源的浪费。通过工作分析，企业中每个人（从董事长到门卫）的职责分明，提高了个人和部门的工作效率与和谐性，从而避免工作重叠、劳动重复等浪费现象。

（3）科学评价员工绩效。通过工作分析，每一种职位的内容都有明确的界定。员工应该做什么，不应该做什么，应该达到什么要求，都一目了然。这样，以工作分析为根据对员工绩效进行评价就比较合理，比较公平，从而达到科学评价员工绩效的目的。

（4）人尽其才。工作分析明确地指明哪种工作岗位需要什么样的人才，这样可以把“大材小用”或“小材大用”的现象尽量减少。企业在招聘和晋升中可以使最适当的人员得到最适当的职位。

（5）有效地激励员工。工作分析可以在培训、职业开发、安全、工资、奖金、人际关系和员工咨询等方面提供建设性意见，组织可以在工作分析基础上了解到员工工作的各种信息，以便全方位地有效激励员工。

3.3.3 工作分析与人事测评指标的制定

前文提过，在人事测评指标的制定中有一种方法是直接把职务说明书作为参考资料，现在从工作分析的定义和意义中我们也可以看出工作分析对人事测评指标制定的重要参考价值。反过来，如果人事测评指标已知，也可以根据测评指标来进行工作分析。两者的内容有很多交集，尤其是工作说明书和测评指标都含有特定的工作种类对从事人员的各项要求。

因此，我们可以为了制定人事测评指标而进行工作分析，其大致实施步骤如下：

（1）根据测评目的与工作要求，确定需要调查的职位范围，制订调查提纲与计划。

（2）采用一定方法广泛收集有关职位任职者的主要工作要求与工作内容素材。

（3）通过一些筛选方法（定性），形成内容全面的测评要素调查表，包括品德、智能、知识、经验与资历要求等方面的调查内容。

（4）在更大的范围内进行调查，要求被调查者对调查表上的内容进行评价、补充。

（5）对调查结果进行多元统计分析（定量），筛选主要项目，包括测评要素及其对应的测评标志。

（6）对筛选出的主要测评项目进行试测或专家咨询，以保证人事测评指标的质量。

3.4 基于胜任力的人事测评指标体系

3.4.1 胜任力的概念

胜任力的英文是competency（也有些文章和书中用competence），国内对其有不同的翻译，如资质、能力等。胜任力的起源可以追溯到20世纪60年代后期。当时，智商学说受到质疑，人们发现在早期的能力测试（ability test）中，往往是要依靠记忆力和持久的学习耐力来获得成功，而且最终的成绩与被测人的学习环境、测试人的出题立场、不同的测试场所有着密切的关系，这其中甚至包括很多偶然性因素。所以，被认为有能力的人其绩效往往令人失望。更进一步的疑问是，即使可以使用尽量准确的测评方法，这种测量的结果——就算是已被准确评价的个人能力——又能否预示着个人成功呢？这时，哈佛大学心理学教授同时也是麦克伯（McBer）咨询公司（后来经合并成为著名国际管理咨询公司Hay-McBer）的创始人戴维·麦克利兰（David McClelland）教授和其小组经过大量研究提出，传统的测试方法根本无法预测工作绩效与个人成功，而且经常对少数族裔、女性和社会较低阶层人士不尽公平。同时，他们发现从根本上影响个人绩效的是诸如"成就动机""人际理解""团队影响力"等特征。他提议，放弃这种传统的评价方法，并且认为研究者应努力寻找出一种变量，使它既能导致成功且不带有偏见，然后再发展一种客观的、可描述的方法来进行识别。就是在这种平等主义的动机背景下，麦克利兰发展了以胜任力为中心的概念。由此可见，胜任力概念从一开始，其目的就是面向未来、面向绩效、面向客观与可操作性。1973年，麦克利兰教授发表了题为《测量胜任力而非智力》的文章，从而为胜任力理论的诞生奠定了基础。

自胜任力这个概念产生以来，得到了学术界和理论界的广泛关注，就其定义来说，到目前为止，不同的学者有不同的看法。在英国，研究者经常将工作行为同胜任力联系起来，并将胜任力同国家职业资格（National Vocational Qualifications, NVQs）、管理宪章创新（Management Charter Initiative, MCI）和国家标准（National Standards）联系起来，构成了官方和管理学术组织制定的参考工作标准。这种定义倾向于行业标准和劳动关系的制定，并不关心个人绩效。

麦克利兰和其小组在研究基础上，进一步将胜任力明确定义为："能区分在特定的工作岗位和组织环境中绩效水平的个人特征。"伍德鲁夫（Woodruffe）认为"胜任力是导致个体胜任并完成工作的行为"，威廉·默瑟（William Mercer）的定义是"高绩效者较之他人所持续表现的行为"。1981年，Mcber的咨询顾问理查德·博亚特兹（Richard Boyatzis）提出了如下定义："在一项工作或一定条件下参照与标准有效的或优秀的业绩具有因果关系的个体潜在特点，它可以是动机、特性、技能、自我反映或社会角色的形象，或是他（她）所使用的知识。"

尽管在这些定义中，有些偏重特质，有些偏重行为，但这些定义还是有些共同点。首先，都以绩效标准为参照；其次，这些定义都包括因果关系的观点，认为胜任力是导致个人绩效深层次的原因；最后，这些概念都不排斥个人的潜在特性或行为，而把个人的行为作为胜任力的反映，将胜任力作为“特质”（attributes）和“行为”（behavior）的不同层面的组合。但行为不是胜任力本身，而只是其表现形式罢了。而且并不是所有行为都是胜任力的表现，胜任力是其中稳定、可描述、能预测高绩效的那部分行为。

本书倾向于从更具操作性的角度来定义胜任力，即认为胜任力是那些可以用来明确地区分高绩效者和普通绩效者，或者区分有效绩效者和无效绩效者的个体特点。

3.4.2　胜任力的模型

1）冰山模型

我们一般用“冰山”模型来说明胜任力的特点，如图3-4所示。胜任力这座“冰山”是由“知识、技能”等水面以上的“应知、应会”部分，和水面以下的“价值观、个性、内驱力”等情感智力部分构成的。知识技能等明显、突出并且容易衡量，但真正决定一个人的成功，是隐藏在水面以下的因素，它们难以捕捉，不易测量。可是如果不去挖掘这些因素，无异于舍本逐末。

图3-4　“冰山”模型

这个模型经常被看作胜任力的一个基本模型。其中，动机是驱动、指导和选择个体行为的潜在需要或思维方式，如取得成就的需要。个性是以一定方式作出行为或应答的一般倾向，如自信、自控、对压力的反抗或“顽强”。自我形象是个体如何看待自身，价值观则是个体一系列的基本信念和取向。相对技能和知识来说，这些因素是非智力因素，是隐藏在冰山底下，看不见却非常活跃的个体特征。而知识和技能是更为可见的部分。人们比较困惑的是胜任力和技能、知识到底有什么区别呢？

Kanungo和Misra（1992）认为技能不等同于胜任力。他们认为，技能是在明显的行为中表现的，像在稳定的组织环境中用常规程序处理计划好的任务，相比之下，由智力和感知活动相结合的胜任力在复杂的非常规任务和多变的环境条件下更被需要。胜任力和技能的区别还在于一般化程度，技能更以任务为中心，更特定化，而胜任力则更普遍、通用（Parry，1998）。

知识是人类社会历史经验的总结和概括，是存在于个体之外的东西，具有客观性，但可以被个体领会、理解、掌握，但知识本身并不是个体的能力特征。基于知识的胜任力常被理解为学到的知识，从更具体到更广泛，更普遍到更抽象。一方面，胜任力是在掌握知识的过程中形成和发展的，离开了学习和训练，胜任力都不能发展；另一方面，掌握知识又是以一定的胜任力（如学习能力）为前提的，它制约掌握知识的快慢、深浅、难易程度。

2）胜任力的通用模型

1981年，McBer公司的咨询顾问博亚特兹提出了一个“胜任力通用模型”，他认为胜任力是“能够使管理者完成杰出业绩的那些行为”。博亚特兹对12个组织中41个不同的管理岗位的2 000名管理者进行调查研究，试图找到通用胜任力模型，最后得到了令其满意的结果。他的“胜任力通用模型”包括21种胜任特征：

（1）正确的自我评价。

（2）概念化。

（3）注重密切关系。

（4）注重结果。

（5）发展他人。

（6）判断力。

（7）有效的定位。

（8）逻辑性思考问题。

（9）团队管理。

（10）记忆力。

（11）客观性。

（12）态度积极。

（13）主动性。

（14）自信。

（15）自我控制。

（16）专业知识。

（17）责任感。

（18）毅力和适应能力。

（19）口头表达能力。

（20）善于使用群众的力量。

（21）善于运用可利用资源。

3）其他胜任力模型

另外一些学者也提出了一些胜任力模型，见表3-10。

表3-10　　胜任力模型

表现技能	适应性	复原力	从冲突和困难境地恢复；将逆境视为学习机会；响应时间压力，以解决问题的行为面对人际冲突；经受住恶劣的评论和脾气；在压力下仍然尊重他人
		适应变化	开放性地接受改变，寻找可帮助组织的方法；对变化提出支持性的意见；为效率而服从团队的共识和变化；抵制危险和非法的变化
	人际关系	团队参与	与他人合作，为集体献计献策；表达自己的正反意见；不在队友背后说三道四；愿意面对团队的业绩问题
		显示领导	通过思想、感情和意见的沟通来看待一个职位；鼓励、说服，或用其他方式激励群体或个人；挑战现有的程序、政策或优先权
		冲突管理	直接表达自己的意见；倾听和理解他人的想法；在必要时使用权威表达不同意见；接受负反馈并以此为鉴；为解决分歧而谈判以求得共识
		提供服务	为满足顾客而尽量工作与沟通；帮助别人达到其需要和目标；用引人入胜和具说服力的态度面对难以相处的顾客
	工作习惯	诚信表现	搜集和使用信息时注意保密，遵守商业道德、组织机密；用事实说话；在决策中避免听信流言蜚语和主观意见；保持事情的事实完整；完整和精确地书写文档
		自我管理	无人管理下使用标准操作程序和工作说明指导自己的行为；按与结果相关的重要性对工作排序；分配时间并按照时间表执行；定期作出政策程序未规定的工作决策
		服从程序	理解、遵循并鼓励他人按预定政策和程序办事，即使这样做较为麻烦；当政策或程序阻碍效率时，能说服别人改进绩效

续表

技术知识和工作技能	掌握资源	分配钱	使用和准备预算，作出成本和盈利预测，保存预算支付的详细历史记录，并进行合理的判断
		分配材料、设备	获得、存储、分配原材料、设备、空间和最终产品，使其达到效用最大化
		分配人力资源	评价知识、技能并相应地分配工作，评估绩效并提供有效反馈
	掌握信息	获取和评估信息	确定数据需要，从已有来源获取或自行创建，并且评估它的关联性和精确性
		组织和维护信息	组织、制作和保留书面档案、电子记录，或其他系统样式的信息格式
		传播和沟通信息	选择和分析所获信息，并使用口头、书面、图示、照片或多媒体形式进行传播沟通
		使用计算机	使用计算机获得、组织、分析、沟通信息
		监控和纠正表现	辨别趋势，预测行动对系统运行的影响，诊断系统或组织中的职能背离，并采取必要措施纠正业绩
		改进和设计系统	提供有效建议，通过修改已有系统来改进产品或服务，发展新的或备选系统
	技术	选用技术	判断应使用何种进程、工具或机械，包括计算机和相关软件程序，可产生已设计的结果，并帮助他人学习
		根据任务应用技术	理解全面意向和合适进程，设计和操作机械，包括计算机和相关程序系统
		维护和改进技术	防止、发现和解决机械、计算机和其他技术应用中的问题

资料来源　U.S.Department of Labor. What Work Requires of Schools：A SCANS Report for America 2000［R］. June 1991.

除一般性胜任力模型外，还有针对行业、层级、职能的胜任力模型，如经理人胜任力模型，是根据高绩效的管理者的行为制定的，见表3-11。

表3-11　　经理人胜任力模型

管理特性	领导	激励与授权他人以达到组织目标
	计划和组织	组织和安排事件、活动和资源；建立和提出时间表和计划书
	质量导向	显示出目标意识与标准意识；为保证质量与生产标准的符合不遗余力
	说服力	影响、劝说或感动他人，让其同意、接受或改变行为
职业特性	专业知识	了解技术或专业工作方法，并持续掌握技术知识
	问题解决与分析	分析问题并分解成若干部分，基于相关信息作出系统及理性的判断
	口头沟通	对个人和组织都能言语清楚、流利，引人入胜
	书面沟通	书写清楚简洁，为读者提供适合的语法、风格和语言
企业家特性	商业意识	明白并应用商业与财务原则；有成本收益观念、市场观念和增值观念
	创新	创建新的和富有想象力的方法投入工作；确定新鲜方法并显示出质疑传统的愿望
	行动导向	展现出随时准备决策的状态，开始积极与原创性的行动
	战略性	展示出对事物的全面看法，富有远见卓识
个人特性	人际敏感	敏感而有效地与他人互动；尊重他人，愉快地进行合作
	弹性	成功适应需求与环境的变化
	复原力	在受挫及压力之下仍保持有效工作行为；保持冷静、镇定，掌控自我
	自我激励	自我承诺，向目标努力前进；显示出热情与职业承诺感

资料来源　BAIN N，MABEY B.The People Advantage［M］. London：Palgrave Macmillon，1999.

3.4.3　胜任力指标系统的形成

胜任力指标体系的构成可以沿用上述所讲的人事测评指标体系的构成方法和过程模型，但在胜任力指标系统中，特别关注将这些指标和组织的战略要求联系起来，如图3-5所示。

第一步，确认企业战略。需要对组织面临的竞争挑战和组织文化进行研究。同时明确胜任力模型将主要运用在何处，侧重于绩效考评、选拔，还是职业发展或培训。只有了解企业的远景，才能了解组织与员工的目标与共同利益，发展出符合企业文化和员工可接受的有效胜任力模型。

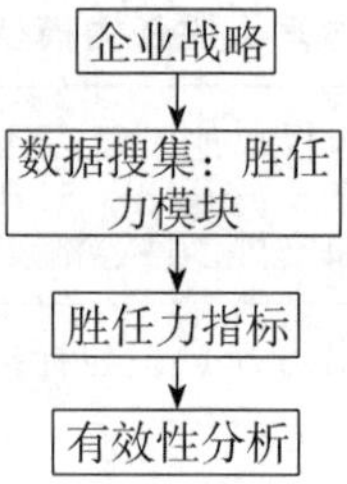

图3-5 胜任力指标体系

第二步，数据搜集。需要选择合适的方法来搜集模型构建中必要的数据信息，这将是构建过程中的主要工作。通过这些，了解胜任力的主要模块和指标体系，方法主要包括：

行为事件访谈：这是构建胜任力模型时最为常见的方法。主要是与高绩效者面谈——有时也会找一些普通绩效的员工作为对比——引导他们讲述自己的成功故事。面谈的目的是识别导致高绩效的行为。通过与一批成功者的面谈，并比较他们的成功故事，对照成功者的细微绩效差距，我们可以找出关键的导致高绩效的行为。

个人访谈：有时，高绩效的行为事件难以归纳，而且随着组织的变化，过去的成功并不意味着现在乃至未来的成功。在这种时候，往往需要与关键管理岗位和股东进行面谈，了解成功的行为。

焦点小组：让来自于同一层次的员工组成小组，让他们历数高绩效者普遍具备的胜任力项目，或者提供足够的事例。这种方法比访谈拥有更宽的信息来源，而且更加有效地集中于未来导向的成功因素。

问卷调查：将一系列行为用书面形式列出，加以描述，要求被调查者指出哪些行为是组织中高绩效者才有的，这对于修正适合组织的胜任力模型十分有效。

专家数据库：从已有的胜任力模型中找出专家意见，在类似的模型环境中识别出重要的资质信息。

在数据收集过程中，不可能只选择一种方法，一般都会寻求一个方法的组合，保证其有效性、可靠性和广泛性的平衡。表3-12显示的就是五种研究方法的不同特点。

表3-12 研究方法的特点

研究方法	可靠性	有效性	广泛性
行为事件访谈	高	低	中/高
个人访谈	中/低	高	低
焦点小组	中/低	中	高
问卷调查	中/高	高	高
专家数据库	中	高	低

第三步，数据集成。需要将已搜集的数据进行归纳，经常会采用一些统计方法，得出上文所示的各组的资质模型。

第四步，有效性分析。模型初具规模之后，构建过程并没有结束，还需要通过绩效考评进行效度验证。只有经过一定时间实践后，员工的绩效符合资质模型中的预测，才能证明此模型是有效的。而这一步往往被很多企业所忽视，结果构建出的模型失去了其区分绩效的效用。

3.4.4 胜任力方法和工作分析方法的比较

胜任力方法在最近几年中得到广泛应用，但同时也引发研究者和实践领域思考，胜任力方法和工作分析方法相比，各有何利弊？

在Shippmann等人2000年发表在《人事心理学》上的《胜任力建模》一文中，作者的重点虽然在胜任力模型构建上，但由于胜任力模型和工作分析之间有非常微妙的关系，所以作者详尽分析了工作分析和胜任力建模的异同，提出了从十个方面来剖析工作分析和胜任力的理论模型。笔者认为这十个方面的比较为理解工作分析和胜任力建模提供了一个非常好的框架。这些方面分别是：

（1）调查的方法：采用搜集信息的方法的依据是什么？

（2）搜集到的描述内容的类型：搜集到的内容有哪些类别？为什么搜集这些信息？

（3）形成描述内容的程序：是如何搜集这些信息的？仅仅是书面资料，还是经过调查得到的？

（4）描述内容的详细程度：描述内容精细程度，类别之间是否有重叠？

（5）与企业目标和战略的关联程度：研究结果与企业目标和战略之间有多紧密？

（6）内容回顾：组织内部工作内容专家在此过程中的投入程度如何？是否参与了对类别包括项目的评价？

（7）对描述内容的排序：在对搜集到的描述内容进行排序上作了多大努力？所有内容有无优先考虑的？

（8）信度评价：是否努力去对搜集到的结果的一致性或者重测可靠性作评价？

（9）项目/类别保留标准：对最后应该保留和删除哪些描述内容中的类别和项目是否有清晰合理的标准？

（10）文本化：对在整个过程中使用的方法、形式、人员、所得结果等是否有文本说明？

这十个方面的做法可被视为从“较低的严谨或严密程度”到“高度的严谨或严密程度”上的连续体。研究结果表明，工作分析在大多数指标上，都比胜任力建模有更高的严谨性，在“搜集到的描述内容的类型”和“信度评价”上特别明显。工作分析倾向于采用多种信息，而胜任力建模则往往采用单一类型的信息；胜任力建模在信度评价上所做甚少。“与企业目标和战略的关联程度”指标上，工作分析的分数偏向较低的严谨性，而胜任力建模则恰相反，表现出与企业目标和战略有高度的关联程度。总的来说，工作分析的方法偏重工作和任务、技术技能、工作之间的区别和短期的工作匹配，相比之下，胜任力建模更偏重于工作者本身、个人价值观和个性、核心胜任能力和通用胜任能力、更为长期的组织匹配。从这也反映出，两种方法各有长短，可以相互借鉴。工作分析是人力资源管理的一项基础工作，但理论和实践界经常把它看作是一项操作性的工作和技能，对其为管理决策所带来的信息作用没有得到充分的重视。而从其所涉及的对工作内容信息的掌握来看，事实上它可以是一项非常有用的帮助正确决策的工具。因此，应该更加认识到它的战略作用，把它视为一个组织发展的干预手段。笔者认为在今后，应提倡战略性工作分析。战略性工作分析和指标构建应该具有这样的一些特点：第一，和组织目标、战略紧密结合。工作分析应该不仅仅从单一的职位角度去进行，也应该考虑到组织、业务单元会有哪些要求，然后将这些要求体现在职位说明书中。第二，战略性工作分析系统应该为组织中的人力资源管理体系提供一个宽广的信息平台。虽然过去也说工作分析系统是基础，但如果并没有真正考虑到企业的战略目标，则其作为信息基础平台的意义不大。从这个角度来说，战略性工作分析系统应该更是一个整合的体系，它应该更多地考虑组织中不同工作的相同要求，从而找到对于组织来说关键或核心的一些工作和工作者特征，此外，这些核心特征还应该能和组织中不同部门、不同层极的不同岗位联系起来，在它们的职能特征中得以反映，而这些最终为人力资源管理体系的其他内容提供支持。第三，战略性工作分析的方法和内容具有动态性特点，它是不断变化的，并且能不断适应公司发展的要求。

战略性工作分析对胜任力评价也有一定的借鉴作用。以下是一些可以借鉴的方面。首先，胜任力评价往往会对核心胜任力过于泛化。并不是所有对胜任力维度进行操作定义的胜任力项目或行为对某项工作或工作作品、业务单元或整个组织都有同样的影响。可以从工作分析中得到借鉴的是更多地考虑不同职务族的特定要求，工作分析的方法为描述内容的权重分析提供了一个更宽泛的定性但同时也更为实证的程序。其次，工作分析方法往往会对结果的一致性程度和重测信度进行评价，而这些正好是胜任力评价中比较缺乏的。如果胜任力评价也能提供类似的评价，比如在胜任力构建的模型中有多少是和最终的结果模型匹配的这样的信息，就能更好地支持人力资源管理决策。最后，工作分析系统往往提供了更详细的书面化文本，这一点也是胜任力评价可以借鉴的，比如描述指标体系是如何形成的，这样可以帮助人们更好地理解胜任力体系背后的逻辑是什么。另外，胜任力往往关注的是什么能够导致成功的宽泛的、一般的胜任力，应该将工作分析较为关注的技术技能、职能技能整合到其结果模型中。这种结合，有利于形成对某一目标群体更全面的评价。

综上所述，事实上可以看到战略性工作分析和胜任力评价虽然各有特点，但却可以取长补短，互为补充，这样可以产生“协同作用”。在今后的研究和实践领域中，也可以综合各自的做法，诚如管理中一直强调的“没有唯一最佳方案”，也可能没有一个可以适合所有目的的对工作的描述内容的方法和形式，工作分析所得到的信息和胜任力模型的信息可以根据具体要求和目的进行适当结合。

本章小结

人事测评是表征人事测评对象特征的一种形式，是保证人事测评客观公正的一种依据和准则，包括测评要素、测评标志和测评标度。

制定测评要素的方法有结构模块法、样例分析法、培训目标分析法、调查咨询法、头脑风暴法、文献查阅法、工作说明书查阅法和理论推导法。

制定测评指标的过程是一个反复进行的系统过程，大致的步骤是准备→确定测评要素→确定测评标志和测评标度→试用和反馈调整→修改和补充→检验→实施成套的人事测评工具，其中试用和验证的过程不可缺少。

测评标志是指针对每一个测评要素确立的可辨别、易操作的考核标准，它的形式可以按照不同标准分成不同种类：按照内涵来分，有客观式、主观评价式和半客观半主观式三种；按表述形式分，有评语短句式、问题提示式和方向指示式三种；按操作方式分，则有测定式和评定式两种。

测评标度是指描述测评要素或要素标志的程度差异与状态水平的顺序和度量。它的形式可以分为等级式、数量式、符号式、数轴式、图表式和综合式等几种。

制定测评指标时主要有以下几个原则：测评对象要明确；测评内容设计要合理；措辞要通俗易懂、表达清晰；测评标志含义要尽可能量化；测评指标体系要独立而完整。

工作分析是指一种以确认职位要求与责任范围为目的的人事管理方法，包括工作描述和工作说明书两大部分的内容，是企业有效进行人力资源管理和开发的必要前提。

工作分析中对各职务的特点和要求的分析为人事测评指标提供了可靠的参考依据，可以在人事测评指标制定过程中进行工作分析，并根据工作分析的成果来确定测评要素、测评标志及测评标度。

基于胜任力模型的人事测评体系是近年来备受关注的评价体系。胜任力比较为人所接受的定义是“那些将绩效优秀者和绩效平平者区分出来的特点”。胜任力模型给人事测评提供了一个更为广义的测评体系。

关键概念

人事测评指标　测评要素　测评标志　测评标度　工作分析　胜任力

课堂讨论题

1.试比较绝对测评和相对测评的优缺点，并从此角度来说明制定人事测评指标的必要性。

2.制定人事测评要素的各种方法在使用时分别应注意些什么？

3.阅读下面这段话，分析它指的是什么过程，叙述是否正确。

“一般是在测评目标下规定测评内容，在测评内容下设测评项目、测评指标。测评项目、测评指标与测评目标之间的区别使测评目标具有实际独立的意义，它是测评内容的抽象性概括，测评项目是对测评目标的具体规定，测评指标是对测评项目的具体分解。”

4.工作分析对人事测评指标的制定有什么贡献？

5.结合3.1.1中长跑的例子比较常模和测评标准有什么区别和联系。

复习思考题

1.人事测评指标的制定过程是怎样的？应注意哪些事项？

2.绝对测评和人事测评标准的关系是什么？

3.人事测评的含义是什么？制定人事测评标准的意义是什么？

4.测评标志和测评标度的形式有哪几种？各有什么特点？

5.工作分析的主要内容是什么？企业中进行工作分析的意义是什么？

6.请根据［案例3-3］为一个针对销售经理的人事测评编制相应的测评指标。

7.参阅Shippmann等人的原文，比较工作分析和胜任力建模方法的异同。（SHIPPMANN J S， et al. The practice of competency modeling ［J］. Personnel Psychology，2000，53（3））

补充阅读材料

测评指标的制定方法

现有的各种测评指标的制定方法归纳起来，主要有以下几种：

（1）外显行为的特征选择。在人事测评中，特定的测评对象总会有一定的外在行为表现，而这些行为表现可以揭示出测评对象的特定本质。根据这种对应关系，我们在制定测评标志时，可以从测评对象的行为表现中进行选择，即找出有代表性的行为表现作为测评标志。例如，“口头表达能力”可以通过“用词”“思路和逻辑”“语音”“节奏感”等语言行为特征来反映和体现，而反过来，这些语言行为特征也足以揭示“口头表达能力”的实质。所以，我们就可以选择这几个外显行为特征作为“口头表达能力”的测评标志。

（2）区分点特征选择。所谓区分点特征选择是指那些具有不同状态和程度差异的对象在同一条件下所表现出的不同特征。如具有不同体力水平的人，往往在抓举重物、使用拉力器上含有明显的差别行为特征。体力强的人两手能平拉开五根以上的弹簧，而体力一般的人只能平拉开三根左右的弹簧，体力差的人只能平拉一根或是一根也拉不开。因此，我们就可以选择拉力器平拉时的根数作为我们测评“体力”时的一个测评标志。又如，内向和外向的人有一个普遍的区别就是是否喜欢主动交朋友，所以我们可以用“是否喜欢主动交朋友”作为测评内外向性格的一个测评标志。

（3）相关特征选择。有些测评要素，很难直接寻找它的外显行为特征，这时就需要选择一些与它密切相关的外显行为来作为测评标志。如“工作经验”本身是一个主观测评指标，很难寻求到直接的客观标志，但是我们可以将从事某一类工作的年限作为客观的测评标志。统计资料分析证明，一个人的经验与他所从事同一工作的年限是成正比的，因此，“工作年限”就是测评“工作经验”的相关特征。

SIDNEY A F， GETKATE M. Benchmark Tasks for Job Analysis：A Guide for Functional Job Analysis（FJA）Scales［M］. London：Psychology Press，2014.

GREGORY S W. A Critical Review of the Science and Practice of Competency Modeling［J］. Human Resource Development Review，2013，12（1）：86-107.

第4章 /心理测验在人事测评中的应用

学习目标

1. 学习心理测验的一般原理。
2. 理解心理测验在人事测评中的独特优势和应用意义。
3. 掌握心理测验的编制原则和编制程序。
4. 了解常用的心理测验,把握如何在人事测评中正确应用心理测验。

4.1 心理测验的一般原理

人事测评的主要内容就是确定人员的素质情况，而心理素质是个体素质结构中的一个重要内容，是个体发展和事业成功的关键因素。美国著名心理学家特尔曼曾对800名成年男性进行绩效测评与心理测验，发现其中成就最大的20%与成就最小的20%两组人之间，最明显的差别是他们的心理素质差异。成就最大组，在兴趣、谨慎、自信、开拓进取、不屈不挠和坚持性方面明显地高于成就最小组，所以，心理素质测评应成为人事测评的一个重点，心理测验也日益成为人事测评中普遍使用的一种方法。

那么，什么是心理测验呢？著名学者Anastasi给其下的定义是："心理测验实质上是行为样组的客观的和标准化的测量。"据此定义，心理测验有五个要素：行为样组、标准化、难度客观测量、信度、效度。

其一，行为样组。行为样组要典型，具有代表性。每个心理测验都有一组或多组测验题目，由这些测验题目引起被试的行为反应，根据被试的行为反应来推论被试的心理特性。要正确、可靠地推论被试的某个心理特性，必须有典型、能代表这一心理特性的行为样组。测验题目的性质和数量要有代表性，能获得所要预测的心理行为。例如，音乐能力测试，音高、音色、音量、节拍的辨别判断等题目能代表音乐的基本能力。

其二，标准化。测验的编制、实施过程、计分、对测验结果的解释都要有严格的标准，必须一致，要保证测验的条件对所有的被试相同、公正。还要建立常模，给测验分数提供比较的标准，从而对测验分数进行解释。

其三，难度客观测量。测验题目乃至整个测验的难度水平决定必须客观。目前的心理测验一般都要经过试测，根据通过试测项目的人数多少来确定难度。通过的人数多，题目就是容易的；通过的人数少，题目就是较难的。把太容易和太难的题目删除，以保证测验的区分度。

其四，信度。测验要可靠，同一组被试使用同一测验施测两次后得到的分数应该一致，或者同一组被试经过一次测验以后再用一个等同形式的测验再测一次，两次所得的分数也应一致。一致性程度越大，信度就越高。

其五，效度。测验是有效的，测验应该确实能测量到它所欲测量的东西。要保证效度，必须严格按照测量目标选择测验材料，测验的内容要丰富，难度要适当，要排除无关因素的影响。本书在后面章节中将就信度、效度等作专门讨论。

进行心理测验的一般原理包括差异性、可测性和结构性。

4.1.1　差异性

个体之间存在差异是进行人事测评的前提，而心理测验也起源于实验心理学对个别差异的研究。人与人之间，心理品质的各方面都存在着水平上的差异，比如，在表达能力上，有的条理分明，优美流畅，有的却颠三倒四，语无伦次。从心理学的角度来说，个体之间的差异可以归纳为互相联系的两个方面：其一是个体的倾向差异，包括兴趣、爱好、需要、动机、信念、理想、认知模式等方面的差异；其二是个性心理特征差异，包括能力、气质与性格三个因素及其组合的差异。

任何一个人，由于其生长与工作的环境不同，所具有的生理特点与遗传素质不同，接受的教育程度与形成的素质也不同，因此所形成的个性因素也就不同。正是这种个体差异，才使我们的人事测评显得有意义。如果测评对象之间不存在差异，那么人事测评将无法获得有决策意义的结果，最终将失去其存在的价值。正因为个体的素质之间存在着千差万别，作为反映这种差别的人事测评的活动才成为人事管理的重要内容。

[案例4-1]

有关个体心理素质差异的研究证明，人事测评在人事配置与人力资源开发中具有十分重要的意义。美国心理学家霍兰德（John Holland）创立的职业理论就是根据这个原理进行的，他经过多年的实践研究认为，人的个性特征与职业选择之间有一定的对应关系。他把人的个性特征分成6个类型：

（1）现实型。这种人不重视社交，而重视物质的、实际的利益，他们遵守规则，喜欢安定，感情不丰富，缺乏洞察力。在职业选择上，他们希望从事有明确要求，能按一定程序进行的操作性工作，如机械操作、电工技术等。

（2）研究型。这种人有强烈的好奇心，重分析，好内省，比较慎重。他们喜欢从事有观察、有科学分析的创造性活动，如天文学研究等。

（3）艺术型。这种人想象力丰富，有理想，易冲动，好独创，他们喜欢从事非系统的、自由的活动，如表演、画画等。

（4）社会型。这种人乐于助人，善社交，易合作，重视友谊，责任感强，他们愿意选择教育、医疗等工作。

(5) 企业型。这种人喜欢支配别人，有冒险精神，自信且精力旺盛，好发表自己的见解。他们愿意从事组织、领导的工作，如厂长、经理等。

(6) 常规型。这种人易服从，能自我抑制、想象力较差，喜欢稳定、有秩序的环境。在职业选择上，愿从事重复性、习惯性的工作，如出纳、仓库管理员等。

4.1.2 可测性

心理学认为，人的心理特征是可以测量的。虽然心理特征是无形的内在，可是通过对外显行为的测量可以实现对心理特征的客观反映，这些要测量的行为不是单个行为，而是一组有代表性的行为；不一定是真实的行为，而往往是概括化了的模拟行为。对于个体不同的行为表现，我们可以按照一定的法则，指派不同的数字，使各种行为特点均可通过不同的数字表示出来，再根据行为与心理特征的对应关系得出要测的心理特征。因此，根据这一原则，心理测验是对人的心理特征进行测量的一种有效方法，而且，目前心理测验已发展到相当科学和规范的水平：测验时要严格按照事先规定的程序进行，保证所有被试在完全相同的条件下接受测评，尽量减少无关的偶然因素对测验结果的影响；要按照统一的客观标准给予评分，以减少评分者个人主观偏见的影响；测评的量表都要具有一定的信度和效度等，这些都有力地提高了心理特征的可测性。

4.1.3 结构性

心理学认为，人的心理品质的各个方面在每个人的身上都不是任意堆积的，而是一个依据一定结构组合而成的有机整体。要全面、准确地了解一个人的素质，就必须以心理学的理论为依据，从个性心理品质的结构入手，来确定所要考察的内容及其表现形式。人事测评中的品德、智力、能力和绩效等几个方面，就是以个性心理品质的几个组成部分为依据来确定的。例如，在人事测评中，我们依据个性心理品质中的个性心理倾向和性格特征两个部分，确定了品德测评结构中所含的内容及其表现形式，如事业心、纪律性、工作作风等；依据个性心理品质中能力特征的两个方面：一般能力和特殊能力，分别确定了测评结构中的智力结构和能力结构的内容及其表现形式；在品德结构、智力结构和能力结构等心理素质的基础上，确定了表现其各项心理素质的发挥水平的绩效结构。这样，我们就可以以心理学的理论结构为依据，对心理测验和相关的人事测评进行科学的总体设计。

4.2 心理测验在人事测评中的应用优势

4.2.1 传统人事测评方法中的偏差

尽管传统的人事测评有很多方法，但是人们在实际应用时发现传统测评方法总是不可避免地存在这样或那样的缺陷，影响了人事测评的公正性和客观性。归纳起来，常见的偏差有以下几个方面：

（1）晕轮误差（halo error）。“晕轮”通常是指一种效应，也叫光环作用，具体是指当评价某人时，因为先了解到的一些优点而就此辐射到其后认识的所有方面，认为某人一定每个方面都很好，因为某一闪光点的存在而就此扩大为笼罩全身的晕轮。在晕轮效应中，感情具有重要作用。甲初见漂亮的乙，由于情绪上的喜欢，就不只是认为乙外表好，而且还会就此认为乙具有聪明、和蔼的优点。人事测评中的晕轮效应也是一个道理，测评主试可能将测评内容的某一方面看得过重，忽略了整体的平衡，而产生了晕轮效应并导致过高或过低的评价。例如，甲比较善于处理人际关系，谈吐彬彬有礼，测评主试对他有好感，就认为他其他各方面能力都强，所以测评时就会有所偏颇；相反，乙平时不修边幅、上班经常迟到，测评主试就会对他产生工作极不负责的强烈形象。其实，乙在工作中创造力很强，工作能力并不比甲差。

（2）近因误差（recency error）。一般来说，人们对近期发生的事情印象比较深刻，而对远期发生的事情印象比较淡薄。在人事测评中往往会出现这样的情况，测评人对被试某一阶段的工作绩效进行测评时，往往只注重近期的表现和成绩，以近期印象来代替被试在整个测评期的绩效表现情况，因而造成测评误差。有的被试往往会利用这种近因效应。如一年中的前半年工作马马虎虎，而到最后几个月就表现良好，结果也能受到好的评价。

（3）暗示误差（hint error）。暗示是一种特殊的心理现象，是人们通过语言、行为或某种事物来提示别人，使其不自觉地接受或照办而引起的迅速的心理反应。人事测评中因暗示引起的误差表现在两个方面：一方面是测评主试对被试的暗示，如主试说某同志做得很快，其他被试会受到暗示认为快是测评的重点指标，可能就此追求速度而不注意质量。另一方面是测评主试在领导或权威人士的暗示下，很容易接受他们的看法，而改变自己原来的看法，这样就可能造成测评的暗示效应。如在进行工作绩效测评时，首先企业领导会对员工们谈谈这项测评的重要意义，之后他们往往会有意无意地提到某某的表现是怎样怎样出色，这样就会对测评主试产生暗示效应，主试会对领导提到的这个“某某”有特殊的好印象。为了防止这两方面的误差：一是要保持主试的客观性，一言一行都要尽量标准化，整个测评过程也要尽量实现统一规定，达到标准化水平；二是把领导或权威人士的发言放在最后或是避开主试，这样他们的讲话就难以起到暗示作用了。

（4）偏见误差（prejudice error）。由于测评主试对被试持有某种偏见，而此偏见影响了测评的结果，此时造成的误差就称为偏见误差。偏见是人们根据有限的经验而加以过度概括形成的对某一些人或某一类人的稳定不变的、固执的看法。比如因为曾遇到过一个脾气倔强的山东人，然后就此认定山东人都是倔强的。在企业中，如果测评主试是技术工程出身，往往不自觉地认为文科出身的销售人员不学无术，只会“要要嘴皮子”而已，那么他在测评时对文科出身的销售员的评价就会有折扣。公司要选拔一位公关经理也经常会倾向选拔文科出身的员工，理由是他们有更强的沟通能力，而认为理科出身的员工笨嘴拙舌、不善辞令，这样，他们在测评前就有了偏见。事实上，理科出身可能比文科出身的候选人更能言善辩，善于融洽和协调各种关系，但由于人事部门的偏见，使理科出身候选人错失了这一职位。这就是惯性思维——偏见造成的误差。

4.2.2 心理测验的优势

心理测验在人事测评各种方法中的优势概括起来主要有以下4点：

（1）敏捷性。心理测验可以在较短时间里迅速了解一个人的心理素质、潜在能力和其他很多深层的特点。这为人事管理工作带来很多方便，如招聘。

（2）科学性。世界上目前还没有一种完全科学的方法，可以在短期内全面了解一个人的心理素质和潜在能力，而目前心理测试能比较科学地了解一个人的基本素质。这种优势已经被国内外很多企业的人事测评工作所证实。

（3）公平性。员工招聘中往往会出现不公平竞争的倾向，但心理测试在一定程度上可以避免这种不公平性。因为通过心理测试，心理素质比较高的员工可以脱颖而出，作弊或走“后门”成功的概率相对变小，心理素质较低的应聘者落选也会感到心平气和，因为他们知道自己心理测试的成绩较低。

（4）可比性。因为用同一种心理测量的方法得出的结果具有可比性，所以通过能力测试以后，员工的能力水平化为可以比较的测试结果。其他的方法往往因为场合不同、地点不同，而没有可比性。

4.2.3 心理测验在人事测评中的应用意义

心理测验理论与实践问题的研究在人事测评工作中有重要的应用意义。

（1）能在运用中创新、发展、完善人事测评理论。在人事测评领域具体应用心理测验时，要根据自身实践中的需要、经验、问题和教训进行相应的增补修订，使其得到更广泛、更细致、更丰富、更有价值的发展和完善。

“需要是最好的催产剂”，心理测验自身的产生就是源于人事测评实践中对人才的心理鉴别。在人事测评中，同样会面临许多实际需要解决的问题，这就促使诸如心理测验的一些心理学手段和技巧在此领域得到探索、运用和发展完善。

（2）增进人岗匹配，加强人的职业适应性，提高职业活动效率和职业培训效益。事实证明，不是任何人都能胜任任何职业，也不是任何人接受一种技术培训就能达到一定的职业要求，对人和职业活动本身，都存在一个“职业适应性”问题。对前者，是指个人的个性特征对于相应职业活动要求的适应程度；对后者，则是指某一类型的职业活动的特点对人的个性特征及其发展水平的要求。只有二者达到和谐统一，人适其职，职得其人，才既有利于就业者的自我发展和发挥，又有利于提高和增强职业活动的效率。心理测验在人事测评中的应用目的就在于此。

国外有些具体的研究结果和统计资料表明，人事测评中的心理测验对提高录用员工的素质和增进经济效益有巨大意义。通过心理测验和人事测评，还可以达到各方面的社会效益。在较为充分的条件下，求职者和职业岗位都可以各得其所、各司其职、各尽其责，从而形成畅通和谐的社会心理氛围，形成人力资源的合理配置，有利于国计民生。

[案例4-2]

1985年，美国联合航空公司进行的一项调查揭示了一个令人震惊的结果：在过去20年中，世界各地共发生过五万多起空难事件，其中，只有五分之一属于机器故障。这项调查报告发表以后，立即受到各大航空公司的重视，并促使他们着手改变过去只凭技术、资历和飞行时速对驾驶员进行测评的惯例，开始引进心理测验，在甄别对待录用驾驶员智力高低、能力大小的同时，鉴定驾驶员的个性类型等，以便录用的驾驶员能组成一个最佳状态的飞行组。

1926年美国飞行学校的学员中，有87%因飞行不佳而被淘汰，其原因是空中飞行心理适应性不佳。直到第二次世界大战期间及以后，客观要求促使心理测验在人事测评中不断发展、完善和普及，因飞行不佳而被淘汰的人数才开始下降。美国空军的淘汰率由70%降至36%；在法国，则由61%降至36%。

有人在计算选拔飞行学校学员的经济效益时指出，培养一名飞行员的费用不少于70 000美元，而淘汰成绩不佳者一般是在培训进行了三分之一时进行的，等于浪费了25 000美元。实施心理测验前每培养100名合格飞行员，要对397名学员进行培训，采用心理测验进行选拔后只要预先培训156名预备学员就足够了，这样培养100名飞行员比进行心理测验前的耗资可以节省600万美元。这样既提高了职业部门和培训部门的经济效益，而且也有利于人事测评的进一步研究和推广。

另有资料表明，经过心理测验选拔的货运汽车司机在肇事和伤亡数量上，比未经过人事测评选拔的司机减少了73%，而事故率也正是劳动效率的衡量指标之一。

4.3　心理测验的编制和修订

心理测验之所以能成为科学而有效的人事测评工具，是因为它有一套科学的编制方法。许多专业的人事测评机构，都有自己的心理测评专家从事专业的心理测验的编制工作，而且对已有的心理测验不断进行修订。尤其是用于大规模的职业任职资格鉴定的心理测验，每年都需要有新的题目，都要编制新的测验。

要在人事测评中应用心理测验，需要了解心理测验编制的原则和方法，而且能借鉴心理测验编制的方法和原则来设计和实施人事测评。

4.3.1　心理测验的编制原则

心理测验和人事测评要保证达到一定的社会效应，必须在编制上注意一些基本原则。

1）有效性和实用性相结合的原则

科学有效是心理测验编制的首要原则，也是其有效进行的根本前提。遵循这一原则，人事测评和心理测验人员要做到以下两点。

(1) 测验技术要科学有效。心理测验是力求通过一系列的手段和方法，采用多元化的指标体系进行相关测评。这些技术性措施，必须符合统计学原理，在效度、信度和区分度等方面要经得起考验。在选择使用的时候，也应该确保测到的结果正是你所想要的东西。另外，还有一些方面并不能或还未能有定量的选拔技术，而只能作定性评估，这些更要注意其标准的科学性。测验技术的关键是要有鉴别力，其结果要能揭示出个体间、职业间的差异性和区分性，这是心理测验得以有效进行的直接保证。一般来说，心理测验的工具多是选用一些经典的、在实践中经过反复验证的心理测验量表，这些量表通常具有较高的信度和效度。而对于某些自编量表，则需在测验编制、实施、计分及测验分数解释程序上实现标准化，建立可靠的常模，才能确保测验的可靠性和有效性。

在确保有效性的前提下，心理测验还应做到经济、简便、省时，也就是要遵循实用性原则。随着心理测验在人事测评中的广泛应用，这一具体工作越来越成为企业人事部门的日常事务之一。这一方面需要各企业配备专门的心理工作者或经过专业心理学培训的工作人员，另一方面也要求心理测验工作本身条件不可过高，难度不可太大，历时不可太久，这样才有利于心理测验的普及和推广。当然，职业活动要求的复杂程度和水平高低不同，心理测验的实用性程度也不同，这样才能使测验本身科学有效。

(2) 测验人员应训练有素、公正无偏。在心理测验中，对搜集到的资料、结果进行分析、评定，是决定性的一步，它关系到前面一系列工作的意义，也涉及随后决策工作的准确性。所以，要求测验人员训练有素，特别是对于一些非量化信息的解释，更要能抓住要领。而且测验人员应尽量避免个人偏见或社会偏见对自己公正测验的干扰，公开发布有关信息，使每个被试都感受到自由和公平的测验原则。

2) 整体性和独立性相结合的原则

心理测验是整个人事测评工作的组成部分之一。一定的职业活动对就业者不只是有一定的心理要求，而且还有其他如文化程度、身体健康、政治状况等方面的要求。心理测验的结果也是在综合多方面材料的基础上获得的。心理测验并不能以一代全，也不能和其他方面的测试割裂开来孤立进行，而是要进行必要的综合平衡。

但是，心理测验在人事测评中的独特意义和作用也是不容忽视的。特别是随着科学技术的进步和管理体制的完善，社会对职业主体——人的要求越来越高，给予的重视越来越多，人的独特性的内部决定因素——个性心理品质便也应该日益突出其对人的活动的重大影响作用，从而也决定了心理测验的独特意义。

3) 稳定性与动态性相结合的原则

此原则的理论依据是个性是相对稳定和不断发展的，而其现实依据是职业要求的相对一致性和不断变化的原理。正是遵循着稳定性原则，才能使心理测验有一些相对固定的出发点、依据、程序、工具手段和评判标准，使其具有可重复性。此外，个体心理品质的可塑性和发展性使得心理测验的工作不仅应揭示个体当前的职业心理品质及其发展水平，还应对其将来的发展趋势有所预测。同时心理测验也应随社会分工和社会进步的发展而具有时代性。时代、社会、科技等的飞速发展使得整个社会对人的心理品质与结构的要求正在发生着根本性变化。现代化社会要求员工的已经不是单纯的感觉——运动反应的能力了，而是要求员工有更大的创造力、信息加工与处理能力，以及对内、外环境的应变能力等。因此，心理测验的具体内容、措施和标准等也要应需而变，具有动态性。

4）尊重和保护个人隐私的原则

尊重和保护员工和应聘者的隐私，并为他们的个人信息保密是心理测验的一个重要原则，也是心理测验工作人员起码的职业道德原则。有的测验结果含有负面评价，一旦公开，对个体的影响是极其恶劣的，而且测验结果可能是有所偏差的，个体也是可以发展变化的，所以每个被试的测验结果都属于他的个人隐私，企业有必要为其保密。这个原则和测验进行过程要公开和公平的原则并不矛盾，它涉及收集信息的种类、信息的使用和信息向他人公开的程度问题，也就是说，信息的收集、使用和公开都得到当事人的认可才是合法合理的行为。

4.3.2　编制心理测验的一般步骤

测验的编制方法和步骤，依测验的性质和内容不同而异。这里只介绍编制心理测验的一般步骤。

编制心理测验的一般程序是：确定测验目的，分解测量目标；选择测验材料，制订编题计划；编制测验题目；题目的试测和分析；编排和合成测验；测验的标准化；测验基本特征的鉴定；编写测验说明书。修订心理测验的程序与编制心理测验的程序基本一致。

（1）确定测验目的，分解测量目标。在测验编制开始前，首先要明确测量对象，测量什么内容，并将测量目标转化成可操作的概念，之后要明确编出的测验是要对被试进行描述、诊断，还是选拔和预测。测验的目的确定后，再分解测量的目标。如欲测量视知觉速度，可以将视知觉划分为对文字、数字、图像、立体、运动的知觉等因素。

（2）选择测验材料，制订编题计划。根据各个测验的分目标，选择符合目标的测验材料，以保证测验材料的有效性。不同内容的测验，其材料的选择原则和方法都不一样。如专业知识考试，材料要能够代表该学科专业的内容，要有普遍性，要切合岗位需要，要能鉴别被试的专业水平等。而人格测验的材料选择，既要依据一定的人格理论，又要依据实际经验，还要符合因素分析的结果。选择好测验材料后，还要事先设计编制题目的蓝图——编题计划。编题计划通常是一张双向细目表，指出测验所包含的内容和要测定的各种技能，以及对每一项内容、技能的相对重视程度。

（3）编制测验题目。根据编题计划编制测验题目，即命题，这是最关键的一步。要讲究命题的方法和技术，一般来说，命题要遵循以下几个原则：一是测题的取样要有代表性。二是测题的难度要有一定的分布范围，以保证能鉴别被试的水平高低。三是文字叙述要严谨，力求浅显易懂，简洁明了。四是各测题相互独立，不彼此影响。五是测题答案要确切，无异议。六是题目的数量要比最后需要的数目多出一倍以上，以备以后删选。具体的编制过程要经历撰写、编辑、预试、修改等一系列步骤。

Assessment Systems Corporation 在2011年发布了测验题目编制指导，指出题目编制的要点包括效度、目标、清晰准确、理解被测者等。同时也给出了题目编制的清单。

（4）题目的试测和分析。将初步选出的题目结合成一种或几种预备测验，经过实际的试测来获得客观性的材料，然后对题目的难度、区分度进行统计分析，判断出每个题目的性能优劣，从而进一步筛选题目。

（5）编排和合成测验。根据题目分析的结果，选择鉴别力较高的、符合难度分布要求的题目，再结合测验的目的、性质和性能，最终选出合适的题目来组合成测验。在题目的编排上，通常有两种方式：一是并列直进式，即将测验按试题材料的性质分成若干分测验，同一分测验中的测题按其难度由易到难排列；二是混合螺旋式，这种方式是将测题依难度分为若干不同的层次，再将不同性质的测题进行组合，作交叉排列，其难度渐次升进。

（6）测验的标准化。严格说明如何控制与得分步骤有关的各个要素，以尽量减少无关因素对测验目的的影响，减少误差，具体包括测验内容、指导语、测验时限、施测过程、评分过程和制定常模。

（7）测验基本特征的鉴定。测验编好后，必须对其测量的可靠性和有效性进行考验，为此要搜集信度和效度资料。在心理测量学上，有一整套计算信度、效度的方法。只有具备了一定的信度和效度，才可能成为优良的测量工具。另外，还要制定常模参照量表，将原始分转化为标准的量表分。常用的心理测验量表有百分量表、标准分数量表、T量表、发展量表、商数等。

（8）编写测验说明书。为保证测验的正确使用，每个测验必须配上相应的说明书，其内容包括测验的目的、功用，编制测验的理论和实践根据，测验的实施方法、时限及注意事项，测验的标准答案和评定方法，常模资料，测验的信度、效度资料，关于如何应用测验的提示等。

经过这8个步骤，一个自编的测验就可以正式交付使用了。

4.4 常用心理测验的应用

在实际的人事测评中，常常使用已有的一些心理测验。使用现成的心理测验，可以节省时间、人力和物力。而且有些测验经过长期的修订，其效度和信度都比较好，往往比自己编制要好。以下介绍一些较为常见的各类心理测验。

4.4.1　智力测验

智力测验是通过测验来衡量人的智力水平的一种科学方法。智力测验是心理测验中产生最早也最为引人关注的测验。由于人们常把智力看成各种基本能力的综合，所以智力测验又可称为普通能力测验。智力测验有团体施测的，也有个体施测的。目前企业中常用的智力测验方法包括以下几种：

1）韦克斯勒智力测验

韦克斯勒智力测验是由美国心理学家大卫·韦克斯勒研制的成套智力测验。这套测验包括1949年发表的韦氏儿童智力量表（WISC），适用于测试6～16岁的儿童智力；1955年发表的韦氏成人智力量表（WAIS），适用于测试16岁以上的成年人智力；1967年发表的韦氏幼儿智力量表（WPPSI），适用于评定4～6岁的幼儿智力。编制的依据是韦氏独特的智力概念：智力是人合理地思考、有目的地行动、有效地应对环境聚合成的整体能力。它的主要特点是：

（1）测验结构复杂，不仅包括言语测验，还包括操作测验，整个测验可以得出3个智商分数和10个分测验分数，能对人的智力整体水平和各个能力侧面作出全面的评定。

（2）测验内容按一定的排列法将针对一种能力的测验集中起来组成分测验，不仅可以系统地对各种能力进行测定与比较，同时还可以指导测验的实践。

（3）测验适用范围广，3个量表既可以相互独立，也可以相互衔接，可用于4～74岁的被试。

（4）用离差智商代替了比率智商，适合进行跟踪研究，克服了计算成人智商的困难，又解决了智商在变异性上长期困扰人的问题。（详见补充阅读材料）

（5）韦克斯勒智力测验的缺点是施测复杂、费时，只能单独施测，对智力极高或极低的个体不太适用。

韦克斯勒智力量表的内容根据不同的适用对象而有所变化，但测验都分为言语测验（简称V）和操作测验（简称P）两类。成人量表的主要内容按照施测顺序依次是：常识（V）、填图（P）、数字广度（V）、图片排列（P）、词汇（V）、积木图案（P）、算术（V）、物体拼凑（P）、领悟（V）、数字符号（P）、相似性（V）。其中，言语测验效度很好，对高层管理人员的选拔尤为适合。

2）瑞文推理测验

瑞文推理测验（Reven's Standard Progressive Matrices，SPM）是由英国心理学家瑞文（J. C. Raven）设计的一套非文字型智力测验。这套测验包括3个测验：一个是1998年出版的标准推理测验，它适用于施测5岁半以上的儿童至成人；另外两个是编制于1947年的适用于年龄更小的儿童与智力落后者的彩色推理测验（CPS）、适用于高智力水平者的高级推理测验（APM）。其中，标准推理测验应用最为广泛，该测验的编制在理论上依据斯皮尔曼的智力二因素论，主要测量智力的一般因素中的引发能力，即那种超越已知条件、应用敏锐的创造力和洞察力、触类旁通地解决问题的能力。

瑞文推理测验自有了中国常模之后就成为我国智力测验中的常用工具。瑞文推理测验的主要特点是：

（1）测验适用范围广，适用于5岁半以上的儿童与成人的施测。

（2）测验能较好地测量人的流体能力（fluid intelligence）。

（3）该测验为文化公平测验，不受文化、种族与语言的限制，并且可用于一些有生理缺陷者。可以进行跨文化的测量与研究。

（4）测验既可以个别进行，也可以团体实施。

（5）测验使用方便、省时省力，整个测验一般在40分钟左右完成。结果解释直观、简单，具有较高的信度与效度。

瑞文标准推理测验内容由60个题图组成，按由易到难的顺序分为A、B、C、D、E5个系列，A系列测个体的知觉辨别力、图形比较能力和图形想象力等；B系列测类同能力、比较能力和图形组合能力等；C系列测比较能力、推理能力和图形组合能力等；D系列测系列关系、图形套合能力等；E系列测套合、互换等抽象推理能力，每个系列有12个题图。测验的具体形式是：每个题图上面有2×2或3×3的图案矩阵，其中缺失一个图案，要求被试选择最合理的一个图案选项，并把该图案的序号填入答卷纸内相应题号下面，如图4-1所示。

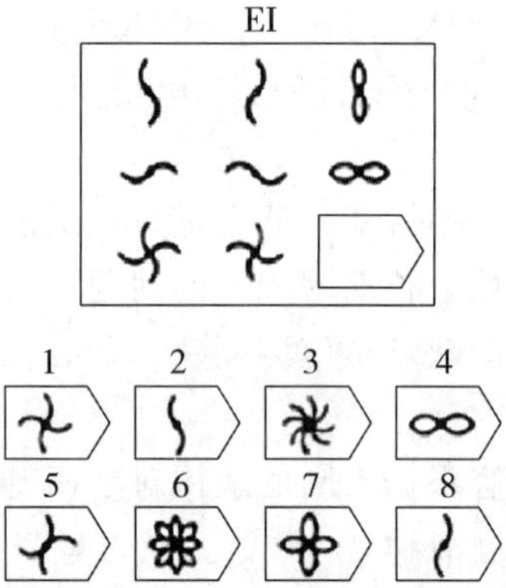

图4-1　瑞文标准推力测验

3）其他类智力测验简介

（1）奥蒂斯自我管理心理测验。用于筛选工作职责范围广泛且智力要求水平较低的申请人，如办公室的办事员，一般操作人员等。该测验是集体进行的，不必花费很多时间去完成，但不能在较高的智力范围内很好地进行鉴别，所以在专业性强和高级管理职位中不大有效。

（2）旺德利克人员测验。这项测验包括50个项目，分别测量言语、数字和空间管理能力，难度逐步提高。其测试程序比较简单，效率较高，并能用于团体测验。这项测验有很多种形式，普遍适用于企业挑选工作人员，特别是在办事员一类人员的挑选中比较有效。

（3）韦斯曼人员分类测验。这是一种团体测验，适用于挑选基层管理人员。它是特别为工业设计的测验，有很严格的时间限制。总分是以在限定时间内写出正确答案的总数来计算的。内容分为两个方面：语文能力和数学能力，且是分别计分的。

4）情绪智力（emotional intelligence）测验

情绪智力是智力的一种，它是感知自我及他人情绪的智力，这种智力有助于帮助个体控制情绪及有效处理情绪问题（Goleman，1995）。个体在处理情绪问题时实际上是存在智力差异的，这种差异体现在以下几个方面：一是通过语言线索、语音语调、身体姿势等探查他人情绪；二是理解情绪的前因和后果；三是通过唤起某种特定的情绪改变想法；四是对负性情绪如生气和愤怒的管理。目前情绪智力的测量存在多个版本，比如Dulewicz和Higgs（1999）开发的69个题目包括7个维度的量表，7个维度包括有自我意识、情绪弹性、人际敏感、自我激励、影响、果断和责任心。Wong和Law（2002）开发的16个题目包括4个维度的量表，即情绪自我评价、情绪使用、情绪调节和他人情绪评价。Palmer、Stough、Harmer和Gignac（2009）专门针对工作场所人力资源管理者用于识别、甄选员工的应用开发的70个题目包括7个维度的量表，即自我情绪意识、他人情绪意识、情绪表达、情绪推理、他人情绪管理、自我情绪管理和自我情绪控制。自我情绪意识指感知和理解自身情绪的能力；他人情绪意识指感知和理解他人情绪的能力；情绪表达指有效表达自身情绪的能力；情绪推理指在决策中利用情绪信息的能力；他人情绪管理指积极影响他人情绪的能力；自我情绪管理指管理自身情绪的能力；自我情绪控制指有效控制自身强烈情绪的能力。

情绪智力对个体的工作绩效、工作满意度等有较好的预测效度。Joseph和Newman（2010）通过元分析研究得出情绪智力对个体工作绩效有显著正向作用，特别是在具有高情绪劳动特点的工作中。Martins、Ramalho和Morin（2010）研究得出情绪智力与个体的身心健康和主观幸福感有显著正向关系。张辉华（2014）基于中国的研究样本得出情绪智力正向影响个体的工作绩效。

5）文化智力（culture intelligence）测验

随着国内企业国际化进程的加快，组织对跨文化人员的人才测评需求也越来越大，特别是甄选和培养能够适应不同文化背景的优秀人才。文化智力测量有助于满足组织对跨文化人才测评的需要。文化智力指个体在新文化背景下，收集处理信息，作出判断并能有效采取措施以适应新文化的能力，是个体在不同文化背景下有效管理的能力（Ang和Van Dyne，2008）。根据多元智力理论，Earley和Ang（2003）认为文化智力测量包括4个维度，分别为元认知文化智力、认知文化智力、动力文化智力和行为文化智力。

元认知文化智力指个体在跨文化交流中获得和理解文化知识的能力。具有高元认知文化智力的个体会有意识地质疑他们自身文化的内在假设，在文化交流中反思，并调整自身的文化知识。元认知文化智力是文化智力的重要组成部分，主要有以下3个理由：一是元认知文化智力促进个体在不同文化情境下积极思考特殊文化情境；二是元认知文化智力引起个体对已有文化的限制特性的思考和假设的质疑；三是能驱使个体在跨文化情境下调整自己以适应新文化的要求。元认知文化智力反映了个体获取并理解文化知识的心理过程。相关的能力包括计划、监控和调整文化规范的心理模型。

认知文化智力指个体的文化基本知识和知识结构。不同于元认知文化智力更注重更高层次的认知过程，认知文化智力反映了个体从教育和个人经历中获得的关于不同文化的规范、实践和习俗等知识。认知文化智力是文化智力的重要组成部分，因为对文化的认知影响个体的思想和行为。理解一个社会的文化有助于个体更好地理解引起社会特殊互动模型的文化系统。研究表明，高认知文化智力的个体能更好地与来自其他文化的个体互动和交流。

动力文化智力指个体把注意力和精力集中于学习如何应对那些由于不同文化特点而产生的情境的能力。动力文化智力成为文化智力的重要组成部分主要是由于它的驱动力作用。它驱使个体投入精力和努力去应对新的文化情境。

行为文化智力指在与来自不同文化的个体打交道时，能够正确使用语言和非语言行为的能力。行为文化智力是文化智力的重要组成部分主要是因为在社会互动中语言和非语言行为是最重要的特征。在跨文化情境上，非语言行为特别重要，因为它们作为一种重要的语言以微妙的方式传递着一定的意义。

目前，测量文化智力较为常用的量表是由Ang、Van Dyne、Koh和Ng（2004）开发的，这一量表共有20道题目，包括元认知文化智力、认知文化智力、动力文化智力和行为文化智力4个维度。唐宁玉、郑兴山、张静抒和付佳（2010）对这一量表在具有跨文化工作经历背景的中国管理人员中的适用性进行了研究，结果表明这一量表有较好的构思效度，同时文化智力对自评和他评的工作绩效都有较好的预测性。

4.4.2 能力倾向性测验

能力倾向性测验是测验人们在某些方面的特长和技能表现，同时，许多职位对任职者是否具有某些方面的特殊能力都有一定的要求，能力倾向性测验也为这类选拔提供了参考依据。它主要包括以下两种类型：

1）特殊性向测验

特殊性向测验主要考察受测者的视觉、听觉、动作、艺术、创造性等某一方面的能力倾向。这个测验是系列式的，包括四大类多个小测验，是国外企业在人员选拔中常用的能力倾向性测验。这四类分别是：①机械倾向性测验，主要测量人们对机械原理的理解和判断空间形象的速度、准确性以及手眼协调的运动能力。该测验应用最广，应用于机械工、设计师、修理工、工程师和技工等很有效，典型的有“明尼苏达空间关系测验”“贝内特机械理解测验”等。②文书能力测验，用于了解个人打字、速记、处理文书和联系工作的能力，适合于科室和文职人员能力测量，常用的是“明尼苏达文书测验”“一般文书测验”。③心理运动能力测验，主要测验工业中许多工作所需的肌肉协调、手指灵巧或眼与手精确协调等技能。④视觉测验，利用远双目镜或美国鲍希罗眼镜公司设计的视力分类机等，对视力的多种特征进行测验，以评定其是否符合一定的工作要求。

2）多种能力倾向测验

这个测验主要用来测量与某些活动有关的一系列心理潜能，能同时测定多种能力倾向。其中普通能力成套测验（GATB）是较有代表性且较常用的。GATB由8个纸笔测验和4个仪器测验组成，可以测量9个因素：言语能力倾向（V），要求被试在词汇测验中指出每组词中哪两个词是意义相同或相反的；数字能力倾向（N），要求被试进行计算和算术推理；空间能力倾向（S），由三维空间测验测量，包括理解三维物体的二维表示和想象三维运动的结果；一般学习能力（G），由测量V、S、N因素中的三个测验的分数相加而得；形状知觉（P），包括两个测验，一个是匹配画有同样工具的图画，另一个是匹配同样的几何形状；文书知觉（Q），与P类似，但要求匹配名称，而不是匹配图画或形状；运动协调（K），由一个简单的纸笔测验测量，要求被试在一系列方程中，用铅笔作出特定的记号；手指灵巧性（F），由装配和拆卸铆钉与垫圈的两个测验来测量；手的敏捷性（M），要求被试完成在一个木板上传递和翻转短木桩的两个测验。全套测验实施要2.5个小时。这9个因素中不同的因素组合代表着不同的职业能力倾向，如数字能力、空间能力和手的敏捷性较好的人适于从事设计、制图作业及电器职业，因此，GATB也常用来测定应征者的职业倾向，进行职业辅导。

我国在20世纪90年代初从日本引进了GATB测验，由华东师范大学戴忠恒教授和其他研究人员对其进行了修订，编制了中国常模，对初高中学生的就业辅导以及企事业单位的人员选拔和安置工作有较好的指导作用。

4.4.3　人格测验

人格测验，也称个性测验，主要用于测量个人在一定条件下经常表现出来的、相对稳定的性格特征，如兴趣、态度、价值观等。常用的人格测验有以下几种：

1）艾森克个性测验

艾森克个性测验简称EPQ，是英国著名心理学家艾森克（H.J.Eysenck）编制的，他搜集了大量的人格因素方面的特征，通过数理统计和行为方面的分析，得出了决定和影响人格的三个基本因素：内外倾向性、情绪性和神经质倾向，认为人们在这三个纬度方面的不同倾向和表现程度，构成了彼此各异的人格特征。他还通过实验研究证明了这三个因素的存在。艾森克个性测验属于自陈式人格测验，即被试通过回答一些多选一或必答的问题，向主试提供有关自己个性特点的材料。本测验分为四个分量表：

（1）E量表是测个体内外倾向性的。高分特征为性格外向，具有好交际、渴望刺激和冒险、情感易于冲动等特点。低分特征表现为性格内向，好静，富于内省，除亲密朋友外，对一般人缄默冷淡，不喜欢刺激，喜欢有秩序的生活，情绪比较稳定。

（2）N量表是测个体情绪性的，其两极分别是情绪稳定和神经过敏。具有高分特征的人常常焦虑、担忧、郁郁不乐、忧心忡忡，遇到刺激有强烈的情绪反应，以至于出现不够理智的行为。具有低分特征的人情绪反应缓慢且轻微，很容易恢复平静，他们通常稳重、性情温和，善于自我控制。

（3）P量表是测个体神经质倾向的，并非是指神经病，它在所有人身上都存在，只是程度不同。如果某人表现得较明显，则易发展成为行为异常。具有高分特征的人可能较孤独、不关心他人，难以适应外部环境，不通人情，感觉迟钝，与别人不友好，喜欢寻衅搅扰，喜欢干奇特的事情，并且不顾危险。

（4）L量表是测定被试的掩饰、自身掩蔽或测定社会性朴实幼稚水平的，它与其他量表的功能相连，本身也代表一种稳定的人格功能。

2）卡特尔16种人格测验

卡特尔16种人格测验简称16PF，是美国伊利诺州立大学人格及能力研究所的卡特尔教授编制的。他与其同事从字典或精神病、心理学文献中搜集对人格特质的描述性词汇，并针对各种生活情景中的各种行为，采用系统观察、科学实验以及因素分析的方法，经过二三十年的研究确定了构建成形形色色人格的16种基本因素，并据此编制了测验。这16种人格特质分别是：乐群性、聪颖性、稳定性、恃强性、兴奋性、有恒性、敢为性、敏感性、怀疑性、幻想性、世故性、忧虑性、实验性、独立性、自律性和紧张性。经许多心理学家研究证实，这些因素普遍地存在于不同的年龄及文化背景的人群中。这些因素的不同组合便构成了一个人不同于其他人的独特个性。测验中每个因素有10~13道题目，共187道题目。题目的排列采取按序轮流的方式，以便保持被试的兴趣和防止被试猜题的倾向。另外，为防止被试猜测、故意伪装、不合作或故意给人好印象，不据实回答等问题，测验的编制中夹杂一些中性试题，避免了社会公认的“好”与“不好”的判断标准。测题中许多表面上似乎与某人格因素有关，而实际上却测试的是另外的人格因素。所以，本套测题不易让被试猜出测题的用意而影响答案的真实性。16PF测验的信度、效度都较为理想，是现代人事测评中经常采用的较权威的人格测验。以下是16PF测验中的一些题目样例。

我很明了本测验的说明：

A.是的　　B.不一定　　C.不是的

我对本测验每一个问题都会按自己的真实情况作答：

A.是的　　B.不一定　　C.不同意

有度假机会时，我宁愿：

A.到一个繁华的城市去旅游　　B.介乎A与C之间　　C.到清静的山区去游览

我有足够的能力应付困难：

A.是的　　B.不一定　　C.不是的

即使是关在铁笼内的猛兽，我见了也会惴惴不安：

A.是的　　　　　B.不一定　　　　　C.不是的

16PF有中国化的常模，在测试以后，呈现的是结果标准分。

3）麦耶斯-布瑞格斯类型指标

麦耶斯-布瑞格斯类型指标（Myers-Briggs Type Indicator，MBTI）是根据荣格（Jung）的人格理论发展而来的。荣格认为，个性有4个基本特征，可以看成是两种极端之间的连续体：

（E）外向型-内向型（I）

（S）感知型-直觉型（N）

（T）思考型-感觉型（F）

（J）判断型-认知型（P）

外向型的人把注意力和精力放在身外的世界，主动与人交往，喜欢互动。与人为伴就精神抖擞，常认识很多人。内向型的人专注于自我的内心世界，喜欢独处并陶然其中，他们总是先想后做，这意味着心理活动居多。他们不喜欢受人注目，一般比外向型的人更矜持。

个性的第二层面与我们平时注意的信息有关。有一些人注重事实，其他人则注重愿望。感知型的人注重自己看到、听到、触到、嗅到和尝到的具体感受。他们只相信可以测量、能够记录下来的东西，只注重真实可靠的事。他们也相信自己的个人经验。直觉型的人更相信“第六感觉”（直觉）。他们善于理解字面以外的含义，对一切事情都要寻求一个内在意义。他们总能预见事件的发生，通常不愿意维持事物的现状，总想不断来点新花样。

个性类型的第三层面涉及我们作决定和结论的方式。思考型的人喜欢符合逻辑的决策，善于客观地分析一切，并常引以为豪。感觉型的人常跟着自己的喜好和感觉决策，他们很能体贴人、常富有同情心，并因此自以为荣。

个性类型的第四层面所关注的是一个人更愿意有条理还是随意地生活。判断型的人条理性很强。只要生活安排得有条不紊、事事井井有条，他们就快乐无比。凡事他们总要断个分明，喜欢决策。认知型的人生活散漫随意，生活机动性强时最高兴。他们乐意尝试一切可能的事情。他们往往理解生活，而不是努力控制生活。

个性的每个层面都有两个彼此对立的极端，这样统共有八种个性偏好，每种用一个字母来表示。把这些字母组合起来，便代表16种个性。如ISTJ是内向、感知、思考、判断型，这种人一丝不苟、认真负责，而且明智豁达，是坚定不移的社会维护者。他们讲求实际、非常务实，总是追求精确性和条理性，而且有极大的专注力。不论干什么，他们都能有条不紊地把它完成。对这类人而言，满意的工作是技术性的工作，即能生产一种实实在在的产品或有条理地提供一种周详服务的工作。他们需要一种独立的工作环境，有充裕的时间让自己独立工作，并能运用自己卓越的专注力来完成工作。而ISFJ属于内向、感知、感觉、判断型，这种人忠心耿耿、一心一意、富有同情心，喜欢助人为乐。由于这种人有很强的职业道德，一旦觉得自己的行动确有帮助，他们便会担起重担。最令他们满意的工作是需要细心观察和精确性要求极高的工作。他们需要通过不声不响地在背后工作来表达自己的感情投入，但个人贡献要能得到承认。ENTJ为外向、直觉、思考、判断型，这种人是极为有力的领导人和决策者，能明察一切事物中的各种可能性，喜欢发号施令。他们是天才的思想家，做事深谋远虑、策划周全。这种人事事力求做好，生就一双锐眼，能够一针见血地发现问题并迅速找到改进方法。最令ENTJ这类人满意的工作是，做领导、发号施令，完善企业的运作系统，使系统高效运行并如期达到目标。他们喜欢从事长远战略规划，寻求创造性的解决问题的方式。通过MBTI，人们可以对自己的个性有更好的了解，同时MBTI也指出了个性和适合职业之间的关系。如ISTJ类型比较适合从事像审计员、后勤经理、信息总监、预算分析员、工程师、技术作者、电脑编程员、证券经纪人、地质学者、医学研究者、会计、文字处理专业人士等工作。最近的一些研究调查了13位全球知名企业家，他们均是公司的创始人，包括苹果电脑公司、联邦快递公司、本田汽车、微软和索尼等，结果发现这13人均为直觉思维型（NT）。这从另外一个角度说明了个性和职业之间的关系。

4）大五人格测验

目前在研究领域和实践领域中另外一个得到较广泛应用的人格测验是大五人格测验（Big Five）。大五人格特质的历史，可以追溯到高尔顿在1884年提出的假设，即用人格特质特征来描述人。之后，人格心理学家阿尔波特等延续高尔顿的方式，从韦伯斯特新国际辞典中挑出17 000多个描述人格特质和个人行为的词汇，经由卡特尔（1943）重新区分及缩减，将特征描述词汇浓缩为大约170个。

而后，Fiske曾根据阿尔波特的定义进行了一些因素分析的工作。1963年，Norman根据Fiske等的早期研究，进行了一项对由同辈间相互评价所得结果的因素分析，结果发现了五个基本因素。后续学者对大五模型陆续做了许多研究来归类五大人格特质，而其中最被广泛接受的是Costa和McCrae（1986）使用的分类法；Costa和Mccrae将人格特质归类为亲和性、责任意识、外向性、情绪稳定性、开放性五大类。

（1）亲和性（agreeableness）指一个人对于他人所定下的规范的遵循程度，例如对上级、父母、配偶等人制定的规范的遵循程度越高，则其亲和性程度越高。其特征为有礼貌、令人信赖、待人友善、容易相处、宽容。

（2）责任意识（conscientiousness）指一个人对追求目标的专心、集中程度，若一个人目标越少、越专心致力于其上，则其责任意识程度越高。其特征有努力工作、成就导向、不屈不挠、有始有终，此外也意味着负责、守纪律、循规蹈矩、谨慎有责任感、细心。该特征有时也被称为勤勉正直性。

（3）外向性（extraversion）指一个人对于与他人间关系感到舒适的程度，若一个人对自己和他人之间关系感知到的舒适度越高或越多，则表示其越外向。高外向性的特征除了自信、主动活跃、喜欢表现，还有喜欢交朋友、爱参与热闹场合、活泼外向等表现。

（4）情绪稳定性（emotional stability）指能激起一个人负面情感所需刺激的数目及强度。一个人所能接受的刺激越少，则其情绪敏感性越高。高情绪敏感性的特征为容易紧张、过分担心、缺乏安全感、较不能妥善控制自己的情绪、敏感。

（5）开放性（openness to experience）指一个人兴趣的多少及深度。一个人的兴趣越多样化，但相对深度较浅，则其开放性越高；反之，则开放性越低。其特征为具有开阔心胸、富于想象力、好奇心、创造力、喜欢思考及求新求变。

大五模型之所以得到关注，还在于它有较好的预测效度。在大五模型中，责任意识被发现最能预测工作绩效。Barrick和Mount在1991年针对不同职业、不同工作性质、不同年龄的样本进行的大五人格特征和工作绩效是否有显著关系的研究中，发现责任意识最能广泛应用于预测不同职务者的工作绩效，即此个性特征在所有的工作当中，与工作绩效都有非常良好的一致性关系。开放性和外向性对于培训绩效是有效的预测指标，而外向性人格可以较好预测业务销售人员的工作绩效。另一方面，Barrick和Mount的研究也发现情绪敏感性与工作绩效在研究上无法显示出相关性，亲和性的人格在此研究中的结果显示与工作绩效并没有显著相关。笔者曾对1995年后我国发表的9个组织情景下针对大五人格与工作、关系绩效关系的研究数据进行综合分析。结果显示：在我国的背景下，大五人格与绩效显著相关，但不同维度的预测关系各不相同，责任意识和绩效的相关度与其他人格变量相比为最高；与工作绩效相比，情绪稳定性与关系绩效的相关性更高；与他评绩效的方法相比，自评绩效与人格自评得分的相关性更高；不同岗位的外向性、责任心与绩效的相关性不同。大五人格特质不仅能预测工作绩效，还可以预测其他类型的绩效，比如Poropat（2009）利用元分析研究认为控制了智力之后，亲和性、责任心和开放性与学者的学术绩效显著相关。Zhao和Seibert（2006）研究大五人格特质与创业地位的关系，得出创业者和职业经理人在大五人格的4个维度上有显著差异，相比职业经理人，创业者在责任心、开放性和情绪稳定性上得分显著较高，但在亲和性上得分显著较低。此外，研究表明，大五特质被证明在不同文化背景下具有普适性。虽然大五特质大致上是独立的人格因子，但这五个特质可以以无数种比例组合在一起，并结合其特征产生一个独特的人格整体。

5）主动性人格测验

组织，社会和技术的快速变革要求现代员工主动进行自我管理，具有主动倾向的个体越来越被学界和实践界认为是影响个体职业成功和组织取得变革竞争优势的重要因素。在研究中，组织行为学家在一项探讨组织行为中主动性成分的经典研究中发现，人们在采取主动行动以改变其外部环境的倾向上存在差异，并且这种差异倾向难以用大五人格予以解释，因此将主动性人格作为一种独立的人格特质提出。主动性人格是指不受环境阻力的制约，主动采取行动以改变其外在环境的倾向性，是一种相对稳定的个人特质或行为倾向的结果（Bateman和Crant，1993）。主动性人格可以预测很多个人和组织的结果，包括职业成功、工作绩效、创新与创造力、企业家精神和新员工的组织社会化等。

4.4.4 心理健康测验

现代企业已经越来越关注员工的心理健康状况，这不仅是企业正常运行的一个重要保证，而且关系到企业的长远发展和前景。常用的心理健康测验有心理健康临床症状自评测验（SCL-90）和焦虑自评量表。

1）心理健康临床症状自评测验

心理健康临床症状自评测验简称SCL-90，是在Derogatis编制的Hopkin's症状清单的基础上编制而成的，它的主要特点是：第一，测验方式是自评测验，既适用于个别测验，又适用于团体测验，通过对临床症状的自我评定，达到临床诊断的目的。第二，主要用于临床神经症的诊断。与其他自评测验（如SDS、SAS）相比，测评内容多，反映症状丰富，为心理健康综合测验。第三，省时，省力，操作简单，能在20分钟左右迅速、准确地评判出心理问题者的自觉症状特点。第四，效度良好。国内外临床应用此量表的研究表明，该测验能较好地反映心理问题者在临床上的病情程度及问题侧面。第五，本测验的测题适用于初中、高中、大学生及成年人。

SCL-90测验包括10个因子，这10个因子的病理特征如下：

（1）躯体化（somatization），该因子主要反映主观的身体不适感，包括心血管、胃肠道、呼吸道系统主诉不适和头疼、脊疼、肌肉酸疼以及焦虑的其他表现。

（2）强迫症状（obsessive-compulsive），该因子是指那种明知没有必要但无法摆脱的无意义的思想、冲动、行为等表现，还有一些比较一般的感知障碍（如“脑子空了”“记忆力不行”等）也在这一因子中反映。

（3）人际关系敏感（interpersonal sensibility），该因子是指某些个人身上存在的不自在感与自卑感，尤其是在与其他人相比较时更突出。自卑感、懊丧以及人事关系明显相处不好的人，往往是这一因子的高分获得者。

（4）抑郁（depression），该因子的代表性症状主要有抑郁苦闷的感情和心境、对生活兴趣减退、缺乏活动愿望、丧失活动能力及包括失望、悲叹与抑郁相联系的其他感知和躯体方面的问题。题目中包括死亡、自杀等概念。

（5）焦虑（anxiety），它包括一些临床上明显与焦虑症状相联系的症状和体验，一般指那些无法静息、神经过敏、紧张以及由此症状而来的躯体症状（如震颤）。那种游离不定的焦虑及惊恐发作是本因子的主要内容，它包括一个反应“解体”的项目。

（6）敌对（hostility），这里主要以三个方面来反应敌对表现、思想、感情和行为。其项目包括从厌烦、争论、脾气爆发直至争斗和不可抑制的冲动爆发等各个层次。

（7）恐怖（phobivanxeity），它与传统的恐怖状态或广场恐怖所反映的内容基本一致，恐怖的对象包括出门旅游、空旷场地、人群或公共场所及交通工具。此外，还有反映社交恐怖的项目。

(8) 偏执 (parnoilideation)，这是一个十分复杂的概念，本因子只包括它的一些基本内容，主要是指思维方面，如投射性思维、敌对、猜疑、关系妄想、妄想被动体验和夸大等。

(9) 精神病性 (psychotism)，其中有幻听、思维播散、被控制感、思维被插入等反映精神分裂症状的项目。

(10) 其他，反映被试在睡眠及饮食方面的情况。

2) 状态-特质焦虑问卷 (state-trait anxiety inventory，STAI-Form Y)

20世纪50年代，Cattell和Spielbgerger提出状态焦虑 (state anxiety) 和特质焦虑 (trait anxiety) 的概念。状态焦虑是指一种不愉快的情绪体验，如紧张、恐惧、忧虑和神经质，伴有植物神经系统的功能亢进，一般为短暂性的。特质焦虑则用来描述相对稳定的，作为一种人格特质且具有个体差异的焦虑倾向。在此概念的基础上，Spielbgerger等人编制了特质焦虑问卷 (STAI)，1970年其Form X问世，1979年被修订为Form Y，1988年被译成中文。

该量表的内容由指导语和两个分量表共40项描述题组成，内容简明，易被接受和掌握。其中1~20项是状态焦虑量表，半数为描述负性情绪的条目，半数为正性情绪或感受，可用来评价应激状况下的状态焦虑。21~40项是特质焦虑量表，用于评定人们经常的情绪体验。其中11项是描述负性情绪条目，9项是正性条目，可广泛应用于临床诊断和研究多种职业人群的有关焦虑的问题。该量表是自评的测验方式，操作方便，被试根据指导语逐题圈出答案，可用于个人或集体测试，被试一般需具有初中及以上文化水平。测验无时间限制，一般10~20分钟可完成整个量表的回答。评分时有正向和负向两种，要注意反序计分的项目，防止评分错误。经实践应用，发现该量表可以分别评定状态焦虑与特质焦虑，优于其他焦虑量表，且STAI中译本的信度和效度都较高，适用于我国。

4.4.5　其他类型的心理测验

1) 哈梅诚实测验

这一测验属于品质类测验，主要测评个体的各种品质，可分为态度型品质测验 (如测诚实、谦虚、勤劳等)，意志型品质测评 (如独立性、自制力、坚持性、果断等)，情绪型品质测验 (如热情、乐观、幽默等) 和理智型品质测验 (如深思熟虑、善于分析、善于综合等)。

哈梅诚实测验共有三种，按操作顺序依次是：曲线迷、圈迷和方迷。做曲线迷和方迷时，主试要求被试闭上眼睛，同时将铅笔在迷津双线间移动，同时要求不可接触到任何一边。在做圈迷时，被试必须闭着眼睛，将数字写在各个圆圈内。计分时按表4-1各年龄段的标准评定诚实分数。

举个例子，某个23岁的被试在曲线迷上得的分数是6分，那么对照表4-1的分类我们看出，23岁属于22~24的年龄段，因为标准分是5分，那么5-6=-1，即为该被试的诚实分数。负号表示该被试有不诚实的倾向，负数值越大则说明越不诚实。正号则意义相反。这种测验方法显然是一种客观化的测验方法，但效度不一定高，应参照其他测评结果综合测评诚实这一品质才有一定价值。

表4-1　　哈梅诚实测验分数标准

年龄测验	16～18岁	19～21岁	22～24岁	25～27岁
曲线迷	5	5	7	6
圈迷	3	3	4	2
方迷	1	2	3	1

2）威特金倾斜知觉独立测验

此测验通过测试被试的知觉特点来确定被试的一些品质，如独立性、敏锐性等。威特金倾斜知觉独立测验是一个典型的代表，它由三个分测验构成。

（1）身体调节测验。这一分测验要求被测者坐在一间倾斜着的房间中的椅子上，要求他调节椅子使其真正达到垂直的位置。那些能正确达到垂直位置的人独立性较强，较少受别人的暗示和影响。

（2）标尺和框架测验。这一分测验要求被试坐在暗室中，面前有一倾斜放置的发光的框架和标尺，让被试调节标尺使之与水平垂直。只有独立性强的人才能调节到正确位置。

（3）镶嵌图形测验。这一分测验要求被试从一系列由简单到复杂的图形中找出一个最简单的图形来，并记录找的时间。只有那些独立性强的人才能有把握迅速准确地把最简单的图形找出来。

3）管理行为自我测验

管理行为自我测验就是针对管理者职位而专门设计的，实用性强，在管理者职位人选的选拔、绩效评价上应用广泛。具体方法是以自我测验的方式来让被试对自己的管理方式进行描述，所谓自陈测验一般是采用自我评定问卷，被试通过回答一些问题来向主试提供对自己某些特点的描述。此测验给出6个行为描述的段落，分别代表6个评判因素：决策、信念、冲突、性情、涵养和努力，让被试根据这些描述就自己的情况给予评分，即从最符合到相差最远的加以5等级评分，5是最符合特征的，4是较接近的，如此类推，到1是相差最远的。当各段评分完毕时，从5到1的每个数只能用一次，而不许有得分相同的情况。其中的6个行为描述如下：

（1）我无所谓地接受别人的决策。我不表示意见、态度和思想，以避免参与一方。当发生冲突时，我试图保持中立。由于保持介入，我从来不激动。我的性格被认为是没有棱角的，我积极超额完成生产任务以获得赞许。

（2）我支持那些能增进良好关系的决定。我宁肯采用别人的意见、主张和思想，而不愿意推行自己的。我避免引起冲突，但当冲突真的发生时，就设法缓和各种情绪，使人们继续和睦相处。我以温和而友好的方式对付可能产生的不和与紧张的局面。我的幽默使人们的注意力从严肃的方面转移出去。我宁肯支持别人，也不愿主动采取行动。

(3) 我探索虽不完善但是可行的决策。当别人持有与我不同的意见、主张或态度时，我用折中的方法来迎合他们。当发生冲突时，我找出合理的解决方法来适应别人。在紧张的形势下，我对于如何迎合他人的期望感到没有把握并且着急。我的脾气使别人支持我或我的主张，我力求保持稳定步伐。

(4) 我希望我的决策被看成是不可改变的，即使有时要得罪人，我也要坚持自己的观点、意见和态度。当发生冲突时，我设法使它停止，或使自己获得有利地位。当事情有点不对头时，我进行自卫、抵制，并提出反驳。我的脾气是喜欢猛烈打击，强迫自己和别人拼命干活。

(5) 我对能导致互相了解和意见一致的、正确的、有创造性的决策给予很高的评价。我听取并探寻与我不同的想法和主张，采纳比我的主张更好的主意。当发生冲突时，我试图寻求原因并设法从根本上加以解决。当我激动起来以后，我克制自己，即使我已显得不能忍耐了。我的性格能适应各种环境并能全面看问题，即使感受到较大压力，我仍能保持幽默感。我以旺盛的精力去工作并带动别人。

4.4.6　心理测验在人事测评中的正确应用

心理测验应用于人事测评可以增进人事测评的科学性和公正性，提高测评的效率。要达到这样的效果有一个前提条件，即正确使用心理测验。心理测验像其他的科学工具一样，必须适当运用才能发挥其良好的功能。如果有不够格的人员实施、解释，或滥用，会引起不良的后果。因此，Kaufman 和 Kaufman（2014）认为组织在将心理测验应用于人事测评前需要考虑以下几个方面的问题：一是从心理测验中组织想要获得哪种信息材料；二是这种信息材料组织的用处是什么；三是如果可能，组织所需要的信息材料有多少可以以其他方式获得；四是除了心理测验，是否有其他工具方式可以帮助组织获得所需要的信息材料；五是相比其他方式，心理测验的优势在哪；六是相比其他方式，心理测验在时间、精力和金钱的投入存在哪些不足。

在人事测评中正确使用心理测验，必须做到以下几点：

(1) 只有够资格的心理测验工作者才能使用心理测验。在许多国家，使用心理测验的人员必须是具有专业水平的、认可资格的人士，这好比医学领域从事检验、诊断的人必须是经过资格认证、取得专业资格的专业人士一样。心理测验是专业技术很强的工作，无论是测验的选择，还是具体的实施、计分、对结果的解释，只有训练有素的心理测验工作者才能胜任。像人格测验、心理健康诊断测验的使用，必须具有心理测验的专业理论和与该测验相关的理论，而且经过实践训练才能胜任，至少应经过一年以上的专门训练。即使是专业的心理测验工作者，也得慎重，不要随便使用自己不熟悉的心理测评量表。

(2) 慎重选择具体的心理测验工具。一方面要根据人事测评的目的和已确定的人事测评指标选择符合人事测评需要的心理测验量表；另一方面要从各个心理测验量表的信度、效度、常模的代表性等来选择。选择信度和效度高的量表，选择适合的常模。常模是某一标准化样组在一定时空中实现的平均成绩。地区不同，常模也不同。随着时间的推移，人们的水平也随社会的发展变化而变化，常模也要重新修订。引进国外的量表，要把测题、常模等本土化，对量表进行修订。不能随便使用某一测验，更不能不分时间、地点、年龄、性别乱用常模。

（3）测验要保密。测验的内容不能泄露，测验评价的结果不能给无关的人员阅读了解。

（4）要慎重对待测验结果。任何心理测验都有误差，而且人的心理水平是会变化的。我们不能把测验结果看得很绝对化，我们不能仅仅因为某次智力测验的结果被试A的智商比被试B的智商高出3分就得出“被试A比被试B聪明、被试A比被试B更有发展潜力”的结论。因此，不能仅仅依据心理测验结果来评判，而要参照其他考核标准和评价方法来共同评判，然后下结论。测验结果的解释必须用词准确，不能含糊其辞、模棱两可，不能让人产生误解，引起歧义。

（5）认真做好测验的准备、实施、结果解释等工作。要对被试在测验中的反应和行为进行详细和切实的记录，注意测试情景、被试焦虑、测验中的某些细小环节等因素对被试成绩的影响，尽量使测验标准化，使测验对每个被试都公平，使测验能衡量被试的真实水平。此外，整个心理测验的过程要科学和标准化，要做到这一点，可以参考由美国教育研究协会、美国心理学会以及教育测量国家委员会共同发布的2014年版的“教育和心理测试标准”（Standards for Educational and Psychological Testing）指导手册，手册系统地阐述了测试编制、实施所应遵循的基本原则，规定了测试所应达到的技术要求，对心理测验的理论和实践工作有较强的指导意义。

本章小结

心理测验是指行为样组的客观的和标准化的测量，它有五个要素：行为样组、标准化、难度客观测量、信度、效度。它的一般性原理是个体心理特性的差异性、可测性和结构性。

传统人事测评方法有很多难以避免的误差，典型的误差有：晕轮误差、近因误差、暗示误差和偏见误差。

心理测验和其他人事测评方法相比，有敏捷性、科学性、公平性和可比性四个突出的优点。在人事测评中应用心理测验，既有助于创新、发展、完善人事测评理论，又能提高职业活动效率和职业培训效益。

编制心理测验时要遵守四条主要原则：有效性和实用性相结合的原则、整体性和独立性相结合的原则、稳定性与动态性相结合的原则、尊重和保护个人隐私的原则。编制和修订心理测验的一般程序是：确定测验目的，分解测量目标；选择测验材料，制订编题计划；编制测验题目；题目的试测和分析；编排和合成测验；测验的标准化；测验基本特征的鉴定；编写测验说明书。

常用的心理测验有智力测验、能力倾向性测验、人格测验、心理健康测验以及其他类型的心理测验。

在人事测评中正确应用心理测验要做到几点：只有够资格的心理测验工作者才能使用心理测验；慎重选择具体的心理测验工具；测验要保密；要慎重对待测验结果；认真做好测验的准备、实施、结果解释等工作。

关键概念

心理测验　晕轮误差　近因误差　暗示误差　人格测验　偏见误差　智力测验　能力倾向性测验　心理健康测验

课堂讨论题

1.“1879年，德国心理学家冯特在德国莱比锡大学设立了第一所心理实验室，实验中发现个体的行为相互间存在个别差异。”这段话里蕴涵着心理测验的一个基本原理，试对此原理进行具体说明。

2.怎样才能保证心理测验的科学性和有效性？

3.“权威的心理测验问卷不能广泛分布，要尽量保密测验的题目，特别是答案和评分规则。”这句话正确吗？为什么？

4.传统的测评方法与心理测验相比有什么劣势？有什么弥补的方法？

5.智力测验中的离差智商和比率智商相比有哪些优势？

6.威特金倾斜知觉独立测验是什么类型的测验？测验的具体内容有哪些？

7.滥用心理测验会给心理测验带来什么影响？如何保证正确使用心理测验？

复习思考题

1.什么是心理测验？进行心理测验的主要依据是什么？

2.传统的人事测评方法中有哪些常见的误差？各是什么含义？

3.什么是心理测验的整体性和独立性原则？

4.在人事测评中应用心理测验有什么重要意义？

5.心理测验与其他的人事测评方法相比有哪些优势？为什么？

6.卡特尔16种人格测验和艾森克个性测验相比有什么异同点？

7.常见的心理测验有哪些类别？你能说出每个类别中一两个典型的测验名称吗？

8.了解心理测验编制的程序对人事测评有什么意义？

9.如何正确使用心理测验？

10.案例分析题

谁当经理更合适

某电子电器工业公司是一个由十几家小厂组成的专业公司。公司行政领导班子由一正三副4个成员组成。总经理由于年事已高即将退休，需要物色一个合适的新总经理。该公司的上级主管部门经过一段时间的研究考察，认为现任三位副经理不宜提升，新的总经理需从下面挑选。各方面的意见最后集中到李厂长和王厂长两个中选一个。下面是有关他们两人的资料。

李厂长，男，39岁，大学本科（电子专业），中共党员，原是该厂技术员，高级知识分子家庭出身。工作十分积极努力，认真学习科学文化知识，并善于把学到的知识用来指导工作，为本厂的产品开发、升级换代、提高质量、建立科学的检测手段等都作出了重要贡献。他从技术科长提升为厂长后，对厂里进行了一系列的改革，加强了科学管理，使工厂的面貌大为改观，大大提高了经济效益，年创利和人均创利都居本系统的首位，职工收入也大幅度增加。全厂精神振奋，一派欣欣向荣的景象。

李厂长性格开朗，精力充沛，善言谈，好交际，活动能力很强，积极开展横向联系，在全国十多个省市开设了200多个经销点，30多个加工企业，效益都很显著。他认为，要发展就要靠技术，因此千方百计，不惜重金引进人才，至今该厂已有十多位外来的高级工程师和工程师。他还很重视产品的广告，每年要花几十万元广告费，电台、电视台、路边广告牌、电车、汽车以及铁路沿线都有该厂的广告，可谓“无孔不入”。他担任了市企管协会分会的理事，在协会中活动频繁，各方面关系融洽，对厂里工作也有帮助。李厂长事业心强，一心扑在工作上，早出晚归，南来北往，一年到头风尘仆仆，不辞辛苦。该厂曾被评为市企业管理先进单位，李厂长获市优秀厂长称号，该厂的产品也被评为市优质产品。但李厂长也有一个明显的缺点，这就是骄傲自满，自以为是，常常盛气凌人，有时性情急躁，弄不好还会暴跳如雷，不大把公司的领导放在眼里，经常顶撞他们，公司的“指令”常常被他顶回去，因此公司领导对他这一点颇为不满。各科室也不大愿意和他打交道，他同公司下属的其他几个兄弟厂关系也不融洽。这些厂的厂长们对他敬而远之，对上级表彰他颇有微词。他也不善于做思想工作，认为这是党支部的事。所以平时遇到思想问题，他都是作为“信息”告诉书记，要支部去做工作。他和几个副厂长关系处理得也不太好，领导几次协调也无济于事。

王厂长，男，37岁，大专（企业管理专业），中共党员，有技术员职称，组建该厂时就担任了厂长，至今已近10年。他经历了该厂由衰到盛的整个过程。对电子行业的特点非常熟悉，自己又有动手设计的能力。他最大的特点是精于企业管理，在学校学了计算机原理后，他率先把计算机运用到企业管理中去。他对整个厂的机构设置、行政人员的配备、岗位责任以及各副厂长、科长、车间主任和各级管理人员的职责都有明确的规定，每年考核两次，奖惩分明。因此，平时大家各司其职，他却显得很悠闲自在，常常上这个科室转转，到那个车间看看，以便了解情况，发现问题。公司及有关部门召开的会议，他从来不缺席，而有的厂长常常忙得脱不开身。他似乎比别的厂长“超脱”很多，厂长们都很羡慕他。

王厂长性格内向，沉稳，不喜欢大大咧咧地发议论，对什么事情总要深思熟虑，三思而后行，人们说他“内秀”。他对自己厂今后五年的发展有一个远景规划，听起来切实可行，也颇鼓舞人心。对一些出风头的社会活动，他不太喜欢参加，但对各科开阔思路的业务技术讲座却很感兴趣。他很善于做职工的思想工作，他认为企业职工的思想问题都是在生产过程中产生的，都和生产有关。一厂之长，要抓好生产怎么能不做思想工作呢。因此，对一些老大难问题，他从不推诿，都是亲自处理。他还要求各级行政干部做员工的思想工作，并把它作为考核的内容。他和党支部、工会的关系都很好，积极支持他们的工作。他待人谦和、彬彬有礼，和本公司上下左右关系都不错，公司有什么事，只要打一声招呼，他就帮助解决了。因此，他的人缘挺好，厂里进行民意测验，大家几乎异口同声称赞他。

和李厂长不同，王厂长不喜欢花高价引进工程技术人员，他认为这些人中不乏见利忘义之徒，只能同甘，不能共苦。关键时刻还是要靠自己，宁愿多花些钱来培养自己厂里的技术人员，这几年来，厂里也确实培养了一批技术骨干，有些人还很拔尖。他也不喜欢高价做广告。他说我们的产品质量自己有数。我不干这边排队卖、那边排队修的事。他把做广告的钱用来购买先进的技术设备，为提高质量服务。他说等质量到经得起"吹"的时候再做广告。但实际上他们厂的产品质量还是不错的。开箱抽查，合格率达98%。

该厂是市企业管理先进单位，区文明单位，工会是区"先进职工之家"，团支部是区"先进团支部"，他本人则荣获市优秀厂长和局优秀党员称号。

但也有不少人认为，王厂长缺乏开拓精神，求稳怕变，按部就班，工作没有多大起色。按照厂里的基础和实力，应该发展得更快些。可他们的效益都比不上李厂长他们厂。和李厂长比，他就显得保守、过于谨慎、处事比较圆通、不得罪人。王厂长听了这些议论，不以为然，依旧我行我素。

李厂长和王厂长谁当总经理更合适，上级领导部门至今议而未定。

思考题：

通过对他们个性的分析比较，你认为谁当总经理更为合适？有哪些心理测验可以帮助你作出决策？

补充阅读材料

材料1　　　　　　　　比率智商与离差智商

比率智商是先于离差智商提出来的。1904年，法国心理学家比纳和西蒙编制了世界上第一个儿童智力量表，通过对儿童判断、理解和推理能力的考查来表征儿童的智力水平，完成的题目数目越多，则表明该被试智力水平越高。它采用的计分标准就是美国心理学家克曼教授提出的比率智商（ratio IQ），其计算公式是：IQ=100×智力年龄÷实足年龄，公式中的智力年龄（mental age）是指每一个年龄段应该能回答出的题目，而实足年龄（chronological age）是指每个个体实际的生理年龄，两者对照之下得出的比率就代表个体智力的发展水平。比如，完成量表中的前9题是正常3岁儿童的平均水平，完成前14题是正常5岁儿童的平均水平，那么一名完成前14题的3岁儿童，他的智力年龄就是5岁，他的比率智商就是100×5÷3=167。

但比率智商很快就受到了挑战。智力年龄是用经过测量检验能代表不同年龄智力水平的、有一定难度的题目来表示的。对于较小的年龄变化可以找出刚好代表其智力水平的题目，但到了一定的年龄，如15岁之后，人们发现很难再找出一定数量的、在难度上能区分出不同年龄的题目。换句话说，很难找到一些题目，刚好是大多数18岁孩子能完成而大多数17岁孩子恰好不能完成的。那么，在这种实际年龄还在增长，但能代表其智力年龄增长的题目却很难找到的时候，在20世纪中叶，美国心理学家推孟提出了离差智商的概念。他认为，不需要为不同年龄的人找不同的题目，可以看不同年龄的人在这些题目上得分的分布，计算相应的平均数和标准差，也没有必要一定区分开不同的年龄，而是以实际测量结果为准，如果21岁和22岁的年龄组在得分上（平均分和标准差）经统计检验没有显著性差异，就可以合并。至于智力水平的表示方法，可以将实际测量的分数和本年龄组的平均分以标准差为单位进行比较，也就是计算测验分数距离平均分有几个标准差的距离。离差智商的计算公式是：$IQ=100+15\times(X-M)\div S$，其中X是测验的原始分数，M是被试群体的平均分，S是标准差。这个概念从此作为IQ的代表沿用至今，能成功地表征各种年龄段个体的智力水平。但值得注意的是，这样得出的智商不是绝对意义上的度量，其分数本身并不能说明智力的实际高低，它只是一个相对值，表明一个人的智力水平相对于和他同类型群体的平均水平所处的高低位置。

材料2　　　　一般能力倾向成套测验中常模的制定

1.能力倾向测验诞生的原委

（1）从智力测验到能力倾向测验

在心理测量史上，最初人们出于要了解智力的功能和辨别智愚的需要，对人们使用概念和各种概念关系的一般能力进行测量，并将测量它们的工具称为智力测验。但它的局限性很快就被人们发现，即它只测量了语言能力、少量的数字掌握能力及某些抽象的符号关系能力。总之，智力测验只是测量了智力的某一方面。加之人们对智力与环境、遗传之间关系的看法，可能会引起种族等政治纠纷。因此，现代人们倾向于将智力测验所测量的智力这个概念的重要性降低，把它看作一般的认知能力或学术能力倾向。20世纪20年代后期，有些智力测验被称为“学术能力倾向测验”。

现实生活要求心理学家所要关注的一个实际问题是：引导青年人从事他们自己喜爱的并且将会有所作为的工作，同时又能为企业、事业等机构选拔工作效率高且对所任之职感到满意之人。于是，心理学家对各种工作进行了研究，结果表明不同的工作要求任职者具有不同的专长和认知水平，继而发现人的能力在某种程度上是专门化的。从而人们就编制了音乐、绘画、文书、机械等特殊能力倾向测验，并将它们用于职业咨询、工业部门的人才选拔和安置。

与此同时，由斯皮尔曼开创而后由塞斯顿发展而形成的20世纪30年代的“因素分析的十年研究”，通过对测验的相关矩阵进行分析，获得相对独立的能力因素，例如，言语理解、数字、空间、知觉和推理等能力。因素分析最主要的实际成果是促使成套的多项能力倾向测验的出现。这种测验不像智力测验那样提供一个总分——IQ，而是代之以各种能力倾向的得分。从而可以对个体的能力结构进行分析，为职业咨询、人员选拔和安置工作提供有意义的信息。

（2）一般能力倾向成套测验的诞生

一般能力倾向成套测验（General Aptitude Test Battery，GATB）是美国劳工部就业保险局自1934年起花了10年时间编制而成的。该测验的技术路线分为两个方面：一是工作分析；二是因素分析。为了进行工作分析，当时动用大量人力分析了美国20 000个企业中的75 000个职务，结果发现它们可分为20个职业能力模式，并选出了不可缺少的10种能力倾向。同时，研究人员又对当时应用于选择士兵、招聘雇用等领域的50多种测验进行因素分析，分析归纳确定了10种与职业关系密切并有代表性的能力因素。于是，通过上述两类分析，确定测量与10种能力因素相应的测验为15种，其中11种为纸笔测验，4种为操作测验。

近50年内，它不但在美国经过多次修订，而且也被世界上许多国家引进修订。最新一套GATB是由美国就业服务处修订的。这套测验包括12个分测验（8个纸笔测验，4个操作测验），评定9种不同的能力因素。

2.本测验的概况

我们此次修订的GATB以1983年日本第四次修订版为蓝本。而日本第一次修订版是以美国的GATB为依据的。日本前后四次对GATB所进行的修订工作都是从如何更适合日本国情出发进行局部变动，但这些都是在确保测验的标准化和客观性的前提下进行的。我们此次修订工作也只能在目前的条件下，在一些重要问题上根据我国的国情作一些更小范围的变动，做到符合测验的标准化和客观性要求。

（1）测验的目的

一般能力倾向成套测验（GATB）是根据各个职业领域中，在完成工作的前提下，测量个体对9种必要的、有代表性的能力倾向拥有的程度，以探索个人职业适应范围，进而为选择所希望的职业提供一份资料。

本测验以初中二年级以上的学生为对象，主要用于初中、高中学生的前途指导，还可在公共职业保险机构以及其他职业咨询机构中，用于求职者、来访者的咨询和指导。

（2）测验的构成和内容

①测验的构成

本测验由15种分测验构成，其中11种为笔试，4种为器具测验。现简述如下：

A.纸笔测验

测验1：圆内打点测验（○内打点的测验）

测验2：记号记入测验（画入记号的测验）

测验3：形状相配测验（寻找形状和大小都相同的图形的测验）

测验4：名称比较测验（寻找文字或数字差异的测验）

测验5：图案相配测验（寻找相同图案的测验）

测验6：平面图判断测验（寻找改变了组合方式的图形的测验）

测验7：计算测验（加减乘除计算的测验）

测验8：词义测验（寻找同义词或反义词的测验）

测验9：立体图判断测验（寻找由展开图所表示的立体图形的测验）

测验10：句子完成测验（完成句子的测验）

测验11：算术应用测验（解应用题的测验）

B.器具测验

器具测验1：插入测验（拔出插棒插入新的孔穴的测验）

器具测验2：转动测验（转动插棒180度的测验）

器具测验3：组装测验（组合圆铆钉和垫圈的测验）

器具测验4：拆卸测验（分解圆铆钉和垫圈的测验）

②能力倾向的测定

通过对被试实施15个分测验，经相应测验一定加权组合，获得了所欲测量的9种能力倾向，它们是：智力（G）、言语能力（V）、数理能力（N）、书写知觉（Q）、空间判断能力（S）、形状知觉（P）、运动协调（K）、手指灵巧度（F）和手腕灵巧度（M）。

③分测验和能力倾向的关系

各分测验与能力倾向测定的关系见表1。

表1　　9种能力倾向与测量它们的相应测验

能力倾向	代号	相应的测验	能力分类
智力	G	纸笔9、10、11	认知
言语能力	V	纸笔8、10	
数理能力	N	纸笔7、11	
书写知觉	Q	纸笔4	知觉
空间判断能力	S	纸笔6、9	
形状知觉	P	纸笔3、5	
运动协调	K	纸笔1、2	运动
手指灵巧度	F	器具3、4	
手腕灵巧度	M	器具1、2	

④职业领域和职业能力倾向模式的划分

美国GATB 1979年修订版根据兴趣领域将职业领域划分为12大类，在此基础上设立了66个职业能力倾向模式。1983年日本修订自己的GATB时，出于三点原因，即一是考虑日本现行的职业分类，二是便于被试直接找到作为自己生活目标的职业，三是各职业领域内的职业能力倾向模式之间所需要的能力倾向的类似性，将职业领域划分为13个，职业能力倾向模式划分为40个。要制定出我国职业领域分类及其相应的职业能力倾向模式是一个庞大的工程，不是几个专业学者所能完成的工作。本着“它山之石，可以攻玉”的思想，暂且借用日本1983年职业领域分类和职业能力倾向模式的分类标准。内容摘录见表2。

表2　职业领域、职业能力倾向模式中所需要的能力倾向的种类及水准摘录

职业领域	职业能力倾向模式	所需要的能力倾向
1.农林渔业	1.动植物的捕获收割、饲养、栽培	M_{75}
2.搬运、加工、装配等简单技能的职业	2.以体力作业为主的工作 3.以手臂作业为主的工作	$K_{75}M_{75}$ $P_{75}M_{75}$
3.加工、组装、造型等熟练技能的职业	4.建筑、设备工程工作 5.切削、加工、造型工作	$S_{75}P_{75}M_{75}$ $S_{90}P_{90}M_{75}$
4.工程技术的职业	6.测定、分析工作	$N_{90}S_{90}P_{90}$
5.学术研究、医疗以及司法事务等职业	7.自然科学方面的研究工作 8.人文科学方面的研究工作	$G_{125}V_{125}N_{100}$
6.事务方面的职业	9.专业计划工作	$G_{110}V_{100}N_{100}$

注：所需要的能力倾向栏目中英文字母是能力倾向代号，而阿拉伯数字是指该能力倾向分数的最低水准。

为了研究该测验在我国是否适合，由华东师范大学戴忠恒教授等人组成的项目组曾经在全国进行了测验的中国化工作，从1989年开始，先在上海做了小样本研究，主要针对中学生（初中二年级至高中三年级），然后在1991年进行全国范围的取样，样本来自吉林、天津、内蒙古、山东、江苏、上海、浙江、福建、河南、湖北、湖南、海南、贵州、宁夏等省市，共计2 148名被测试者，在此基础上，形成了GATB的中国常模。经进一步验证研究，该测验的每个分测验均有较高的信度，其效度系数也达到0.567。

此后，又有测量工作者对GATB在其他人群中进行了测验中国化的工作，该测验目前已经成为在职业咨询和指导、职业选拔中用得较广的测验。

资料来源　戴忠恒. 一般能力倾向成套测验简介及其中国试用常模的修订［J］. 心理科学，1994（1）.有改动.

萧鸣政. 现代人事考核技术及其应用［M］. 北京：中国人民大学出版社，1997.

萧鸣政. 现代人员素质测评［M］. 北京：北京语言学院出版社，1995.

王垒，姚宏，廖芳怡，等. 实用人事测量［M］. 北京：经济科学出版社，1999.

胡君辰，郑绍濂. 人力资源开发与管理［M］. 上海：复旦大学出版社，2000.

张品乾. 企事业人员素质测评［M］. 北京：北京科学技术出版社，1986.

王金山. 人才管理心理学［M］. 长春：吉林人民出版社，1993.

戈尔曼. EQⅡ——工作EQ［M］. 上海：上海科学技术出版社，2001.

吕建国，孟慧. 职业心理学［M］. 大连：东北财经大学出版社，2000.

伊万切维奇J M. 人力资源管理［M］. 北京：机械工业出版社，1998.

张辉华. 个体情绪智力与任务线效［J］. 社会网络的视角，2015.

唐宁玉，郑兴山，张静抒，等. 文化智力的构思与准则关联效度研究［J］. 心理科学进展，2010，33（2）.

第5章 面 试

学习目标

1. 了解面试的基本概念。

2. 掌握进行基于标准的面试问题的设计方法。

3. 掌握STAR面试问题。

4. 能在实践中运用具体的面试技巧。

在激烈的市场竞争中，我们经常听到关于如何控制损失，以及如何实现利润最大化的建议。但是很多公司对招聘面试员工投入的精力却没有像研究营销策略投入的那么多。招聘到合适的员工已经引起越来越多的管理者重视。本章将就面试展开讨论。

5.1 面试概述

5.1.1 面试在人员选拔过程中的作用

面试是人力资源开发和管理中的一个重要环节，是人力资源获取的基本程序和必不可少的环节，Levashina等在其2014年发表的论文中指出，面试是过去100多年组织招聘最常用的方法之一。它对于深入了解求职者与未来工作岗位之间的适合度起着重要作用。其作用主要表现在以下几个方面：

1）面试是主考官与应聘者相互沟通和了解的过程

面试是主考官（interviewer）和应聘者（interviewee）之间的一种双向沟通过程。在面试过程中，应聘者并不是完全处于被动状态。主考官可以通过观察和谈话来评价应聘者，应聘者也可以通过主考官的行为来判断主考官的价值标准、态度偏好、对自己面试表现的满意度等，来调节自己在面试中的行为表现。同时，应聘者也可借此机会了解自己应聘的单位、职位等情况，以此决定自己是否可以接受这一工作等。所以面试不仅是主考官对应聘者的一种考察，也是主客体之间的一种沟通、情感交流和能力的较量。主考官应通过面试，从应聘者身上获取尽可能多的有价值信息。应聘者也应抓住面试机会，获取自己关心的关于应聘单位及职位等的信息。

2）通过面试可以综合考察应聘者的知识、能力、工作经验及其他素质特征

面试的主动权一般掌握在主考官手中，主考官通过精心设计的、多方位的、具

有很大弹性和灵活性的面试问题来实现对应聘者的知识、技能、能力和其他特征（K——knowledge；S——skill；A——ability；O——others）的考察，并以此推断应聘者在未来工作岗位上可能的行为表现，如工作业绩、人际关系、团队能力等。

面试以谈话和观察为主要手段，谈话主要以提问的方式展开。同时，观察也作为面试过程中的一个主要手段。主考官根据自己的知识经验，运用自己的感官，特别是视觉、听觉，观察应聘者的言语、非语言行为，并判断应聘者的人格特征、仪表风度、自信心、反应力、思维的敏捷性、情绪、态度、技能特征、经验特征、智力水平及一般能力。

3）面试可以弥补笔试等其他人员选择方式的不足

人员挑选方式有很多，但每一种都有其适用的条件，都有优点也有不足。如笔试的局限性表现在：应聘者可能隐藏某些情况，笔试结果相对于人员整体素质的片面性以及笔试中的高分低能现象等，限制了用人单位对应聘者能力的全面了解。在此情况下，面试可以弥补笔试或其他方法的不足，帮助主考官从另一方面对应聘者的情况进一步了解，从而全面考察应聘者的组织能力、领导能力及实际工作能力、人际沟通、语言表达等全面素质。

5.1.2 面试作为选拔工具的缺陷与不足

面试一般作为笔试的补充工具，其目的在于更多地了解应聘者的内在特点，和其他方法一样，面试中也可能存在一些不足。面试的主要不足来源于主考官和应聘者在相互沟通的过程中会出现多种知觉偏差，形成不完全正确的印象或者判断，影响了最后录用的准确性。

1）受主考官主观因素的影响

由于受到主考官本人的爱好、态度、经历、所处的环境、心境等情况的影响，面试会发生一定的偏差。有时这些偏差并没有被当事人意识到，因为所有人脑海中都有一定内隐的关于判断人的理论。这些偏差主要表现为一些心理效应。

（1）顺序效应

参加面试人员的不同次序会使结果受到一些影响，这些次序主要以两者更为明显：首因效应和近因效应，即指在面试过程中，第一个和最后一个应聘者通常都会由于顺序产生的效应受到不太公正的评价。因为第一个没有其他人作为参照，而最后一个则受到过多的影响，对其评分也会受到抑制。

其他情况下的应聘者次序对评定结果也会产生影响，例如，对比效应，一个主考官在面试了三位很不理想的应聘者之后，第四位应聘者即使很一般，主考官也会对他有比前三位好得多的印象。反之，如果一位主考官连续面试了三位很理想的应聘者，即使第四位应聘者水平不差，面试考官也会认为他的水平较差。

（2）移情效应

主考官对于应聘者表现出的与自己相似的经历、思想和行为，则更容易理解应聘者，从而对他有更多的兴趣，对这样的应聘者也易产生进一步的好感。容易站在其立场上替他（她）着想。例如，应聘者看过的某部影片正好主考官也看过，对主人公的评价，对故事情节的感受都相同，或双方都有相同的兴趣、爱好等，或者双方存在其他相似之处，都会影响面试考官对应聘者的评价。Koppman（2016）研究认为，当求职者的阶层背景与主考官的阶层背景相近，他们拥有的共同文化或品味会使求职者更容易获得创造性的工作。

（3）晕轮效应

晕轮效应即光环作用，是指当应聘者表露出某一方面特长或是外貌比较特别时，考官就会由此联想到他（她）在其他方面也无所不能。例如，看到某应聘者曾在报纸上发表过一篇文章，因此便认为他（她）在公文写作、综合调研方面也必定造诣匪浅。反之，看到应聘者某一缺点，就认定他在别的方面也必然水平一般。这种效应容易使主考官在评定应聘者时产生“只见树木不见森林”，以偏概全的错误。

（4）刻板印象

刻板印象指个体对某一群体成员具有某一特定品质的知识结构和认知图式，影响个体对这个群体成员行为的解释和互动中的态度行为反应。比如McElroy、Summers和Moore（2014）研究表明，主考官在面试时对有做过面部穿刺（facial piercings）的求职者会形成更为负面的刻板印象，比如缺少能力、信任，更少责任心，更加情绪不确定性等，从而对求职者的评价更低。

2）主考官决策因素

由于上述因素，主考官有时会比较轻易作出不够准确的决策。比如，由于首因效应，主考官往往在见到应聘者的最初几分钟内就已得出结论，有时甚至还没有交谈，或者面试还没有开始，只是根据求职者的简历或测验分数就对求职者作出判断，而对后来的面试失去兴趣。有研究表明个体对某人或是某事件的第一印象是可以持续很久并且难以改变的，因此主考官不正确的第一印象会影响面试结果的准确性。

3）主考官自身素质的影响

在我国，公共部门人员的招聘往往只由有政府背景的人事部门来进行，一般公司、企业都是自行组织、选拔，而很少求助于人事测评专家，而有些主考官的专业技能存在不足，这些不足使得面试的信度与效度都受到了威胁。如主考官往往对要考察的应聘者的能力类型不是很明确，只是凭临场发挥，或对所要招聘人员的工作分析认识不够透彻，或者主考官对面试问题的设计不够全面，每个人都按照自己的内部标准对应聘者作出评价。这些因素都会对面试的结果造成不利影响。

4）应聘者自我展现技巧的影响

在平时生活中，个体有努力积极展现自我以获得他人肯定评价的倾向。这一倾向在应聘者与主考官的面试互动过程中特别明显。面试是指应聘者努力展现自我，表现自己以影响主考官接收、理解和评估有关应聘者的信息以作出接受或拒绝的决策。因此，应聘者在这一过程中会倾向于有目的地使用自我表现的策略来展现自我的积极信息以获得主考官的有利评估。Barrick、Shaffer 和 Degrassi（2009）认为应聘者会有三种主要的表现策略：形象展示、印象管理和言语或非言语行为。形象展示可以分为身体形展展示和专业形象展示；印象管理指个体利用自我进步的方式来描述自身过去经验或获得的积极成就来向主考官表示自己的胜任能力；言语或非言语的展示指个体有意识地尝试或训练他们的言语和非言语行为来向主考官传递信息。研究结果显示，个体的这三种自我展现技巧与面试时主考官的评分正向相关。

5.1.3 面试的基本步骤和基本技巧

1）面试的类型

面试的分类方法很多，根据面试设计是否有结构可以将其分为结构化面试和非结构化面试；从面试问题的内容形式来说，可以分为基于行为的面试和基于假想型问题的面试；从面试的媒介来说，可以分为面对面方式的面试、电话面试或互联网面试；从面试的过程来分，可以分为初步面试、复试和决策面试。初步面试往往由人力资源部门进行，是对应聘者进行基本了解和初步筛选；复试则由人力资源管理部门和直接用人部门主管共同进行，有些公司对于一些较为重要的岗位还会由公司高层领导共同参与最后的决策面试。笔者从实践出发，认为面试可以分成两类：

（1）维度化面试。运用不同行为维度的方法进行选拔，主要适用于几个应聘者竞争同一个岗位的情况。这种面试方法体现了结构化的特点，正在成为越来越流行的趋势。其结构化特点主要表现在评价维度、内容编制、评分标准、面试队伍、具体操作等环节上的结构化。

（2）简历化面试。这种面试基于应聘者个人信息进行选拔，主要适用于只有较少几个应聘者竞争的较低级别的岗位。这种情况下没有必要进行非常详细的结构化面试。主考官根据对方简历进行基本评价就可以大致了解对方。

2）建立面试指导的步骤

（1）决定你在面试中将要包含的目标维度或考察内容。

（2）回顾面试指导规则。

（3）参照面试手册的行为问题部分。

（4）选择那些最能代表各目标维度的问题。

（5）如有必要，开发其他问题。

（6）参照面试手册，并研究相关行为问题。

（7）根据这一样本，开发有关问题。

（8）如果面试指导中包括动机部分，则把它设定为最后一个维度。

（9）参照面试手册中有关拖延时间问题部分，并选择相应问题。

3）建立面试指导的主要程序和内容

（1）工作或胜任力分析

在面试开始之前，首先要确定的事情是要评什么，也即构建测评指标，形成测评要素、测评标志和标度，这是后续工作如评价中心设计的基础。如前所述，这方面的工作往往通过工作分析或胜任力分析来进行。工作分析和胜任力分析的一个重要目的在于识别基于岗位的行为和胜任力标准。这些标准应该与真实工作行为有关，其中一些与态度有关，另一些和个性或特质有关，或与过去获得的技能、个体动机、与他人交往的方式、解决问题的方式有关，通常考察的方面为该岗位所需的KSAOs，即知识、技能、能力和其他特征。

（2）设计面试程序

这一程序主要包括：选择面试方法、确定面试者人数、预计时间长短、选择面试场所、设计行为标准内容等。

（3）创建面试指导

面试指导的内容通常包括：某一岗位的胜任力/维度数、面试者人数、预计时间、设计选择标准等各方面的详细说明。需要注意的是，回答应聘者问题加上揭示岗位基本信息需要15～18分钟，而每个维度的问题大约又需要7分钟，因此随着维度数量的不同，面试的时间是不等的。

4）面试问题的维度分类

在实际应用中，面试的问题往往因对象的不同而有所变化（如销售岗位，有经验的应聘者和刚毕业的大学生是不同的）。以下内容包含了绝大部分的行为分类：

（1）个体类：适应性、活力、首创、创新、诚信、组织意识、身体健康/能力、实践性学习、恢复力、冒险意识、安全意识、技术/职业知识、坚持性、对压力的容忍度。

（2）任务类：分析/问题评价、正式演讲、信息监测、个体判断/问题解决、键盘能力、会议促进/技能、会议参与、计划和组织/工作管理、质量定向/对细节的注意、绩效最大化、工作标准制定。

（3）领导、沟通类：辅导、交流、顾客服务导向、权利和责任的委托、发展组织能力、工作设计的授权、领导水平/影响力、动机满足、谈判、劝说/销售、战略领导、团队/合作、愿景领导、书面交流。

（4）过渡性问题，主要用于不同问题间的转换，或主考官调整思路。

在实际操作时，以上维度可以按照四个模块分配：关键行为问题（4～5个）；基本问题（每个维度约10个）；对申请者的附加问题；对几乎没有工作经验者的附加问题（2～3个）。

5）简历化面试指导和步骤

此法与基于行为分类的方法的区别在于前者按照维度组织问题，后者按照个体独特的教育、工作和经验设计问题。问题按时间先后顺序展开，当然在展开过程中的具体问题也可以是基于行为分类的。因此该方法对应聘者的背景信息极为关注。其制作程序与行为分类法基本相同。值得说明的是，这两种方法并不是绝对独立的，实践中往往是相互结合使用的。

5.1.4 面试方法的主要特点

1）面试指导要反映目前面试中的结构化趋势

结构化和非结构化一直是人事测评中的两种主要方法，随着研究和应用的深入发展，人们发现结构化面试的信度和效度更高，特别是预测效度。本章主要讨论的是典型的结构化方式，其基于行为的分类方法，包括了个体在工作情景中涉及的几乎所有问题；因此，其结果也是可信的。结构化的方式还能防止面试主持者的主观随意性，他们的操作方式是受到结构化限制的，因此，从这一意义上说，面试者的信度是比较可靠的。

2）面试设计要反映目前面试主流方法中的行为导向问题

以前的面试多倾向于涉及不可见的因素，如个体的内在特质、价值观、内在控制点、态度、人格等因素，但对这些因素的测试一直是人事心理学的难点，所以后来的面试向行为方向发展，即更多关注个体的外在行为表现，以此来推测其内心世界。本章力图充分体现这一思想，并把这种思想向前推进一步，把行为维度化、定量化，因此基于此方法的结果是可信的。

3）面试问题涉及未来导向和过去导向两类主要问题

现在的面试所涵盖的问题非常全面，既有过去导向的，涉及个体的行为和经验性因素，其可靠性有一定保证；同时有一部分问题是未来导向的，请个体设想一个情景，他（她）会如何行动，这一方法有利于推知个体的潜力，也促进了结果的可接受性。

4）面试方法需要反映人员预测中的多指标特点

随着对评价研究的深入，理论界普遍认为应以多指标、情景性为基本策略。单一指标的预测效果往往较为不稳定。多指标更能全面、深刻地描绘一个人。现代面试方法也充分反映了这一点。基于岗位的行为维度化，给使用者提供了充分的选择，这种多指标的策略切实提高了测试的可靠性。

5）面试方法要体现可操作性

采用结构化面试，不仅在理论框架上保证了面试的科学性、可靠性，更重要的是保证了面试的可操作性。结构化面试对每一种类型问题都进行了精确指导，人事部门的工作人员很容易按手册进行操作，其可操作性随处可见，不但体现在面试过程中，而且体现在评分过程中，如其计分方法是这样的：

每项关键行为以+（有效）、0（一般）、-（无效）计分。对每一维度以“1、2、3、4、5”来计分以区别不同水平的回答。其中：

5：远超过接受标准；

4：超过接受标准；

3：可以接受；

2：低于接受标准；

1：显著低于接受标准。

另外还有一些补充技巧用来处理欠缺的信息：N——没有机会观察或评估；W——弱的，需要更多信息；H——过高等。

5.2 面试准备

招聘是有风险的，因为只有在录用后才知道应聘者的能力水平。在招聘过程中，如果负责招聘者没有经验，他们会根据面试简单作出决定。但在面试过程中，往往是应聘者一直在说话，面试者并没有足够的时间去了解他。他们很容易被应聘者表面上的相关工作经验、教育背景、语言表达能力和外貌等因素所迷惑。因此，在面试准备阶段首先要讨论的是面试者怎样处理应聘者各种资料的心态和能力。另外，在面试过程中，应聘者其实也可以或也会对面试者提出问题，因此，在面试之前，面试者也需要做好被问问题的准备。

5.2.1 背景资料的表面性

在面试之前，主考官首先可以从应聘者的履历中读取一些重要信息，主要包括以下几个方面：总体形象，比如履历是否有错误之处等；履历中的空白信息，比如应聘者以往的职位、工作单位等，甚至可以联系应聘者的前主管以获取更多的信息；职业生涯的不连续性，比如职业生涯出现空白中断时期，或相反出现两个职业的重叠；工作更换的频率，在以往的实践中，如果个体在某一时间更换工作较为频繁，会被主考官视为不可靠，但主考官不仅需要关注应聘者频繁更换工作这一现象，更要清楚这一现象的原因，切不可形成偏见；上一份工作离职的原因等。

应聘者的履历给主考官许多有用的信息，但有时这些信息需要进一步挖掘。

很多主考官在看到应聘者的履历中有多次跳槽的经历时，可能不愿意与这样的易跳槽者（job hopper）面谈。他们认为，这样的应聘者假如被录用，接受培训并掌握技能后，跳槽的可能性比较大。当然接受这样的员工是有风险的，但实际上跳槽不一定是坏事，定期变换工作的应聘者能为新岗位提供有价值的知识和技能，因此应聘者在某一岗位工作多长时间并不是最重要的，重要的是他干了什么。一个人如果长时间待在同一岗位上，也可能一直在重复同一件事情，而知识、技能并没有明显进步。因此在看应聘者的资料时，不能仅仅注意他跳了几个单位，还要看其跳槽的轨迹或每次跳槽是否有职位上的变化和发展。

除了工作经验的表面性外，教育背景的表面性也值得注意。经验不足的招聘者常会问应聘者关于其学习成绩的问题，他们认为，学习好坏是判断个人潜力的重要依据。很多公司更是只到个别出名的学校去招聘，那些没有名气的学校毕业的学生连递简历的机会都没有。当然名校的学生的确会给人留下深刻印象，但实际上并没有足够证据表明这些人的工作水平也很出众。有时，那些出身非一流大学的、成绩中等的学生往往对工资要求不高，他们在实际工作中干得也并不差。当然，也有一些公司反其道而行之。在最近一次面对大学毕业生的招聘会上，有一家公司宣称“清华、北大免谈”，这同样也是注重表面性，而忽略了面试的真正目的。

为避免这种表面性，招聘者在面试过程中要善于倾听。争取在较短的时间内，取得尽可能多的关于应聘者的资料，以对履历中的资料进行验证和补充，从而更好地评价应聘者是否具备胜任新岗位的知识、技能。

5.2.2 招聘者评价应聘者的内隐模式

招聘者在进行实际面试前，应该对那些有可能成为公司一员的应聘者需具备的基本素质特点有一个了解。这一点随着职位层次的上升，重要性不断增加。理想的应聘者首先应当是对学习和自我发展高度关注的，这样才能适应不断变化的组织内外环境。

应聘者的道德情操也是值得关注的方面，诚信问题正在引起越来越多人的注意。他们还应该善于建立并维持关系。理想的应聘者应当是一名好的团队成员，他们应该知道在决定、分享有限资源以及把自己和他人的工作重点融合时要学会给予和索取。良好的同事关系是借助于良好的沟通技巧，并在对别人关注的基础上建立起来的。

其他的特征与精力、首创、独立等有关。理想的应聘者不需检查就能主动工作，他们能够保持较高的工作热情去做自己不一定有兴趣的工作。

招聘者在评价应聘者时所持的内隐模式应该基于工作描述和工作标准信息进行调整，以作好面试准备。

绝大多数应聘者在未来工作中的表现和其以前的表现非常一致，只有一小部分可能会有根本性转变。在面试中，面试者需要寻找那些在以往工作或学校生活中成功完成工作或学业（不全指学习成绩）并达成目标的人，这样才能确保应聘者在未来的岗位上能完成某些任务并达成目标，因为这反映了他们的工作风格。过去始终是未来的有效预测指标。要做到这一点，工作目标和工作描述都是很重要的。

工作描述列出了工作任务和内容，可以把它和工作目标结合在一起进行面试。但由于工作任务会不断变化，所以主考官不仅要考察应聘者完成特定工作任务的能力，更重要的是要了解其目标、成就和结果导向，以及思维方式。

工作描述应该是公司新进人时要考虑的最重要的问题，作为有经验的面试者，在实施面试之前，必须对空缺职位进行全面评估、研究和分析。要多考虑应聘者的进步方式、工作量、结果等工作目标，而不仅仅局限于任务、知识、技能。应聘者的知识、技能等KSAOs因素应当基于新岗位的工作期望。在具体实施前，可以把应聘者未来工作岗位的责任根据重要性水平列出来，对每一职责都要考虑其预期表现、评估这些表现的方法以及达到目标的能力要求。这些构成了招聘者评价应聘者的内隐模式。

5.2.3 面试者被问问题的准备

在面试过程中，面试者的职责不仅是对应聘者进行发问和测评，同时，他们也需要准备回答应聘者的问题。基于互联网信息的公开化和透明化，应聘者在面试前会对组织进行了解，因为应聘者也需要确保工作或组织与他们的技能、兴趣和需要相匹配。在面试时，应聘者是带着问题过来的，因此，面试者需要在面试前尝试站在应聘者的角度来考虑他们可能提出的问题，并作出合适的回答。大多数应聘者的问题主要可以分为以下3类：第一类是关于组织的问题，比如“您能描述一下贵单位的工作环境吗”“贵单位对员工的期望是什么”。第二类是关于工作的问题，比如“您能描述一下这个工作的大致内容吗”“如果要达到组织的目标，我在这个岗位中最大的挑战是什么”。第三类是关于成长机会或待遇类的问题，比如“假设我工作做得好，我可以获得什么样的晋升”“从这个岗位中，我可以学到什么”等。

5.3 编制岗位职责表

为了有效寻找应聘者，面试者需要合适的工具以评价应聘者。岗位职责表可以帮助面试者把精力集中在职位的具体要求上，逐步根据要求对应聘者进行评估。岗位职责表具有以下优点：使职位与应聘者实现最好匹配；面试者更加有效地倾听和记录；回忆起来更加有效、准确；避免录用无效技能；找到决定成功的关键因素；把重点集中在工作要求上；面试过程更加客观公正。岗位职责表要求面试者在面试之前想清楚岗位的具体要求，而不是随便问几个似乎与工作有关系的问题。专业的猎头公司在设计这样的表格方面具有丰富的经验。其基本格式可以适用于多数岗位，其开发过程主要包括以下步骤：

1）基于目标的应聘者KSAOs设计

岗位职责表应该能够反映应聘者的知识（K）、技能（S）、能力（A）和其他特征（O）。编制这样的表格，第一步就是要求设计者根据某一空缺职位的工作目标，设计出应聘者应该具备的知识、技能、经验、动机、态度等因素。这些要素要根据其重要性排列在职责表中，其权重也应该根据不同岗位有所区别。在第一次面试的基础上，不但可以根据其总分决定再次面试的名单，而且可以根据得分细则决定面试的主要方向。在整个面试过程结束后，最理想的应聘者不一定是得分最高的申请者。因为得分相似的应聘者，可能在某些具体项目上有本质的区别。岗位职责表并不能使面试中的所有偏差都消失，但它可以帮助你在一定程度上降低这一因素的影响。申请者的临场表现可能会影响面试者的判断，岗位职责表提供了评价的依据，可以让面试者不只靠主观印象来作决定。表5-1是基于目标的KSAOs评价表。

2）评估范畴具体化

在编制岗位职责表时，我们提出的评估范畴可能比较模糊，如只是像表5-1那

表 5-1 基于目标的KSAOs评价表

职位：									
必要条件：					例外条件：				总分
姓名	经验	领导	分析问题	沟通	专业	特殊背景	冲突管理	责任	
应聘者1									
应聘者2									

样的大致维度描述，这样是不够的，面试者在实际操作时，需要将其具体化、行为化。比如，要考察应聘者的影响技巧，就需要将其细化为：应聘者沟通时言语清楚、有适当的目光接触、运用比喻、合适的身体语言、言谈具体、切题等。而沟通技能则可能包括口头方式和书面方式、沟通对象、具体沟通所使用的支持手段等。总的说来，职责表上的项目含义越具体，设计就越有效，越容易操作，越精确，因为有些内容是易于考核的，如工作经验、教育背景，但我们更感兴趣的往往是应聘者的内在素质，如积极性、乐群性等，这些只能通过运用这样的方式间接了解。

3）形成问题

根据不同的考核维度，设计有针对性的问题。这些问题通常有十多个，太少了无法全面了解应聘者，太多了又不利于深入了解他们。面试问题的设计和选择要与应聘者的简历联系在一起。他们的书面材料往往能提供一些基本信息，这些信息会帮助你省去那些不必要的问题。另外，在问题中建立适当的联系也是很必要的，这样在问题转换时就会显得自然。比如在团队工作中，就会很容易涉及领导、沟通、人际合作、问题分析与解决等。

4）面试中的笔记

面试者的笔记量多少不定，每当你把视线从应聘者身上移开并开始记笔记时，都说明你认为他们谈的东西很重要，如果你不这样做，又会被理解为对谈话内容不一定有兴趣，为此，面试者应当有自己独特的方式，并告诉对方笔记的意义，以消除误解。同时，适当的笔记在面试结束后进行评估时是非常必要的，在某些细节不能确定时，应当检查有关笔记。

5）其他应该注意的方面

在设计岗位职责表时，应当把动机作为一个关键项目。应聘者必须对空缺职位有很大的兴趣。当然最好录用多面手，既有工作兴趣，又有生活情趣。总之要求应聘者做好自我发展的准备，并为自己设定努力的目标。应聘者在空缺职位上想得到的是在其他岗位上失去的或没有得到的东西。面试者应该知道他们以前失去了什么。

另外还要注意跨文化的问题，虽然这一点听起来显得过时，但实际上仍然值得注意。比如，外企的招聘者认为某人为了工资或待遇而寻求新职位的动机是不够适当的，但实际上，有相当多的人正是为了高工资而更换工作。基于现在的社会发展水平，工资和工作环境仍是很大的激励因素，而并非一定是保健因素。另外，有时存在文化适用性的问题，如评价某人用间接或直接方式，西方人在沟通时，更多开门见山，而中国人比较含蓄、间接，因此，在这种文化下，不能因这一点给应聘者加分或减分。

5.4　面试类型

划分面试类型有许多不同的标准，比如根据人数分为集体面试和单独面试；根据目的分为决策面试和研究面试；根据时间分为传统面试和情景面试；根据结构程度分为非结构化面试和结构化面试等。分类本身也有一定的交叉，行为面试和情景面试都是结构化面试中的常见形式。本节主要介绍几种常见的面试类型。

5.4.1　结构化面试

结构化面试是指依照预先确定的内容、程序、分值结构进行的面试形式。结构化面试包含两个重要的维度：一是面试问题的标准化，二是反应计分的标准化。在面试过程中，主考官必须根据事先拟定好的面试提纲逐项测试应试人，不能随意变动面试提纲。应试人也必须针对问题进行回答，面试各个要素的评判也必须按分值结构合成。也就是说在结构化面试中，面试的程序、内容以及评分方式等标准化程度都比较高，面试结构严密，层次性强，评分模式都是固定的。在面试前，要根据具体职位的需要进行问题设计，有时还会预先分析这些问题的可能回答，并针对不同的答案划定评价标准，以帮助主考官进行评定；在面试中，主考官根据面试提纲逐项向应试人提出问题，应试人必须针对问题进行回答。多个应试人会面对同样的一系列问题，面试的内容具有可比性，这样，对所有面试者来说比较公平。由于被试人对同样的问题进行回答，主考官根据统一的评分标准进行评价，操作起来比较方便而且容易作出公正的评判。

常规的结构化面试主要是强调主考官、面试程序、评价维度、评价等级等方面的标准化。涉及的评价对象包括分析、处理、解决问题的能力，计划、组织、协调能力，实践经验；思维宽广度与条理度、抽象概括能力、分析比较能力、政策理论水平、逻辑性、洞察力；情绪稳定性、思维反应敏捷性、自制力、思考周密性、合作意识等各种能力要素。在具体评分时一般采用等级方法，如优、良、中、差等。评价误差通过引进多位主考官平衡抵消。

结构化面试的新进展主要体现在结合了其他方法，如结合了任职资质标准和行为事件方法所进行的基于胜任力的结构化面试。它在确定某岗位所需要的胜任力及具体等级的情况下，采用行为事件方法，分析应聘者的胜任力状况。如某岗位要求应聘者具备4级客户意识：1级：热情、礼貌地接待客户；2级：准确理解客户提出的需求；3级：努力（包括额外投入时间和精力、协调内外部资源等）满足客户需求；4级：挖掘客户的潜在需求，以满足客户需求为出发点，开展工作。在这样的要求下，可以通过行为事件面试方法，确定应聘者的具体客户服务胜任力等级。总体上看，结构化面试正在向综合、微观、行为化、操作化的方向发展。

与结构化面试相对的另一种面试类型是非结构化面试。非结构化面试并不要求面试问题和面试过程的标准化。非结构化面试区别于结构化面试的特点体现在以下几方面：第一，测评内容的深度和广度不同。结构化面试是事先设计好一系列有针对性的问题，比如测评员工的工作经历，那么所有的问题是围绕这一方面来展开的；而非结构化面试事先并没有设计好一套有针对性的问题。第二，测评时主导权不同。结构化面试要求遵循标准化的测评流程，因此主考官对每一个应聘者提出的问题和顺序是相同的，整个过程由主考官来主导和推进；而非结构化面试时应聘者主导了问题的方向，当应聘者谈到过去工作经历时，主考官可以顺着这一方向继续发掘信息。第三，适用性不同。结构化面试更适用于选拔性的人事测评，即依据事先确定好的问题来获得应聘者与潜在岗位是否匹配的信息；而非结构化面试更适用于诊断性的人事测评，即主考官意在发现影响个体是否胜任潜在岗位的未知因素。

Levashina、Hartwell、Morgeson和Campion（2014）总结认为，结构化面试是比非结构化面试更为稳定有效的工具，对12篇相关研究论文进行元分析的研究结果也得到了相同的结论。同时，结构化面试有利于减轻应聘者在面试过程中采用的自我展示技巧给主考官带来的评分偏差。在日益强调平等就业的今天，Alonso、Moscoso和Salgado（2016）利用元分析技术研究表明，采用结构化面试可以更为合法公正地保障女性的就业机会，有效减少对女性的就业歧视。

5.4.2 行为面试

行为面试的全称是行为事件面试（behavioral event interview，BEI），是由哈佛大学心理学教授麦克米兰于20世纪70年代初期首创的。从严格意义上看，行为事件面试更多是一种技术，它日益渗透在不同的面试设计中。具体内容在5.6部分进行详细介绍。

行为事件面试是通过一系列问题，如“这件事情发生在什么时候”“你当时是怎样思考的”“为此你采取了什么措施来解决这个问题”，收集应聘人员在代表性事件中的具体行为和心理活动的详细信息。基于应聘人员对以往工作事件的描述及面试人的提问和追问，运用素质模型来评价应聘人员在以往工作中表现的素质，并以此推测其在今后工作中的行为表现。

通过对所收集信息的对比分析，可以发现杰出者普遍具备而一般工作者普遍缺乏的胜任力。行为事件面试可以较全面、深入地了解求职者，从而获得一般面试方式难以达到的效果。因而这种方式也就越来越多地被企业面试人员所使用。

5.4.3 情景面试

情景面试是面试类型发展的新变化。情景面试突破了常规面试一问一答的基本模式。根据不同的目的可能引入多种情景组合，如无领导小组讨论、集体公文筐处理、角色扮演、演讲、案例分析等基于评价中心的情景模拟技术。在不同情景模式下，面试的具体方法灵活多样，但都会设置一定的模拟情景，要求被测试者扮演某一角色并进入角色情景中，去处理各种事务及各种问题和矛盾。主考官通过对应聘者在情景中所表现出来的行为，进行观察和记录，以测评其素质潜能，或看其是否能适应或胜任工作。因此不同情景面试的共同特点是模拟性、逼真性强，应聘者的才华能够得到充分、全面展现。这样对有工作经验和无工作经验的应聘者相对公平，面试人员对应聘者的素质也能作出更加全面、深入、准确的评价。

近期研究认为，行为面试的理论基础是行为理论，其基本假设是以往发生过的行为对未来行为具有预测性，在面试中试图考察的是应聘者“能做”和“愿意做”两方面情况，更体现了应聘者的工作经验。相比之下，情景面试基于目标设定理论，在面试中试图考察的是应聘者“愿意做”方面的情况，更反映了应聘者的认知能力。研究还发现，这两类面试有一定的相关性，可以有机结合，对不同类型岗位也可以采取不同的策略。比如，对于管理类型岗位，可以更多采用行为面试；而对于初级岗位，如果应聘者大都为职场新人，则情景面试更为有效。

5.5　对应聘者的分析

5.5.1　面试中的非言语行为

1）非言语行为的概念

非言语行为指在面试的沟通过程中，双方交换的视觉信息。应聘者的非言语行为是很重要的。它是行为人在特殊情形下表现的，而且人们一般对自己的非言语行为的有意识控制水平低于对言语行为的控制。因此它比言语行为提供了更多、更好的关于应聘者经历的线索。特别是当应聘者的言语行为和非言语行为出现不一致时，面试者就有了进一步了解应聘者的机会。Cuddy、Wilmuth、Yap和Carney（2015）研究表明，个体在面试前启动开放的姿态比内敛的姿态更能在面试时表现热情和吸引人的非言语行为，从而获得更积极的评价。可见，非言语行为会影响主考官对应聘者的评价。

2）非言语行为的类型

（1）面部表情：面部是揭示假象的工具，其指标有：是否较少与他人直接接触；不进行正常点头示意；说得太慢、太少或错误过多。微笑是面试中最常见的面部表情之一，也是应聘者印象管理的主要方式之一，但微笑不是越多越好。Ruben、Hall和Mast（2015）研究表明，当面试的工作类型偏严肃时，微笑越多并不能提高应聘者的求职成功率。

（2）目光接触：保持目光接触意味着愿意谈下去。目光接触意指希望得到他人的反馈；表达一种需要；开始或结束交流；降低紧张。研究表明，支配型的人给下属以多目光接触，缺乏自信者则相反；当话题与隐私有关时，面试双方的目光接触减少；说者看着听者，比听者看着说者要少，作为听众，会有75%的时间看着说者，而说者只有40%的时间看着听者；扫视约为3秒，而目光接触的时间为1.5秒；目光接触时间过长则表示威胁信息。

（3）距离：双方在保持坐姿时，出于商业目的的，保持距离60～120厘米；亲密接触时少于60厘米；而表示与己无关时则为2.5～3.5米。在面试过程中，少于60厘米或多于3米时会引起应聘者的不安。距离越近，目光接触则会越少。

（4）身体语言：一般来说，面试双方应该采用相同的姿势，即双方的坐姿不应有明显的区别。双方座位角度为90度时表示开放，但有些像商务会谈。双方平行的坐姿意味着非正式或亲密的会谈；双方面对面时，多用于不同意或敏感情景。应聘者表示接受的姿势应该是双腿放在一起，双臂放开，而主考官的鼓励性姿势则是有些向前倾、不时点头、微笑。

3）主考官应对非言语行为的方式

主考官在面试过程中可以改变身体姿势，以减少不必要的活动，如抓痒、扭动身体等，免得让应聘者觉得有什么不舒服。同样主考官也可用这种方法来理解应聘者的态度。当应聘者的言语和非言语行为信息出现不一致时，主考官应该直接问出来，以获得正确信息。另外，主考官也可以用非言语方式来应对应聘者的非言语行为。比如，应聘者保持沉默，主考官也没有必要立刻说话，他可以点头或闭上眼睛。有时如果应聘者突然激动起来，如大哭，主考官应该给予时间让其恢复平静，如提议休息、喝水，并在征得对方同意后再继续谈下去。

5.5.2 面试中应聘者的类型

1）主考官和应聘者间的关系类型

在任何一种面试会谈中我们都可以发现主考官和应聘者之间会呈现出某种关系。以下列举了主要的关系类型。

平等关系：双方谈话较轻松，没有一方感到受到威胁。这也是面试中唯一可以接受的方式。

主考官扮演支配的角色：应聘者会有受挫感，并会以两种方式作出反应，他会以下属的身份，以尽可能多的表达以换取主考官的满意，因此他在不自由状态下所表达的信息的效用是有限的，甚至有误导的可能；他也可能感到受了威胁而进行自我保护，结果可能导致无关信息，或双方发生冲突。当然相当部分的应聘者会自动把自己放在这种关系类型下，主考官应设法改变。

主考官扮演下属角色：当应聘者控制面试进程时，此时主考官对面试的控制会显得不足，当他由此而产生非常被动的感觉时，他对应聘者作出判断时会失去公正性。

2）应聘者的类型

根据面试双方的关系类型，从“关系高低”“内容高低”两个维度，可以将应聘者分成以下类型。

（1）虚张声势型

这种类型的应聘者非常自信，往往直奔主题，属于高关系、高内容型的。倾向于控制整个面试过程。主考官对这种应聘者通常的反应是反抗，以重新获得面试的主导权。在此情况下，如果应聘者让步，则以主考官获得主导角色正常进行。但如果主考官调节不当，面试者被迫接受下属角色时，双方关系由于扭曲可能使评价失去公正性。较理想的办法是主考官主动表示出重视应聘者的态度，甚至可以给予一些赞美。经验表明，这种措施才有利于平衡双方关系以尽快进入公开会谈阶段。

（2）怀疑型

这种角色是虚张声势者的另一个极端。这种应聘者在处理关系方面有些困难，他难以把自我（内容）表现出来。由于感受到环境中的巨大压力，他缺乏自信无法放松。对这种应聘者，经验不足的主考官的第一反应是会有些生气。因为面试无法继续，而使得一切都在浪费时间，而实际情况是，越是如此，应聘者越害怕而越找不到表现的机会。正确的反应方式不是表现出不耐烦，而是设法让对方放松。事实就是这样的，有些应聘者开始时看起来没有什么希望，但最后表明他拥有很多有价值的特点，是值得录用的。

（3）沉默型

有些应聘者属于某方面的专家，并对其工作有相当的造诣，但不善于交谈，有时他们对自己所说的非常小心（低关系），显得没什么好说的。这种应聘者常使主考官感到失望，因为他们给的信息太少，使你无法对他进行评价。他们不善表达，使面试常限入封闭性问答而难以展开。这是一种典型的主考官主导的双边关系。

对待这种应聘者的正确方式是问开放性的、与其擅长内容有关的问题，让其表达自己熟悉的内容，使其潜能显露出来。同时主考官要多保持沉默，多给予必要的鼓励。

（4）朋友型

这种人交流容易，属于关系导向型，容易对外界产生兴趣，并能创造友好的气氛。但必须注意防止内容方面的疏漏。主考官要注意的是不能因应聘者的表达能力好，印象良好而受到误导。它可能产生虚假的平等关系，而实质上应聘者主导了整个方向，这样的应聘者有时会把整个进程引到他所能控制的方向上去。对待这种应聘者的正确方式是像商务会谈一样，尽快帮助应聘者进入主题。

应聘者类型如图5-1所示：

图5-1 应聘者类型

5.6 面试中的关键问题

5.6.1 面试的准备——工作描述与分析

人员挑选的关键问题在于预测申请者在未来工作中的表现，为了达到这一目的，必须事先掌握与工作有关的必要信息。我们在前面也谈到面试中要以岗位职责为依据，而岗位职责的来源是工作描述和分析，它们也是人力资源管理的基础工作。

所谓工作描述主要说明工作性质、内容、工作环境，以及目的、任务、结果等。工作分析指个体应该表现的行为模式，以及表现到什么程度才能恰当地处理工作。在描述和分析的过程中，一线经理的作用是很重要的，因为他们了解工作及其情景，在录用后要负直接责任。工作分析和描述是进行结构化面试的必要准备阶段。

5.6.2 通过简历了解应聘者

面试时可以问与简历有关的很多问题，在事实性问题方面包括教育、工作经验、家庭背景、工资水平、改变工作的动机，还可以仔细问与行为和态度有关的问题。简历是一面镜子，它可以反映应聘者的人生轨迹，但如果运用不当，则可能歪曲事实，而使主考官在面试前就产生某些偏见。但在一般情况下，简历所起的作用主要是帮助人们记录主要技能和主要成就。

5.6.3 在面试中如何提高面试者的听力

在交流中保持积极倾听是很困难的，但又是很有效果的。消极地听是指听者只是在吸收信息；而积极地听是指听者在听的过程中作出反应，并积极主动提出适当的问题。消极地听用的只是耳朵，积极地听还要用大脑。积极地听是一种技巧，它帮助主考官给应聘者以关注，应聘者又会把这种关注视为奖励，从而增加了其继续谈话和提供信息的可能性。积极地听是一种可以学习的技能，它也是一种态度，是一种学习的渴望。面试中关于“听”的黄金规则是：主考官提问的时间为总时间的20%，听的时间为80%。积极地听包括以下几个阶段：

1）观察

观察指观察者带着描述和总结对一个或多个人或事件的行为或表达的系统察觉。它是一种收集信息的方式。“聚焦”是观察区别于其他简单地看、听活动的主要特点。观察的聚焦方式使得你将注意力汇聚于整体信息的某个部分，而不是整个对象。

为了实现系统、聚焦式的观察，事先对行为标准的明确界定会起到关键性作用。特别是明确与标准可能有关的独特行为。为了便于观察，主考官必须让应聘者说话，要让他觉得你对他的谈话有兴趣，当然这要取决于主考官的技能，如介入、反馈、沉默等，以及有关身体语言，如目光接触、点头示意等。如有必要，可使用多位观察者。

2）记录

忠实、正确地记下面试过程中所获取的信息作为面试记录。面试就是收集信息以帮助主考官作出正确的挑选决策。为了记住关键信息，在面试时做笔记是很必要的，这样可以帮助主考官更好地保持注意。研究表明，对于所发生的事情，我们只能记得听到的25%，人们对信息的理解速度同样要快于说者的表达速度。记录不是评价或结论，它是评估标准的代表，为了使记录结构化且易于分类，在记录时应作一些评论，单独准备一份关于每个标准的问题，注意在问题间保留足够空间以便记录。基于面试的观察结束后，立刻进行一次回顾。

3）分类

分类指按照事先确定的行为框架，把有关事实性信息放在不同的维度中，即给行为以名称，并对我们知道的信息进行比较。这是一个验证有关记录是否说明了与标准有关的信息的过程，在必要的时候，还要反复阅读记录材料，才能把记录按照结构化的标准进行分类。

4）评价

评价指决定行为符合期望标准和确定分数的程度。当所有事实都按照确定的标准分好类后，应该给不同的标准以不同的值。量表应该在不同的标准上保持同一性，这样才有可能进行相互比较。评价是基于工作需要的，而不是申请者之间的表现对比。一个关于工作动机的九点式的量表可以是这样的：

优秀（9）：准备好参与持续性培训并享受这一过程。

强烈程度（8）：准备冒险。

相当的程度（7）：提出积极方法以克服困难。

合理的程度（6）：努力达到确定目标

平均程度（5）：信守诺言。

较低程度（4）：达到平均水平。

有限程度（3）：做工作但不希望多做。

很有限程度（2）：在岗。

没有表现（1）：工作是因没有别的选择。

5.6.4 如何有效提问

要进行有效提问，主考官应当使用一些必要的技能，这样才有利于获得对应聘者作出评价的重要信息。

1）主考官要使用对方懂的语言

提问的方式应该是积极的，问“你的上司是怎样培训你的”，不如问“工作中，你是怎样被培训的”。要根据应聘者的情况调整用词，这些情况包括应聘者的背景，避免有潜在积极、消极含义的词语。时刻注意对方的非言语行为，还要注意不要问对方明显不知道的事情。

2）封闭性和开放性问题的选择

以如何、哪里、什么时候、哪个、什么、为什么开头的问题都是给对方足够空间的开放性问题。在面试的开始阶段，这类问题有助于激发应聘者进入状态。因为在这一阶段，应聘者可以决定说什么，以及怎样说。回答是基于应聘者自己的感觉和思想的，是比较可靠的。当然这类问题还应该是清楚、可懂和无歧义的。

开放性问题也存在不足之处。当为了得到详细说明或界定某些想法、观点、感觉时，开放性问题无法实现这个目标。开放性问题还有可能导致对方感到面试者兴趣不大，还会使面试进程为应聘者所左右。过多的开放性问题还会使应聘者空间太多，对面试不利，此外这样还浪费时间。这方面的问题很多，如“你是怎样激励下属完成目标的”。

封闭性问题往往给出如“是”“否”的选择，这类问题限制了应聘者回答的可能性，这类问题在深入的面试中可用于界定某一观点，它让应聘者必须作出选择。封闭性问题使面试直接、清楚、不绕圈子。它还可以作为开放性问题的补充。由于这类问题省时，因而便于在不同应聘者间进行对比从而提高效率。封闭性问题的缺点是应聘者没有自由，可能降低了回答的兴趣，如“你曾经被提升过吗”。

3）行为问题、情景问题和一般问题的选择

如前所述，在目前进行的面试中通常有基于行为的面试和基于情景的面试。这两类面试的区别主要在于使用的问题有所不同。基于行为的面试更强调通过探究过去的行为来预测未来的表现，在行为类问题中常用“已经做、正在做”等词语以收集行为例证。通过这类问题，主考官可以检查应聘者在日常工作中成功表现的行为。问题通常围绕情景、任务、行为和结果展开，如“你最近有无把工作授权给下属去做的情况，当时的具体情况是怎样的，你是怎么做的，结果怎么样”。而情景面试中的问题往往是给出一个场景，然后询问应聘者在那种情况下，他/她会怎么做。比如，“你来到公司后，发现公司人员流动性较大，影响了产品质量的稳定性，你将采取哪些措施来改善公司的人员流动情况，从而提高产品的质量”。一般问题通常是自我描述性质的问题，会涉及个人信念和目标、相关工作知识等，相比前两者，这类问题更为宽泛，比如“你认为人事经理在组织中扮演的最主要的角色是什么”。研究发现，一般问题和应聘者的人格特征更为相关，情景问题与工作知识的相关性大于行为问题与工作知识的相关性，行为问题和领导力的相关性更为显著，这也说明对于中高层管理岗位，采用行为面试或许是更为妥当的方式。

4）决定面试结构的主要问题

这些问题取决于主考官的事先计划，包括介绍性、转换性的问题。这些问题预示着面试的目的和进一步的面试程序。

推进式的问题指应聘者必须回答的追加问题，如详细说明、解释、给出具体细节。它可通过许多层次使问题深化。因此主考官不一定要接受应聘者的初始答案，你可以进一步追加问题。

使用系列问题时应注意不同问题间的衔接要自然，以保持连续性，而不是简单地问“为什么”，以免引起应聘者的反感。

问题举例：

主要问题：你的第一个雇主是谁？

介绍性问题：我们想知道你的……因此我们想问……

转换性问题：我们已经讨论了……现在我想问你……

5）中性和建议性、判断性的问题

中性问题是面试中最受欢迎的，它们最可靠，威胁也最少。建议性的问题指主考官指导应聘者作答。但它可能导致答案不一定可靠，而且应聘者可能说了不想说的答案。例如，“你的确喜欢生产线上的工作，是吗”。通常在面试中要避免使用这类带有提示性的问题，而使用中性客观的问题。比如，“你如何看待生产线上的工作”。

判断性问题指主考官表达了自己的个人判断。比如，当应聘者说“我引进了一套全新系统，它涉及许多问题”。主考官可以就此进行鼓励、总结、表扬，并进一步提出问题。

6）当主考官受到攻击

当主考官受到应聘者的人身攻击时，比如，应聘者会说“你为什么总问为什么，哪有这么多原因”等。这时，主考官不要进行反驳，也不要作任何道歉。你所要做的就是和这一情景保持距离，并且继续控制谈话。具体来说，你可以利用非言语方式，你可向后靠在坐椅上，或用双手作一个保护性的姿势以放松情绪，释放压力。你也可以运用言语方式，如用很客观的方式描述正在发生的一切，同时也给自己时间恢复控制。你可以说：

“我问了你……”

“你是这样回答……”

然后，根据应聘者的回答重新介入会谈。但有时，应聘者的攻击性反应是针对其自身的，如她哭起来，或很情绪化。情绪化表明应聘者在某一情景中感到受伤或受挫，但即使是这样，也不能让应聘者脱离问题，而是对他说“没有关系，你可以稍后再答”。

当然，主考官应该小心，力求避免这种困难局面，你可以给应聘者时间让其恢复，必要时提供一些帮助，如给一些喝的东西，然后征得其同意后再继续进行。

5.6.5 主考官的问题要适合职位要求

面试不是闲谈，它是基于一定标准的。有关问题应该是基于职位而收集事实、行为或感觉信息。标准是按照有关工作行为界定的。换言之，标准是在工作中获得成功的行为特点。为了使问题适合职位，主考官应该在事前就根据工作描述和分析决定与工作有关的标准。在确立了行为标准、智力、技能的基础上，就可以准备合适的问题了。

1）收集事实性信息问题

对于工作的独特性标准，首先应该在有关事实信息的帮助下得到验证。这些事实信息包括：年龄、性别、婚姻状况、工作经验、职业生涯计划、教育类型、学习成绩、其他培训、证书、习惯等。

面试的正确起点应该是认真研究一下申请者的申请信和简历，然后让其填写申请表格，作为面试的材料之一。

2）收集事实性行为信息问题

面试者可以问焦点式的问题以获得有关独特行为的标准。这样做的目的是收集尽可能多的行为信息，以建立早期行为的详细图景，进而预测未来的行为。

在这个过程中，可以使用STAR的技术。S（situation）指情景；T（task）指任务；A（action）指行动；R（result）指结果。因此首先要寻找一个过去的情景，其中的标准要与调查有关联。具体说来，要查明这种情景是什么，其中应聘者的任务是什么，组织对其期望是什么，他又必须做什么，在这样的情景中，他是如何采取行动的，其结果怎样。比如，可以这样使用STAR问题：

S：试描述一个情景，你必须动员你的同事或下属做某事。

T：你当时的角色是什么？

A：你是怎样动员他们的？

R：效果呢，你成功了吗？

在收集事实性行为信息的过程中，还要注意信息的两面性。所有申请者都想表现其积极的一面，如有关技能。你必须设计问题，使问题中涉及的行为既能说明申请者的强势，也能说明不足，以使行为图景更加完整。比如，主考官说："你说自己能处理日常问题，你发现过自己在某个情况下无能为力吗？"

3）在事实背后推测应聘者的感觉、态度和观点

在面试开始时让应聘者放松是很必要的。随着面试的继续，主考官必须把注意力放在事实背后的经验上。

面试者可以使用反应的方法，通过强调信息情感的一面，让应聘者意识到其行为背后的感情。面试者表示理解会增加应聘者更加诚实的可能性。面试者还可以总结应聘者的观点，帮助其进一步体会。另外，面试者还可利用自己的直觉提出更好的问题，研究表明，面试者在开始的前五分钟内，会形成对应聘者的直觉或偏见。实际上在这一阶段，面试者所了解到的应聘者信息是不充分的，这时面试者可以凭借直觉提出更加适合的问题以使应聘者举出适当与技能有关的、面试者感兴趣的事例。比如，面试者可以这样说："我的印象是你作决策时易冲动，是这样吗？"

5.6.6 面试阶段

面试并不能足以说明个体是否适合职位，还要依靠其他工具的联合作用。另外，每个面试者都有自己的风格，所以并没有统一、固定的方法。在面试过程中进

行决策时，面试者对应聘者的负面印象比正面印象影响力更大。但面试仍有一些独特的优点，如在面试过程中可以建立良好的关系。

1）选择适合的面试环境

（1）面试地点。为了使应聘者感到放松，有关环境必须支持这一目的，确保面试者、应聘者双方坐着都很舒服。面试者还要采取措施防止意外电话的干扰。面试者也不能因多次看表，而给应聘者形成面试的时间很紧迫的印象。双方座位之间应该保持90度，避免中间有桌子阻隔。

（2）事前准备。确保面试者拥有关于面试的完整计划，这意味着你可以在计划旁边记笔记。进行积极倾听并同时记笔记，但不要时刻都在写。面试者应该在面试一结束，立刻根据记忆完成笔记。

2）打破坚冰

面试者有必要努力设置自然的气氛，以便让应聘者以放松的心态进入面试，这样做的原因在于：紧张的应聘者会变得沉默；在友好、非威胁性的环境中，有利于面试者发现合适的腔调。为了达到这一目的，面试者首先要使自己平静下来，用言语、非言语的方式使沉默逐渐消失。开始时面试者可以问一些无威胁的介绍性问题。如面试的程序、地点，就一些小事作评价，如相同的学校或其他地方。而不应该问"我们为什么应该接受你作为应聘者"或"你为什么迟到"等。让应聘者安静下来的这个阶段应该持续多长时间呢？这一点就要依靠经验来根据应聘者的言语、非言语行为作出判断，如应聘者说话开始多起来，就是一个好信号。

（1）解释面试的目的

在这个过程中，进一步了解应聘者，收集其培训、工作经验等方面的信息。如果是内部提升，则可以发现更多关于应聘者与新工作之间的匹配性，根据未来工作检查应聘者的个性特点，同时还提供关于公司或工作的信息。

（2）系统地检查简历

在这个过程中，面试者可以根据应聘者简历的信息准备事实性问题，如雇佣历史，行为或态度导向方面的问题。这一点，前文已有论述。

3）进一步发现应聘者的动机和对工作的期望

这类问题可能很严肃或正式地限制一个人能否作为应聘者的机会。面试者可能通过这些问题很快决定应聘者是否具备工作的精确要求。假设一个人的动机有问题，或对未来工作有不适当的期望，在此情况下，是否再进行面试就值得考虑了。

4）根据事前准备的基于标准的问题清单进行提问

具体说来，面试者可以按照与工作分析得出的标准问关于绩效、态度和事实性问题，此即基于标准的面试。鼓励应聘者提供尽可能多的问题。在应聘者进行思考时要能忍受沉默，时刻注意防止应聘者跑题。这一阶段要持续到面试者认为已经获得了足够的信息。

5）提供职位信息

在此阶段，面试双方的地位是平等的。这种信息的披露应该等到面试者已经获得了应聘者的足够信息后再进行。这样有利于防止社会称许效应，即如果应聘者知道工作的有关要求，就会尽量以让面试者高兴的方式回答问题，从而降低面试的效度。

但有些应聘者开始时就会试图问这方面的问题，面试者应该设法把它放在最后回答，比如，面试者可以说，这些问题是与你未来工作发展有关的，不属于现在面试的内容。

如果面试涉及好几个人，则这一标准对所有人应该保持一致性。在面试即将结束时，面试者可以把有关工作和公司的信息尽可能多地告诉应聘者，方式可以是言语，也可以是书面，这样方便应聘者以随意的方式获得信息。

6）结束面试

在结束面试前，应该检查一下，事先设定的有关标准是否已经全部讨论并可以计分了，然后，向应聘者解释以后的程序将是怎样的。现在可以给应聘者机会，让他（她）问问题。如果对方没有问题，面试者可以问对方如何与有关证明人联系，这些人可以是直接领导、直接看到应聘者工作的人、现在或以前的老板。最后，面试者以平静的方式向应聘者送别。在正式告别结束后，有时双方还可以就一些感兴趣或其他敏感问题进行非正式交谈。这一阶段的问题包括：

“我仍想知道……（对某一标准的进一步问题）。”

“我们可以和谁联系来验证你的情况吗？”

“我们会尽快处理有关信息，并给您一个确定性的反馈。”

“某人某时会就决策方面的事情与您联系。”

“如果你愿意，可能会有进一步的讨论。”

5.6.7 面试评价

与应聘者的面谈结束并不意味着面试结束，此时，主考官还需要对应聘者进行面试评价，作出接受或是拒绝的决策。Huffcutt、Van Iddekinge和Roth（2011）提出了一个主考官的面试评价受到来自应聘者个人特质及应聘者与主考官互动过程因素影响的理论模型。

面试绩效指应聘者在面试过程中的行为表现。具体来说，包括面试的语言表达内容（如对主考官问题的回答）、表达方式（如发音、声调等）及非语言内容（面部表情、姿态、动作和衣着等）。面试评价指主考官对应聘者面试绩效的操作性测量。

在面试前，应聘者是带有一些工作相关的特质过来的，包括陈述性知识、程序性知识、技能或动机等，这些特质统称为潜在关键求职者品质，这些特质反映了求职者所知的、所能做的、他们未来投入的意愿等，而决定这些潜在关键求职者品质的是求职者更基础的特质，比如心理智力、人格、经验、兴趣和目标等，这些特质我们称为潜在基础特质。面试评价作为对求职者面试绩效的测量会受到两方面的影响：一是求职者在面试中是否真实地反映出他们的潜在基础特质和潜在关键特质；

二是外界因素的影响。

具体来说，应聘者的面试绩效会受到7个因素的影响：一是应聘者的潜在基础特质，包括心理智力、人格、教育背景、兴趣或价值观等；二是应聘者的潜在关键特质，包括陈述性知识、程序性知识和技能等；三是面试前的准备，包括有无相关的面试培训或是有无相关的面试经验，研究表明应聘者的面试培训或是面试经验有利于提高应聘者的面试绩效；四是应聘者状态，包括应聘者的自我效能感，应聘者的动机和应聘者在面试过程中的焦虑情况等，研究表明面试培训或是成功的面试经验有利于提高应聘者的自我效能感；五是应聘者的背景情况，比如文化背景、吸引力或性别等；六是面试设计因素，包括面试的结构化程度、面试的中介媒体（面对面或电话等）或面试前的信息等（对企业的信息等）；七是应聘者与主考官的互动过程，主要指应聘者对主考官基于印象管理需要而进行的自我展示等。

同样，从这个理论模型也可以看出，主考官的面试评价不仅受到应聘者的面试绩效的影响，同样受到另外三个因素的影响：一是面试设计因素，包括面试的结构化程度、面试的中介媒体（面对面或电话等）或面试前的信息（通过简历等方式获得的应聘者的信息等）；二是主考官的背景情况，比如文化背景、性别等；三是主考官的认知信息处理，比如记忆有限性、偏见或是误差等。

本章小结

本章介绍了面试的基本概念、意义和作用，并对面试中的可能偏差进行分析。本章的重点是怎样针对工作标准设计基于行为的问题，并在设计问题的基础上进行适当提问。另外，本章还论述了具体的提问技巧，特别是结合不同标准、不同目的具体设问。

关键概念

STAR模型　基于标准的问题　结构化面试　封闭性问题　开放性问题

课堂讨论题

1.面试中的主要偏差是什么？应怎样防范？

2.应聘者有哪些类型，如何针对不同对象设计问题？

3.在面试中如何处理听和说的关系？

复习思考题

1.举例说明STAR面试问题的设计。

2.根据本章有关提问的技巧，说明下列这些问题是否有效；并说明对无效的问题，该如何改进。

（1）谈谈你自己吧。

（2）你有什么问题要问吗？

（3）你的期望待遇是什么？

（4）为什么想离开目前的工作？

（5）你觉得自己最大的长处是什么？

（6）你觉得自己最大的弱点（缺点）是什么？

（7）你什么时候可以开始来上班？

（8）在目前的工作中，你觉得比较困难的部分在哪里？

（9）请介绍你的家庭。

（10）你觉得要获得职业上的成功需要具备什么样的特质及能力？

（11）谈谈你觉得对于自己的表现不甚满意的一次工作经历。

（12）由你的履历来看，你在过去5年内更换工作颇为频繁，我如何知道如果我们录用你，你不会很快离职？

（13）你认为什么是自己最需要改进的？

（14）你觉得学生时代所接受的各项培训足以令你胜任这份工作吗？

（15）如果你有机会重新选择，你会选择不一样的工作领域吗？

（16）你比较喜欢团队合作的工作方式，还是独立作业？

（17）在你之前的工作经验中，哪一项是值得继续沿用至今的？

（18）你觉得你在时间安排运用方面的能力如何？

（19）通常对于别人的批评，你会有什么样的反应？

（20）如果明知“这样做不对”，你还是会依主管的指示去做吗？

（21）你知道这份工作需要常常加班吗？你觉得你能配合吗？

（22）什么样的管理风格是你所欣赏的？

（23）你如何作出决策？

（24）当你进入一家新的公司或新的产业，你会经由何种方式获得相关知识？

（25）身为一名业务人员，当你被客户拒绝时，你会如何处理？

（26）你对于“创业”有什么样的看法？

（27）你的主管最常建议你加强哪方面的能力？

（28）你会希望做你老板的工作吗？为什么？

（29）你与同仁之间相处发生问题时，你会怎么做？

（30）可否描述一下你的个性？

（31）你的工作内容中包括预算、审核费用，以及监督部门支出的流向等方面吗？谈谈你在这方面的经验。

（32）如果我们的竞争对手也有意录用你，你的态度如何？

（33）你对于与女性主管共事的看法如何？

（34）你为什么会考虑接受一份各方面条件都低于目前的工作？

（35）你会考虑接受低于目前的待遇吗？

（36）你可以接受职务外调的安排吗？

（37）如果客户在银行的柜台处大声抱怨，你如何处理？

（38）如果你接到一通客户的投诉电话，你确知无法立即解决他的问题时，你会如何处理？

（39）你有继续进修的计划吗？通常下班后的时间，你都做些什么？

（40）如果你进入本公司，对于这个职务以及这个部门，你打算作什么样的改变？

3.案例分析题

情景面试

某企业集团聘请招聘专家为其下属百货公司选拔总经理。在最后阶段，招聘专家对一路过关的四位候选者使用了情景面试的方法。四位候选者被安排同时观看一段录像，录像内容如下：

画面呈现一座小城市，画外音告知这是一个中等发达程度的小县城。镜头聚焦于一家百货商场，时间显示当时是上午9点30分。这时，商场的正门入口处出现了一位身高180厘米、穿夹克的年轻小伙子。他走进商场，径直走向日用品柜台。柜台里是一位30岁出头的女售货员。小伙子向女售货员说："拿管牙膏。"女售货员问："什么牌子？""中华牌。"小伙子答道。女售货员说："3元8角。"小伙子掏出钱包，取出一张100元的人民币，女售货员找给他96元2角。然后，小伙子将钱和牙膏收好，走出了商场。

画面重新回到了百货商场正门，时间显示是上午10点整。这时，一位身高165厘米左右、穿笔挺西装的小伙子出现在门口，并径直向日用品柜台走去。"您好，要点什么？"女售货员问道。"一支牙刷。"小伙子答道。"什么牌子？"女售货员接着问。小伙子用手指了其中的一种。女售货员说："2元8角。"小伙子掏出钱包，取出一张10元的人民币递给了女售货员。女售货员给小伙子一只牙刷并找回7元2角。然而，小伙子突然说："你找错钱了，我给你的是100元。""你给我的明明是10元呀！"女售货员吃惊地说道。"我给你的就是100元，赶快给我找钱，我还有事情要做！"小伙子提高了嗓门，语气也相当严厉。女售货员急了，声音也提高了八度："你这人怎么不讲理呢？你明明给的是10元，为什么偏要说是100元呢？你想坑人啊？"这时，日用品柜台边已经聚拢了十几位买东西的顾客看热闹。这位小伙子似乎实在难以容忍了，向整个人群说道："大伙都瞧瞧，这是什么服务态度！你们经理呢？我要找你们经理。"

说来也巧，百货商场的总经理正好从楼上下来，看到这边有人围观，便走了过来。总经理看上去是一位二十八九岁的年轻人。"怎么回事？"总经理问道。女售货员看到总经理来了，像看见救兵一样，马上委屈地向总经理告状："经理，这个人太不讲理了，他明明给我的是一张10元的，硬说是一张100元的。"经理见她着急的样子，立即安慰她说："张姐，别着急，慢慢讲，他买了什么？你有没有收100元一张的人民币？"这位被总经理称为张姐的女售货员心情似乎平静了些。"他买的是牙膏，嗷……不，他买的是牙刷。对了我想起来了，今天我没收几张100元的，有一位高个儿给了我100元，他买的是牙膏。这个人给我的就是10元。"总经理听了张姐的话，眉头有些舒展，转身走向人群中那位身高165厘米的小伙子，很有礼貌地说道："很不好意思出现了这种事情。您能告诉我事情的真实情况吗?"小伙子也似乎恢复了平静，同样有礼貌地坚持自己付给女售货员的是一张100元钱，是女售货员将钱找错了。这时总经理环视了一下人群，然后将视线定格在这位小伙子身上，继续有礼貌地说："这位先生，根据我对这位售货员的了解，她不是说谎和不负责任的人，但是我同样相信您也不是那种找茬的人。所以为了更好地将事情弄清楚，我可否问您一个问题?""什么问题?"小伙子问道。"您说您拿的是一张100元钱，请问您有证据吗?"总经理问道。小伙子的眼睛一亮，马上提高了嗓门说："证据？还要什么证据？不过我想起来了，昨天我算账的时候，顺手在这张钱的主席像一面的右上角用圆珠笔写了'2888'四个数字，你们可以找一下。"总经理立即吩咐张姐在收银柜中寻找，果真找到了一张主席像一面用圆珠笔写"2888"的100元钱纸币。这时，小伙子来了精神，冲着人群高喊："那就是我刚才给的100元钱，那个'2888'就是我写的。不信，可以验笔迹。"

人群开始骚动，顾客们明显表示出对商场的不满。镜头在人群、小伙子、张姐和总经理之间切换。这时录像结束，并在屏幕上弹出两个问题：(1) 假如您是该百货商场的总经理，您将如何应对当时的局面?(2) 作为总经理，您将如何善后?

四位候选者被要求准备10分钟，然后分别向专家组陈述自己的答案，时间不超过5分钟。

案例分析：

情景面试应用于人才选拔是基于心理学家勒温的著名公式：B=f（P×E）。这个公式的意思是说：一个人的行为（behavior）是其人格或个性（personality）与其当时所处情景或环境（environment）的函数。换句话说，候选者面试时的表现是由他们自身的素质和当时面对的情景共同决定的。如果考官能够恰当地选择情景并保证情景对不同候选者是一致的，那么，不仅可以诱发候选者的相应行为，而且能够说明候选者行为的不同是由其素质不同所致。本案例中的情景面试旨在选拔集团公司下属的百货公司总经理，选择录像情景非常恰当，由于四位候选者同时观看录像且问题一致，因此整个选拔程序的设计是公平合理的。第一个问题的设置在于考察候选者的快速决策能力，允许他们有10分钟的准备，因此也检验他们对问题分析的深度。第二个问题的设置则在于考察他们将突发事件与管理制度相关联的能力。限于篇幅，本文仅就第一个问题结合四位候选者的表现进行分析。

第一位候选者答案的大意是：他首先向那位小伙子道歉，承认他的下属工作失误，然后当众批评女售货员，并如数找给小伙子97元2角。这样做的理由是，90多块钱是小事，影响正常营业、损害公司形象是大事。事件持续的时间越长，对百货公司越不利。至于女售货员所受到的委屈，可以在事后进行心理上的安抚。

这位候选者的优点在于能够从公司大局出发，分清轻重缓急，具备作为公司总经理的基本思维素质。但是，其具体做法毕竟是委曲求全，且有向不法行为低头之嫌。

第二位候选者答案的大意是：她首先诚恳地向那位小伙子和在场的顾客道歉，因为她手下的员工出言不逊，冒犯了顾客。她也主张要将97元2角当场如数找给小伙子，但并不是承认自己的员工搞错了，而是信奉“顾客永远是对的”这一理念。并向在场的顾客承诺将继续追查此事，如确系售货员失误要从严处罚，同时向顾客承认错误和赔偿。另外，她还诚恳地要求小伙子为配合百货公司的工作，留下联系方式。

这位候选者的优点与第一位相似，但较为主动一些。在无法立即判断孰是孰非之际，突出“顾客永远是对的”的理念，让顾客明白百货公司做让步性决策的前提是出于对顾客的热爱。但是，这种做法仍然没有负起道义的责任。

第三位候选者答案的大意是：他认为只要他在那位小伙子耳边说上两句话就行了。他的话是：“哥儿们，请跟我到后面看一看，我们有内部录像系统。”他的理由是，整个事件明显是欺诈，对付欺诈的手段就可以以毒攻毒，让其知难而退。

这位候选者的优点在于有较强的道义感，对恶势力采取针锋相对的措施。但是，他犯了一个大忌，就是职业经理人应以诚信为本。“内部录像系统”在“中等发达程度的小县城”里的百货公司中是绝对不可能有的。候选者如果没有意识到“中等发达程度的小县城”，便是信息管理能力方面的欠缺；如果意识到了，便是以诈还诈了。

第四位候选者答案的大意是：他要当众揭穿“骗子”的伎俩，并与公安部门相配合对之进行打击。他首先私下吩咐保安人员报警，然后向小伙子发问：“您确定您支付的是100元，而不是10元，是吗？”得到认可后进行推理：“既然您支付的是100元，上面又写有‘2888’，那么这张钱上应该有您的指纹。既然您没有支付10元钱，那么，收银柜内今天收到的所有10元纸币上就不会有您的指纹。如果经查证有一张10元纸币上有您的新鲜的指纹，又如何解释呢？”

这位候选者的最大优点在于对问题分析的深刻性，他敏锐地抓住了诈骗者逻辑上的盲区，当场予以揭穿是有震撼力的。从道义的角度上讲，也是完全可以理解的。然而，作为职业经理人，“得理也饶人”是一大招财秘诀。何况女售货员在有理的情况下也不该出言不逊。因此，如果这位候选者在识破骗局的同时，又不忘向当时的顾客群体展示亲和力，那么效果会更好。

总而言之，案例中情景面试的第一题旨在考察候选者的三层素质：洞察力——对事件本质的把握；全局观——对形象和“顾客至上”理念的理解；道义感——对社会上反诚信现象的态度。

问题：情景面试方法的设计要点是什么？它的优点和不足分别是什么？情景面试方法适合于什么样的岗位和职位？

补充阅读材料

基于行为素质的结构化面试

结构化面试是目前使用较为广泛的人事测评工具，在员工招聘、选拔和任用中发挥越来越重要的作用。但对于基于行为素质的结构化面试的研究刚刚起步，而行为素质是预测未来工作绩效的有效指标，许多知名公司如华为公司在招聘中就采用行为面试考查应聘者的行为素质。因此加强对行为素质结构化面试的研究不仅有助于提高组织的招聘面试效度，而且为招聘面试开辟了新途径。

一、概念、基本假设与实现途径

基于行为素质（competency）的结构化面试是指根据组织建立的素质模型来设计结构化面试问题，制定标准化评分表对应聘者所描述的行为事件进行评价，从而了解应聘者所具备的行为素质的面试方式。其考查重点为应聘者的行为素质，不同于传统的结构化面试考查的要点。

基于行为素质的结构化面试的基本假设是：行为素质是预测、决定未来行为和绩效的最有效指标。借助应聘者对过去的行为事件的描述来分析、挖掘隐藏于其背后的深层次、潜在的行为素质，也即是我们通常所说的素质模型“冰山图”水平线下面的素质，从而达到识别应聘者是否具有组织/岗位所需要的行为素质的目的。

基于行为素质的结构化面试主要通过行为面试（behavioral interviews）和情景面试（situational interviews）来实现。行为面试假设“隐藏于过去行为事件背后的行为素质是预测未来行为和绩效的最好指标”，主要通过应聘者对过去行为事例的回忆和表述，从而了解应聘者已具备的行为素质；情景面试假设“个体的意图和设想是未来行为的有效预测指标”，主要通过应聘者对某种假设的、未来导向（future oriented）的问题的分析，从而了解应聘者将来可能表现出的行为素质。

二、基于行为素质的结构化面试的开发模式

按照前述的定义和基本假设，本文提出基于行为素质的结构化面试的开发模式，如图1所示。虚线框内代表组织内部，开发模式主要是针对组织自身而设计的，第一步是开发组织的素质模型，其是行为素质的结构化面试的基础；第二步是根据建立的素质模型与组织已有的岗位说明书，重新确定岗位的任职资格；第三步是根据组织的需要确定录用标准和结构化面试问题；第四步是确定面试问题的评价标准评分表。与此同时，也要兼顾考虑组织的外部环境（虚线框以外），由于环境的变化、组织的发展及对任职者的要求的变化，要相应修订素质模型以适应新的变化和要求，进而修订岗位的任职资格，重新确定录用标准、面试问题及评分标准。

1.行为素质标准化——开发素质模型

目前，开发素质模型的模式主要有三种：基于岗位、基于组织整体价值与核心能力和基于行业关键成功因素（KSFs）。在我国企业界都有案例，基于岗位开发素质模型的组织，如华为公司和中集集团；北电网络开发了基于整体价值与核心能力的素质模型，包括四个维度22种能力；国内一家国有房地产开发企业开发了基于KSFs的经营管理者的素质模型等。其中以基于岗位的素质模型的开发模式最为常见，其应用性和可操作性要强于其他两种模式。其开发步骤主要有：岗位分类、确定绩效标准、选取分析效标样本、获取岗位素质模型数据、资料整理及统计分析、验证素质模型。其方法主要有行为事件访谈（BEI）、问卷调查法、全方位评价、专

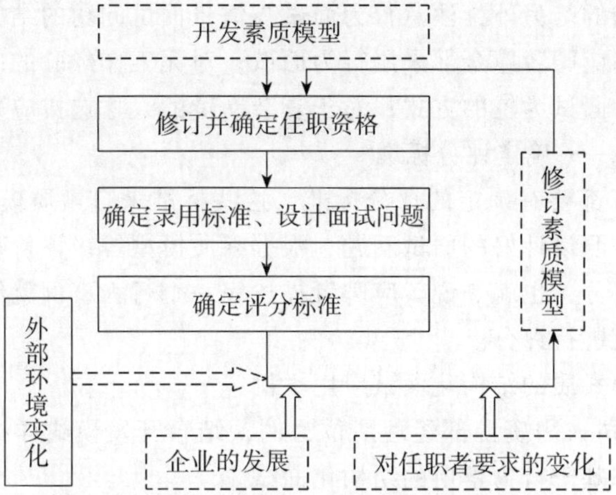

图1 基于行为素质的结构化面试的开发模式

家小组讨论法等。笔者建议：无论采取什么方法选取样本开发素质模型，都要确保使用素质模型的人力资源管理者全程参与。

为直观理解素质模型，在此，列出了最为常见的素质模型结构（见表1），其包括素质因子及定义、评价等级及相应的行为描述/指标。

表1 **素质模型结构**

素质因子：××××
定义：……
等级评价与行为描述：
1级：……/行为描述……
2级：……/行为描述……
3级：……/行为描述……
4级：……/行为描述……
⋮

2.任职资格标准化——确定岗位任职资格内容与结构

根据开发的素质模型和原有的岗位说明书对岗位的任职资格进行重新界定，一般来说，岗位任职资格由四部分组成：专业知识、专业经验、行为素质、专业技能。由岗位说明书确定所需人员的专业知识、经验和相关技能要求，由素质模型确定人员所需要的行为素质。具体操作上可以将这些要求一一列出，然后对这些结构按重要程度进行排序，分出哪些是必需的、主要的要求，哪些是次要的要求，必要时需设计各组织部分的权重比例。

3.面试问题标准化——按照录用标准确定面试内容与结构

在岗位要求与行为素质分析的基础上，确定录用应聘人员的基础标准。再根据基础标准，拟定要对应聘者提出的问题。拟定问题的原则是：根据素质模型中的素质因子及行为描述形成面试问题；通过应聘者对所有问题的回答，应能全面考察应聘者是否具备招聘岗位所需要的行为素质以及素质水平的高低。也就是说，问题是有确定的内容结构的。另外，注意行为面试与情景面试问题的结构比例搭配，对于有相关工作经验的应聘者应全部采用行为面试；对无工作经验的应届毕业生应以情景面试为主、行为面试为辅的方式；对于复杂岗位的人才选拔应采用行为面试。

4.评分标准化——确定评分标准

对每个问题，都要有确定的评分标准，这些标准来自素质模型中的评价等级。在具体操作中，按照设计好的面试问题，根据素质模型等级评价来制定评分表，以便及时给应聘者评分，也就是说，应聘者描述完一个行为事例就给其表现出来的素质因子及所处等级进行评分。

三、基于行为素质的结构化面试应用举例

以CC集团公司人力资源部经理岗位为例，结合开发模式详细阐述具体的操作过程，有助于理解基于行为素质的结构化面试。

1.确定岗位素质要求，列出行为素质清单，确定任职资格和录用基础标准

从CC集团人力资源管理者素质模型中，列出人力资源管理部经理岗位行为素质清单：客户导向、影响力、培养人才、人际理解力、目标管理能力、灵活性、关系建立、献身组织精神、战略视角，与此同时确定录用的基础标准；从CC集团岗位说明书及技能等级中提取岗位专业技能：人力资源专长、人员配置、薪酬福利、培训与发展、员工关系、HR信息系统、经营知识及录用基础标准。具体见表2。

表2　　人力资源部经理任职资格及录用标准

专业知识	专业经验	专业技能		行为素质	
录用基础标准	录用基础标准	因子	录用基础标准	因子	录用基础标准
（略）	（略）	人力资源专长	等级表述（略）	客户导向	5级
		人员配置		影响力	3级
		薪酬福利		培养人才	4级
		培训与发展		人际理解力	5级
		员工关系		目标管理能力	4级
		HR信息系统		灵活性	3级
		经营知识		关系建立	4级
				献身组织精神	3级
				战略视角	4级

2.按照岗位所需的行为素质，形成行为面试提纲

面试提纲（见表3）包括申请者简单信息、考查的素质因子和发问的题目，在具体操作中，面试问题可从素质模型中进行抽取和提炼。本文以行为素质中的影响力作为例子来进行阐述。

表3　　结构化面试——行为面试提纲

姓名：×××	性别：×	年龄：××	申请职位：人力资源部经理

素质一：影响力

提问1：请告诉我，在最近工作中发生的一件事，你的上级不同意，但你认为必须得做，你是如何解决这个问题的?

素质二：客户导向

提问2：……

……

⋮

3. 制定评分标准及评价表

评分标准直接从素质模型中进行提取。本文为详细说明评分标准，故将需要考查的行为素质等级评价的描述呈现出来，见表4。在具体操作中，面试人员对素质模型是非常熟悉的，只要列出行为素质因子及等级即可，见表5。

表4　　行为素质面试评分标准

影响力　1□　2□　3□　4□　5□　6□

1级：寻求说服他人的机会（发现说服他人的机会，确定重要的信息和观点）

2级：通过事实和信息说服他人（为了说服他人，在讨论或演讲中提供事实或信息。思考视觉上的吸引力，并能把信息组织得清楚易懂）

3级：精心准备（在提供看法和建议时，仔细斟酌；提供支持性的理由和数据来认证观点；从听众的需求角度摆出有说服力的观点）

4级：预测言行的结果（调整言行以达到预期的影响力；预先思考，精心计划，使自己和提供的信息对相应的听众产生具体的影响）

5级：组织行动和方法（通过一连串的有逻辑的事件和行动，及戏剧性的安排，产生预期的反应和行动）

6级：预期反应（预期他人可能的反应，并准备适当的例证和信息，组织讨论和说服）

灵活性　1□　2□　3□　4□

1级：承认灵活性的必要（在日常工作中会运用一些技巧/措施或采取间接的方式促成工作中小问题的解决，在具体操作中体现在选取解决问题方法上的多样化、全面性）

2级：适当改变规则（在需要的时候改变规则，善于借助外力/其他资源来帮助自己有效解决工作中的难点问题）

3级：采取一定的战术，作出重大改变（注重解决问题方法上的选取，针对问题本身设定有效解决问题的计划和行动，经过多次行动达到解决问题的目的）

4级：采取特别的策略，对计划目标进行全面的调整（根据现有的资源重新制订可行计划，通过多次行动，从而实现既定目标）

⋮

表5　　行为素质评价表

岗位名称	人力资源部经理		应聘者		×××
行为素质	得分	行为素质	得分	行为素质	得分
客户导向		人际理解力		关系建立	
影响力		目标管理能力		献身组织精神	
培养人才		灵活性		战略视角	

4.案例分析

应聘者对第一题即对影响力的行为事件的回答如下：

去年，建立集团公司人力资源管理数据库。我们集团公司每年都在兼并、购买工厂，下面几十个分公司每年员工进进出出，人员结构比例如何，我们都不清楚。因此我想做一个现有集团公司人力资源配置状况的全面普查。这个工作量比较大。因为我们总部人力资源部成立不久，与下面分公司人力资源部的人也不熟，这个做起来特别难，开始×总不同意做这个事情，认为这个事情太耗资源了。我在做人力资源管理制度的时候就想做这个事情了。这事几乎差不多流产了，后来又出现了转机。当时大家都很沮丧，我就说不做全部普查了。在调查中我发现有一家分公司A正准备做这件事，我就把这个单位作为我们普查的试点。我就跟他们说，这个事是复杂，但并不是不可操作的，只要按照我说的做就行。我们就跟他们一起做，我们这个普查的工作做了两个月就把基本情况搞清楚了。我们就给了×总一个报告，里面有我们做了什么事情、有什么样的结果、有什么样的发现、下一步改进的方向。这是很重要的，也是他很关心的，×总看了就很重视了。他说不是不让你做，而是涉及很多关系和利益，最后说，我还是给×总看看吧，如果×总同意就做，下面的不同意也要做。大家那时都达成共识了，做肯定是要做的。后来×总同意了，经过半年的时间集团公司全面普查就完成了。

按照评分标准（见表4），该应聘者在：

影响力得第5级，应聘者考虑×总的意见后，采取周密的计划即先选试点做普查，提交一个报告来说服×总，从而影响×总的看法，使他改变当初的决定。超出录用基础标准3级（见表2）。

灵活性得第3级，对原定的计划作出重大调整，从全面普查改成先做试点单位的局部调查，后来，待时机成熟时，再做全面普查，最终达到了既定目的。刚好达到录用基础标准（见表2）。

有时应聘者描述一个行为事件可能包含多个行为素质，比如上面的案例，应聘者表现出两个行为素质，这需要面试者对素质模型准确把握和全面理解。

四、小结

对于组织中关键、复杂岗位人才的招聘、选拔和任用，基于行为素质的结构化面试是目前最为有效的测评方法，因而逐渐被组织广泛接受、应用。但其不足之处在于：一是开发素质模型的成本较高；二是对招聘者的行为事件访谈技术、技巧要求较高，培养一个合格的行为事件访谈者需要投入大量的时间和物力。而一旦开发成功，其为组织带来的收益是难以估量的。因此，开发、掌握、运用基于行为素质的结构化面试对组织人力资源管理有重要的意义。

资料来源 樊宏. 基于行为素质的结构化面试［J］. 中国人力资源开发，2004（10）：59-62.

克雷曼 L S. 人力资源管理［M］. 孙非，译. 北京：机械工业出版社，1999.

王重鸣. 管理心理学［M］. 北京：人民教育出版社，2000.

方俐洛. 职业心理与成功求职［M］. 北京：机械工业出版社，2001.

科克迪勒斯 N A. 向猎头学习［M］. 张丽宾，等，译. 北京：机械工业出版社，2001.

王垒. 实用人事测量［M］. 北京：经济科学出版社，1999.

Huffcutt，Allen I，Iddekinge C H V，Roth P L. Understanding applicant behavior in employment interviews：A theoretical model of interviewee performance［J］. Human Resource Management Review，2011：353-367.

Cuddy，Amy J C，et al. Preparatory power posing affects nonverbal presence and job interview performance［J］. Journal of Applied Psychology，2015：1286.

第6章 /评价与发展中心

学习目标

1. 了解评价中心的发展历程和基本内容。
2. 区分评价中心与评价发展中心的主要差异。
3. 掌握评价中心的基本操作方法和主要程序。
4. 学会将多种评价工具组合形成评价(发展)中心,并可以进行评价中心的一般流程操作。
5. 了解评价中心的近期发展趋势。

6.1 评价中心概述

6.1.1 什么是评价中心

自20世纪50年代，美国电话电报公司（AT & T）对数百名员工通过评价中心进行管理潜能评估以来，评价中心在不同类型组织中得到了广泛应用。“中心”这个词听起来像是某个地点，但几乎所有关于评价中心的研究文献都认为评价中心是一种活动而非一种场所。通常将评价中心（assessment center）定义为：“通过一系列科学测评手段对候选人的心理和行为特点进行评估的活动和方法。”

使用评价中心这一术语，是因为人们相信它反映了评价的两个特点：一是所有评价活动都是由一些关键部分整合而成的；二是像许多过程性技术一样，使用这些工具时需要具有一定的灵活性。

评价中心的相关活动可能持续几小时到几天不等。有时评价中心被作为发展中心（development center，详见6.5），这是因为收集的评价信息具有支持特定个体发展的目的。多数评价中心会使用不同的模拟练习，但也并不总是这样。事实上，早期（第二次世界大战期间）英国的评价模型是由一系列面试加上一些针对某些能力的笔试构成的。一些评价中心还会使用同事反馈的信息、个体的自我评价、心理测验信息以及其他一些信息。通过评价中心，可取得有关候选人品质、个性特点、绩效等多方面的信息。

6.1.2 评价中心的方法来源

通常认为评价中心的方法来自于美国，但也有一些证据表明它起源于欧洲。现在达成共识的是，私人性质的咨询服务更多地受到美国的影响，但欧洲的公立部门一直有这方面的实践。后来，随着研究人员的参与，最出名的评价中心的先驱——海军高级职位面试委员会应运而生。这一委员会始于1942年的英国，后来其他类似的实践在其他军种中也出现了，特别是“战争办事处挑选委员会”，这也先于德国有关军官选拔的类似实践。

在这个时期，相关的重要进展发生在心理测量领域中。评价中心和心理测量技术后来都被发现给几乎所有选拔方法带来了良好的改善效果。那么这一切为什么发生在战争期间呢？

与战争的破坏性相比，是各种技术的飞速进步。第二次世界大战期间，新兴科学——心理学得到了快速发展与应用，这一点当然也是与其他技术的进步分不开的。当军队开始招募时，所有部门都面临同样的问题，一方面是对人员的需要，就是需要很多能够操作先进设备的人手；另一方面显而易见是没有足够的时间与资金让所有人先经培训后，再挑选出那些能操作无线电转换器等当时很先进的设备的候选人。必须找到一种方法来识别谁将在培训中获益最大，谁的技术发展潜力最大。这种要求导致了评价中心的快速发展。

尽管军官选拔委员会的工作在开始时并没得到广泛认可，它们还是展示了在改进军官候选人选拔方面相比于其他方法的优越性。1949年，Vernon在进行了一个重要的效度研究后认为，这种方法的确明显地提高了军官选拔的效果。

同时期的另一个重要进展发生在美国军队中。1944年，美国中央情报局（CIA）的先驱——战略研究办公室（OSS）引进了智力测验的方法。正是这一事件被认为标志着现代评价中心的诞生，尽管严格意义上不一定如此。但后来，CIA在方法上的前瞻性发展被用于评价中心的模拟练习等内容，一直到今天，仍广为应用。

今天，英、美之间的方法差异仍在影响着评价中心的风格与内容。简言之，公立部门的实践被看成是英式方法（WOSB）的直接继承者；私立部门的实践则是美式方法（OSS）的继续。

英式方法包括一系列经仔细设计并无重复的面试、非结构化讨论（主题辩论）以及其他一些书面工作和实践或体力的练习。其中，参与者被要求领导他人一起解决问题。与此相反，美式方法不要求进行领导分配，而是进行结构化讨论，并要求参与者承担某一角色。这就要求候选人就某一资源与他人讨价还价或以某种方式谈判。美国的评价中心更多地涉及一对一的角色扮演和公文筐测验，而不是以书面方式为重点。

在美国，评价中心在民用领域的实践首先是民事服务选拔委员会的创建。自1945年创立时，这个机构就一直在运转。其设立初衷是想改变以往选拔过多依赖于教育背景的状况，因为那种方法特别不适于在战争中成长的一代人。后来这一测验有了很多新发展，但主要内容仍得以保留。选拔练习被设计得与真实组织中高级管理人员的工作类似，包括在委员会中开会，为档案或备忘录写一份评价，进行简短演讲，在委员会中处理其他问题等。而且，候选人还要进行一系列能力测试，接受同事评价，完成相关问卷，再被三个不同的人面试等。

另一个引人注目的民用实践是美国电话电报公司（AT & T）的经验，他们做过一次管理人员成长过程的纵向研究。1955年，公司开始研究时的目的是为了识别哪些人拥有可以成长到高级管理岗位的能力，而不管其教育背景如何。当时中心收集的关于员工将来可能达到的管理层级的资料从未在组织中被泄露出去。几年后，研究者就这些人的预期进步和实际成就进行相比，惊讶地发现评价中心具有较高的预测力。这一成果发表以后，引起其他公司的兴趣，评价中心的方法由此得到企业的重视。

后来，从AT & T中独立出来的评价中心的心理学家们决定自己来满足社会对评价中心的需求，他们成立了一家叫DDI（Development Dimensions International，DDI）的咨询公司，专门从事识别和发展个体潜能的咨询，并且成为该领域的先驱。作为评价中心在商业方面的创始者，DDI的影响主要体现在咨询方法的设计上，特别是在模拟的内容和风格上、评估标准设计以及五点量表的开发使用上。其业务和影响也从一开始的美国扩展到了欧洲。

从1960年到1970年，评价中心在美国和欧洲稳步发展，这一阶段评价中心主要在美国IBM、Xerox等跨国公司中得到使用，而在英国的发展则主要在公立部门。到了1978年，评价中心迎来了另一个发展高峰，美国平等就业机会委员会决定使用这种方法来挑选管理和执行官员，这样做的主要目的是在选拔中引入公平机制。这一时期的许多学者都在试图研究评价中心方法使用的广泛性。Gaugler（1987）的研究发现，至少超过2 000家美国公司在使用这种方法，同时在英国评价中心的使用率接近40%。

进入20世纪90年代以来，评价中心在英国的使用更加普遍，使用者包括大公司（约40%）和许多私人性质的部门（约占总数的一半），其中能源、银行、食品和烟草行业的使用率要高于教育、传媒行业和地方政府。在整个90年代，评价中心的应用得到持续增长。这一阶段的使用主要集中在三个方面：毕业生引进评估、高级职位的外部招聘、内部人员的提升和职业生涯发展规划。公立部门和私立部门的使用情况有所区别，但一致的是，两类组织都将其作为职业生涯发展规划的一项重要工具。

评价中心方法的发展主要有三个方面的原因：一是企业面临的竞争加剧，而好的人才日益成为企业获取竞争优势的重要资源，招聘、保留优秀员工成了许多企业面临的重要问题。而采用评价中心的方法，可以帮助组织更有效地找到和保留优秀人才。二是职业心理学家和其他有人事管理方面背景的人士对咨询业的参与，使得这一方法得到更多推广。三是20世纪末以来，许多组织对人事评价的广泛使用使得评价中心成为热门的评价手段和方法。

6.1.3 评价中心技术的关键特点

评价中心的关键特征是多重评估的过程。所谓“多重评估”主要是指“一群”

参加者参与了被“一组训练有素的评估者”所观察的活动，对每个人的评估是以“一组事先确定的，与工作有关的行为”为依据的，而评价决策是基于“集中在一起的共享数据”进行的。

1）多位参加者

评价中心的特色之一是多位参与者被召集在一起参与活动。尽管没有严格的规定，在具体实践中，评价中心一般需要4～6位参与者共同参加。如果总数超过12人，将会分成2～3组进行。

2）多方法

大多数评价中心的关键特点是使用工作样本测试或模拟练习。其设计的原则就是尽可能地复制那些参与者将要做的工作。为了全面了解个体的能力范围、特点，使用一个模拟练习往往是不够的。例如，当选拔销售人员时，可以要求申请者进行正式的演讲。通过这一工具可以评估其工作的某些方面，如表达能力，但仅凭一个演讲无法充分评价申请人作为一个有效销售人员的其他能力，还需使用其他方法来进一步评估其他方面的技能，如组织能力，这些手段包括模拟练习、面试或心理测试。事实上，没有一种方法或工具能够满足评价所有能力的需要，而多方法的结合可以较好地满足这一需要。

3）评估小组

在评价中心中，往往由多位评估者形成评估小组来对参与者进行评价。评估小组通常由心理学家或人力资源管理专业人员组成，同时有一线经理人员的参与，当然，这些一线经理人员都需要接受过专门的培训。在理想情况下，评估者应当观察所有参与者，但多数研究者认为，在每一种情景中，每个评估者最好能够同时观察同一个参与者。

4）基于行为的工作分析

与其他评价方法一样，评价中心开始时也要进行工作分析以决定哪些因素可以区分成功和失败的绩效表现。在实践中，有一系列广泛的可以使用的区分依据，如特质、维度、标准和最近的胜任能力。

任何工作中的成功表现都可能建立于多种因素的联结。其中有些与职位相联系，另一些与态度有关，还有一些与过去发展起来的技能有关，还有的与精力水平、思维方式、解决问题方式、对独特事物的了解等有关。工作分析的目的就是要确定相关内容中最重要的部分。如Russell（1985）发现，对于管理类工作来说，有两类重要标准，即问题解决能力和与他人联系的技能。

5）共享数据

从评价中心设计开始，它的一个本质特征就是有关参与者的信息在评估人员中得以共享。比如在选拔决策中，直到有关参与者在所有不同情景中的观察资料被收集后，评估人员才一起协商并对评估达成共识，最后才能作出决策。这个共同协商的过程旨在寻求一致，而一致是评估信度的保证。

需要指出的是，评价中心实践没有什么绝对规则，目前的发展趋势是给参与者更加详细的反馈，即使评估的初衷是为一次决策，如是否录用。另外需说明的是，作为一个设计良好的评价中心，在评估会议召开前，任何一个评估者都不应该拥有某参与者的所有信息。

Thornton和Rupp（2006）总结了评价中心与其他测评方法的不同点，其他测评方法包括行为背景面试、情景面试、认知能力测验、人格测验等，见表6-1。

表6-1 评价中心与其他测评方法的比较

其他测评方法	评价中心
对当前行为的观察 个体很难伪装：个体在练习中必须表现出真实的行为	1.行为背景面试 过去行为的自我报告 个体可以伪装
对当前行为的真实观察	2.情景面试 行为倾向的自我报告
个体面对的是具体的、与工作有关的问题 展现整体的行为要求	3.认知能力测验 个体面对的是抽象问题 从对测验条目的反应推测能力
很难伪装 观察者描述 可以测量稳定的特质和发展的技能	4.人格测验 容易伪装 自我描述 测量稳定的特质

资料来源 Thornton，Rupp. Assessment centers in human resource management［M］. Lawrence Erlbaum Associates，2006.

6.1.4 评价中心的战略性使用

从战略人力资源管理的角度看，评价中心方法应该是人力资源管理工作的战略基础。战略问题既精细又抽象，而且常被组织中那些希望采取直接具体行动的各层次经理人员所忽视。简单说来，战略性人力资源管理就是获得员工的最适宜绩效。这种最适宜绩效的表达是建立在组织价值观上的。在制造业，适宜绩效与生产力有关；在公立部门，适宜绩效则与优良服务有关。

价值系统是受组织使命驱动的。在将愿景和价值转化为现实的所有成分时，最重要的是拥有具有胜任力的经理人员，由他们负责实施组织中日常的人事工作。评价中心在战略人力资源管理中的角色可以通过图6-1加以说明。

6.1.5 评价中心方法的优点

1）有效性

自从评价中心产生并作为预测未来工作绩效的工具以来，人们就对其有效性感兴趣。人们常通过评价中心对未来绩效的预测来说明其有效性，这往往被称为预测

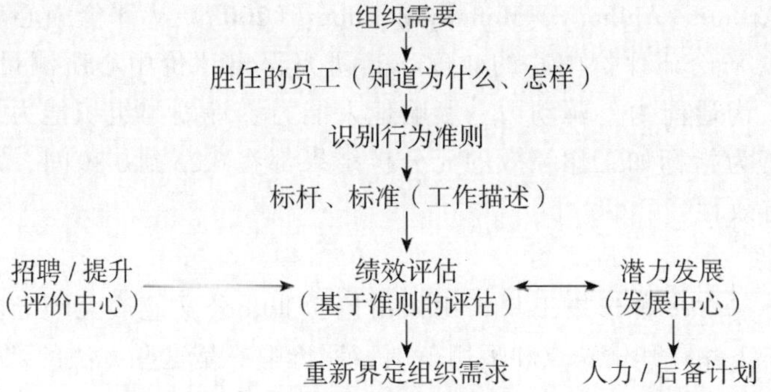

图6-1　评价中心在战略人力资源管理中的角色

效度。预测效度的计算是通过计算个体在评价中心中的全面结果和某种形式的绩效标准（如评价性测量、提升、工资增长、经理人员的主观判断间的相关系数）得出的（有关效度的具体介绍请见本书第10章）。现有的绝大部分研究结果都支持使用评价中心方法。Mike S.（1984）就这一问题进行过元分析，他得出的评价中心和其他测评工具的效度系数比较见表6-2。

表6-2　评价中心和其他测评工具的效度系数比较

方　法	效度系数
评价中心（用于提升）	0.65
工作样本测试	0.54
认知能力测验	0.53
评价中心（绩效）	0.43
个性测试	0.39
背景资料（biodata）	0.38
参考资料	0.23
面　试	0.19

从表6-2中可以看出，把评价中心用于以提拔为目的的人事决策时，对于预测未来的工作绩效是最为有效的预测工具。有趣的是，同样的工具在用于绩效评估时效度就下降了，其原因可能是，前者是一个是/否决策，而后者包括各种各样的胜任力评价，因此其潜在误差就增大了。同期，Schmitt和Gaugler也分别作过类似的元分析，他们分别发现评价中心的效度为0.41和0.37。Schmitt和Hunter在1998年所作的元分析研究中，发现评价中心对于认知能力测验的递增效度是0.02，这说明当结合使用评价中心和认知能力测验这些方法时，总体效度会有一定的增加。但也有一些研究认为，在解释评价中心的结果时应该持审慎的态度。这主要是由获得精确预测数据和统计技术本身的不足造成的，还需考虑如何处理从“过去”到“现在”的标准问题，怎样界定精确可信的工作绩效的测量方式等

问题。学者Arthur、Anthony、Mcnelly和Edens（2003）从评价中心所测量维度的效标关联效度来论证评价中心的效度，其研究得出评价中心所测量的六个指标，即关心他人、沟通能力、驱动力、影响他人能力、计划与组织能力及问题解决能力与一系列行为指标如工作绩效的元分析结果都在0.25到0.39间，从侧面反映出评价中心的有效性。

2）综合性

评价中心包含多种选拔工具，比如角色扮演、公文筐或无领导小组讨论等方法，而不同方法各有其优缺点和适用范围，评价中心是这些方法的综合体，因此评价中心具有综合性优点，有利于全面了解个体的综合素质。

3）仿真性

评价中心方法中的公文筐、角色扮演、管理游戏或无领导小组讨论等方法具有共同的特点，就是对工作场景或工作行为的模拟，个体在其中的反应可以被认为是较接近于其在现实自然场景中的反应，因此评价中心的仿真性可以提高人事测评的准确性。

6.1.6 评价中心的基本规则

当设计一个评价中心技术时，制定有关规则是很有必要的，这样能够避免潜在的模糊问题。规则应当在书写好后，放在大家都可以看到的地方，其内容应当包括以下方面：中心的目标；中心针对的对象，参与者确定的程序；谁充当评估者，他们是怎样被选拔和培训的；评价结果如何使用；谁可以接近这些资料，即资料的所有权问题；反馈的政策是怎样的，谁以什么样的方式进行；评估报告存放在哪里（一般说来，其保密期为2~5年）；谁负责实施后续行动，特别是在有发展中心的情况下。

以上这些问题被考虑得越早越好。当这些规则制定好后，应当得到某方面管理层的批准，有时是董事会，并应将其作为以后工作的指导。

有时由于种种原因，组织会利用外部顾问来实施评价中心方法，当然组织可以根据具体情况来决定让顾问从哪一阶段参与工作，可从工作分析和设计标准开始，可从设计练习开始，也可只让他们参与有关培训或担任评估者，但也有些组织会请顾问管理整个评价中心直到主持讨论。在考虑使用外部顾问时，组织应该考虑以下因素：他们在评价中心方面的经验有多深；具有哪些成功案例；在哪些专业方面具备特长。应请对方先提供评价中心的实施计划，然后和他们讨论由谁担当评估者和角色扮演者，并要求对方提供相关资料以了解工作进展。

6.2 工作分析在评价中心的使用

工作分析包括了很多活动，从直接观察某人的工作情况到完成角色清单和任务/行为一览表。总的说来，工作分析是一种应用研究，是评价中心的基础和前提。

6.2.1　工作分析在评价中心使用的目的

在评价中心工作开展之前，首先要确定的是对什么进行评价。这是后续工作的基础，同时工作分析也是其他人力资源管理工作如培训和开发等的重要组成部分。建立一个清晰、精确的评估对象的框架也包括理解有关行为所在的环境特点，这也是模拟练习所要求的必备信息。

1）测评指标

管理行为的基本模型需要能够回答什么是成功经理的必备特点。这一特点或指标可能与行为、态度、个性或特质有关，或与过去获得的技能、个体动机、与他人交往的方式、解决问题的方式等有关，这种关系如图6-2所示。

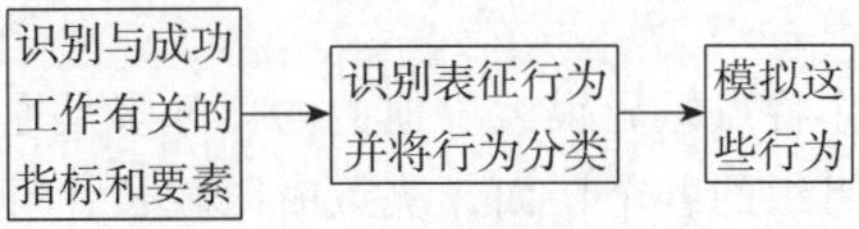

图6-2　工作分析设计流程

对于每一个工作角色来说，都有成千上万个行为指标，因此上述这一简单模型实施起来是很困难的。有一点是清楚的，越是成功的经理越是更多地使用某一独特行为。工作分析的要求就是识别这些独特行为的标准或例子，这些标准既不能过于一般化到适合于所有人，也不能仅仅适合于某一非常具体的工作。为了达到这一目的，需要把个体行为以对所有人都有意义的方式聚类到一起，同时要确保这些分类是可靠的，和人们想了解的问题有关。

评价中心在设计评估工具时对可靠性的要求很高，关键问题在于许多被按照同样的标准进行训练的不同评估者应该能够将一组行为进行相似的分类。可重复性同样是重要的，来自不同参与者的相同行为应该能够被分到相似的类型中。

测评指标可以用胜任力来表征。几乎没有参与者在所有测评指标上都占据优先位置。通常，一个测评指标被用于预测工作某方面而非全部。在多数工作中，缺乏书面沟通技能会导致失败，但具备了未必一定成功。比如创造性在某些岗位上会预示成功，但缺乏并不总意味着失败。

为了训练人们并建立基本的测评指标，对任何指标都需进行定义。其措词多为积极性的，这样在评价中心进行评分时，当被试表现良好则可以打高分。除积极性外，其他要求包括：简短（一两句话）、没有概念循环、可根据具体情况进行调整、不给具体事例。

有时测评指标的定义陈述会补充其他信息，包括一些例子，这些例子是某工作所独有的。在工作分析的最后，要确定哪些测评指标将被用于评价中心。在选择过程中要考虑以下问题：选择的这些标准能够区分成功与失败绩效吗？这些指标可以通过模拟或别的方法包括面试或心理测试所评估吗？指标之间有重复吗？这些指标能将从事目标工作和未从事的人区分开吗？最后一个问题对于挑选决策以及对比内部和外部参与者时更为重要。

2）识别测评指标得以表现的情景

在识别测评指标时，了解有关情景是非常重要的。所有技能、态度都与具体环境相依，了解这一点有助于根据不同情景选择不同的模拟方式。总的说来，理解情景比识别行为要容易。不同工作背景中的独自工作、与他人一起工作、在团队中工作，其任务特征都是不同的。设计者还要关注层次和工作的独特内容，比如随着层次的上升，个体会越来越有能力从事复杂、抽象的工作。

还要注意识别适宜的工作层次，经理人员的工作角色可简单分成三个层次：一线经理、中层和高层。一线经理如工头、主管、团队领导、高级办事员，他们的工作有着一些共同点。总体看来，他们的工作多是任务取向的，对技术知识要求较高。解决问题也与技术任务有关，与工作有关的人际关系也限定在下属和直接上司范围内。

对于中层来说，工作特点差异很大。他们的任务多是通过管理他人实现某一目标，工作关系会扩展到组织的各个层面，决策时限较长，且随着职位的上升，其与具体技术的相关性下降。一线经理与中层间的区别要小于一线经理与一般员工之间的区别。

高层需要同时考虑扩大地域以及整个组织的需要。决策体现长期和政策制定的特点，技术知识几乎不起作用，他们的工作更多是向着组织外部的。

假如对这些工作是从计划和组织、决策、人际技能、沟通、管理控制等方面进行考察的，则在工作分析中应该包括这些内容。其中有些指标对于所有的层面都是重要的，只是表达的方式不同。比如，计划和组织这一维度，对于一线经理来说，计划意味着给不同的人分配具体任务以完成今天的产量；对于最高层来说，计划与长期目标相联系。因此工作分析的一个重要部分就是根据不同层次识别不同标准。

6.2.2 将典型工作分析结构化

评价中心的质量在很大程度上取决于前期工作分析的准备、研究工作，对于一个目标工作来说，人们可以通过下列步骤将其分析结构化。

1）直接观察

在研究的开始阶段，分析者需要观察具体工作是如何进行的，当然其复杂性是不一样的。

2）面谈

理解工作的最好方法就是直接去问做这个工作的人。在工作分析中，可以采用半结构化的方式，因为它具有结构化的客观性和非结构化的信息丰富性。有时，还可以和经理进行面谈，要求经理识别最有效和最无效的工作行为。

3）问卷

在工作分析的过程中，还可以利用问卷方式收集进一步的信息。当没有足够机会进行面谈时，利用这一方式可以扩大、验证、数量化已获得的有用信息，要求员工对活动的重要性进行评价。

在已有资料的基础上，评价中心应该选择哪些测评指标呢？研究发现，评价或分类的准确性随着维度的增加而下降，一般来说，评价维度不超过6个比较合适。其他的规则包括：选择被超过一半的专家认为重要的标准；选择可以观察的标准；排除可以轻易学会的标准。

6.3 设计评价中心的内容

评价中心包括一系列模拟练习，可能还会加上其他一些补充方法，如面试和心理测试。其核心内容是模拟练习，因为这样参与者才有机会展示与工作有关的行为。

6.3.1 选择练习时需注意的问题

设计评价中心内容，就是将一些方法、工具组合在一起。在此过程中，有一些需要注意的问题。

1）与工作有关的练习

一个练习必须能以某种方式让参与者展示其适合目标工作要求的特征。比如，为了测试领导力，常使用群体讨论法。一线经理和高层经理面临的环境是不同的，因此在设计时应该反映这种不同。

2）参与者的背景

必须考虑参与者的教育和文化方面的背景。如果练习反映的主要方面是工作要求而不是别的东西，就可以避免由于参与者的背景所带来的不利影响。

3）给标准定权重

合适的练习应当包括根据岗位要求，给不同的标准以适当的权重，比如口头沟通比书面沟通重要，则在练习中就要让参与者有机会多展示口头沟通技能。

4）建立合适的练习组合

有两种方式实现这一目的：为了重要的标准，要从三四个练习中收集有关标准的重复性证据，而对于次重要目标，可能只需一两个练习。参与者被要求在不同的情景中表现，而评价中心的内容就要反映这些不同的情景。

5）时间和其他资源的限制

由于客观事实上的限制，需要挑选最少且能够获得最大量信息的练习。一般希望对每一个标准通过三个不同的练习进行资料收集，因此最好运用那些比较短的练习。还有一些其他的限制，如在使用一对一练习，如角色扮演时，则要求有角色扮演者参与等。

6）制定标准-练习矩阵

工作分析完成后，接下来的任务就是挑选一些练习来测验这些指标。为此需要制定“标准-练习矩阵”，表6-3就是一个示例。

表6-3 标准-练习矩阵

测评指标	练习					
	合作性群体讨论	竞争性群体讨论	角色扮演	书面分析练习	公文筐练习	面试
计划组织						
问题分析						
判断						
决策						
主动						
领导						
人际敏感性						
口头交流						
管理控制						

在这一例子中有9个测评指标，运用了5个练习加一个面试。每一个测评指标都可被测验几次，这样就没有哪个练习是更重要的了。但有一个问题值得关注，即练习效果问题。理论上来说，相同的标准在不同的练习中的评价应该具有较高的一致性，起码会超过同一练习的不同标准的评价。但Sackett（1982）所作的有关研究发现，同一练习中的不同测评指标的相关性要高于不同练习、相同测评指标的评价相关性。晕轮效应可以部分解释这一现象，评估者倾向于给在同一练习中的参与者相似的得分。而且评价程序可能也有影响，比如，相同练习的评价可能来自于同一评估者，而不同练习的评价则来自于不同的评估者，这只是说明了评估者间的一致性信度不高，应该加强培训。

6.3.2 评价中心练习类型

前面提到，在现实情形下，工作环境可被分为三种情况：在团队内工作、个体间的工作、个体独立工作。在评价中心练习中，情景也通常被设计成这样三类情况。

1）群体讨论练习

一种类型是合作/竞争背景下的讨论，在合作式情况下，参与者得到相同的信息，但都未被分配角色，他们被要求分析有关信息并提出解决方案，这种练习通常被称为“无领导小组讨论”。在竞争性的群体讨论中，参与者被要求进行相互劝说和谈判以实现最佳结果。在这种练习中，参与者会得到某些共同信息，还会得到独特信息，借此他们可以相互讨价还价。这是一种指定角色的讨论练习，这种形式的练习有两个重要目的：个体尽力实现目标；帮助团体实现最佳决策。这对参与者是一个有趣的挑战，有利于展示他们尽可能多的特质。

另一种类型指的是“领导”是否被指定。这取决于是否要评估领导素质。如果需要，则在讨论中，每个成员都要充当领导以解决事先准备好的若干小问题中的一个。这样就不会出现一直有一个人主导讨论的情况。

是否采用群体讨论要取决于具体目标工作的要求，当然也会受到其他因素的影响，如评估者是否希望一次性见多位参与者、群体规模，对于讨论来说，4~6人比较合适。这样每个人都有相似的机会表现自己，以及实现角色轮换。如果可能在评价中心安排两次讨论，则可以混合安排，如一次无领导指定角色讨论，再加一次有领导不指定角色的讨论，这样两次不同的情景（如竞争和合作）更有利于观察参与者的表现。

2）口头演讲

这也是一种群体过程的形式，只是参与者有一个独特、清晰的角色。在口头演讲中，参与者被要求根据一定资料作准备后，做一次演讲。其正规程度和其他特点也取决于目标工作的要求。此方式特别适合于领导、销售、市场、培训类的工作。当然也可因要求的不同产生别的标准。

3）面试式的模拟练习

这一练习包括参与者和假装成顾客、同事、上司等角色的扮演者的“一对一”双向互动。这种方法的典型做法是先给参与者一份详细的有关背景资料，以及要去见的人的情况。然后经过一段时间的准备，参与者会与由评估者或别人充当的对象进行一次模拟性的销售访问、谈判、顾客访问、绩效评估反馈、选拔面试等活动。Oliver、Hausdort、Lievens和Conlon（2014）认为人际间的互动是许多评价中心练习的主要特点，但是学术界、实践界对这些人际互动如何影响参与者的行为和测评绩效是缺乏认识的。举例来说，在角色扮演中，参与者与另一个角色扮演者进行评价中心练习，但这个角色扮演者通常已被规定要展现某种倾向的行为，基于人际互动理论和特质激发理论，作者认为另一个角色扮演者的预先行为倾向影响参与者的人际关系建立和直接沟通行为，从而影响其测评绩效。

4）寻找事实和决策练习

这也是一种“一对一”的活动，但不是参与者和角色扮演者之间的行为互动，而是重在考察参与者的分析能力，在此情况下，扮演者只是代表了问题需要解决的一方，参与者可以向他收集相关信息，并在理解信息、资料的基础上作出决策，形成行动方案。最终由扮演者检验方案的适合性。

5）公文筐练习

公文筐是所有书面形式练习中最为大家所知的一个，它是评估个体时间管理能力和组织能力、分清轻重缓急、决策、授权方面的能力，以及书面沟通、人际敏感性、洞察力等非常好的方式。参与者被要求处理目标工作中的典型工作文件。这些文件包括：信件、内部纪要、报告等。参与者的任务是先整理这些文件，然后排列优先次序，决定哪些事务需要授权、授权对象以及以什么方式来进行，如邮件、便条、会议、电话等，并发现事情之间的内在联系。公文筐的长度和持续时间有多种选择，其内容从10~40条不等，时间从1~3小时不等。典型的做法是在2小时内处理20个公文。

[案例6-1] **公文筐任务**

您是某集团的人力资源部主管。现在是星期一早上9点，您由于路上堵车迟到了半个小时。您有一位管理助手和一位刚入职的HR职员。以下是等待您处理的问题：

（1）早上10点开会，您需要向集团汇报这一季度的公司新员工招聘方案，会议在下午1点结束。

（2）助手留言条：您能见财务部经理吗？

（3）助手留言条：某高校的学生就业办主管想要拜访您，请您给他回电话。

（4）处理新邮件。

（5）下午2点给集团新员工进行入职培训。

（6）来自家人妈妈的留言：请尽快回电话，急！

（7）您发现早上需要汇报的新员工招聘方案中的成本预算还没有完成，做好这一部分成本预算大约需要花费45分钟。

现在您有15分钟的时间来处理这些问题。

公文筐练习的优点是较好地模拟了多任务性的管理挑战。它可能包括顾客投诉、销售机会、内部冲突、请求离职、招聘事务、生产问题、财务状况等。

6）分析练习

分析练习要求参与者先把握一定量的口头或数字形式的信息，然后得出符合逻辑的结论。这些信息可能有2~3页文字，另有图表类信息。给参与者的消化时间也长短不等，这项练习主要评价参与者的分析能力，或解决问题、决策能力，也可考察书面沟通能力、组织工作能力。在实践中可以将分析练习和群体讨论、演讲等方式相结合使用。

评价中心的练习还有很多，如管理游戏，它更适合于发展评价。还有时序安排练习，要求参与者计划如何有效使用资源。在设计评价中心的练习时，对是否要使所有练习都与目标工作情景相联系一直存在争论，另一个有争论的方面是各练习间是否应该有内在联系。事实上，多数评价中心的练习并没有使所有内容严格地与目标工作相一致。对于后者，则认为优缺点并存，如果存在内在联系，可以使参与者的反应更加一致，提高承诺度；但联系不足则会影响参与者在不同练习中的反应。

6.3.3 其他评价方法

除了模拟练习外，许多评价中心还包括如面试等其他常见的测评方式。这些方法有助于帮助评估者获得进一步信息。

1）面试

面试既可以对候选人进行进一步考察，也可被作为对评价中心效度的检验。面试前要准备好与测评指标有关的问题。有时面试在获得特殊测评指标时是唯一的途径。例如，某工作需要申请者具有较高的诚信和交际能力，有关这些指标的信息更易于在面试中获得。传统的面试还可帮助评估者获得申请人的经验、资历等情况，尤其是采用外部招聘时。同时申请者也希望得到面试的机会，这也有助于提高评价的表面效度，具体内容请阅读本书第5章有关面试的内容。

2）心理测试

心理测试比较适合发展性评价，可以帮助申请者更全面地了解自己。在一般评价中心，则有利于提高评估者作出决策的效度。一般说来，文字和数字推理性测试最为流行。问题是这些测试结果与目标工作绩效以及测评指标有多大的关联。Cramley（1990）研究发现，胜任力测试分数和问题解决间的相关系数为0.44，它与其他测评指标如计划、组织、沟通之间也有正相关关系。目前流行的个性测试如16PF、OPQ、MBTI、大五人格测验等也很受关注。需要注意的是，基于测评指标的评价和个性测试的结果可能并不一致，前者是行为性的，后者只说明一种可能性或行为倾向。这一点在作解释时要加以区分和说明。

6.4 评价中心的实施

6.4.1 练习次序

一般说来，评价中心的练习有一定的次序要求，首先开始的多是群体练习，如无指定角色的群体讨论。参与者获得了一个适应练习的机会，因为这种形式比笔头测试的威胁要小，同时有利于双方尽快熟悉。

要注意不要将相同类型的练习放在一起，次序表应该将个体的、一对一的、群体性的练习进行平衡。在时间的安排上还应有一些弹性，有时某项练习的时间会有误差，特别是讨论性的。同时要注意时间不能过长，有时在评价中心中，参与者已经精疲力竭，他们无法达到最佳表现，同样评估者也会因时间过长而穷于应付。

如果安排了面试，应将其放在复杂练习之后，或放在整个练习基本结束时。评估者进行的讨论应该及时，由于练习的多样性，过了一段时间后，回忆起来会有困难。

6.4.2 地点安排

合适的房间有利于帮助参与者达到最佳状态。如果评价中心由12个参与者、6个评估者组成，对此方面的要求如下：一个大的足以让所有人感到舒适的房间。申请者需要足够的空间完成各自的任务；两个小的会议室；够6个参与者和保持一定距离的评估者的活动空间。图6-3说明的是一个群体讨论会议室，其中，每个人的位置应该事先安排好，以帮助观察者X观察到C、E，Y观察到D、F，Z观察到A、B。

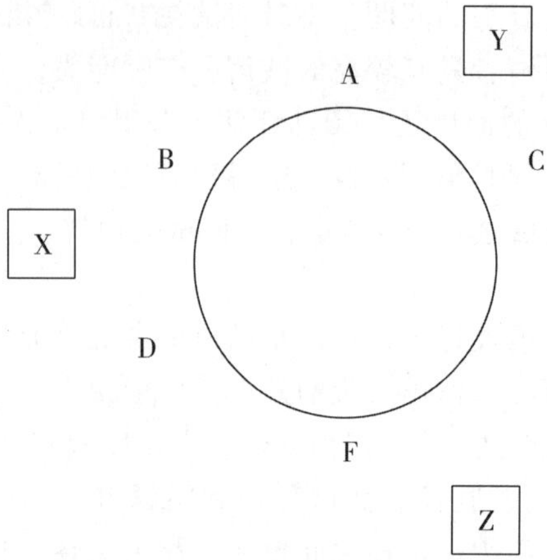

图6-3 群体讨论会议室位置示意图

评估者的房间，应该大到足以放下所有设备，还要为每个评估者安排桌椅，便于其工作。另外还要准备别的房间用于如面试、演讲等。其他条件如房间照明、办公设备就不再详述了。

6.4.3 开始练习

在正式开始练习之前练习组织者还要检查一下有关设施，制定相关紧急程序以防止意外情况的发生；给每个将要使用的房间标明记号，帮助参与者和评估者更好地参与进来；最后确认时间表，把有关参与者、评估者的姓名都输入到日程表中。

1）给有关方面的简要说明

在实践中许多评估者都是由一线经理担任的，所以练习之前再给评估者们一次简要指导是很必要的。其主要内容是对评估者的培训要点，包括时间表、基本设施、评估者-参与者-练习矩阵、说明他们将要观察谁等信息、评估者指导手册等。

同时也要给参与者基本的关于练习的简要信息，包括练习的性质、评估者的角色（告诉他们不能和评估者有任何互动）、对他们的期望（要求他们真实地表现自己）、观察和记录的方法。最后再次重复问参与者是否有不明白的地方，因为在练习开始后，是不可以再问上述问题的。

2）管理练习

练习的组织者（有时由评估者中的一人兼任）要对每一个练习的整个过程对所有参与者作简要说明。在练习过程中，在多数评价中心，组织或管理者的角色仅是监督练习的进行，如不让参与者彼此议论开始前的简要指令。此外，组织或管理者也可作为编外评价人员参与工作，主要负责以下事务：宣布时间进度，如“你们已经讨论了×分钟”；解释规则；回答有关问题，如参与者问还有多少时间。除了这些基本要求外，对于特殊的练习还有一些需要注意的地方，如指令的阅读、时间控制等。

3）练习质量控制

一般情况下，评估者都来自不同部门，他们的经验、时间投入、能力都有差别，虽然事前培训可以帮助他们达到基本要求，但在实施评价中心时，组织者还有必要进行帮助，使练习正常进行，如阶段性的重述简令、做好练习间的衔接工作、给评估者提供帮助等。对于参与者来说，要注意监督他们完成参与者表格的情况，因为有时参与者并没有按照要求对同组参与者进行适当评价，或他们忘记填写表格背后的内容。在练习结束后，要向参与者解释要等一些时间才会有反馈，并向其参与表示感谢。

4）评估者讨论

所有评估者应该在完成各自的评估表后，开始进行讨论会议，来决定参与者在标准方面的最终结果。在这个过程中组织者同样要加强控制以确保结论的可靠性。如要求给每个参与者同样的时间予以讨论，在评估者们讨论的过程中记笔记，分配每个评估者写评价报告。总之组织者是整个讨论期间的催化剂，要帮助评估者相互沟通、澄清问题观点、控制讨论节奏、防止个别人的观点对大家产生负面影响。另外还要负责处理评估者之间的争论，由于评估者之间存在背景差异，这种现象常发生，当然处理的基本原则是基于事实和事先确定的标准，而不是某人的个人意见，必要时还可进行投票表决。

6.4.4　评价中心的报告撰写

评价中心的报告正是实施评价中心的目的所在。不管是用于外部招聘决策，还是用于发展性评价，一份详细的报告都是必需的。

评价中心的报告并没有固定格式，但一般包括以下内容：参与者在评价中心总体表现的简述；某种形式的结论性评语，如候选人是否值得推荐；对每个测评指标的评价与解释；基于未来的培训和发展建议。报告的长度也不是固定的，从一到数十页不等。尽管没有固定格式，以下范畴还是比较常用的。

个体在测评指标方面的基本情况：描述个体在各个指标上的表现，一般每个指标一到半页；总体表现说明。

个体在练习中的情况：分别说明个体在群体练习、一对一练习、独立工作情景中是如何表现的，或与他人是怎样互动的。

优缺点总结：说明参与者的强项和需要改进的不足之处。

发展需求和行动计划：根据工作特点，提出关键发展需求及可行性行动计划。

附录：有关测评指标或练习的基本说明。

1）报告的作者

报告的作者有三个来源：参与者、管理者、评估者，当然各自都有优缺点。

管理者：管理者是评价中心的专家，他对有关活动细节非常了解。但一个管理者写众多的报告又是不合适的，另外，有时管理者来自外部，他们对组织又缺乏了解。

评估者：这是最常用的选择，工作负担得以分担，速度也快。他们对参与者的行为观察得很仔细，同时在进行反馈时也会更有效。但由评估者写报告也有不足之处，特别是由一线经理进行评价时，要求他们写报告会使其增加额外负担，当他们回到工作岗位后，会因正常工作而影响报告写作。

参与者：这种选择较少。参与者自己对练习很有热情，投入也多，很多人对这种自我深刻分析也有兴趣，但详细性和彻底性因人而异，而且这样做的客观性也存在问题。

2）反馈

反馈，特别是发展性的反馈目标就是使得参与者承诺去采取行动发展其某方面的能力。不管哪种形式的评价中心都应该包括反馈，即使是是/否式的录用决策，也应该向成功和失败双方作出反馈，解释有关结果，并且要尽快完成。相对来说，发展性的评价中心的反馈要详细得多。有许多人可以进行反馈，如管理者、评估者、人力资源部门代表或外部顾问，但参与者的直接上司一般不作为评价中心的反馈者，因为参与者会怀疑这样的反馈可能超过了评价中心所涉及的行为，而且直接上司平时有很多机会可以进行各方面的反馈。

多数反馈都是面对面进行的，反馈本身需要高水平的接触，需要双方建立信任关系并产生共情心理。而且反馈有时要花上一两个小时，这也是其他方式所不能代替的。当然在选拔性评价中，也可以用电话的方式进行失败的反馈。

在反馈时要注意具体而不流于宽泛，同时要聚焦于行为，而不是主观评价。鼓励参与者接受反馈，帮助参与者找到解决问题的对策。有时在评价中心还会有反馈的反馈，在一次反馈结束后，参与者又把其对反馈的反应、其将要采取的行动与第一次的反馈者进行沟通，这一后续过程是前述反馈有效性的反映。

反馈阶段不但可以使评价双方进行信息交流，有时也作为延伸评价，比如学习能力评估（learning ability assessment），有时也称为可培训性测验（trainability）就是在评估反馈阶段进行的。在反馈过程中，反馈者可以就被评估者的表现请对方谈谈自己的看法。如让其对自己的领导方式、个体的强项和不足进行自我评估。学习能力强者或可培训的员工一般对自己的认识、评价能力较强，或者对评价中发现的特点或问题比较容易接受。但也有的被评估者自我防卫意识非常强，他们不承认自己的不足，为自己在评价中的表现进行过度的辩护。在这种情况下，一般认为对这样的被评估者进行培训也是相当困难的。

在反馈阶段有时会遇到极端情况，就是被评估者对评价结果极度抵抗。评价中心的实施方可能被卷入无休止的反复申诉中。这种情况特别容易发生在组织晋升、辞退评价过程中。面对这种情况，作为评价中心的实施方可以采取的对策包括以下两种：

在进行评价之前，要得到申请进行评价公司高级管理层的支持，要清楚评价的真实意图，并对被评估者进行较为详细的了解。在评价过程及反馈过程中，与申请公司紧密联系，保持共同立场。

在实施评价的过程中，要注意对每一个细节的控制。防止因某个环节的细小疏漏成为被评估者日后申诉的理由和机会。需要注意的是，在报告写作过程中，应非常注意结论的形成。报告应该更多地关注被评估者在练习中的表现，而不是一般的结论。换言之，要注意结论的外在效度。过度的外推分析是被评估者进行申诉最常见的理由。比如，评价练习中发现被评估者的创新意识不够强，新观点很少。在报告中并不能非常肯定地认为被评估者的创新能力差。更合适的做法是指出他们在评价的某个练习中采取的对策比较大众化，没有展现与练习情景相适应的创新表现。

6.4.5　克服评价中心的常见错误

2003年，Caldwell等人发表了一篇题为Ten Classic Assessment Center Errors: Challenges to Selection Validity的文章，指出影响评价中心效度的十种常见错误，认为在评价中心实施过程中应克服这些错误，并为此提出十个建议。

（1）作好计划：完善的评价中心设计要包括工作分析、效度检验、候选人匹配、评估人员选拔、真实测验的计划与实施、实施过程管理以及准备总结报告。

（2）进行准确的工作分析：评价中心是情景性的，要以实际工作情况为导向，也就是说需要在准确的工作分析的基础之上进行安排与统筹。

（3）准确定义测评指标：评价中心主要从技术能力和人格内在特质两方面对候选人进行评估，需要对测评指标进行识别和界定，并针对指标选择运用相应的评价中心类型进行评估。

（4）全面规范：具体的评价中心的设计与操作需要贴近实际情况，也就是说既要基于工作分析，又要顾及候选人的实际情况，以避免造成在评价进行中对候选人不公的情况出现，影响评价中心的效度。此外，标准化的评价中心测试能够很好地提高程序公平，严格的、规范化的操作是很有必要的。

（5）进行前测评估：进行预先评估与检测，一方面能够测试评价中心的效度，另一方面也能够为选择评价者以及候选人提供一定的借鉴与指导。

（6）合格的评估者：评价中心的评估者是否专业会对评价中心的最终结果产生重要影响。所以，在测试之前，需要选拔合格的评估者。

（7）评估者培训：通过对评估者进行有效和专业的训练，提高他们的业务能力，以增加评价中心的有效性和可靠性。

（8）候选人准备：候选人需要对评价中心有一定的了解，这样才能够在检测中真正、完全显示出自己的能力，所以在进行评价中心测试之前，有必要给予候选人一定的说明、辅导。

（9）科学分析：对评价中心得到的结果要进行严谨和标准化的统计和分析。粗糙、马虎的统计分析将降低评价中心的有效性。

（10）正确运用结果：评价中心作为人事测评的一种工具，为人力资源管理的各项事务提供一定的有用信息，但并不就是唯一准确的标准，在应用时需注意其使用范围和使用意义。

Putka和Hoffman（2013）研究了评价中心测评存在稳定和不稳定的误差，他们认为误差主要由4部分组成，被测评者、测评者、评价中心测评的维度及评价中心方法，并认为来自测评者的误差影响最大。

6.5 评价中心的新进展

自第二次世界大战以来，评价中心已经走过了很长的路，它的整个技术也在研究和使用者的努力下不断得到发展。

6.5.1 发展中心

1）发展中心与评价中心的区别

发展中心可能代表了评价中心最重要的发展趋势。现代管理的一些概念如授权、学习型组织、全面质量运动等都说明了个体的改进之路永无止境。仔细比较起来，传统的评价中心和发展中心之间存在一些区别，见表6-4。

表6-4 评价中心和发展中心的区别

评价中心	发展中心
挑选	发展
外部招聘	识别潜能
内部招聘	诊断与工作有关的优/劣势

与评价中心相比，发展中心的主要特点包括：它不是一个成功/失败的决策事件，它持续时间更长、成本更高；参与者个体对资料所有权的分享；在评价过程中就予以反馈；发展从评价中心过程中就已经开始；聚焦于学习和自我提高；对咨询或支持要求更高；关注可发展的标准；更多的中心前/后活动；自己和他人评价的机会。

当然基于这种区分的实践，早已被AT & T公司在1971年使用过。但“发展中心”术语本身的历史并不长，大约在20世纪90年代才被提出来。Rodger认为发展中心就是“运用评价中心的技术用以识别个体优势和不足，以便诊断发展需要，提高工作绩效，促进职业生涯发展，帮助组织获得成功”。

2）发展中心的策略

Boehm在1977年提出了两种不同的发展中心策略：识别策略和诊断策略，其主要区别见表6-5。

由此可见，识别策略与传统的评价中心更加相似，也更加受到组织的欢迎。

表6-5　　识别策略和诊断策略的区别

特点	识别策略	诊断策略
目标	对个体进行早期潜能识别以帮助其快速发展	改善现在工作绩效动机和士气
目标人群	已被识别为高潜能者	多数人
提名程序	邀请符合标准者	自愿或推荐
决策或结果的特点	多数成功/失败决策是为了长远发展	聚焦于有关优势和劣势
反馈报告的特点	突出高层发展活动的需求	包括优/劣势的详细信息，以促进后续行动计划
组织监控的水平	高度集中化的监控	基层管理控制

6.5.2　发展中心的类型

Goodge（1994）提出了三种类型的发展中心，也可以作为发展中心本身的发展，三种形式之间具有不断改进、完善的关系。

第一种：典型的评价，这种类型主要为挑选。参与者投入较少，他们只是被评估者。事后可能有反馈，对后续的发展关注较少。

第二种：在每个活动或练习后都对参与者提供反馈，并提出相应的个体发展计划。其主要目的在于识别潜能。

第三种：参与者对决定评估本身参与很多。练习建立在真实的工作问题之上。在发展计划方面会投入相当多的时间，并会关注发展支持和事后监测。只有第三种类型才被称为真正的发展中心，它的设计是为了满足发展的需求（Griffiths，1994；Goodge，1995）。

目前，许多评价中心常提供给参与者发展中心使用，尽管它们实际上与评价中心并没有什么根本区别。

正在人们讨论评价中心和发展中心的区别时，新的发展中心出现了，它就是基于胜任力的发展中心（competency center），这是组织情景和生涯发展变化的产物。对应三个中心的区别特征就是：挑选、潜力和发展（Griffiths，1994）。总体上看，这类发展中心的区别在于：

第一，组织目标对个人目标。就发展中心的目的来说，一个基本的观点还是组织为了实施战略计划，实现未来愿景，需要发展相应能力。在资质中心，组织则在自我责任的框架中，设立促进胜任力管理的目标。仅仅按组织目标对员工进行能力评估是不够的（Vloeberghs，2000）。更加重要的是如何通过了解员工的想法而增加他们对实现发展目标的承诺。员工们不是简单地被置于一个设计好的发展框架中。而且，员工应该能够决定他们被评价和发展的胜任力。

第二，自我评估对其他评估。对员工自学能力和参与中心后的学习可能性的运用是胜任力中心的理想选择。自我评估是指员工更多地参与到评估过程中，如他们被要求完成对自己的评估报告。Iles（1989）认为评价中心的一些外在特点可能影响发展的自信和承诺。自我测验和评估却可能抵消这种影响，而且结果仅服务于个人目标且是严格保密的（只有评估者和参与者有权看结果）。

这些特点并不意味着胜任力中心就是一个松散的发展活动，典型的评价方式（如严格的胜任力模型、方法矩阵、外部群体评估等）不会被放弃。

此外，自我评估还意味着参与者承担了更多的事后行动责任。但这也不是说他们就被放在一边而只能自己努力了。组织还有责任提供足够多的关于工作信息和生涯选择的帮助（Vloeberghs，2000）。

总之，从总体上看，从评价中心到发展中心，直至胜任力中心，它们之间是一个连续体。

除此之外，还有一种发展中心被称为自我洞察的评价中心。

1）自我洞察的评价中心的概念

自我洞察的评价中心是Mike于20世纪70年代提出的一种评价方法。这是一种将传统评价中心与自我发现和向他人学习相结合的方法。正如其字面意思，自我洞察的评价方法包括：

（1）识别优势和发展需求，而不是事先确定与工作有关的绩效标准。

（2）形成一个发展计划以满足发展需求和建立优势。

（3）开发参与者的绩效技能。

（4）熟悉评价中心、技术和实践。

2）自我洞察的评价程序

自我洞察的评价方法和其他评价方法一样，要事先确定合适的标准，然后经历约5天的练习。它与传统方法的主要区别在于没有任何评估者。参与者的有关资料被记载或记录下来供以后分析用。

参与者第一天要做的工作是大量练习和测试。第二天，参与者要回顾将要使用的行为标准。从这一阶段开始，参与者开始了解目标工作要求，以及刚结束的模拟间的相关性。第三天和第四天，参与者要处理练习的大部分，每一个参与者都要扮演评估者对自己的表现进行全面评价，这就是自我洞察的过程。同时也要对另一同伴的表现予以评价。所有练习都分析完后，参与者再扮演评估者，将结果对其他参与者进行反馈。这些反馈都是比较积极和富有建设性的，这也许是因为所有人都进行了自我评价。第五天，每个参与者收集好与自己有关的信息、材料、反馈，形成一份自我发展报告。

这种方法的一个特点是没有威胁，只有参与者拥有所有完整的绩效表现资料。与其他评价中心相比，自我洞察评价的优点还有：参与者更了解自己的发展需求；提高了评价、反馈技能；相对节省资源，它不需要另外的评估者；参与者对自我洞察的评价方法反应积极。

6.5.3 评价中心的未来趋势

评价中心技术会发展得越来越成熟，社会的发展也为这种进步提供了支持，如早期的评价中心运用的是录像、普通电视，后来是交互式电视手段，直到今天广泛使用的电脑技术，甚至还有人在尝试虚拟评价。未来的评价中心发展大约有如下特点。

1）机会均等

越来越多的研究表明，传统的心理测试方法具有一定的歧视性，比如对不同性别和不同种族者，对常模、内容方面的争议由来已久。现有研究表明，评价中心方法对上述问题提供了良好的解决方案，设计良好的评价中心对所有人都是平等的，所以这种能给所有人提供均等机会的方法是未来的发展趋势。

2）组织文化和价值

组织总是需要选拔和招聘人员，不管是从内部还是从外部。评价中心的发展也会随着组织的变化而发展，比如现在的学习型组织、数字组织、虚拟组织等，都会影响评价中心的发展，组织越是发展到了高级阶段，越是需要提高其员工的胜任力，那么评价中心方法和组织的发展就需要不断找到结合点。发展性的评价中心从传统评价中心中分离出来本身就很好地说明了这一点，所以这一方法的发展本身也是企业文化变迁和价值更替的产物。

3）应用范围扩大

从评价中心的起源和发展来看，其主要用于组织中高层管理人员的评价，目前的新趋势是将这种方式应用到非管理人员岗位的选拔和发展上。在美国，评价中心已经被用于制造行业工人、教师、刚入职的警署人员以及咨询顾问的选拔上。

4）跨文化挑战

随着国际化的不断深入，人力资源管理中国际化的成分也在不断加深。在人员选拔中增加了新的内容，涉及选拔外派人员、选拔跨文化合作团队成员等问题。对这些人员的要求也和以往有所不同，需要在选拔标准中加入新的内容，如跨文化的适应能力、国际化视野、跨文化沟通能力等。而随着国际化的发展，很多公司都开始在不同的国家运作，由此带来的问题是，在对不同国家的人员进行评价时，该采取同一种方法呢，还是要根据不同国家有所调整。一种观点认为，对于组织或者工作有效性来说，可以找到普遍性的个体特征，现有的评价方法也可以用于不同的国家，标准化和效度化的工作也是根据固定的维度和程序来进行的。而另外一种观点则认为，通用性的评价是无效的，应该根据每个国家不同的文化和特点找到导致有效性的特征，评价方法也应该根据不同国家有所调整，对评估者还应该进行相应的背景培训。这两种看法各有利弊，目前尚没有定论说哪种方法更佳。笔者认为可以根据组织的要求、发展目标和国际化阶段，并根据测评应用的情景和对象在不同情况下权变地应用上述两种方法。比如说，全球化程度已经相当高的公司在选拔接班人时，可以采用同一种标准和方法；而全球化程度相对较低、更加注重当地化运作的公司，则可以在主要标准上保持统一，而在具体的维度、评价形式、内容和方法上有所区别。

评价中心和发展中心的未来趋势还包括理论和技术方面的不断创新。随着社会学、心理学、行为学的不断发展，评价中心与发展中心实践也将不断进步。未来的变化方向还将体现在操作上的不断微观趋势化。未来的评价中心与发展中心将更加关注反馈策略的运用，重视参与评价中心与发展中心对员工心理的影响，也必将在组织的层面上投入更多培训方面的配套资源，以切实提高参与者的能力水平。

本章小结

本章介绍了评价中心方法的来源、特点、内容及本质，并对其实施程序作了详细分析。此外，还对有关注意事项、报告的写作进行全面说明。在此基础之上还比较了评价中心和发展中心的不同，指明了这一方法的发展趋势。

关键概念

评价中心　发展中心　效度　公文筐　角色扮演

课堂讨论题

1.简述评价中心和发展中心的相似与不同之处。

2.运用评价中心方法时怎样进行不同练习的组合?

复习思考题

1.评价中心经历了怎样的发展过程?

2.评价中心有哪些主要的评价方法?

3.评价中心的一般实施过程是怎样的?

4.案例分析题

评价中心实践

某家电公司在过去的一年多里，只有两个副总经理，没有总经理，并且未明确哪位副总主持工作。企业管理混乱，内耗严重，人心涣散，经营亏损，发不出工资。该企业上级领导曾多次研究领导班子配备问题，但终因意见不一致而未能作出决定。最终，他们决定在全省范围内公开招聘总经理，并运用科学的人才测评方法帮助他们选定总经理。

AE测评团队在接受委托之后首先考虑了这样一个问题：在目前情况下，该公司最需要什么样的总经理。很显然，企业已经到了千疮百孔的境地，只有首先找到企业面临的核心问题，才能找到最适合的人担任总经理。经过深入的调查，测评团队认为，尽管企业面临的问题比较复杂，但其中最核心的问题是内部管理问题。有效解决内部管理问题是解决其他问题的前提条件。根据这一思路，AE测评团队确立了如下选人标准：

有很强的内部组织管理控制能力，注重运用企业制度与规则进行管理，能规范企业行为。

能够敏锐而准确地发现企业现存的问题，思路开阔，考虑问题深刻而务实。

有较强的处理人际关系的技能、技巧，善于驾驭错综复杂的内部关系与人际冲突。

经营意识较强，经营观念与经营策略正确，能够对市场作出冷静的分析判断，准确把握企业的经营方向，市场开拓能力尤佳。

有较强的大局观和社会责任感。

由于选聘的是总经理，要求又比较严格，根据选人标准，AE测评团队决定使用多种评价方法，全面而深入地对候选人进行考察，具体评价方法包括：

纸笔测验——能力测验、动机测验、兴趣测验、MBTI人格测验、团队角色测验等，主要用来考察应聘者的基本能力素质和发展潜力、作为管理者所必备的心理素质、管理行为风格和在日常管理活动中的角色偏向等。

无领导小组讨论——用于考察分析处理问题的能力、口头表达能力、人际沟通意识与能力等。

结构化面谈——考察经营观念和组织管理意识，并深入考察人际沟通意识与能力。

文件筐作业——用来考察时间管理、危机处理、日常行政能力、授权能力、决策能力等。

整个测试分为三个单元，需要两天时间。测评需要半天时间，无领导小组讨论需要半天时间。经过两轮筛选，从7名候选人中确立5名进行结构化面谈，历时一天。

在选拔报告中，AE的专家指出，以选人标准来衡量，7位候选人均存在不同程度的差距，其优势和不足均较为明显，没有哪一位候选人能够妥善解决全部问题。不同的选择将有助于解决该企业不同方面的问题，同时也难免形成新的经营管理问题。其中大部分问题是能够通过合理的领导团队组合和管理予以解决的。

在7位候选人中，相对有以下2人具备更强的岗位胜任力：

G先生：细致、沉稳，办事注重条理，认真负责。有良好的经营管理意识和能力。分析判断问题视野较宽，关注工作任务的完成，原则性较强。对企业组织管理有一定的认识，但深度不够，基本停留在经验水平上。言语表达和沟通说服能力较弱，人际关系处理技能稍有欠缺，经营决策能力与职位要求尚有距离。

L先生：思路开阔、自信敢为。热情进取，善于交流沟通。有较强的市场经营意识，分析判断问题视野较宽，不受条条框框的约束，关注各种机会和可能，有较强的成就动力。缺少实际企业经营和组织管理经验，思考问题不够专注和严谨，在人际方面分散精力过多，而在具体事务处理方面持久性不够。对基础性工作重视不足，管理决策能力与岗位要求有距离。

AE的专家还指出：任用G先生，有助于解决企业内部组织管理混乱的问题，转变风气、安定人心、恢复生产，使企业的指挥管理系统逐步正常发挥作用，解决自身生存问题。但是在重大经营决策过程中，需要多方面听取专业人员的意见。一个善于沟通协调的得力副职对处理该企业的上下级关系是非常重要的。任用L先生，有助于为企业带来发展变化的契机，改变企业的精神面貌，有可能在市场方面形成一定的突破，有利于协调企业与外部环境的关系，但在重大经营管理决策方面需要更多地注意细致务实。简单地说，G先生将有助于抓好企业的内部组织管理，L先生则可能在士气和企业经营方面有所作为。最后，专家建议，任用G先生为企业的总经理，L先生为第一副总经理。

企业上级领导召开办公会讨论报告，认为AE测评团队所提的建议是科学和有说服力的，最终决定采纳这一建议。

案例分析：

在本案例中，我们看到了一个经营和管理都存在很大问题的企业，而导致这些问题的主要原因就是企业的总经理长期空缺。在企业日常运营过程中，总经理处于组织的最高层，拥有更大的权力，担负更大的责任，支配更多的资源，其作用和影响是巨大的。没有总经理，意味着企业组织运行系统中缺少一个重要环节，没有人作最终决策，没有人承担责任，没有人对中层管理人员的工作进行指挥和监控，最终导致企业所有者权益无法得到体现和保证，从而必然导致一系列的经营管理问题。

总经理是重要的，但真正善经营、会管理、懂业务的全能总经理又有多少呢？AE测评团队的专家们在这个案例中遇到的最大问题就是每一位候选人都有各自的优势与不足，没有哪一位是完全称职的。这是一个带有普遍意义的问题。实际上，真正的复合型人才实在是凤毛麟角，解决企业面临的多方面问题要靠复合型团队。在一个完美的团队中，大家各有所长、各司其职、全力配合。专家们在这个案例中以良好的正副职搭配组合解决了这一问题。

木桶原理是现代经营管理思想中一个重要的基本观念，即木桶能够容纳的水量不取决于最长的木条，而是由最短的木条决定。企业的经营绩效不取决于企业最大的优势，而是由企业能否有效屏蔽劣势、改进不足决定的。内部运行机制的问题是中国企业面临的普遍问题，也是本案例中企业最大的问题。专家们认为，要想解决企业的所有问题，并不存在包治百病的灵丹妙药，但解决问题的原则是共同的，那就是从健全和完善的企业内部机制入手，把企业变成有序、高效、足以适应各种变化的组织系统。因为内部机制是企业运行、发展的核心，一个内部机制健全和完善的企业在解决其他问题时是得心应手、事半功倍的。

问题：假如让你用评价中心的方法来组织这次企业高管选拔工作，你将采用哪些方法？在具体操作时，要注意哪些问题？

补充阅读材料

情景判断（SJT）研究的进展

自从工业和组织心理学家参与招募和选择工作后，这项工作就更多地集中在对一般智力（IQ）和特殊认知能力如言语、数字推理能力的测量上。但是，越来越多的应用心理学家认为，对个体的测量和评估不应忽视实践智力（practical intelligence）的作用。实践智力与学术智力是不同的，它是关于事情是怎样做，而不是为什么这样做的，它通过观察与模拟获得。对其测量是通过设置一定的与工作有关的、需要解决的问题并作出决策的情景而实现的。在这种典型情景下，候选人（candidate）要面对一个基于问题的工作情景，这种测试在性质上是多维的，往往涉及几种能力并有数种解决方法的问题。候选人被要求从备选答案中作出选择。因此这种测试能较好地评估候选人在真实情景下应有的表现。这种方法既然能理想地测量候选人的实践智力，人们也就有理由相信，得分高者更能适应组织环境。

人事心理学家已经开发出了用于测试实践智力的工具，情景判断测验（situational judgment test，SJT）就能较好地帮助人们实现这一目的。经典的SJT需要候选人对一系列书面描述的场景作出可能的行为选择。每个假想的问题都描述了一个包括问题的情景，候选人要从一系列可能的反应中作出选择。SJT仍处在发展的早期阶段，关于它们效度的研究结果也不一致，对此，Motowidlo（1990）认为，在相当程度上，这是由缺乏决定性的证据来说明SJT的结构造成的。尽管如此，在学术界和实践领域仍有很多人对SJT产生了浓厚的兴趣。

SJT来源于情景测验（situational test），后者以各种形式已存在很多年了，如评价中心（assessment center）、情景面试（situational interview）等。在每种方法中，都会给候选人创设他们在工作中将会遇到的代表性情景，他们对这些情景的反应会被作为评价的对象。尽管相对简单的情景判断测验（SJT）许多年前就已出现，但更加普遍的情景测验是以测量被试对情景反应的真实行为为对象的（如评价中心）（File，1945）。但这些方法的成本和使用上的不便影响了其使用的广泛性，因此人们对另一种形式的情景测验（SJT）更有兴趣，这些测验以测量被试的投射性行为或被试认为他们在一定情景下将会采取的行动为对象。这一测验被接受的另一个原因是，近年来研究领域持续地对认知测验替代品的寻求。研究人员相信，SJT作为新的替代测验效度更理想且负面影响较小。

1.关于SJT效度的研究

SJT本身的效度一直存在争议。Motowidlo（1990）开发了一套被称为“低逼真模拟”（low fidelity simulation）的书面SJT测验工具，用来进行管理判断。他的研究结果和传统专家的观点不同，在采用不同绩效评估标准时，SJT的效度为0.28～0.37。在后续的研究中，他也发现了该工具良好的预测效果（Motowidlo和Tippins，1993）。同时Borman（1993）等人开发了用于军事研究的相似情景判断工具，他们发现SJT的测验分数和绩效评估之间的相关系数达到0.22。Smith（1998）

在更大范围内进行了研究，他发现SJT的预测效度为0.30。Jones（1997）在他利用电视手段进行SJT研究中发现，在被试不同但程序基本一致的两个研究中所得出的交叉效度（cross-validation）为0.22和0.24。

Sternberg（1993）、Wagner（1985）在他们关于内隐知识（tacit knowledge）的研究中运用了SJT的工具，他们发现，基于管理的情景判断分数和薪金、管理经验这类效标之间的相关系数为0.20～0.40。在他们的另一项研究中，他们还发现SJT分数和基于评价中心得出的绩效之间也明显相关。Sternberg（1995）发现，经理间的内隐知识和薪酬、在组织内的位置等级间也显著相关。最近，Mcdaniel和Finnegan（1997）等就SJT的效度根据95项研究进行了元分析，其结论是SJT的效度为0.56。

在SJT的结构效度（construct validity）方面，Chan和Schmitt（1997）认为，许多研究只是关心寻找传统认知能力测验的替代品，以减少对少数群体的负面影响，而不关心他们实际测量对象的结构。Mullins和Schmitt（1998）都认为SJT的内在结构和预测指标还没有被发现。Chan和Schmitt（1997）认为SJT在性质上是多维的，不同的预测指标可以预测它的不同维度。

2.SJT的作用机制分析

尽管多项研究都发现SJT分数和绩效之间显著相关，但对于SJT本身起作用的机制还存在争论，在解释SJT预测效力的问题上有两种主要观点。

（1）SJT捕捉了一种独特的结构。Sterberg和Colleagues（1995）认为对智力这一概念进行测验时应该超越传统的做法，它应该包括那种适应环境的独特能力（street smarts）。在他们看来，SJT能够形成测验这种结构的基础，他们称这一结构为内隐知识（tacit knowledge），它是指解决现实问题的能力，并且认为这种知识独立于认知能力，来源于经验（经验与内隐知识的获取有关，但并非所有有经验的人都能培育出一定的内隐知识，因此这两个概念是有区别的）。这种能力用于判断在复杂情景下应该怎么做。当然SJT若真是一种特殊且独立的结构，这必将导致传统预测方法出现重要的拓展。

（2）SJT本身没有什么特殊结构，它之所以是绩效的有效预测指标，是因为SJT反映了另一些结构的影响，而正是这些结构与绩效相关。Chan和Schmitt（1997）认为个体的判断在其性质上是多维度的，它是与解决一定问题有关的若干维度能力和技能的综合。换言之，SJT是这些因素起作用的缓冲变量，它调节了这些与工作有关的因素的影响，认知能力就是这些因素中的一个。在Mcdaniel（1997）的元分析中，他发现SJT和一般能力之间的相关系数达到0.53，而且认知能力可作为多数工作绩效的预测指标。同时，Borman（1993）发现经验和SJT得分、工作绩效之间都明显相关。因此，SJT之所以预测了绩效，是因为它是作为与工作有关的能力如认知、经验和绩效间的缓冲变量而起作用的。

与此观点相类似的是，Schmitt（1994）认为SJT的测验只是测了工作知识（job knowledge）。在以往的研究中，人们已经发现工作知识和绩效、认知能力、经验之间的相关关系。实际上，在绩效模型中，工作知识在认知与绩效之间起到调节作用（Hunter，1983）。这些研究似乎可以得出这样的结论：认知能力对绩效的直接作用不但很小，而且它对绩效的影响作用还是通过工作知识实现的。

就SJT本身的结构来说，Clause（1998）研究发现，SJT的结构可分为两个部分：一部分涉及与权威人物打交道；另一部分则涉及冲突处理和与同辈人相处。

3.SJT和其他因素之间的关系

以往的研究已经发现了认知能力、经验和绩效间的相关关系。这种关系似乎说明了，高认知能力的应试者比低认知能力者在面对SJT中的问题时，会有更好的行为表现。同样，工作经验丰富的人更可能学会成功应付SJT中的问题。因此可推知，认知能力、经验和SJT分数明显相关。除了这些简单的线性关系外，在预测SJT分数时，认知能力、经验之间会产生一些交互作用。在关于知识获得的研究中发现，在高（丰富）经验下，认知能力对工作绩效的预测力下降（Ackerman，1987）。Similarly（1989）则发现在低经验情景下，认知能力和工作绩效之间的相关性会高一些。

尽管关于SJT的研究是富有成效的，但其结果的不一致性却也不容忽视。例如，有研究发现SJT的测验分数和绩效（performance）、认知能力（cognititve ability）、经验（experience）之间的相关系数分别为0.19、0.45、0.20。而Mullins和Schmitt（1998）发现认知能力与SJT之间不相关（r=-0.0167）。同样，Pereira和Harvey（1999）也发现认知能力和SJT之间只是弱相关（r介于0.07～0.18）。在用经验和认知能力对SJT分数进行预测时，发现它们有一定交叉的倾向，认知能力与经验相比预测能力有所下降。其他研究表明（Hunter，1984），与认知能力测验不同，少数民族被试在SJT测验上的得分要稍好，与普通被试如多数群体间的差别变小。因此SJT提供了一个具有较好效度的，作为认知能力测验的替代品，并且它所产生的不利影响（adverse impact）也更小。David Chan（1997）的研究结果显示，在SJT测试得分、表面效度的评价（face validity reactions）方面，黑人和白人之间在VSJT（video-based SJT）上比纸、笔测试的差距明显要低。

但是在SJT测验上的种族差别要小于在认知测验上的原因尚不清楚。研究还发现，女性在SJT上的得分要略高于男性。在以往的研究中，很多SJT涉及了一些和顾客、同事、管理者之间的人际冲突。而以前的研究表明男女在一些人格特质上是有差别的，比如，在“大五”因素上，女性在conscientiousness、agreeableness、emotional ability三个因素上的得分都比男性高，而这些差别正和这些SJT所设的情景有关。

Jeff发现SJT调节了认知能力与绩效间的关系。SJT可以解释认知能力的所有预测效果，尽管在不同的样本中其程度并不一样。他的研究似乎部分支持了Sternberg的SJT能测量独特结构的观点，但更与Chan的观点相一致，SJT是一组与工作有关的技能和能力的多面体，SJT更应是一种方法而不是一种结构。

4.SJT测评的理论框架

SJT的多维度性可能反映了相对于工作绩效不同方面的工作知识。Clevenger调查发现，有初步的证据表明一些SJT测试了工作知识，这些知识调节了个体特质和工作绩效（job performance）之间的关系。他们特别强调，一些SJT测量了情景性的工作知识（contextual job knowledge），而这是周边绩效的前提（antecedent）。周边绩效正如Borman和Motowidlo（1993）定义的那样，是从任务绩效（task performance）中分离出来的工作绩效的一个方面。为了实施测验，Motowidlo和Borman（1997）提出了一个模型来说明这种关系（如图1所示）。这两种绩效分别有不同的前项，他们认为绩效的两个不同侧面有不同的前项。实质上，工作知识在前项和任务绩效之间起着缓冲变量的作用，而情景知识在前项和周边绩效之间起着调节作用。

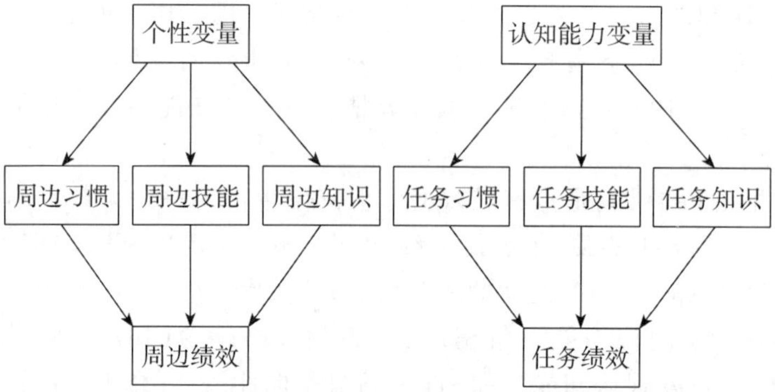

图1　SJT测量的理论模型

根据这一理论，他们指出以前关于SJT的研究之所以出现了彼此矛盾的现象，是因为SJT涉及的内容是不一样的，特别是工作知识的不同类型导致的问题焦点也不同，所以相应的SJT涉及的情景知识和工作知识应有不同的预测指标。Clevenger认为识别任务与情景间的不同可能正是解决SJT结构的关键因素。

Borman和Motowidlo（1997）指出了工作活动和周边活动的区别：（1）周边活动不支持技术核心，而是体现在社会和心理环境方面，周边活动的核心是主动提供支持；（2）周边活动在所有组织中的工作都是一样的；（3）任务绩效受效率的影响，而周边绩效受决心和倾向的影响；（4）周边活动不是基于角色描述的，它不被看成工作的正式部分。

Motowidlo（1997）根据他的理论框架，进一步说明了个性对周边绩效的影响是通过情景性的知识、习惯、技能实现的；而认知能力对任务绩效的影响是通过任务知识、习惯和技能实现的。该模型还有两个小交叉：一是认知能力影响了情景知识的获取，如在人际和社会反应中的记忆、信息处理、决策等；二是个性通过影响个体的反映方式和动机水平而影响了工作习惯。

Borman和Motowidlo（1997）认为对绩效的这两种区分可以找到不同的预测指标。为了验证个性和认知能力是否分别较好地预测了周边绩效和任务绩效，

Hongan和Rybicki（1998）检查了个性和周边绩效之间的相关情况，结果发现个性因素理想地预测了周边绩效，不管是新员工还是老员工。Van Scotter（1994）发现经验和任务绩效是相关的。

由此可见，SJT是一个多维的评估方法，它可以评价情景和工作知识。几乎在所有SJT中，总会有些内容是测试情景知识的，另外一些是测试任务知识的。与情景知识相适应的结构将用一定的个性特质指标来表征，如“大五”因素；其他测试任务知识的SJT的内容将用别的个体特质来预测，如认知能力。

5.SJT的新进展（VSJT）

早期的SJT多以纸笔的方式进行，现在基于电视的情景判断测验（video-based SJT，VSJT）已经越来越流行。这种方式的测验有如下优点：（1）由于使用电视，就有可能展示活动更细节的行为事件，因此，逼真的情景效果提高了测验的精确性；（2）对于那些不需阅读技巧的工作来说，伴有叙述的VSJT可给那些不善于纸笔测试的被试提供合适的评估方法；（3）边看边听和阅读是不同的，VSJT和真实环境之间更具拟合性；（4）VSJT可提高被试对于新工作的适应水平。当然VSJT的成本很高，剧本、拍摄、剪辑以及专业演员的使用都将提高成本。研究表明，制作好的VSJT成本大约为每分钟1 500美元，相关的设备还没有完全包括在内。更令人遗憾的是，这种新方法的效度也不够理想，Jones（1986）、Dalessio（1994）、Mchenry（1994）的研究分别发现VSJT的效度为0.38、0.13、0.34。

总之，VSJT有中等的且有意义的效度；它和认知能力相关，和经验的相关性较弱；它会对有些群体（少数群体）产生不利影响。关于VSJT的研究的确取得了进展，但仍不能完全解释这种测评方法的预测效果，而且SJT本身是不是一个独特的可测量的结构仍然没有结论。就VSJT和绩效间的关系解释来看，它不只涉及认知能力和经验两个方面，更可能涵盖其他因素，如认知、经验、个体间的其他差别等。

Weekley（1999）发现被试在基于书面的SJT得分比VSJT要高一些；Smiderle（1994）认为以书面的方式展示情景，比用电视里的播音员或演员陈述的方式加入了更多的认知成分。Chan和Schmitt（1997）的研究也证实了这一结论。

6.SJT面临的挑战

多数研究发现SJT和工作知识间的关系，但后续的研究应该进一步深入，如果SJT果真是测量工作知识的，这种研究应该和其他的对工作知识的测量强相关，如多重选择考试、工作经验的自我汇报、培训经验等（Pannone，1984）。从选择的角度看，那种认为SJT代表了对工作经验的测量的观点还需进一步论证。Hanson（1998）指出，用SJT作为挑选工具，是基于候选人具备了处理与情景有关问题的知识的假设。使用非常独特的或与特殊工作情景有关知识的SJT，可能因为候选人对相关经验的不可得而无法预测绩效。Mcdaniel的一项元分析发现，涉及细节不多的SJT比使用很多细节的SJT效度更高。因此，以后的研究可以对SJT的预测效度作更深入的探讨。

Tammy L（2001）利用Motowidlo（1997）的理论框架，对SJT的结构进行了研究，他发现，以“大五”因素为指标的个性因素比认知因素更好地预测了SJT中与情景知识有关的内容，即个性的确是情景SJT条目的强预测指标。为了进一步说明，他还作了周边绩效的结构效度研究，另一项情景绩效测试被作为聚合效度（convergent validity）的测验，且和情景SJT条目明显相关。同时，一项回归分析被作为区别效度（discriminant validity），结果发现与情景SJT条目不相关。

他的研究进一步发现，“大五”因素中有四个与周边绩效相关（开放性除外），但在用它们对情景SJT条目作回归分析时则发现，只有宜人性、责任性两个因素是有效预测指标。他还指出，个性和周边绩效之间的关系受到工作类型、水平的影响。在他的研究中，没有发现Motowidlo（1997）的理论框架中所说的认知对于任务绩效的预测作用。在对SJT条目作因素分析时，也只发现了“情景”这一个维度。因此以后的研究，针对一定工作，应该对任务绩效和周边绩效给出精确的定义。在此基础上开发针对任务绩效的独特测量工具，使它对周边绩效的敏感性降低，比如不使用管理者的评价作为效标。由此可见，关于SJT本身的结构问题的讨论还将持续下去。

与VSJT效率有关的很多问题也还没有得到解答，如VSJT比起传统的欠逼真（low fidelity）的纸笔测试来说，果真有了明显改进吗？未来的研究应该进一步比较基于电视的SJT和传统的SJT之间的效度。VSJT也许提高了情景的逼真度，但这种改进有没有提高预测的精确度尚是未知的。有人怀疑，电视也许只增加了不相关的情景信息。未来的研究应该突破这种简单的线性模式，以评估更复杂的多媒体应用的有效性。

从现实的观点来看，SJT是否代表了对工作知识的测验，或几种与工作有关的技能的影响，或与内隐知识类似的独特结构，所有的研究说明了书面的SJT是认知测试和其他传统预测工具的更好的替代品。尽管对于一些工作来说，SJT还不是一个合适的挑选方法，但多数岗位的绩效会因这种工具的开发与使用而提高。

资料来源　王小华. 评价中心的评分维度与评分效果［J］. 心理科学，2004（12）.

王垒. 实用人事测量［M］. 北京：经济科学出版社，1999.

漆书青. 现代教育与心理测量学原理［M］. 南昌：江西教育出版社，1998.

Weekley，Jeff A，Casey Jones. Further studies of situational tests［J］. Personnel Psychology，1999：679-700.

Schmitt，Neal，Jennings D，et al. Can we develop measures of hypothetical constructs?［J］. Human Resource Management Review，1999：169-183.

Lievens，Filip，Thornton G C. Assessment centers：Recent developments in practice and research［J］. The Blackwell handbook of personnel selection，2005：243-264.

Terpak，Michael A. Assessment center strategy and tactics［J］. Fire Engineering Books，2008.

第7章 /绩效评估

学习目标

1. 理解有效的绩效评估系统在组织中的作用。
2. 掌握有效的绩效评估系统必须符合的标准。
3. 掌握不同评估工具的主要方法。
4. 了解并掌握绩效反馈的过程和方法。
5. 了解绩效评估的新趋势。

7.1 绩效评估概述

7.1.1 绩效概述

虽然目前所用的绩效评估的体系和方法大都来自西方，但我国早在《尔雅》中就有对“绩”的解释，云：“绩，功也，又，业也，又，事也，又，成也。”“绩”，又通“績”“勣”，意为成就、功业（achievement，merit）；而“效”，又通“効”“傚”，本义为献出、尽力（present，devote to）。如果将两者简单地放在一起，绩效的意思就是功绩的呈现。在国外，学者们通过对组织进行大量的研究，对绩效进行了更为细致的研究和定义，比如，Borman和Motowidlo（1993）认为，绩效是“所有与组织目标有关的行为且此行为可依个体对组织目标贡献程度的高低予以衡量”。2010年，Campbell将绩效定义为“个人作为一个组织成员为完成组织所期望、规定或正式化的角色需求所表现的行为”。本书认为，这两个定义都较好地反映了个体绩效的内容及其与组织的相关性。在人事测评中，绩效往往作为评价选拔有效性的准则，因此，对绩效的评估在人事测评中非常重要。而在测评中，要考虑的一个重要问题是，绩效的范畴是什么？如果将其作为准则，又该如何对其测量？

1993年，Borman和Motowidlo在传统的任务绩效之外，提出了周边绩效（contextual performance）的概念，并构建了绩效的两维模型。该模型认为，个体绩效由任务绩效（task performance）和周边绩效两部分构成。现在一般认为，任务绩效是员工通过直接的生产活动、提供材料和服务对组织的技术核心所作的贡献，它表征的是角色内行为和结果；周边绩效表征的是角色外行为，它不在员工的工作说明书之中，也不在组织正式奖惩系统的覆盖范围之内，它更多依赖于员工的意志或者他们的自由。虽然周边绩效对组织的技术核心没有直接贡献，但它构成了组织的社会和心理背景，能够促进组织内的沟通，对人际或部门沟通起润滑作用，可以营造良好的组织氛围，对工作任务的完成有促进和催化作用，有利于员工任务绩效的完成以及整个团队和组织绩效的提高。周边绩效也是组织背景下的绩效，但并非所有的角色外行为都构成周边绩效，只有与组织背景以及工作情景相联系的绩效可以被视为周边绩效。和任务绩效更为关注工作结果不同的是，周边绩效是行为导向的绩效，它主要关注的是行为和过程而非结果。周边绩效通常包含以下行为：为了有效完成自己的工作任务所付诸的持之以恒的热情和超常规的努力；主动承担并非自己工作范畴内的任务；帮助他人及与他人合作；遵守组织规则和程序以及认同、支持和维护组织的目标。

在最近的文献中，有些作者提出，除了任务绩效和周边绩效外，还可以将反生产行为作为绩效的一种类型。反生产行为指的是对组织及其成员产生伤害的行为，作为角色外行为中的消极部分，反生产行为日益受到学术界和实践界的重视。Robinson和Bennett在1995年指出，反生产行为可以分为四大类型：①生产越轨，包括迟到，早退，故意怠工，延长休息等；②财产越轨，包括蓄意破坏设备，偷盗财产，收取回扣等；③政治越轨，包括表达偏好，挑拨是非，指责他人等；④个人攻击，如骚扰，恶言辱骂，危害他人等。

除了对绩效的内容加以界定外，人事测评领域对绩效的关注还在于测量的是最大绩效还是典型绩效。Sackett等学者在1988年指出，典型绩效指的是每日平时的工作，员工并不知晓他们的绩效可能会被观察甚至被评估，也并没有有意识地展现出他们的绝对最佳绩效水平，同时这种绩效是在较长时间中得到展现的，典型绩效代表的是日常活动中最广泛的部分。而最大化绩效正好与此不同，在某些情景下，员工知道自己在被评估，并受到外在或内在的指导而最大化他们的绩效水平，这种绩效通常是在一段时间中展现的。区分这两类绩效，对于选择合适的准则对测评的有效性进行衡量有指导性。通常认为，人们的绩效会受到动机和能力的影响，而在最大化绩效中，由于人的动机因素比较高，因此，最好将其作为对能力而不是人格特征等方面指标的准则。

7.1.2 绩效评估概述

如前所述，绩效通常指工作结果，以及影响工作结果的有关行为、表现及个人特点等。绩效评估（performance appraisal，PA）是考察员工工作业绩的一种管理制度，指根据人力资源管理工作的需要，评估员工的工作结果及其影响性行为、表现和个人特征的活动。它是管理者和下属之间的一种正规、双向性沟通反馈的讨论活动。

在绩效评估管理的组织模型中，比较重要的一个组成部分是组织的发展规划。不过，绩效管理与组织的发展战略及发展目标之间的关系常常被忽视。组织的各职能部门、各工作团队以及员工的活动必须与组织的发展规划和目标保持一致。否则，组织实现自己的发展战略的可能性是很小的。随着绩效计划与评价系统变得越来越普及，建立绩效管理与组织发展战略之间联系的必要性，越来越被组织所认同。将正式的绩效评估过程与组织的发展战略紧密联系的具体做法是在绩效评估过程的一开始就具体说明，为了实现组织的发展战略，组织所需要的绩效类型及水平。然后在绩效评估的过程中，再根据员工的实际绩效与绩效计划的一致程度来进行绩效评估。在理想的情况下，绩效管理系统将会确保组织内的所有活动都支持组织的发展规划。

7.1.3 绩效评估的目标

绩效评估的用途非常广泛，它与人力资源规划、人员招聘和选择、人力资源开发、员工职业生涯规划发展、报酬方案、员工关系等都有密切的关系。其管理目标可总结为三个主要方面。

1）发展规划目的

绩效评估系统应当将员工的工作活动与组织的目标联系起来。首先，界定为了实现某种发展规划所必需的结果、行为以及员工的个人特征是什么，然后再设计相应的绩效衡量和反馈系统，从而确保员工能够最大限度地展现出这样一些特征、表现这样的行为以及展现相关的一些结果。为了达到这样的发展规划目的，绩效评估系统本身必须要具有一定的灵活性。这是因为，当组织目标和发展规划发生变化的时候，组织所期望的结果、行为以及员工的特征也需要随之发生相应的变化。然而，实际的绩效管理系统常常无法达到这一目的。

有关调查显示，在所有被调查的组织中，仅有少部分组织有意识地运用了绩效评估系统来向员工传达组织目标。另外的一项有关对人力资源从业人员所进行的调查也发现，大多数组织的绩效评估系统都将重心放在管理和开发这两个项目上。

2）人事管理目的

组织在多项管理决策中都要使用到绩效管理信息：薪资管理、晋升决策、保留-解雇决策、对个人绩效的承认等。然而，尽管这些决策都十分重要，但是作为绩效信息来源的大多数管理人员，却都将评价过程视为一个为了履行自己的工作职责要求，而不得不经过的工作环节。他们甚至会觉得对员工进行评价，然后再将有关结果反馈给员工是一件让人感到麻烦或不舒服的事。因此，他们倾向于给所有的员工都打高分或者至少是给予他们相同的评价，从而使得绩效评估信息变得没有什么太大的用处。

3）员工开发目的

绩效评估的第三个目的是帮助组织对员工作进一步开发，以使他们能够更加有效地完成工作。当一位员工的工作没有达到理想的水平时，通过绩效评估可以发现他们的不足，从而帮助员工改善他们的绩效。在绩效评估过程中的评估反馈就是要指出员工存在的弱点和不足。然而从比较理想的角度来看，绩效评估系统并不仅仅是要指出员工的绩效不佳，同时还要找出原因，比如存在技能缺陷、知识不足或动机问题等，因此，目前的绩效评估系统往往更具有对员工开发的目的，其作用也从单纯的考核扩展到对绩效的日常管理上。

作为一个有效的绩效管理系统，其目的是将员工的活动与组织的发展规划联系在一起，为组织对员工所作出的管理决策提供有效的信息，同时还要向员工提供开发反馈。对于组织发展来说，达到上述这三个目的是至关重要的。

7.1.4 设计绩效评估系统

绩效评估系统的目标在于准确地对组织各个员工的工作业绩进行衡量。无论对于什么组织，有效的绩效评估系统都能够尽可能精确地对绩效标准的达成水平进行衡量。此外，有效的绩效评估系统还能够通过将绩效标准与组织内部和外部的需求联系起来，而发挥规划职能。有效的绩效评估系统中还包括一个根据环境约束所产生的影响，从而调整绩效评估系统的过程。因此，在设计评估系统时应该力求精确。

评估组织者要以有价值的结果为中心来对绩效进行界定，采用能够根据行为发生的相对频率来加以界定的那些绩效结果，同时将员工能够给工作或服务带来价值增值的各种方式都包括在绩效标准中（数量、质量、及时性、成本有效性、人际影响力）。另外，在绩效评估中将一些超出要求的行为——如组织公民行为也包括进来，这些行为超出了完成工作的必需行为，属于角色外行为，但它会有利于产生更大增值（如通过员工间互相帮助、维修设备等对组织绩效产生积极影响），研究发现组织公民行为与周边绩效关系更加密切。重要的是在绩效评估实践中，多数管理者已经自发地将员工的公民行为考虑进来。在此，在设计有效、科学的绩效评估系统时应该主动考虑这些因素，比如某企业的评估内容为：

个人特征——职务知识、强项、知觉协调、商业知识、成就动机、社交需求、独立意识、诚信度、创造性。

工作行为——执行任务、服从指导、发现问题、设备维护、遵守规则、提出建议。

工作结果——生产数量、生产质量、原料消耗、设备修理率、顾客满意度。

在设计评估系统时，管理者还应该将绩效维度与满足组织内外顾客需求联系起来，考虑环境因素可能带来的影响。

绩效评估的基本过程如图 7-1 所示。

7.1.5 绩效评估系统的标准

虽然不同的人对于用什么标准来评价一个绩效评估系统的有效性存在不同的看法，但是以下五个方面的标准是很值得重视的。

1）保持与组织发展规划的一致性

如果一个组织重视服务的质量，那么它的绩效评估系统就应该对其员工向顾客提供服务的好坏程度进行评价。发展规划的一致性所强调的是绩效评估系统需要为员工提供一种引导，使员工能够为组织的成功作出贡献。这就要求绩效管理系统具

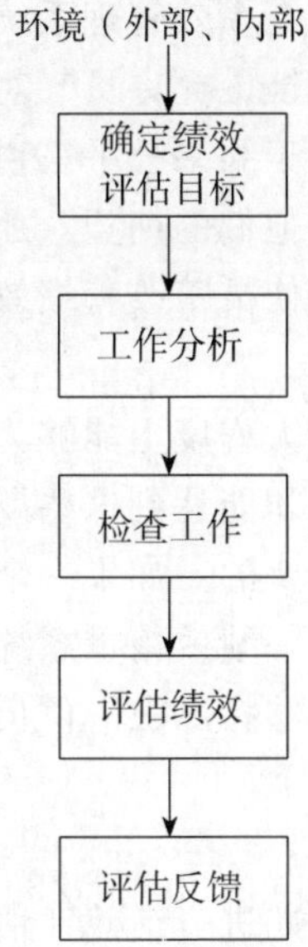

图7-1　绩效评估的基本过程图

有充分的弹性来适应组织发展的变化。当组织的发展规划改变的时候，其员工的行为也需要随之发生变化。而在现实中，许多组织的绩效管理系统并没有随着组织发展规划的变化而发生变化。

2）绩效系统的标准化

为了提高评估的效度和信度，绩效评估系统应该是标准化的，比如方法的同一性、正规性、评估系统的结构化程度。标准化的绩效评估系统应该具备一致的方法、结构化的绩效标准体系和标准化的绩效评估过程。绩效评估系统的标准化与评估的信度和效度有很大的关系。效度是指绩效评估系统对于与绩效有关的所有方面进行评价的程度；信度是指绩效评估系统的一致性程度。在绩效评估中，考察信度的一个重要指标是评价者信度，即对员工的绩效进行评价的个体之间的一致性程度。如果两个人对同一个人的工作绩效所作出的评价结果是一样的，那么这种绩效评估系统就具有了较高的评价者信度。有研究表明，大多数由监督者对员工的工作绩效所作出的主观性衡量都表现出较低的信度。对于某些绩效评估指标来说，所有这些评价项目的内部的一致性是非常重要的。此外，对绩效的衡量还应当具有时间上的信度。

3）绩效系统的可接受性

可接受性是指运用绩效评估系统的人是否能够接受它。许多经过精心设计的绩效评估系统具有较高的信度与效度，但是由于这些系统往往会耗费管理者们较多的时间，因此，常常会被拒绝。可接受性受到员工们对绩效管理公平性评价的影响。能够被感知到的公平可以划分为三种类型：程序公平、人际公平以及结果公平。在设计和使用绩效管理系统的时候，管理者应当采取适当步骤，以确保绩效管理系统被大家认为是公平的。如对于程序公平来说，要对不同的员工进行评价时采取一致的标准，以及给予管理者和员工参与绩效管理系统设计过程的机会；对于人际公平来说，要给员工提供及时全面的反馈，允许员工对绩效评估结果提出质疑，在尊重和友好的气氛中提供结果反馈；对于结果公平来说，要就薪酬、绩效评估及其标准问题与员工交换意见，告诉公司对他们的期望。那些被认为是不公平的绩效管理系统往往会在使用上出现失误，或者使员工改善绩效的心理受到打击。

4）绩效系统的明确性

明确性是指绩效衡量系统在多大程度上能够为员工提供一种明确的指导，告诉他们组织对他们的期望，以及如何才能达到这些期望的要求。明确性对于绩效管理的发展规划目的和开发目的都是重要的。如果一个绩效衡量系统没有能够确切地告诉员工他们必须做些什么，那么这一绩效衡量系统就很难达到其发展规划目的。此外，如果这一绩效衡量系统没有能够指出在一位员工的绩效中存在的问题，改善也就无从谈起。

5）绩效的评价期

一般情况下，组织会在特定时期进行绩效评估。一般是月度、季度、半年或一年一次，但在新员工试用期结束前也会有一次评估。评估期可从每个员工被录用的起始天算起，或者对所有员工都在同一时间进行评估。这两种方法各有优点，具体要视组织的绩效政策而定。

6）合格的评价者

评价者应该接受良好的培训，并且培训中要强调评价是管理者工作的重要组成部分。具体内容要包括如何评价、评价反馈和有关书面说明。特别要注意的是，应当强调作出客观、无偏见的评价的重要性。

7.2 绩效评估的基本方法

组织可以通过将重点集中在员工的个人特征、行为或者结果方面来对绩效进行管理，还可以对个人之间的绩效进行总体上的比较。本节中，将介绍一些常用的绩效评估方法。

7.2.1 比较法

绩效评估的比较法中所包括的技术，主要是要求评价者拿一个人的绩效去与其他人进行比较。这种方法通常是对一个人的绩效或者是价值进行全面评价，并且设法对在同一群体中的所有人排序。

（1）排序法。排序法是一种较为常用而传统的评估方法。它根据某一绩效标准，将全体被评估人员的绩效从高到低进行依次排列。排序法又分简单排序法和交替排序法。简单排序法要求管理者将本部门的所有员工按绩效从高到低进行排序。而交替排序法则要求管理者首先对需要接受评价的员工名单进行审查，然后从中挑出谁是最好的员工，将这个人排为第一，接着从剩下的名单中找出谁是最差的员工，将其排为最后，以此类推，排出所有的次序。

（2）强制分布法。这种方法也采取排序的形式，只不过对员工的排序是以群体的形式进行的。这种技术要求管理人员将一定比例的员工放入事先定好的各种不同的种类中去。实施过程中要将部门绩效和员工个人绩效结合起来，例如，在绩效最差的部门中，只有1%的员工能够得到最高一级的评估结果，而在绩效最好的部门中，则可以有5%~8%的员工获得最高等级的评价。在某些情况下，强制分布法会迫使管理者根据分布规则的要求而不是根据员工个人的绩效来将他们进行归类。比如说，即使一位管理人员的所有下属的绩效水平都高于平均水平，这位管理者也会被迫将某些员工的绩效评估为最差。

表7-1是强制分配法的一个例子。

表7-1 **强制分配法**

	评估等级				
	绩效优秀	绩效较好	中等绩效	需要改进	没有达到绩效标准
比例	5%	15%	60%	15%	5%
员工	员工A	员工B	员工C	员工D	员工E

（3）配对比较法。配对比较法要求管理者将每一位员工进行一对一的比较，在全部的一一配对比较都完成之后，管理者对所得分数进行加总，这就是员工的绩效评估分数。配对比较法对于管理者来说是一项很费时间的绩效评估方法，并且随着组织变得越来越扁平化、控制幅度越来越大，这种方法会变得更加耗费时间，没有效率。表7-2是一个配对比较法的例子。

表7-2 **配对比较法：工作总体表现评估**

	A	B	C	D
A		+	+	-
B			+	-
C				-
D				
对比结果	2	3	4	1

应当注意的是，不同的方法在不同的目标下，其效果是不同的。比如，当绩效评估系统的目标主要是为了区分员工的绩效的时候，那么比较法无疑是有效的；如果绩效衡量的结果是被用在加薪、晋升等此类管理决策方面，这种方法显得尤其有价值。此外，这种方法相对来说比较容易设计而且在大多数情况下都比较容易被使用。

但是这类方法所具有的一个问题是，它难以和组织的发展战略联系在一起。尽管评价者可以根据员工个人的绩效对组织发展战略的支持程度来进行评价，但是这种联系常常并不明显。此外，由于这种评价方法具有主观性，所以它们的实际效度和信度往往取决于评价者本人。从反馈的目的来说，在比较法中所使用的这些技术还缺乏明确性。由于对于员工的绩效评估仅仅是根据对员工的相对排序得出的，员工不太清楚他们应当采取怎样的做法以改善绩效，因此，许多员工和管理者都不愿意接受根据比较法所得出的绩效评估结果。这是因为，每个人的评价结果都取决于自己与群体、团队或者部门中的其他人之间的相对比较状况而不是绝对的绩效标准。

7.2.2 特质法

绩效管理的特质法关注的是员工在多大程度上具有对组织成功有利的特质，这一概念取自于人格或个性心理学中的特质理论。在这种方法中被使用的一些技术通常都要涉及一系列特质，如主动性、责任性等，通常根据这些特质来对员工进行绩效评估。评价量表法是特质法中经常用的方法。这种方法的做法是在评价清单中列举每一项特质，如知识、能力、技能、主动性、创造性等，然后根据五分或七分的评价尺度来进行评价。评价者一次只要考虑一位员工，然后从中找出与被评员工最为相符的分数。和排序法相比，评价量表法更多地以某种尺度或标准为参照体系对员工进行评价。以下是基于特质法的评价量表法的一个简单例子。

指导语：用下列评价量表按每一品质评价员工。

5=优秀；4=良好；3=中等；2=需改进；1=不可接受。

衣着和仪表　1____2____3____4____5____

自信心　1____2____3____4____5____

诚信度　1____2____3____4____5____

工作态度　1____2____3____4____5____

合作　1____2____3____4____5____

热情　1____2____3____4____5____

知识　1____2____3____4____5____

使用这种方法，首先要对所评价的某类工作进行分析，找出反映工作绩效优劣的关键特质，再以一定的评价量表方式形成绩效评估表。通常，评价量表法需作维度或因素分解，可以采用5分或7分评分法。为了让评估者更好地理解和使用评价量表，可以对评价要点和评价尺度进行说明。表7-3是某企业所采用的管理人员绩效评估表。表7-4是某企业所采用的销售人员绩效评估表。

特质法比较易开发，而且对于各种不同类型的组织都具有普遍适用性。此外，如果在界定与工作有关的特质时多加注意，并且能够在评价工具中对这些特质作出仔细的定义，那么特质法就会成为一种与那些设计复杂的衡量技术具有同等信度和效度的绩效评估方法。

表7-3　　管理人员绩效评估表

评价因素	评价要点	评定尺度
工作态度	把工作放在第一位，努力工作 对工作表现出积极态度 勇于承担工作责任	优 良 中 可 劣 5 4 3 2 1
工作组织和安排	正确理解工作指示和方针，制订适当的实际计划 按照下属的能力和个性合理分配工作 放手让下属完成工作 及时与有关部门进行必要的工作联系 在工作中始终保持协作态度，顺利推动工作 主动努力改善工作和提高效率	优 良 中 可 劣 5 4 3 2 1
管理监督	十分注意生产现场的安全卫生和整理整顿工作 妥善处理工作中的失败 安排好临时追加的工作任务	优 良 中 可 劣 5 4 3 2 1
指导协调	经常注意保持提高部下的劳动积极性 积极训练、教育下属，提高他们的技能和素质 注意进行目标管理，使工作协调进行	优 良 中 可 劣 5 4 3 2 1

表7-4　　销售人员绩效评估表

评价因素	评价要点	评定尺度
成果目标	销售目标达成 货款回笼 不低于指定价格销售 销售成本控制	优 良 中 可 劣 5 4 3 2 1
工作态度	积极从事所分配的工作 对待难度大的工作也能积极接受，努力去做 工作中很少有时间或经费上的浪费 及时进行业务联系和工作汇报	优 良 中 可 劣 5 4 3 2 1
业务活动	正确掌握所分配的业务目标，采取有效行动 努力想办法提高营业额和开辟新市场 从企业全局的立场出发，与同事协调配合工作 以诚意对待顾客或用户，为提高企业信誉作出贡献	优 良 中 可 劣 5 4 3 2 1

不过，特质法在有效的绩效评估系统中应该具有的几个标准方面却存在缺陷。首先，这种技术与组织的发展规划之间常常不够一致。这些方法之所以会被使用，是因为其开发比较容易，适用于任何组织和任何发展规划。其次，这些绩效衡量方

法常常只有非常模糊的绩效标准，因而可能会导致不同的评价者对于绩效标准作出不同的解释。正因为如此，不同的评价者常常会得出差异非常大的评价等级和绩效顺序，结果使得这些方法的效度和信度都比较低。事实上，特质法中没有一种技术能够为员工提供具体的指导，告诉他们应当怎样去对组织的目标提供支持，或者应当做些什么去改进个人的绩效。此外，当评价者提供绩效评估反馈的时候，这些技术也往往会引起员工的抵触心理。

对特质法的改进是在明确要考察的特质后，辅以行为说明，通过行为解释、定义的方法使操作者准确理解某特质的含义。对特质行为化、操作化的做法，也有助于提高特质法的信度和效度。

7.2.3 行为法

绩效管理的行为法是一种试图对员工为有效完成工作所必须显示出来的行为进行界定的管理方法。该方法的主要内容是：首先利用各种技术来对这些行为加以界定，然后要求管理者对员工在多大程度上显示出了这些行为作出评价。调查表明，行为评价法的优点在于，能够将高绩效者和低绩效者区分开，有一定的客观性，便于提供反馈和确定培训需求，在实践中也更容易使用。

1）关键事件法（key events）

关键事件法要求保存最有利和最不利的工作行为的书面记录。不管这种行为对组织的效益产生了积极还是消极的影响，管理者都应予以记录，这些事件就是关键事件。在评估过程中，管理者就可运用这些记录和其他资料对员工业绩作出评估。

在分类方面，有积极关键事件和消极关键事件两类。前者指因表现某事件而对业绩产生突出贡献；后者则指因表现了某事件，而明显降低或损害了业绩表现。

2）混合标准量表法（mixed standard scales）

混合标准量表法是对传统的评价量表法的改进。它是由美国学者伯兰兹和吉塞利在1972年提出的，其基本用意在于打乱考评维度，掩盖评分等级，从而减少评估者的主观误差。

混合标准量表在设计时，首先必须对相关绩效维度进行界定，然后对每一个维度内部代表好、中、差绩效的内容加以阐明，最后再在实际评价表格的基础上将这些说明与其他维度中的各种绩效等级说明混合在一起进行评价。

这种方法要求评价者注明被评价员工的实际情况是高于、等于还是低于陈述中所描述的水平来填写评价表格，然后再根据一个特定的评分标准来确定每一位员工在每一种绩效维度上的得分。混合标准尺度法最初是被作为特质导向的评估量表开发出来的，但现在这种技术更广泛地被用于以行为描述而不是以特质导向描述为基础的绩效评估工具之中。表7-5是笔者采用混合标准量表为某公司设计的绩效评估体系的部分内容。

表7-5　　某公司采用的混合标准量表

部门：　　被评估人：　　岗位：　　评估时间：

说明：下表中是有关员工平时表现的一些描述，对于每一描述来说，如果您觉得被评估的员工的行为好于该描述，请在有"+"号的那一栏里打勾，如果和该描述差不多，则在有"="号的那一栏里打勾，如果比该描述差，则在有"-"号的那一栏中打勾。请根据该员工的实际表现进行评估。

项目	+	=	-	考察特质
A_1具有良好的大局观，努力协作完成本部门工作，并配合其他部门共同完成公司的目标，如在公司面临紧急情况时，能和本部门人员及其他部门通力合作，及时达成公司目标（好的关键行为）				企业意识
A_4经常与同事探讨工作方法和质量的改进（好的关键行为）				改进工作
A_3在工作中，常常不能意识到个人的工作应以公司和部门的利益为主（差的关键行为）				企业意识
A_2能意识到本部门的工作目标，必要时也能给予其他部门一些配合（一般的关键行为）				企业意识
A_9对其他部门和同事的工作成就满不在乎，对下级成员的贡献没有及时给予鼓励（差的关键行为）				团队领导
A_5有时会和下属人员探讨工作方法和质量的改进（一般的关键行为）				改进工作
A_6当同事向自己请教时，表现得很不愿意（差的关键行为）				改进工作
A_7积极向上级领导推荐表现好的下属成员（好的关键行为）				团队领导
A_{10}积极鼓励团队的所有成员共同探讨和解决问题（好的关键行为）				团队合作
A_8对部门和其他同事的工作成就不太在乎（一般的关键行为）				团队领导
A_{12}很少听取团队其他成员的意见，在团队中往往自己说了算（差的关键行为）				团队合作
A_{11}有时会让团队的其他成员共同探讨和解决问题（一般的关键行为）				团队合作

在表7-5中，考察了员工绩效中的部分关键指标，这些指标用关键行为的方法来描述，而这些行为分成好、一般和差三种类型。这里面的假设是员工的绩效表现根据该序列应该是有规律的，即如果某员工在差的关键行为上得到的评价是"-"，则其在"一般"和"好"的关键行为上的得分只能是"-"。这样就可以形成一个得分组合，对于每一绩效指标来说，其可能得分情况见表7-6。

表 7-6　　部分关键行为可能得分情况

好的关键行为	一般的关键行为	差的关键行为	得分
+	+	+	7
=	=	+	6
-	=	+	5
-	-	+	4
-	=	=	3
-	-	=	2
-	-	-	1

由于在具体应用时将各评价指标的行为描述打乱，同时得分是由三种情况的组合来决定的，一定程度上可以减少评价的误差，故这种方法有时又被称为模糊考绩法。

3）行为锚定等级评价法

这种方法建立在关键事件法基础之上。设计行为锚定等级评价法的目的主要是，通过建立与不同绩效水平相联系的行为锚定来对绩效维度加以具体的界定。在同一个绩效维度中存在着一系列的行为事例，每一种行为事例分别表示这一维度中的一种特定绩效水平。在设计行为锚定等级评价法之前，首先必须搜集大量代表工作中的优秀和无效绩效的关键事件。然后再将这些关键事件划分为不同的绩效维度，那些被专家们认为能够清楚地代表某一特定绩效水平的关键事件将会作为指导评价者的行为事例。管理者的任务就是根据每一个绩效维度来分别考察员工的绩效，然后以行为锚定为指导来确定在每一绩效维度中的哪些关键事例与员工的情况最为相符，这种评价就成为员工在这维度上的得分。

行为锚定等级评价法示例如图 7-2 所示。

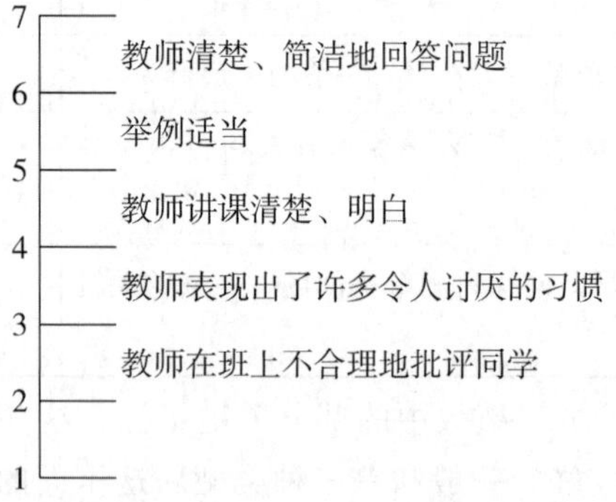

图 7-2　态度：大学教授的课堂教学技能

行为锚定的优点是可以通过提供一种精确、完整的绩效维度定义来提高评价者信度。缺点是它在信息回忆方面存在偏见，也就是说，那些与行为锚定最为近似的行为是最容易被回忆起来的。研究还证明，管理者和他们的下属在行为锚定等级评价法和特质评价法之间实际上是不怎么进行区分的。

4）行为观察评价法

它是行为锚定等级评价法的一种变异形式。与行为锚定等级评价法一样，行为观察评价法也是从关键事件中发展而来的一种绩效评估方法。但是行为观察评价法与行为锚定等级评价法在以下方面有所不同：行为观察法并不剔除那些不能代表有效绩效和无效绩效的大量非关键行为，相反，它采用了这些事件中的许多行为来更为具体地界定构成有效绩效（或者会被认为是无效绩效）的所有必要行为。比如说，行为观察评价法可能不是仅仅利用4种行为来界定在某一特定绩效维度上所划分出来的4种不同绩效水平，而是会用上15种行为。行为观察评价法并不是要评价哪一种行为最好地反映了员工的绩效，而是要求管理者对员工在评价期内表现出来的每一种行为的频率进行评价，最后再将所得的评价结果进行平均之后得出总体的绩效评估等级。这种方法的主要缺点在于所需要的信息可能会超出多数管理者所能够加工或记忆的信息量。一个行为观察评价体系可能包括几十种行为，管理者要记得员工在过去相当长的一段时间内某行为发生的频率，其难度较大。

5）叙述法

基于行为的方法也可用叙述法进行评估，它需要评价者写一篇简洁的记叙文来描述员工业绩。这种方法倾向于在员工工作中的突出行为，而不是每天的一般业绩。当然这种方法与评价者写作能力的关系较大。写作水平的好坏会影响实际的评估。在实践中，这是一种简便易行的方法。

其他的绩效评估方法还包括组织行为修正法和评价中心法，修正法通过一套正式的行为反馈与强化系统来管理员工的行为。该系统是建立在动机理论的基础之上的，该理论认为，员工将来的行为是建立在过去被强化的行为基础上的。此方法界定关键行为，然后评价这些行为是否表现出来，最后对员工工作反馈并为他们制定目标，设定员工应该表现这些行为的频率。评价中心法原来主要用在对员工的选拔方面，现在也大量运用在绩效评估中。受评者要完成大量模拟任务，如角色扮演、公文筐测验等，具体内容参见本书有关章节。

总之，行为法是一种非常有效的绩效评估方法。它可以将组织的发展规划与执行所必需的行为类型联系在一起；它能够向员工提供关于组织对他们的期望；大多数行为法都依赖深度的工作分析，因此，被界定出来以及被衡量的行为都是很有效的，可接受性通常也很高。其主要缺点在于它与该系统所使用的组织背景有关。尽管行为法可以与组织的发展规划紧密联系在一起，但是却必须对行为以及行为的衡量进行监控从而确保与组织的发展规划联系在一起。这种方法还假设存在一种最好的方法及可以确认出来的行为。研究发现，管理者认为在行为和结果之间存在清晰的关系的时候，他们往往努力去控制这些行为。当联系不清楚的时候，他们就倾向于依赖对结果的管理。因此，行为法可能最为适合不太复杂的工作。

7.2.4 作业标准法

作业标准法是指评估时用预先确定的标准或期望产生水平来对员工的业绩作出评价。这种方法主要用于可以量化的生产性工作中。具体实施时还会用到时间、动作研究等。这一方法注重的是对结果标准的管理以及一种工作或某一工作群体的可衡量性结果。这种方法假设绩效衡量过程中的主观因素是可以清除的，工作的结果是对员工为组织的有效性所作出的贡献进行衡量的最为接近的指标。

作业标准法中代表性的方法是目标管理法。组织的最高管理层首先要为组织确定一定期限的发展规划。接着这些目标会被传达到下一级管理层，这一层级上的管理者就需要进一步明确，为了帮助组织达到总体目标，他们应当完成哪些子目标。这种目标确定过程会依次延续下去，直到组织中的所有管理者都确定了能够帮助组织实现总目标的个人目标为止。而这些目标就成为对每一位员工个人的工作绩效进行评价的标准。方法对目标要求确定具体、有一定难度和客观性。

标准法依赖客观可量化的绩效指标，可将主观性降到较低的程度，容易为管理者和员工双方接受。另外，它将员工绩效水平与组织发展规划和目标联系起来。其缺点是：客观衡量有时也有缺失，它们会受到一些不受员工控制的因素所影响，另外并非工作的所有方面都可用客观法加以衡量。

7.2.5 质量法

提高顾客满意度是质量法的一个主要目标。在绩效衡量系统中既强调人的因素，也强调系统的因素；强调管理者与员工应当共同努力来解决绩效问题，采用多种信息来源来对人和系统的因素进行评价。但现有的大多数绩效管理制度都是根据数量而不是质量来衡量绩效的。尽管员工对于他们自己的工作结果好坏是负有责任的，但是他们对自己的工作结果却并不具有完全的控制权。质量法的倡导者指出，绩效评估的重心应当放在向员工提供反馈上，从而告诉他们在哪些领域可以有所改善。其中，反馈是很必要的，即从上级管理人员、同事、顾客那里所得到的关于员工个人品性的主观反馈。

从上级管理人员、同事、顾客那里所获得的反馈应当建立在合作性、态度、主动性以及沟通技能等维度上。在绩效评估过程中还应当包括一次关于员工职业生涯发展的讨论。质量法还非常强调，绩效评估系统应当避免对员工的总体绩效进行一般性总结评价（例如，用优秀、良好、较差这种等级划分的方法）。这是因为，对员工进行归类的做法被认为会鼓励他们按照自己所获得的绩效评估等级的期望来确定自己的行为。比如，绩效“一般”的员工就不会受到改善自己绩效的激励，相反，他们会继续按照所得评估等级的期望来重复原来的行为。此外，由于员工对于自己所在的工作系统的质量并无完全的控制力，因而员工的绩效评估结果不应当与薪酬联系在一起。薪酬应当依据现行市场工资率、资历、组织发展现状来确定，然后再公平地分配给所有的员工。

质量法将特质法与结果法结合起来进行绩效评估。这是一种制度导向型的评价方法。与传统注重对员工个人绩效评估的方式不同，质量法提倡对人格特质的评估，而这些特质是很难与工作绩效直接联系起来的，除非组织结果是建立在团队基础上的。所以，有效的方法往往是将两种或两种以上的方法联系起来的绩效评估方法。

7.3 绩效评估系统的设计

开发绩效评估系统主要是人力资源部门的职责。开发工作不仅仅要求选择一个适当的评估工具，人力资源专家们也必须确定如何实施它。

7.3.1 获取对评估系统的支持

一个评估系统如果得不到组织全体人员的支持，它就不容易取得成功。这一系统必须要被评估人、员工和管理高层所接受。如果一线经理人员不赞成使用这一系统，他们就会直接抵制。他们不会配合人力资源部去完成有关评估事务；员工不信任系统时，他们的士气和动机也会受到影响。为此，人力资源部必须设法取得管理高层的支持。高层经理必须同意将系统在组织内进行推广，投入充分的资源，通过每个人都必须遵守的程序来示范适当的行为。同时，人力资源部门还要寻求员工的一定投入，要鼓励使用者，如经理或主管们参与系统规划以加强对其的支持。

7.3.2 选择适当的评估工具

人力资源专家在选择评估工具时，应当考虑很多因素，特别要注意下列因素：

（1）工具的实用性。如果组织要求执行一项需要花几年工夫加以开发的工具，在时间成本上就显得很不实际。或者有时该工具所要求的是评估者不能直接观察到的行为，或超出评估者的能力、精力限制都是不合适的。

（2）成本因素。评估系统的成本包括开发成本、执行成本（如培训、有关书面材料、场地等）、使用成本等。但需要注意的是，有些简单的工具，表面成本可能较低，但它可能隐含着一定的其他成本，所以在选择时并不能只注重表面的经济成本。

（3）工作性质。被评估的工作性质与不同评估工具的恰当性有重要关系。比如，行为锚定式量表要求评估者评价员工的行为，但是，有些工作并不能提供这种观察行为的机会，领导经常不能有足够的时间和一线的员工待在一起。此时，他们在评估时往往依赖二手资料，这样就降低了评估效度。

同样，管理者应该将目标管理用在容易测量产出的工作上。因此，评估工具依赖于实际上能收集到的关于某个特定工作的数据类型。当试图在一种以行为为基础的方法与一种结果取向的方法之间作选择时，企业的有关专业人员应该考虑如果有关工作具有需要的行为类型，并可能观察到时，就可以使用以行为为基础的方法；

如果可以得到有效的产出，用类似于目标管理式的结果法较好。如果两种情况都不存在，用图解式评定表更合适；如果两种情况都存在，两种方法都可以。在评估实践中，一般说来，高、中层管理者通常以结果法加以评定，较低层次者常按行为取向的标准进行评价。

7.3.3 选择评估者

在实际使用中，被评估人的上级、同事、下属都可提供绩效评估意见。其中，95%的评估是由直接上级主管完成的。评估作为管理手段，为管理者提供了一种引导和监督员工行为的方法，这是主管对下属进行控制的体现。

越来越多的公司正在使用同事评分作为对主管评分的补充。他们从不同的角度来看待有关个体的绩效。主管们掌握的多是有关工作要求和绩效结果的资料；同事则会以更加现实的眼光来进行评价。这种选择有利于消除偏见，提高员工对评估的接受性。但当组织的奖励系统具有竞争性时，同事们可能会感觉到某种利益冲突而降低评估效度。同事间也会因友谊的存在与否而使得评分不可靠。当评估用于开发时，自我评价更加有效。

7.3.4 确定评估的恰当时间

具体评估时间的选择，不同的公司各不相同，但许多公司都避免较频繁的评估，因为这样太浪费时间。然而，不同次评估间相隔时间太长又会引发另一个问题，评估者可能很难记得在一定时期内发生的所有有关事件，为了避免这一问题，评估者特别是员工的直接主管或经理要保存员工绩效的记录。

7.4 绩效信息的选择与反馈

在多数组织中，人力资源部门负有协调设计和执行绩效评估方案的责任。应当注意的是，一线管理人员起的作用非常重要，他们可能对评价方案的具体实施负责。无论是使用哪种绩效管理方法，都必须作出一个决定，这就是应当让谁来作为绩效衡量的信息来源。

7.4.1 绩效评估的信息来源

每一种信息来源都有其特定的优点和缺点。在这里，将分别讨论五种基本的绩效评估信息来源：上级管理者、下属、同事、被评价者本人和内外部顾客。

1）员工的上级管理者

管理人员是最经常被作为绩效评估信息来源的人。他们对于下属所从事的工作具有全面的了解，并且有充分的机会对员工进行观察，也就是说，上级管理者有能力对他们的下属员工作出评价。此外，由于他们能够从下属员工的高绩效中获得某种利益，因下属员工的低劣绩效而受损，因此，他们有充分的动力去对下属员工的绩效作出精确的评价。管理者所提供的信息反馈通常与工作绩效具有非常强的相关性。但有时让他们这样做也会产生一些问题。Heidemeier和Moser（2009）研究认为，管理人员对下属的绩效评估并不能完全真实地反映出下属的绩效。比如，在某些工作中，管理者本人并没有足够的机会来监督下属员工。此外，由于有些管理者对于某一特定的员工可能存在很大的偏见，因此，如果把这些管理者作为唯一的信息来源的话，就很可能会导致对这位员工的绩效评估结果不精确。他们可能有意偏袒某些人，这是组织中存在的一个事实。但是在绩效管理过程中，这种现象却必须尽可能地加以减少。因此，绩效评估系统必须努力使得偏袒现象对于绩效评估产生影响的机会减少到最低程度。达到这一目的的方法之一是不要仅仅依赖一位管理者的评价来确定员工的工作绩效。

2）被评价人的下属

在对管理者进行评价的时候，其下属是一种有价值的绩效信息来源，他们常常是最有资格来评价上级是如何对待他们的。最近的研究发现，当管理者知道从下面反馈上来的信息是哪些员工提出来的时候，他们对这种绩效反馈的看法往往也更积极一些，可是下属人员却往往愿意以匿名的方式提供绩效反馈。采用下属评价所产生的问题是，这种评价方法赋予了下属员工超过他们上级管理者的权力，因此，这会使得管理者陷入困境。这会导致管理者更为重视员工的满意程度而不是工作表现。不过，上述情况仅仅会在绩效评估的结果被用在管理决策方面时才会出现。与同事评价一样，仅仅将下属员工的评价用在管理人员的开发方面是一种明智的做法。为了确保下属员工不会担心遭到管理者的报复，下属评价有必要采用匿名的方式，并且至少要有数名员工对同一位管理人员进行评价。

3）被评价人的同事

绩效评估信息的另外一个来源是被评价员工的同事。同事不仅通晓工作的要求，而且也最有机会观察被评价者日常工作活动。同事往往有着不同的看问题的角度，而这种角度对于全方位地评价一个人的绩效是非常有价值的。利用员工的同事来进行绩效评估的缺点是他们与被评价者之间的关系可能会造成评价的偏差。另一个缺点是，当绩效评估的结果是被用于管理决策依据时，同事之间常常发现，无论是作为评价者还是作为被评价者，他们都感到不舒服。然而，如果评估的结果仅仅是被用在开发的目的上，那么同事之间对这种评估的反应就比较积极。

4）被评价者本人

虽然自我评价并不经常被作为绩效评估信息的唯一来源，但是它仍然是非常有价值的。显然，员工是最有机会对自己的工作行为进行观察的人了，同时，他们通常也能够获得与他们的工作结果有关的信息，员工自我评价有利于在绩效反馈时主管与员工形成有利的对话。

5）内外部顾客

许多组织都会把顾客纳入绩效评估体系中。顾客经常是唯一能够在服务现场观察员工绩效的人，因此，在这种情况下，他们就成了最好的绩效评估信息来源。在下列两种情况下，最适合采用让顾客来评价员工绩效。第一种情况是，员工所从事的工作需要其直接为顾客提供服务，或者需要为受服务者联系在组织内部所需要的其他服务。第二种情况是，当组织希望通过搜集信息来了解顾客希望得到什么样的服务时，利用顾客评价的方式也是很合适的。也就是说，顾客评价在这里将组织的发展规划与人力资源活动联系在一起，从这种目的出发让顾客进行的评价不仅有助于评价员工的绩效，而且有助于确定组织是否应当在人力资源活动方面（例如培训、薪酬体系等）有所改变。

上述方法并不是相互独立或排斥的。实际上组织在通常情况下，从多种不同的信息来源获取绩效评估信息的做法往往会使绩效管理过程更为准确和有效，现在的趋势是所谓的360度绩效评估法。这种技术的做法是让多位不同的评价者（上级、同事、下属、顾客）来对同一位员工的绩效进行评价。这种技术的一个主要优点是，它提供了一种将在其他主观评价技术中容易出现的偏差降到最小的有效手段。

一个包含各种身份评价者的评价系统会占用更多时间，费用也较多。但不管如何，在评价系统中，参与者之间的高度信任和对他们的培训是必需的。

7.4.2 绩效评估中的误差及其控制

人类在加工信息方面具有非常大的局限性。因此，人们往往采用“直观判断法”或者是简单的推理来进行判断，而这样会导致评价者误差的出现。此外，绩效评估过程还有可能会被人为地加以扭曲。

1）偏见误差

员工通常都熟悉评估的时间，所以有时，他们会在评估之前的一段时间表现较好，但对于管理者来说，由于近因效应的影响，他们记忆这些事件的可能性要大于远期行为。在评价过程中，评价者会在员工的个人特征，如种族、宗教、性别、年龄、外貌等方面产生偏见。另外，评价者在评价与自己属于相同类型的人的时候，往往会比对那些与自己不是同一类型的人作出的评价要高。

2）对比误差

对比误差发生在人们将一个人与另外一个人进行对比，而不是与客观的标准去进行对比的时候。比如，假定有一位很有能力的员工是与一群出色的同事在一起工作。那么，如果这位员工的绩效因为其同事的出色表现而被评低，这个时候就出现了对比误差。

3）分布误差

分布误差是在评价者倾向于仅仅使用评价尺度中的一部分来进行评价时而导致的结果。其中，宽大误差发生在评价者对所有员工都给予很高评价时；严格误差出现在评价者对所有员工所给出的绩效评估等级都偏低的情况下；居中趋势误差反映的则是管理者将所有员工的评价尺度都集中在中间水平上而导致的误差。上述这些误差带来了一些问题，一方面，它们使得对接受同一位管理者评价的不同员工进行绩效区分时变得困难；另一方面，它们也使得对接受不同管理者评价的不同员工之间的绩效很难比较。如果一位评价者所掌握的评价标准非常宽泛，而另外一位评价者所掌握的评价标准非常严格，那么接受非常严格的评价者评价的员工所获得的绩效评估将会显著低于接受宽泛评价者评价的员工。

4）晕轮误差

晕轮误差指的是一位被评价者绩效的某一积极方面导致评价者将此人绩效中的所有其他方面都给予积极评价。与之相反的是角误差。角误差的作用方向与晕轮误差恰恰相反，被评价者绩效中的某一不利方面导致评价者将其绩效中的其他方面均评价过低。晕轮误差与角误差之所以会成为一个问题，主要原因在于它们给强绩效和弱绩效间的区分带来了障碍。晕轮误差导致员工们认为自己的绩效中不存在需要改进的地方，而角误差则会导致员工产生挫折感和抵触情绪。

5）工作年限偏差

工作年限偏差主要来源于管理者的错误假设，即假设员工在一个岗位上工作年限越长，他/她就越有价值。此时，评价者忘记了绩效评估针对的是个体在某一个具体时间段内的绩效表现而非其工作年限。因此，评价者对个体某一年度的绩效表现的评价不应该受到上一年度绩效评价的影响。

在减少评价误差方面，一种方法是培训评价者，即帮助评价者制定将这些评价误差控制在最低水平的策略。这些培训项目的主要内容是：首先让参加培训者观看一些专门设计的录像片——这些短片揭示了如“对比误差”这样一些评价误差是如何产生的。然后让受训者进行绩效评估，并讨论误差是如何对评价产生影响的。最后，根据每个人在多大程度上学会了避免产生误差的方法，给每个人评定培训分数。实际情况表明，这种方法对于减少误差是非常有效的，但是同时又有证据表明，减少评价误差同时也会降低评价的准确性。

另一种减少评价误差的方法是评价者准确性培训，这种培训又被称为参照框架培训。它试图强调绩效的多维性质，并且努力使管理者对各种绩效维度的实际内容都进行充分的了解。这种方法的内容包括：对每一种绩效维度都提供各种范例，然后再来讨论一些范例所代表的实际绩效水平或者“正确的”绩效水平。然而，实际情况表明，准确性培训似乎并不会提高评价的准确性，除非在培训的过程中让受训者进行绩效评估的训练，同时对于他们的评价提供反馈。

7.4.3 绩效反馈

如果不让员工们意识到他们的工作绩效并没有达到预期绩效的要求，那么几乎可以肯定的是，他们的绩效是不会有所改善的。因此，有效的管理者应当以一种能够诱发积极的行动反应的方式来向员工提供明确的绩效反馈。下面的这些反馈原则将会有利于增强绩效反馈过程的潜在作用。

1）反馈应当是经常性的，而不应当是一年一次

管理者一旦意识到在员工的绩效中存在缺陷，就有责任立即去纠正它。绩效反

馈过程的有效性的一个重要决定因素是下属员工对于评价结果不感到奇怪的程度。因此，应当向员工提供经常性的绩效反馈，从而使他们甚至在正式的评价过程结束之前就几乎能够知道自己的绩效评估结果。

2）讨论时营造友好的气氛

一般面对这种讨论，员工甚至管理者都会有些紧张，因此，管理者要使用某些双方都会感到轻松的技巧。管理者还可选择一个合适地点来与员工进行绩效讨论。管理者应当把绩效会谈描绘为讨论员工角色、管理者角色以及二者之间关系的一个机会。管理者还必须表明，绩效会谈应当是一种开诚布公的对话。

3）在评价面谈之前让员工本人先对个人的绩效进行自我评价

让员工在参加绩效评估面谈之前，先完成自我评价的做法是有意义的。它要求员工认真思考一下自己的绩效。一方面评价者经常人为夸大用于管理目的的自我评价；另一方面，员工用于开发目的的评价又往往比管理者的还要低。对自己过去绩效进行认真思考的员工更可能参与到反馈过程的讨论中去。

4）以客观事实说话，对事不对人

在绩效反馈过程中，对员工存在的绩效问题尽量用客观的事实来表达，比如用出勤率、生产数量质量等客观指标来说明潜在的问题，同时，针对不良绩效的反馈尽量对事不对人，不能损害员工的人格尊严等，这样的方式有利于员工增加对绩效评估结果的信服。

5）鼓励员工积极参与绩效反馈过程

在绩效反馈的过程中，管理者可以告诉员工自己对他们作出了怎样的评价，然后再让他们接受自己对他们作出这种评价的理由。此时，应该注意如果员工对管理者的评价结果存在异议，应该允许员工表达他们的意见和看法。其他的方法是管理者和员工在相互尊重和相互鼓励的氛围中讨论如何解决员工绩效中所存在的问题。当员工参与到绩效反馈过程之中时，他们通常都会对这一过程感到满意。研究发现，参与除了会使下属员工对上级监督者的满意度提高之外，还是预示员工对于绩效评估反馈过程满意程度的最重要因素。

6）讨论中要包括赞扬，也要包括建设性意见

讨论中既要涉及优点，也要涉及不足。人们通常认为，绩效反馈过程的焦点应当集中在找出员工绩效中所存在的问题上，然而事实却并非如此。绩效反馈的目的是提供准确的绩效反馈，这其中既包括查找不良绩效，同时也包括对有效业绩的认可。赞扬员工的业绩会有助于强化员工的行为。面对问题时，管理者要与员工一起来找出导致不良绩效的实际原因，然后就如何解决这些问题达成共识。而每一种原因都要求采取不同的解决方法。

7）以积极、有利于将来提高的语气结束讨论

管理者与员工一起对业绩的特殊变化或特定发展活动进行计划，有利于员工潜能的发挥。在讨论结束时，要让员工意识到大家都在一个团队中为团队的每个人的发展而工作。

企业在实施绩效反馈的过程中还可以设置上诉系统给员工提供必要的帮助。其水平和程度可以逐渐增加，开始时，员工可以和直接主管讨论他们的问题，如果没有解决，员工可以在自己的绩效记录中保留不同意见的书面材料。接下来，更高一级的管理者将听取这一不同意见，仍然不能解决时将由评估委员会来处理。

总之，绩效评估本身不是目的，它是企业改善业绩的手段。绩效评估结果的运用才是评估应该达到的目标。有效的绩效评估系统能够以两种途径提高员工的工作绩效而产生竞争优势：一个是指引员工的行为趋向于组织目标；另一个是监督员工行为以确保组织目标的实现。

7.5　绩效评估的新方法

由上文我们可以看到，绩效评估在组织中起到了非常重要的作用，企业界和学术界也一直在探索和寻求更为合理有效的绩效评估方法。从近几年的发展来看，绩效评估出现了一些新的内容。

7.5.1　多方位评估

绩效评估中的一个变化就是采用多个评估者，取代过去仅由上级或者自己作出评估的方式。这一点在前文绩效评估的信息来源中已经有所阐述，这里再对其进行一些介绍。这种方法有时又被称为360度绩效评估法。

360度绩效评估法通过不同的考核者（上级主管、同事、下属和顾客等）从不同的角度来考核，全方位、准确地考核员工的工作业绩，设计框架如图7-3所示。

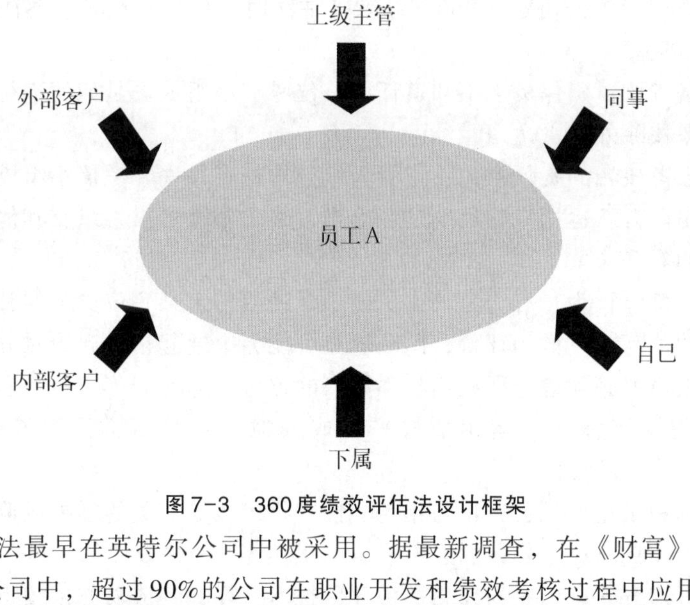

图7-3　360度绩效评估法设计框架

这种方法最早在英特尔公司中被采用。据最新调查，在《财富》排出的全球1 000家大公司中，超过90%的公司在职业开发和绩效考核过程中应用了360度绩效评估法。360度绩效评估法之所以如此盛行，就在于它有以下几项优点：

（1）综合性强，因为它集中了多个角度的反馈信息；

（2）信息质量可靠；

（3）通过强调团队和内外部顾客，推动了全面质量管理；

（4）从多个人而非单个人那里获取反馈信息，可以减少偏见对考核结果的影响；

（5）从员工周围的人那里获取反馈信息，可以增强员工的自我发展意识，让员工对自己有更全面的认识。

和一般的绩效评估方法相比，360度绩效评估法不仅在方法上更全面，同时其更关注员工的发展。在360度绩效评估法中，由于自我评价的进行，使得员工的个人目标能够为上级主管所了解，自我评价和主管评价的结合，使得员工个人发展变得可能。个人学习的目标、学习的潜力、获得学习的机会、学习的方法全都需要与工作发展、工作目标保持一致，需要上级领导的支持、投资，360度绩效评估法将两者有机结合起来，达到绩效考评的最佳目的。

360度绩效评估法把焦点放在发展上，并努力使个人目标与组织目标协调一致，在这一点上它大大优于传统绩效考评方式，并且有助于企业组织团队的健康成长，提高员工满意度。随着组织的不断变革，团队或部门内的协作精神显得日益重要，而同事间的评价则将有效地提高部门成员的共同目标。

但是，该系统也存在一些问题，比如员工可能会相互串通起来集体作弊，来自不同方面的意见可能会发生冲突，在综合处理来自各方面的反馈信息时比较棘手。另外，该系统如果发生信息泄密的情况，被低评价的员工则可能产生过度反应，如投诉、离职等。

因此，当英特尔公司建立360度绩效评估法时，他们采取了一些防范措施，以确保考核的质量。

（1）匿名考核：确保员工不知道任何一位考核小组成员是如何进行考核的（但主管人员的考核除外）。

（2）加强考核者的责任意识：主管人员必须检查每一个考核小组成员的考核工作，让他们明白自己运用考核尺度是否恰当，结果是否可靠，以及其他人员又是如何进行考核的。

（3）防止舞弊行为：有些考核人员出于帮助或伤害某一位员工的私人目的，会作出不恰当的过高或过低的评价；团队成员可能会串通起来彼此给对方作出较高的评价。主管人员就必须检查那些明显不恰当的评价。

（4）采用统计程序：运用加权平均或其他定量分析方法，综合处理所有评价。

（5）识别和量化偏见：查出与年龄、性别、民族等有关的歧视或偏爱。

从英特尔、Disney等公司的经历来看，虽然360度绩效评估法是一种很有实用价值的绩效管理方式，但它与任何一种评估技术一样，其成功亦依赖于管理人员如何处理收集到的信息，并保证员工受到公平的对待。

7.5.2　多评价目标评估

如前所述，绩效评估系统应该和组织目标结合起来。近年来，外部环境的迅速变化和竞争加剧，使得很多公司在考察公司的目标时，采用更多元化的方式，既考虑公司的收益、利润等经济指标，同时也考虑客户的需要、企业内部管理过程以及员工的发展。由哈佛大学教授罗伯特·S.卡普兰和美国复兴战略集团总裁戴维·P.诺顿在对美国绩效考核方面处于领先地位的12家公司进行为期1年的项目研究后提出的平衡计分卡（balanced score card，BSC）思想和方法，引起了广泛关注。这种方法在考察绩效时，从企业财务数据、客户、内部流程和学习与发展四个方面进行测量。根据这四个方面的战略目标来制定具体的目标，在此基础上层层分解目标，并在日常工作中对员工、部门和组织整体业绩进行评价，如图7-4所示。

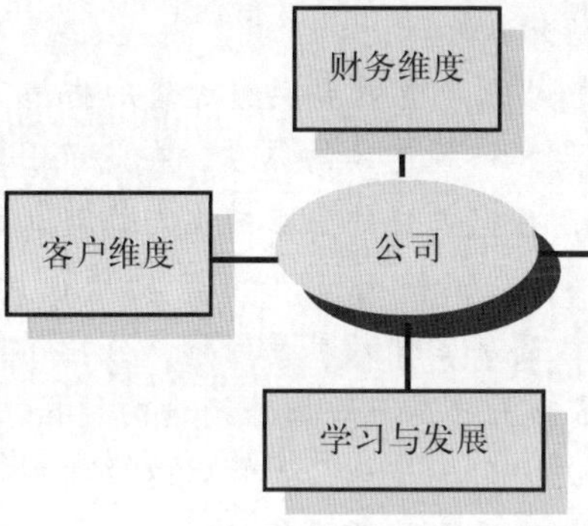

图7-4　平衡计分卡的运用

平衡计分卡克服了单纯利用财务手段进行绩效管理的局限。财务报告传达的是已经呈现的结果或滞后于现实的指标，但是并没有向公司管理层传达未来业绩的推动要素是什么，以及如何通过对客户、供货商、员工、技术革新等方面的投资来创造新的价值。平衡计分卡从四个不同的视角，提供了一种考察价值创造的战略方法。

（1）财务视角：从股东角度来看，企业增长、利润率以及风险战略。

（2）顾客视角：从顾客角度来看，企业创造价值和差异化的战略。

（3）内部运作流程视角：使各种业务流程满足顾客和股东需求的优先战略。

（4）学习与发展视角：优先创造一种支持公司变化、革新和成长的氛围。

利用平衡计分卡，公司的管理人员现在可以测量自己的公司如何为当前以及未来的顾客创造价值了。在保持对财务业绩关注的同时，平衡计分卡清楚地表明了卓越而长期的价值和竞争业绩的驱动因素。

这种“测量”已经超出了仅仅对过去的业绩进行报告的范围。因为管理人员所选择的测量方法能告知公司什么是重要的，所以测量工作把焦点放在了未来。早期使用平衡计分卡的公司（如可口可乐、杜邦公司）所取得成果的速度与程度都表明，平衡计分卡管理体系使整个公司把焦点都集中在战略上。为了达到这种高度的战略集中性，公司会制定综合的、循序渐进的变革步骤。他们重新定义了自己与顾客之间的关系，重新设计了基本的经营过程，向自己的员工传授了新的技能，并且配置了新的技术基础设施，一种新的企业文化也由此出现了。

案例7-1　　可口可乐瑞典饮料公司（CCBS）的平衡计分卡

可口可乐瑞典饮料公司正在其不断发展的公司中推广平衡计分卡的概念。作为推广平衡计分卡概念的第一步，CCBS的高层管理人员开了3天会议。把公司的综合业务计划作为讨论的基础，在此期间每一位管理人员都要履行下面的步骤：

*定义远景；

*设定长期目标（大致的时间范围为3年）；

*描述当前的形势；

*描述将要采取的战略计划；

*为不同的体系和测量程序定义参数。

由于CCBS刚刚成立，讨论的结果是它需要实施大量的措施。由于公司处于发展时期，管理层决定形成一种文化和一种连续的体系，在此范围内所有主要的参数都要进行测量。在不同的水平上，将把关注的焦点放在与战略行动有关的关键测量上。

在构造公司的平衡计分卡时，高层管理人员已经设法强调了保持各方面平衡的重要性。为了达到该目的，CCBS使用的是一种循序渐进的过程。

第一步，阐明与战略计划相关的财务措施，然后以这些措施为基础，设定财务目标并且确定为实现这些目标而应当采取的适当行动。

第二步，在客户和消费者方面也重复该过程，在此阶段，初步的问题是“如果我们打算完成我们的财务目标，我们的客户必须怎样看待我们？”

第三步，CCBS明确了向客户和消费者转移价值必需的内部过程。然后CCBS的管理层问自己的问题是“自己是否具备足够的创新精神，自己是否愿意为了让公司以一种合适的方式发展而变革”。经过这些过程，CCBS能够确保各个方面达到了平衡，并且所有的参数和行动都会导致向同一个方向变化。但是，CCBS认为在各方面达到完全平衡之前有必要把不同的步骤再重复几次。

CCBS已经把平衡计分卡的概念分解到个人层面上了。在CCBS，很重要的一点就是，只依靠那些个人能够影响到的计量因素来评估个人业绩。这样做的目的是通过测量与他的具体职责相关联的一系列确定目标来考察他的业绩。根据员工在几个指标上的得分建立奖金制度，公司就控制或者聚焦于各种战略计划上。

在CCBS强调的既不是商业计划，也不是预算安排，而且也不把平衡计分卡看成是一成不变的，相反，对所有问题的考虑都是动态的，并且每年都要不断地进行检查和修正。按照CCBS的说法，在推广平衡计分卡概念过程中最大的挑战是，既要寻找各层面的不同测量方法之间的适当平衡，又要确保能够获得所有将该概念推广下去所需要的信息系统。此外，要获得成功重要的一点是，每个人都要确保及时提交所有的信息。信息的提交也要考虑在业绩表现里。

采用平衡计分卡的方法，也需要指定具体的目标。表7-7是某软件公司采用的平衡计分卡中的某些指标。

表7-7　　某软件公司采用的平衡计分卡中的某些指标

公司及其发展	财务	客户	内部流程	学习与发展
软件公司	战略目标： 收入的增长与收入结构的改善，促进新产品诞生	战略目标： 取得客户对公司和产品的认可	战略目标： 新软件产品成功研发、对外加工与系统集成服务质量的提高	战略目标： 人才队伍的形成与人才培养
新产品，新客户	指标： 1.新产品的销售额在总销售额中所占比例； 2.软件产品、对外加工服务、系统集成各自营业额	指标： 1.新客户数量； 2.（软件）对新客户销售额在总销售额中所占比例	指标： 1.软件模块研发完成率=实际完成数÷计划完成数； 2.客户平均故障率=客户反映故障的次数÷客户数量	指标： 1.核心骨干流动率； 2.人才总体成长指数、组织整体学习氛围指数

7.5.3　基于关键绩效指标的考核办法

关键业绩指标（key process indication，KPI）是通过对组织内部流程的输入端、输出端的关键参数进行设置、取样、计算、分析，衡量流程绩效的一种目标式量化管理指标，是把企业的战略目标分解为可操作的工作目标的工具，是企业绩效管理的基础。KPI可以明确人员的业绩衡量指标。建立明确的切实可行的KPI体系，是做好绩效管理的关键。

确定关键绩效指标有一个重要的SMART原则。S表示具体（specific），指绩效考核要切中特定的工作指标，不能笼统；M表示可测量（measurable），指绩效指标是数量化或者行为化的；A表示可实现（attainable），指绩效指标在付出努力的情况下可以实现；R表示现实性（realistic），指绩效指标是实实在在的，可以证明和观察；T表示有时限（time bound），指注重完成绩效指标的特定期限。

建立KPI指标首先要明确企业的战略目标，评估企业价值重点，在此基础上找出关键业务领域的关键业绩指标（KPI），形成企业级KPI。部门需要依据企业级KPI建立部门级KPI，并对相应部门的KPI进行分解，以便确定评价指标体系。然后，各部门再将KPI进一步细分，形成员工考核的要素和依据。表7-8为某集团公司技术中心的KPI指标。

作为企业界的航空母舰，通用电气（GE）的管理之道一直被人们奉为经典，而其中的目标考核制度则是其管理中的重要环节，从通用中国公司的目标考核制度可以对通用电气的成功略见一斑。

表 7-8　某集团公司技术中心的KPI指标

维度	KPI	配分	指标定义	计算公式	数据提供部门	收集周期	衡量标准
科技管理	科技创新计划完成率	8	实际科技创新项目占计划科技创新项目比率	科技创新项目计划完成率=本期实际完成科技项目÷计划完成科技创新项目×100%	财务核算中心	半年	优秀：95%以上 良好：90%~95% 达标：85%~90% 不合格：85%以下
	科技成果	8	科技成果申报获得的等级和效益	列入国家级项目得1.5分；省级1分；市以下0.5分	技术中心	全年	优秀：10分 良好：8分 达标：6分 未达标：6分以下
产品研发	产品研发计划完成率	8	实际新产品研发占计划新产品研发比率	新产品研发计划完成率=本期实际完成÷本期计划完成	技术中心	全年	优秀：95%以上 良好：90%~95% 达标：85%~90% 未达标：85%以下

以关键绩效指标的思想进行绩效考核在通用公司有很好的实践历史。通用中国公司的考核工作是一个系统工程，具体来说包括：制定目标，制订计划，良好的沟通，开放的氛围，过程考核与年终考核相结合等，其中制定目标和制订计划就有鲜明的GE特色。

在通用电气，目标计划是全年考核的基础，因此，管理人员对这方面要求很高，落实的时候主要要求目标计划必须符合“SMART”标准，目标必须与公司、部门的目标一致。GE制订目标计划的过程中强调与员工反复沟通推敲，而且在执行时如发现有不妥之处，立即会进行修正。在这个过程中，对沟通的要求很高，GE的一位负责人说：“关键在于各部门的上下级之间，人力资源部与其他部门之间，要保证没有阻碍地沟通。这样员工和经理才能得到比较全面的信息。好在GE的环境很开放，员工可以很轻松地与经理甚至总裁交流，做到这点不是很难。”

仅有以上这些还不够，目标的制定和考核是为了激励员工，“所以信息要及时给予反馈”。HR部门的一位经理提醒道，员工表现好时要及时给予肯定和表扬，在员工表现不好时，及时提醒，到了年终考核时，所有的评价都是根据平时的表现，这样一来不仅有说服力，而且人力资源部的工作因为全年不断地积累素材，平时把工作做到位，真到年底考核的时候就变得不那么繁杂了。

7.5.4　基于胜任力的绩效评估体系

前文讨论了基于胜任力的人事评价指标体系，目前在绩效评估中的一个趋势是越来越考虑将胜任力作为考察的指标。基于胜任力的绩效评估指组织对员工完成的工作内容以及如何完成的评估，更加注重员工如何达到目标的评估。基于胜任力的绩效评估方式越来越受到组织的重视，主要原因在于基于胜任力的绩效评估体系更加重视员工的发展，注重通过对其胜任力的培养和提高来达成优秀绩效行为，而这一点在人才日益短缺的今天显得更为重要。在绩效指标体系中，不仅仅考察绩效结果，而且更加重视其行为过程，如图7-5所示。

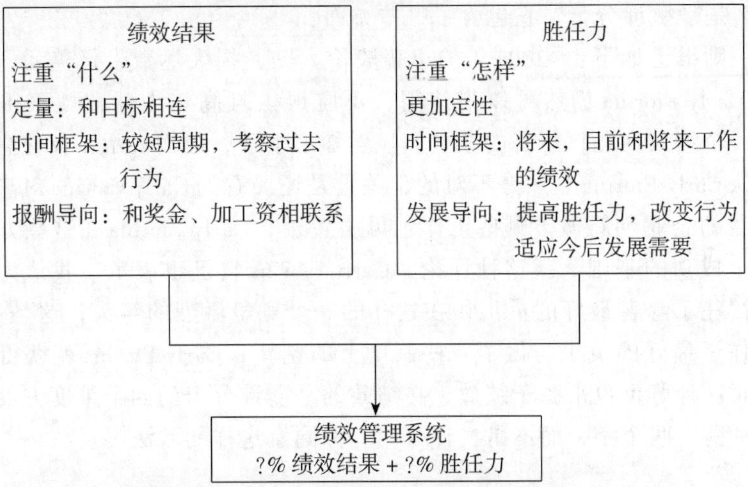

图7-5 基于胜任力的绩效评估体系图

不同组织有不同的基于胜任力的绩效评估指标，但Robin Kessler（2008）认为有10个胜任力指标是组织最常用的：成就导向或结果导向、主动性、影响力、顾客服务导向、人际理解、组织意识、分析思维、概念思维、信息搜寻和诚实正真。

基于胜任力的绩效评估体系更加重视员工的发展，注重通过对其胜任力的培养和提高来达成优秀绩效行为。

本章小结

本章主要讨论了绩效及绩效评估的概念、基本方法，以及设计一个绩效评估系统的基本程序，并进一步分析了绩效评估过程中可能遇到的偏差，及相关对策。讨论了有关绩效反馈的内容，并对目前绩效评估中的一些新内容，如360度绩效评估法、KPI、平衡计分卡等进行了介绍。

关键概念

绩效评估　评估误差　标准混合量表　行为锚定等级评价法　特质法　360度绩效评估法　平衡计分卡　KPI

课堂讨论题

1.企业进行绩效评估的意义和主要作用有哪些？

2.绩效评估的常用方法有哪些？

复习思考题

1.如何有效设计绩效评估体系？

2.如何才能降低绩效评估中的误差？

3.360度绩效评估有何特点？

4.什么是平衡计分卡？它包含了哪些方面？

5.有一则报道如下：“2001年的惠普股价大跌，损失达数十亿美元，但是，作为总裁的Carly Fiorina仍然可以很悠闲，不耽误去打高尔夫球，她不用担心被炒掉，这是一个绩效问题，惠普的董事们显然知道事理，他们表示：仅凭惠普的财政表现就否认Carly Fiorina显然是不对的，关键是还要看到Carly Fiorina对惠普的员工以及对惠普的企业创新做了哪些工作？毋庸置疑，Carly Fiorina在这些方面为惠普打下了一个成功的基础。就这种评论，Carly Fiorina自己也表示，我认为通过我的努力，我留住了惠普最好的员工，在这样的一个竞争激烈的年头，这是一个胜利。仅仅是留住了最好的员工与做了一些制度上的创新，Carly Fiorina就获得了她应有的尊重，而这种尊重也来源于绩效，在绩效的平衡计分卡的四个维度方面，他们更强调了“平衡”两个字，而不是‘计分’！”你同意这样的看法吗？

补充阅读材料

张彦. A公司绩效考核中存在的问题及建议［J］. 人力资源开发，2005（3）.

李海. 构建完善的考核体系［J］. 企业管理，2005（4）.

Borman, W C, Motowidlo, S J. Expanding the Criterion Domain to Include Elements of Contextual Performance［M］. In N.Schmitt & W.C.Borman（Eds.）. Personnel selection in organization.San Francisco：Jossey Bass Publishers.1993：71-98.

Campbell, J P.Individual Occupational Performance：The Blood Supply of Our Work Life［M］. In M.A.Gernsbacher, R.W.Pew, L.Hough & J R.Pomerantz（Eds.）. Psychology and the Real World：Essays Illustrating Fundamental Contributions to Society. New York：Worth Publishers, 2010.

Robinson, S L Bennett, R J. A Typology of Deviant Workplace Behaviors：A Multidimensional Scaling Study［M］. Academy of Management Journal.No.38.1995：555-572.

Sackett, P R, Zedeck, S and Fogli, L. Relations Between Measures of Typical and Maximum Job Performance［M］. Journal of Applied Psychology, Vol.73, No.3.1988：482-486.

王重鸣. 管理心理学［M］. 北京：人民教育出版社，2000.

石金涛，顾琴轩，唐宁玉. 现代人力资源开发与管理［M］. 上海：上海交通大学出版社，1999.

克雷曼. 人力资源管理［M］. 孙非，译.北京：机械工业出版社，1999.

韦恩蒙迪．人力资源管理［M］．葛新权，郑兆红，王斌，等，译.北京：经济科学出版社，1998.

Kessler，Robin. Competency-Based Performance Reviews：How to Perform Employee Evaluations the Fortune 500 Way［M］．Career Press，2008.

第8章 /人事测评误差分析

学习目标

1.认识什么是误差。

2.了解人事测评的特点。

3.人事测评的误差来源。

4.学习人事测评工具、测评实施过程、测评实施者和受试者如何导致误差的产生。

5.掌握如何在人事测评中控制误差。

8.1 人事测评的误差

8.1.1 什么是误差

误差是在测量中与目的无关的变因所引起的不准确或不一致的效应。这个定义包括两层含义：其一，误差是由与测量目的无关的变因引起的；其二，误差是不准确或不一致的测量结果。

8.1.2 人事测评的特点

现代人事测评实践中，大都采用了定性和定量相结合、传统方法和现代科学手段相结合、专家和同事相结合以及自评和他评相结合的方式。由于实践的需要，各种人事测评的形式应运而生，如前所述，笔试、面试、绩效评估、心理测验、评价中心、系统仿真、人工智能专家系统等方式是最为常用的。无论哪种测评形式，都有自己的优势和应用的局限性，也难免产生这样那样的误差。而认识人事测评的性质，对于测评的实践者控制可能产生的各种误差具有积极意义。在第1章中，我们已经对人事测评的基本特点进行了介绍，下面从误差产生的角度出发，总结人事测评的特点。

1）人事测评既是物理测量，又是心理测量

人事测评以人作为测评对象，这种测评既有物理特性，又有心理特性。除了涉及身高、体重、健康水平等一些基本生理特性的物理测量，在绩效评估中，会涉及对工作结果的评估，如对生产数量、生产质量、原料消耗、设备维修率等的评估就是典型的物理测量。而在心理测量中，会涉及在一个人的事业发展过程中，对其成就起关键作用的心理特征和心理素质的评估，如进取心、意志力、兴趣和坚持性等就是典型的心理测量。显然单一的物理测量或者心理测量都不足以全面地评估一个人的特点，因此，人事测评是物理测量和心理测量的结合。当然，人事测评的重点在于测量个人，测评中不可避免地会采用心理测量多一些。

2）人事测评既是具体测量，又是抽象测量

在人事测评中，一方面要对工作业绩的结果进行测量，这时就会以数量、质量等具体的指标来作为衡量的标准，如若干小时完成多少数量、优质品率、次品率等。从这个意义上说，人事测评是一种具体测量。另一方面，对于心理特征的测量，很难从现实的时空标尺中找到合适的度量尺度，如兴趣、气质、能力、性格是内隐的、无形的东西，它体现在一个人活动的方方面面，贯穿于一个人活动的始终，却无法采用现有的测量工具实现具体测量。在心理测量中，我们借助心理测验量表来实现测量，而每一种量表都是建立在一定理论假设基础上的，理论与事实的吻合度有待长期的实践来检验。从这个角度来理解，人事测评主要是一种抽象测量，它是人们不断向事实接近，探索人类内心世界，预测未来的一种有益尝试和努力。人事测评的工具既有现实的测量工具，又有建立在抽象理论基础上的测验量表，因此，人事测评是抽象测量和具体测量的结合。

3）人事测评既是绝对测量，又是相对测量

从理论上讲，在人事测评中，测评的内容越广泛、收集的信息越全面，测评的结果就会越客观越有效。如果局限于某次人事测评，局限于某个被测评的人群，局限于某些测评指标，人事测评为选拔、考核、培训提供了客观有效的依据，可以说是一种绝对测量。但是，由于受到种种主客观条件的限制，人事测评常常通过评估典型特征和有代表性的信息来反映整体，因此，人事测评又可以理解为是一种推测，是一种判断，是一种相对测量。虽然从人事测评的目的，从人事测评方案的设计者和实施者的初衷来看，都力求反映被测者的真实情况，但是由于测量理论的局限、测量工具的局限、测量者的局限，导致测量的结果只能是相对准确的结果。因此，人事测评既有测得准的一面，也存在测不准的一面，人事测评既是绝对测量，又是相对测量。

4）人事测评既是直接测量，又是间接测量

在人事测评中，我们既要借助直接测量的手段，如通过长度测量工具、重量测量工具、精确度测量工具，获得直接测量的数据。同时，由于人的心理状态和心理特征是内隐的，我们只能借助对人具有代表性的外显行为进行观察，对人类行为的结果进行测量，然后对贯穿于人类行为活动过程中的心理状态和心理特征进行推论和数量化分析，才能实现测量，不得不采用由外部行为推及内部特征的间接测量手段。因此，人事测评既是直接测量，又是间接测量。

5）人事测评既是静态测量，又是动态测量

在传统的人事测评技术中，主要采用静态的评估指标，如在笔试中对专业知识的评估，在绩效评估中对工作行为和工作结果的评估。由于信息论、控制论、系统论以及计算机技术在人事测评过程中的广泛应用，使得对人事测评的动态模拟成为可能，现代人事测评中采用的评价中心技术、系统仿真、人工智能专家系统等都采用动态测量的手段。随着人事测评方式的多元化，人事测评也从单一的对结果变量的静态测量走向对过程变量的动态测量，采用更为科学和有效的动静结合的测量手段。

8.1.3 人事测评的误差

人事测评的目的是要对应试者作出尽可能准确和公平的评估，而这种准确性和公平性是以减少和控制误差为前提的。无疑在这个问题上存在着一对矛盾：一方面，理想状态是一组人事测评工具能够准确地反映出应试者的真实情况，越接近真分数越可信，最好100%可靠；另一方面，由于人事测评理论和技术的局限，向真分数接近只能是一种努力方向，测评实施过程中各类误差在所难免。人事测评误差是指与人事测评目的无关的因素对人事测评结果干扰而产生的人事测评结果与实际水平的偏离。人事测评误差的大小直接决定人事测评的信度和效度高低。

测评的形式在人事测评中占有相当重要的地位，它对测评目的的达成以及误差的产生具有直接的影响。人事测评的基本形式有观察类测验、行为模拟类测验、投射类测验、标准化纸笔测验四个大类。观察类测验主要涉及观察时机的选取、观察时间的长短、观察指标的选择可能带来的误差，当然观察手段的采用，如采用肉眼观察，还是客观的仪器观察也会影响到误差的产生。行为模拟类测验主要涉及在实施控制中的困难性，例如在评估应试者在角色扮演或无领导小组讨论中的表现中，主试的经验、价值观、主观判断力等人为因素将成为误差的重要来源。投射类测验主要涉及测验时间长度的不确定性、对主试专业背景和经验的依赖、重测信度低、主观解释的难以统一等带来的误差。标准化纸笔测验是目前在人事测评中使用最广泛的一种形式，一般涵盖智力测验、成就测验、人格测验、能力倾向测验等多种测验，虽然与其他测验形式相比较，它具有操作方便、节省时间、比较客观等多项优点，但是由于这类测验往往都有现成的答案，难以回避应试者的练习效应、考试技巧、猜测因素、自我掩饰，由此而产生的误差也不容忽视。

因此，为了保证人事测评的准确性、可靠性和科学性，作为专业人员必须认识、预见各类误差，并在实施过程中尽量避免、减少和控制误差。下面我们主要从面试技术、心理测量技术和绩效评估技术三个方面来讨论人事测评的误差。

8.2 人事测评误差的分析

8.2.1 人事测评误差的主要来源

人事测评的误差主要有四类。第一类是来源于人事测评工具本身的误差；第二类是来源于测评实施过程的误差；第三类是来源于测评实施者的误差；第四类是来源于应试者的误差。

1）测评工具和方法的因素

我们用精确到毫米的长度测量工具测两个机器配件，两个机器配件的直径是相同的，但如果用精确到微米的长度测量工具测，两个机器配件的直径却是不相同的。测评工具越精密、测评方法越科学，则误差越小，反之则误差越大。人事测评不像物理化学测量，人的才能、个性、品德等许多特性都是无法直接测量的，而且人事测评常常有主观的因素。因此，人事测评工具和方法造成的误差比物理化学测量要大得多。测评工具和方法造成误差的因素大致有以下几个方面。

（1）测评工具所测评的行为和特性与目标上欲测评的行为和特性之间的不一致。比如，测评情绪稳定性的所有测评题目都应该只测评情绪稳定性，而实际上，有的题目还测了情绪稳定性以外的特性，这些特性就成了干扰因素，是测评误差的来源。

（2）测评指标不能完全代表测评目标，测题抽样不能完全代表测题总体。因为成本因素、可行性因素等原因，我们不可能把所有与测评目的有关的所有指标都作为测评的指标，也不可能把所有与测评指标相关的全部测题都选为测试题目，而只能选有代表性的指标、有代表性的测题样本用来作测评之用。那么，选出来的指标是否可以完全代表测评目标、选出来的测题是否可以完全代表测评指标呢？这是不可能的事，测评指标与测评目标之间，测题样本与测题总体之间肯定会有差距，代表性越差，差距越大，这差距就成了测评误差的来源。一般来说，测评指标、测题越多，则代表性越好，误差也就越少。测题的内容和难度分布是测题代表性的重要指标。

（3）测题的格式和用词、测评程序等因素。有的题目格式（如是非题）具有可猜测性，有的题目格式（所有的主观题）其评分具有主观性，测题的用词有歧义或用词不是很准确，这些都是引起测评误差的来源。

2）测评的具体实施过程中的偶然因素

随着电脑等测评工具的使用，测评实施已经越来越标准化，由测评实施造成的误差也越来越少。但是，测评的具体实施过程中还是会有许多不可预期的偶然因素。

（1）环境干扰。测评环境的温度、通风、噪音、照明、突然断电等因素，都可以产生误差。

（2）测评纪律的控制不好。测评纪律控制不严格，出现有人作弊（如代考、抄袭、相互交流等）、泄露测评题目等，也会造成测评误差。

（3）错误操作。误读指导语、对指导语错误理解、误答（如自己答的答案是A，却选了C）、记录错误、记分错误等因素，都可以造成测评误差。

3）被测评者因素

被测评者是活生生的人，人是非常复杂的，诸多生理、心理因素都可以成为干扰人事测评目的的因素。可导致人事测评误差的被测评者因素大致包括以下几种。

（1）生理因素。身体健康因素、饥饿与过饱、疲劳程度、生理周期等都可以影响人格测试的结果。生理因素对测评影响最大的是被测评者的答题速度。精力充沛时，人的反应速度快，动作灵活，对于某些能力测试，尤其是速度和动作灵活性、稳定性测试影响较大。生理因素也可以在一定程度上影响人格测试，如果某被测评者身体不佳，测评期间因受风寒而患了重感冒，则势必会影响被测评者对自己的某些个性特征作出不同于正常情况下的判断和反应，比如会倾向于判断自己的稳定性比较差。过分的疲劳，会引起被测评者注意力分散，以至于错看题目或误解题目。一般情况下，生理因素不至于对被测评者的人格测评造成太大的影响。

（2）动机水平。每个被测评者都有参加测评的目的，这个目的可以导致被测评者故意掩饰自己，采取装好或装坏的倾向性回答，其结果就不能反映出被测评者的真实情况。不同的被测评者其动机水平不一样，因而掩饰程度也会有所不同。而且，不同的动机水平可以引起被测评者不同的应激状态，动机过分强烈会引起被测评者产生测评焦虑，而动机不足则会引起被测评者对测评采取敷衍了事的态度，动机过分强烈和动机不足都可以使测评结果不能反映被测评者的正常情况。在人格、态度、动机等测评中，被测评者的动机水平常常会是测评被测评者因素产生误差的最重要的因素。

（3）受教育程度、价值观等文化因素。被测评者受教育程度不同，其成长的文化背景不同，价值观不同，会造成被测评者对测题的理解、答题态度、答题偏好等的不同，从而造成测评误差。

（4）有关经验。如果在测评之前，被测评者已经具有与测评有关的经验，比如已经经历过类似的或同一类型的测试从而掌握了有关的答题策略，就可能对测评结果产生较大的影响。笔者曾做过试验，让5名笔者熟悉、已知其智力水平的学生进行知觉和图形推理的大量练习，然后再进行瑞文图形智力测试，结果测得的结果比他们的实际智力高出不少。相对而言，智力较高的人练习和经验对测评结果会有较大的影响。速度测验、动作灵活性等测试，练习和经验对测评结果也影响较大。

4）主试因素

主试以貌取人、对被测评者有偏见，可以造成测评误差。主试不良的言行举止对被试的心理状态干扰、暗示、误导，可以造成误差。主试评分的标准不一致，先紧后松、先松后紧、忽高忽低，或有意无意地修改评分标准，对某些人特别照顾，都可以引起误差。

8.2.2 测评误差的类型

测评误差一般可以被分为两大类：随机误差和系统误差。

随机误差又叫可变误差，这是由与测量目的无关的偶然因素引起而不易控制的误差，它使多次测量产生不一致的结果。随机误差的产生是无规律的，因此，其数值大小也是随机变化、不确定的。它是引起测评不一致的变因，与测评信度有关。

系统误差，又称为常定误差或常定偏差，这是由与测量目的无关的变因引起的一种恒定而有规律的效应。它是由与测验目的无关的因子引起的一种恒定的、系统的变化，其数值大小具有一定的规律性和稳定性。此时虽然测值一致，但不正确，与测评的效度有关。

习惯上把随机误差称为观察误差或测评误差。从这个意义上讲，测评误差这个概念所指误差只是测评分数所包含的误差（随机误差和系统误差）的一部分（即随机误差）。

以下分别就我们已经讨论过的面试、心理测验和绩效评估中的误差进行分析。

8.2.3　面试的误差

1）源于面试工具的误差

面试根据是否有明确的面试清单，大致可以分成结构化面试、半结构化面试和无结构化面试三类。其中以结构化面试最为规范，这是一种标准化的面试，依据一定的理论和实践由专家设计一定的面试项目，并细化为若干具体的问题构成面试清单，整个面试过程依照严格的程序进行。无结构化面试是一种完全开放式的面试，没有一定的面试清单，具有充分的灵活性。半结构化面试介于两者之间。在人事测评的实践中，面试与其他测评技术比较，一般信度、效度比较低，这与面试的工具造成的误差有一定的关系。

（1）面试项目的设计

在面试中，面试项目是依据职务分析而设计的，而面试的项目能够实现面试目的的程度将直接影响面试的效度。一般来说，面试项目包括知识、能力、经验和其他因素，涉及仪表、言语表达、求职动机、知识水平、实践经验、兴趣爱好、性格特征、应变能力、自控能力、思维能力等多个方面。根据面试目的的不同，相应占不同的权重。由于面试过程时间有限，不可能面面俱到，因此，如何根据重要性、必要性来选择面试项目，以及选择合适的具体问题和提问角度，将直接影响到面试误差的产生。

面试清单的结构化对面试的信度有直接的影响，如果对不同的应试者采用不同的面试项目，针对相同的项目采用不同的具体问题，针对相同的具体问题采用不同的提问方式，甚至采用不同的提问语气，以及对于相同的回答是否采用一致的评分标准都会导致误差的产生，因此，在面试清单的设计上是否做到标准化是导致误差产生的重要原因。

（2）面试方法的选择

在实践中，面试方法不应该是单一的提问方式，可能还会涉及操作、模拟、仿真，如无领导小组、公文筐测验、角色扮演等技术的采用。面试方法的选择只有与实际工作情景具有吻合度，才能有效地达成面试的效果，即测评的行为应该是工作行为的映射。因此，从这个角度考虑，面试方法选择的不尽合理也会造成误差的产生。

（3）题目难度的编排

面试题目的难度的编排将直接影响应试者知识技能的发挥，在正常的情况下，题目的难度应该从易到难呈现阶梯式排列，这样应试者有一个逐步适应和渐入佳境的过程。如果题目难度编排不合理，会导致应试者发挥失常，造成误差。当然普遍过高的题目难度和过易的题目难度会造成“天花板效应”和“地板效应”，使题目缺乏鉴别力。此外，在需要应试者通过回忆来作答的项目中，应该从近事到远事编排，否则也容易造成误差。

2）源于面试过程的误差

面试过程是一个主试者与应试者之间的人际互动过程，由于面试现场的不确定性，会导致相应的误差产生。如面试中的顺序效应，其中最典型的是首因效应和近因效应。首因效应又称第一印象效应，由于在面试的最初阶段，应试者给主试者留下深刻印象，造成主试者对后面项目评分的倾向性。近因效应是由于应试者在面试的最后阶段表现突出，给主试者留下深刻印象，造成主试者对总体印象的倾向性评价。共鸣效应是由于应试者在面试过程中无意地引起了主试者的某种情感共鸣，造成主试者产生倾向性评价。晕轮效应是由于应试者在某方面的表现异常突出，掩盖了其他方面的特点，从而导致主试者产生以偏概全的评价。虽然以上的各种效应既可能导致正向评价，也可能导致反向评价，但是其导致误差产生的结果是显然的。

此外，由于面试过程中不可预测的因素，如意外发生的噪音、光照变化、温度变化等，以及主试者的疲劳因素、情绪因素，应试者的疲劳因素、情绪因素都会造成误差的产生。

3）源于主试者的误差

主试者的误差是面试误差的一个重要来源。在面试过程中，由于主试者对测评标准的把握不当，很可能导致三类误差的产生：一是由于标准过宽，出现宽大化倾向；二是由于标准过严，出现严格化倾向；三是标准宽严不一，出现波动化倾向。评价尺度选择不当是导致误差产生的重要原因。此外，主试者的一些特定心理，也会造成误差。

（1）定势心理，由于主试者长期以来对某类行为产生了一种固定的思维模式，导致对应试者的实际情况视而不见，依据公式化的判断标准进行评估，降低了面试的客观性。

（2）专业化心理，在面试过程中主试者为了体现自己的权威性或者由于习惯的原因，过多地使用专业术语，造成应试者对问题理解的困难，导致应试者产生不必要的心理压力，影响面试的客观性。

（3）优势心理，由于主试者的优越感，处于主导地位而产生居高临下的优势心理，造成对应试者的心理压力以及对应试者的偏低评价。

（4）偏好心理，由于应试者的性别、年龄、学历、谈吐、风度、服饰不同，主试者出于个人的情感好恶，对与自己审美观、价值观一致，兴趣爱好、个性特点相似的应试者作出较高评价，从而影响面试的客观性。

4）源于应试者的误差

应试者的生理状态、应试情绪、应试经验、应试动机、反应倾向都会导致误差的产生。如应试中的皮格马利翁效应，应试者基于某种猜测，为了迎合应试者而采用的掩饰自己原有的性格倾向、兴趣爱好等心理特点的倾向。如某人性格内向，为了应聘市场营销的职位，由于设想营销人员应该具有外向、乐观、善于与人交往的性格特征，故意表现出这种特点，来迎合主试者，造成源于应试者的误差。

关于面试问题本书有专门论述，请读者参看相关章节。

8.2.4　心理测量的误差

1）源于测量工具的误差

（1）测验题型

从测验的题型来看，就有是非题、选择题、配对题、排列题、图解题、改错题、计算题、填充题、问答题等若干种形式，不同的答题形式会直接影响到应试者对问题的理解、耗时、出错的概率以及评分结果不同所产生的误差。例如，是非题是最常见的答题形式，是非题具有回答方便、评分简单省时的特点，但同时由于是二择一的方式，应试者很容易出现猜测，答题受几率的影响较大。相对而言，选择题除了具有是非题的优点以外，由于增加了仿真程度不同的迷惑选项，从客观上减少了应试者猜测造成的误差。

（2）行为样组

人们在对一类事物的某种特征进行考察时往往无法对这类事物的每个具体情况进行逐个观察，而总是抽取这类事物中具有典型代表性的一部分进行观察，进而推论该类事物的普遍特性。例如，在进行产品的质量检验时，并不需要对每个产品逐一进行检验，而是随机抽取一定比率的产品进行检验。人的心理行为也是这个道理，由于一种心理特征可以通过成千上万个行为特征来表现，例如，性格的外向这个心理特征，可以表现为主动与人打招呼；在公开场合话多等多得不胜枚举的行为特征，如果要在心理测验中穷尽这些行为特征来评估一个人性格的外向程度，显然是不太可能，也是不经济的。因此，在实际操作中，我们总是选取具有典型性和代表性的一组行为来达到代表总体行为的目的。为了保证行为样本能够提供足够的有价值的信息，能反映个体的心理特征，行为样本必须具备两个条件：一是行为样本要有足够的数量。从极端的情况来看，只采用一两个行为特征来推测行为总体所要承担的风险是相当大的，从理论上讲，行为样本数量越大，可靠性越高。那么取多少行为样本是恰当的呢？显然在行为样本的数量上不可避免地会产生误差。二是行为样本的代表性和典型性，由于个体差异的存在，对某一个人具有典型性和代表性的行为，对于另一个人可能就缺乏代表性和典型性。个体差异也是导致行为样本产生误差的原因之一。

（3）测验难度

测验的难度取决于每个测验项目的难度，而测验项目的难度是由通过该项目的百分率来表示的。心理测验的目标之一是要在不同个体之间进行甄别，从这一点来讲，主要是依靠测验项目的鉴别力。显然，中等难度的项目变差最大，项目的鉴别力也最高。一个测验难度的理想分布是呈现钟形曲线的常态分布，即处于中等难度的项目的百分比最高，依次向两端递减，显然在这种情况下，测验的误差也相应地处于较小的状态。

如果测验的项目过分容易，绝大多数人都能成功地通过所有项目，测验成绩会向满分端集中，出现“天花板效应”，大部分人得分普遍偏高。反之，如果测验的项目难度太大，绝大多数人无法通过大多数项目，测验成绩会向零分端集中，出现“地板效应”，大部分人得分普遍偏低。这两种情况都使应试者的反应趋向一致，抹杀了个体差异，导致心理测验的目的难以达成，使测验的误差达到严重干扰鉴别的程度。

当然，测验的难度应该随着测验目标的变化而变化，当心理测验的目标是为了让绝大多数人获得成就感，对本职岗位产生兴趣，可以选择难度偏低的测验，使大家皆大欢喜。事实上，心理测验常常出于选拔、晋升、奖励的目的，多数情况下属于筛选性测验，因此，难度相对偏高，只允许少数人过关。

由此可见，测验难度的选择要依据测验的目的，不可盲目乱选，否则不仅造成严重的误差，而且会使测验失去价值，浪费资源。

（4）测验长度

测验的长度，即测验包含题目的数量是影响测验准确性的一个重要因素。从理论上讲，在一个测验中增加同质的题目，可以提高这个测验的信度，从而也提高了这个测验的稳定性系数。通俗地理解，测验的题目越多，题目的随机误差可以相互抵消，减少偶然因素造成的误差，可以测验出被试的稳定水平。根据斯皮尔曼-布朗公式的通式：

$$Y_{kk}=kY_{XX}\div[1+(k-1)Y_{XX}]$$

公式中，K为改变后的长度与原长度的比例，Y_{XX}为原测验的信度，Y_{kk}为新测验的信度估计。通过计算，我们不难发现长度短的测验信度较低，通过加长测验可以提高测验的信度。例如，原来一个测验的题目是10个，信度是0.50，如果题目增加到50个，新测验的信度为0.83。可见，测验的长度对测验的稳定性具有显著影响。在这里要注意，增加测验的题目来提高信度、减少误差有两个前提条件：一是增加的题目与原有的测验题目是同质的；二是新增的测验题目与原有的测验题目具有相同的难度水平。从这个意义上讲，测验的长度与题目的鉴别力要同时考虑，盲目增加测验长度来提高信度的做法并不科学。

2）源于测评实施过程的误差

心理测量需要达到的目的是获得对应试者的反应尽可能准确测定。要达到这种境界，依赖于对误差的控制，即必须减少无关因素对测验目的的影响。这主要通过使所有应试者在测量的过程中受到同等对待，除了所有应试者都使用相同的一组测验以外，还要保证在相同的条件下进行测验，他们的结果才能进行比较。如果一个测验在不同的时间、地点、条件下由不同的实施者对不同的应试者进行测评，要想进行相互比较显然是缺乏可比性。由此可见，如果在测验实施过程中未能做好相应的准备，实施中未能采用标准化的指导语，未能控制好测验时限，未能进行标准化的评分计分，未能对测验环境进行控制，必然会造成源于施测过程的误差。

（1）施测前的准备

在心理测量中，施测前的准备至关重要。在施测前，测验实施者要熟读测验指导手册，熟悉整个测验程序、测验材料、测验器具、测验场地等，充分的准备可以减少施测过程中的误差。例如卡特尔16人格因素测验的测验实施程序如下：

本量表属于团体测验（也可个别实施）。测验实施时，先每人发一份答卷纸（即测验用纸），被试首先必须把姓名、性别、年龄、测验日期等填写在答卷纸上。然后，发下测题，翻到测题的说明部分，让被试边看边听主试朗读说明部分。最后，利用答卷纸左上方的四个例题，让被试在小方格内对每一例题用在相应的小方格内打上×符号的方式表示自己的选择。被试必须在掌握了答题方式之后，方可开卷进行正式测验。

明确整个测验程序，按部就班地进行可以减少误差的产生。又如在实施韦氏成人智力测验时，测验程序规定言语测验与操作测验需要交替施测，如果不按照分测验的排列顺序进行，显然会造成误差；其中算术、图片排列、积木、拼图、译码是有时间限制的，如果没有准备好计时器，也会造成误差；对于没有时间限制的分测验，规定了连续失败几次停止测验，如果不确切知道此项规定，也会造成误差。在实施明尼苏达多项人格调查表时，测验规定适用于16岁以上的成人，且具备小学以上的文化水平，如果不清楚这个限制，擅自扩大使用范围，会造成误差。同时，该测验规定当某些题目无法作答时，可以不作答，如果因不清楚规定而强迫应试者作答也会造成误差。实施罗夏墨迹测验时，允许应试者移动图片从不同角度看，且没有时间限制，并要记录应试者的潜伏反应、停顿时间、情绪表现、无意识动作，如果实施者不能熟练运用，也会导致误差。

因此，测验的实施者应该具有良好的专业素养，经过专门训练，这是最基本的准备。除此以外，在测验前用足够的时间做充分的准备工作，可以减少误差的产生。在心理测量前，通过预测验熟悉测评过程，这也是减少误差的有效方法。

（2）标准化指导语

指导语是在测量实施时说明测量进行方式以及如何回答问题的指导性语言。指导语属于测验刺激的一部分，通常指导语有两种：一种是对受测者的；另一种是给测验实施者的。对于纸笔测验来说，这些指导语一般印在测验的开始部分，也可以印在另外一张纸上。可以让受测者自己阅读，同时又可以在测验开始前由测验实施者口头说明，以确保受测者确实掌握答题要求。下面是一项人格测验的标准化指导语的例子：

本测验共有187道题目，都是有关个人的兴趣和态度的问题。每个人对这些问题是会有不同的看法的，回答也是不同的，因而对问题如何回答，并没有“对”与

“不对”之分，只是表明你对这些问题的态度，请你要尽量表达个人的意见，不要有所顾忌。

本测验每一测题都有3个可供选择的答案（A、B、C），答卷纸上相应地附有3个方格，请把你所选择的答案以“×”为符号，填到相应的方格中，即：你如果选择“A”答案，就在第1个方格内划1个“×”；选择“B”答案，就在第2个方格内划1个“×”；选择“C”答案，就在第3个方格内划1个“×”。按此规则，对答卷纸上方的4个“例题”进行练习。

应当注意的是：

①每一测题只能选择一个答案；

②不可漏掉任何测题；

③尽量不选折中性答案；

④本测验不计时间，但应当凭自己的直觉反应进行作答，不要迟疑不决，拖延时间，一定要在1小时内完成这个测验；

⑤有些题目你可能从未思考过，或者感到不太容易回答。对于这样的题目，同样要求你作出一种倾向性的选择。

为了保证测验情景的一致性，对测验实施者的指导语主要是对测验细节作进一步解释，包括测验场地的布置，涉及照明、桌椅、隔音、温度等；测验材料的分发；如何计时计分；如何回答受测者提问以及如何应对意外事件发生。

一般来说，对受测者的指导语包括：

①如何选择反应形式（画圈、填数字、口答、书写等）；

②如何记录这些反应（答卷纸、录音、录像等）；

③时间限制；

④确定正确反应时，该如何去做（是否允许猜测等）以及计分的方法；

⑤例题，当题目形式比较生疏时，应该给出附有正确答案的例题；

⑥某些情况下告知受测者测验目的。

测验的指导语必须清楚、明确、易懂、有礼貌。如果必要，还要依据指导语进行相应的演示，并且注意受测者的反应。例如，要求受测者在答卷纸上写上自己的名字时，最好用这样的指导语：

“请拿起答卷纸”（举起一个样本，检查是否每一个受测者都有了答卷纸）；“翻开第一页”（演示翻到第一页，并等第一位受测者做完）；“在第一行写上你的名字”（显示给受测者样本，等待受测者完成）。

标准化指导语通常要求测验实施者在指导语念完后，要询问受测者有什么问题。测验的实施者一定要严格遵守施测指导，不能任意发挥或解释，无论对什么人、在什么时候、什么地点，使用同一测验时，都必须按照同样的程序，提供同样的指导语，这样才能减少误差的产生。

指导语和测验实施者的解释同样属于测验的一部分，不同的指导语和提示信息，会直接影响受测者的答题态度和答题方式。例如，有研究表明，用一个能力测验施测于多组受测者，结果将测验说成是“智力测验”的一组受测者成绩最高；说成是“日常测验”的一组受测者成绩最低。

（3）测验时限

大多数测验基本不受时间限制。例如，在人格测验中，应试者的反应速度并不十分重要，所以人格测验一般不限定被试完成测验的时间。但是为了避免应试者对题目作无谓的反复推敲，从而给测验结果带来偏差，人格测验还是会有一定的时间限制。如明尼苏达多项人格调查表就规定：“测验所需时间最多的是90分钟，经常是45分钟。如果文化水平低可能超过2小时。”卡特尔16人格因素测验规定：“本测验不计时间，但应当凭自己的直觉反应进行作答，不要迟疑不决，拖延时间，一定要在1小时内完成整个测验。”

而在能力测验中，速度是需要考虑的重要因素之一。如瑞文联合型智力测验规定：“限在40分钟内交卷，能做多少就做多少。测验进行到20分钟及30分钟时各报一次时间，请大家在刚完成的答案下画记号。测验时间满40分钟时，不管是否做完，一律收卷（老年者可以适当考虑延长时间，因为老人书写动作一般较慢）。”速度和准确性是关于反应时间的两个变量。在大多数能力测验中，都会测量反应时间，即对这两个变量进行测量，从而来反映应试者的能力水平。因此，反应时间测量中的一个突出问题就是反应速度和反应正确性的相互关系。当一个人很快去完成某个任务时，他会比慢慢地去完成这项任务犯更多的错误；反之，如果某个人要尽量减少在完成任务时出错的可能，就会牺牲速度。心理学家称这种关系为“速度-准确性权衡”（speed-accuracy trade off）。由此，我们就不难理解为什么在心理测验中，需要设定测验时限了。例如，一般能力倾向成套测验的测验实施时间规定：

各分测验所需测试时间，都用三位数字写在各分测验“说明”那一页的左下方。第一位数表示分钟，第二和第三位数表示秒。例如，130表示1分30秒，040表示40秒钟。

纸笔测验所需时间由两部分组成：正式测验部分为19分50秒，而示范说明和练习等部分为25~30分钟，总共需要45~50分钟。

大多数测验既要考察反应的速度，也要考察解决有较大难度题目的能力。那么，测验时间定为多长比较合适呢？通常，在能力和成就测验中所使用的时间限制，以大约90%的应试者能在规定时间内完成测验为标准。题目尽量从易到难排列，力求使大多数应试者在规定时间内完成他会答的题目。

确定测验的标准时限一般采用尝试法。具体做法是：假设根据第一次测验的经验，我们估计大部分应试者可以在25分钟内完成，在第二次测验时，可以先规定应试者用黑色的笔做20分钟，然后换成红色的笔作答，再过5分钟换成蓝色的笔，这样就可以了解应试者在规定时间内完成题目的数量了。另一种方法是在施测现场报时，如15分钟报时一次，应试者在试卷上作记号；20分钟报时一次，应试者再在试卷上作另一记号。然后根据大家的完成情况来确定最合适的时限。

（4）评分计分

评分和计分不客观以及计算登记分数出错是常见的误差来源。一般在测验中，封闭式问题的计分评分比较客观，开放式问题的评分和计分标准就比较难以把握，加上评分者存在主观偏好，因而难以保证分数的一致性。

曾经有人请142位英文教员评阅一份英文考卷，所评的分数从50分到98分不等。某国教育界还有一件令人啼笑皆非的传闻：1920年夏季，许多大学教授在评阅历史试卷，有一位教授为了评分方便起见，自己写了一份标准答案，不料与其他考卷错混在一起，经过另一位教授批阅竟然不及格。为了评阅慎重起见，这份标准答案再次由其他教授重复评阅，结果分数从40分到90分不等。如果说，这是由于评阅的是英文和历史，误差是由学科特点所致的话，有人拿一份几何考卷请115位中学教员评阅，结果所得分数为28~92分，最大差距高达64分。可见，误差的一个重要来源是评分者的差异。这种差异不仅反映在评分者之间，即使是同一评分者，由于受到情绪、疲劳、外界干扰、应试者的序列位置等因素的影响，也会表现出评分的不一致现象。

计分的客观性是指在两个或两个以上有能力的计分者之间有一致性。不同的计分者之间取得完全的一致性是一种理想状态，一般情况下，如果在成对的受过训练的计分者之间的平均一致性达到90%以上，我们就认为计分是客观的，只有计分客观的前提下，我们才能把分数的差异理解为应试者的差异。

计分的基本步骤主要有三步：

①记录反应，即及时而准确地记录应试者的反应。如果是纸笔测验，应试者的答案将由应试者自己记录在答卷上。如果是口头回答、操作演示回答等，则需要评分者进行记录。这种情况下，可以使用录音和录像等比较客观化的记录手段，以避免记录时的困难和记忆偏差造成误差。

②检索标准答案。标准答案又称计分键。选择题的计分键是每一道题目的正确答案的编号；填充题的计分键是一系列正确答案以及所允许的变化范围；问答题的计分键是各种可以得分的要点；操作题的计分键则是指具有某种特点或能力的个体的典型反应。如果这些反应需要加权，权数也应在计分键中注明。

③反应和标准答案的比较，即将应试者的反应归类和赋予分值。客观题的程序是不容易产生歧义的；但当评分者的判断成为得分多少的重要依据时，则需要仔细核对评分规定的具体说明，以避免人为误差的产生。评分时要注意将应试者的反应与评分说明书上的样例仔细核对，按照最接近的答案样例给分。

例如，韦克斯勒智力测验中，有关词汇的评分标准是可以给每个词记2分、1分和0分。为了说明计分原则，在样例中列举的是比较差的，处于得分边缘的答案，而不是明显可以得分的答案。这样，2分的样例就是勉强可以得2分的回答，1分和0分的答案也是边缘的样例。如：

刀

2分：你切东西时用的——有刀身有柄——银制品、切的——一种武器——用来刺戳的——你可以用它削苹果。

1分：用它吃东西——杀人——尖的——钢做的——你可以用来吓人——用来追捕。

0分：我用它玩的——我有一把——放在你的口袋里。

评分计分中常见的误差有：宽容定势、首因效应和晕轮效应等。宽容定势（leniency set）指评分者的计分过于宽松，即使没有回答出所要求的答案，评分者也给予较高的分数。首因效应是指由于应试者前面答题的表现良好或不良，造成评分者对应试者产生良好印象或不良印象，而影响到评分者对后面问题的客观计分。晕轮效应（halo effect）指给予应试者较高的分数仅仅是由于应试者在另外一些试题上获得了高分，即评分者对应试者的一般印象影响到具体某个问题的评价。

为了使计分更加客观可信，评分者如何来避免评分和计分中误差的产生呢？评分者有两种计分程序可以选择，一种是整体计分，另一种是分析计分。整体计分（global scoring）就是评分者根据总体印象给答案评一个总分。整体计分在实际应用中比较普遍。分析计分（analytic scoring）是给问题的不同部分分派不同的权重，按照各个部分的要求对答案所包括的信息和技能进行评分，最后将各个部分的权重和得分组合起来得到一个总分。分析计分对答案往往有详细标准，因此，相对客观。

计分的一般原则包括：

①与测量目标无关的回答不予计分，或者单独计分。评分应该根据应试者对问题的回答是否充分和恰当来确定，所有其他因素，诸如答案的长短、书写风格等不应作为评分的依据。

②确定标准答案。每个问题都应事先确定标准答案和评分标准。例如，可以列出典型的答案样例，以及如何根据回答内容进行评分的详细说明。

③评分时最好按照题目顺序进行。最好不要按照应试者的顺序进行评分，即对所有应试者第一个问题答案计分完毕后，再给下一题的答案计分。这样计分可以避免首因效应和晕轮效应的影响。

④最好在评分时不知道应试者的名字和其他个人资料，以减少个人偏见的影响。

⑤安排两个或两个以上的评分者来计分。这样可以减少评分者的主观偏见带来的误差。

（5）测验环境

测验环境也是影响测验结果的一个不容忽视的因素。测验的环境可以包括物理环境和心理环境。测验场所必须保持良好的物理环境，如安静而宽敞的地点、适当的光线、通风条件、适宜的温度和湿度等，这些都会影响测验的精确性。某些测验对物理环境就有明确要求，如一般能力倾向成套测验，在论及测验场所时规定：

应该尽量选择安静的地方。课桌表面应平滑，每个人使用宽度应在60cm以上。此外，为使被试充分理解“注意事项”和“说明”，还应配置一块黑板。

由于一般能力倾向成套测验含有测量手指灵敏度和手腕灵敏度的分测验，这些分测验需要借助器具进行操作，因此，如果应试者没有足够的空间，必然会影响测验的效果，造成误差。

另一方面是测验的心理环境，心理环境受到物理环境的影响，一般来说，对于操作性的测验，测验环境如果布置得太严肃，容易让应试者感到紧张。而有些测验对测验的心理环境要求较高，如属于投射测验的主题统觉测验，对于环境要求如下：

友好的气氛（通过测验助手和其他工作人员表现出来），测验室及其陈设富有审美情调。主试的性别、年龄、态度和人格均会对被试想象的发挥和发展方向产生影响，因为主试者的目的是在一定条件下尽可能地获取高质量的材料，此目的的达到又直接依赖于被试的合作和瞬间的创造力。而且创造力本身又十分微妙，它基本上是一种偶然的过程，不可能在生硬、索然、十分理智的或其他某种不合拍的气氛下奔涌如泉。因此，使被试者感到环境和谐，能产生共鸣，从主试处得到认可、友善和赞许，这是十分重要的。

通过采用鼓励和赞许作为最佳的常规态度，自然会大大减少那种因主试态度冷淡或批评尖刻所引起的被试的不良反应。这种不良反应虽然也能提供被试的一些心理信息，但主试宁可牺牲这部分信息，而以良好的态度去获得对被试更全面的评价。这些都证明：态度的标准化最终将有益于在创造过程中保持最佳状态。

必须强调的是，环境条件的要求并不是可有可无的。不同的环境条件完全可能导致不同的结果，导致测验分数难以解释。因此，在施测时，首先必须完全遵从测验手册的要求布置测验的场所，其次是要在施测过程中记录下任何意外的测验环境因素，以便在解释测验结果时加以考虑。

（6）意外干扰

在测验环境不十分理想的条件下，可能会发生测验实施前无法预见的意外干扰现象。如突然出现持续噪音，突然停电，有人在试场中晕倒，有人作弊以及测验材料的装订错误等。这类情况可能会影响应试者的答题情绪，分散应试者的注意力，扰乱测验现场的秩序，进而影响测验成绩，造成误差产生。

3）源于测验实施者的误差

（1）测验实施者的资格

测验的选择、施测、计分和解释都必须由受过专门训练的专业人士来进行。一般来说，个别施测的智力测验和大部分的人格测验对使用者的要求较高，而绩效测验的使用者只要受过初步训练即可。

测验的实施者既要具备一定的能力，又要恪守一定的职业道德，只有这样才能减少误差的产生。《心理测验工作者的道德准则》第十三条“测验的保密”中指出：“对于心理测验和其他各种测评工具而言，只有受测者事先未曾得悉其内容，才有价值——当对大众泄露心理测验的具体内容以及编制原理会影响其价值时，心理测验人员有责任对这些测量工具以及使用方法加以控制。”由此可见，如果由不具备资格的实施者来进行测评，可能由于非专业的行为导致误差的产生。

（2）实验者效应

在心理测验中，测验的实施者可能以某种方式，如他的表情、手势、语气等有意无意地影响应试者，使他的反应符合实施者的期望，称为实验者效应。实验者效应的存在会导致误差的产生。在这种现象中，除了测验实施者无意识地以某种微妙的方式影响应试者的反应以外，还可能故意对应试者进行暗示、提醒或鼓动，或不能耐心地等待应试者出现真实反应就进行记录，或仅仅记录自己所期望的行为反应。

有一个故事说，德国有一位数学教师训练了一匹会做算术的马。在20世纪初，人们还在广为宣传这匹“聪明”的马，但其实这匹马并不像宣传的那样会做算术，而是主人与马之间有着一种微妙的交流，虽然这位数学教师没有意识到这种交流，但是这匹善于察言观色的马却能从主人的面部表情来判断自己反应的正确与否。

心理学家罗森塔尔（Rosenthal，1966）为了证明实验者效应的存在，在一个研究中，他让选修心理学实验课的学生做白鼠迷津实验，一组主试者用来做实验的笼子上贴着“走迷津伶俐”的标签，另一组主试者用来做实验的笼子上贴着“走迷津呆笨”的标签。事实上，这些白鼠是被事先随机地分到这些笼子里的，结果贴有“走迷津伶俐”的白鼠比贴着“走迷津呆笨”的白鼠学习得快些。实验者的期望莫名其妙地影响了白鼠的行为，动物的行为居然附和了错误的标签。

这类现象常常在心理测验中导致误差的产生。测验的实施者往往会凭借应试者的行为举动、外貌长相、仪表风度、流言蜚语、事先接触的资料，来不经意地对应试者作出预期，从而使测验无法完全真实反应应试者的情况。

解决实验者效应的常用方法是采用“双盲程序”，即让测验的实施者和应试者都不知道测验的真实目的是什么。显然，在操作心理测验时，完全这样做是不太可能的。因此，在心理测量中为了避免和减少这类误差，我们一般会采用一定程度的“双盲程序”，如在评估时，为了避免预先信息的干扰，隐去应试者的姓名；为了避免外貌的干扰，采用书面方式或佩戴面具；为了避免字迹的影响，采用计算机作答等。在经济有效的前提下，尽量减少误差的产生。

（3）建立协调的关系

协调的关系是指测验实施者与应试者之间的一种友好的、合作的、能促使应试者最大限度地完成测验的一种关系。在能力测验中，这种和谐的关系能够促使应试者注意力集中地完成测验任务，发挥个人的正常能力水平；在人格测验中，协调的关系能促使应试者放松，坦率而诚实地回答有关个人行为特点的问题；在操作测验中，能够促使应试者避免过分紧张，自如地进行操作行为；在投射测验中，能够促使应试者抛开人格面具，完整真实地报告刺激引起的各种联想内容。总之，如果在施测过程中不能与应试者建立协调的关系，就会影响测验目标的达成，造成误差。建立协调的关系，就是通过实施者良好的职业素养和技巧，促使应试者尽可能地对测验感兴趣，遵从指导语，认真合作地进行测验。无论是进行何种测验，是个别测验，还是团体测验，测验实施者以客观而不失热情友好的态度为应试者创造一个宽松而不拘谨的氛围，是建立协调关系的前提，也是减少测验误差的保证。

4）源于应试者的误差

这是最难控制的误差。即使是一个经过精心编制的测验，题目取样具有代表性，又有标准化的施测过程和记分程序，测验的实施者也具备专业经验，由于应试者本身的原因，仍然会给测验结果带来误差。

（1）应试动机

动机是为实现一定目的而行动的直接动因。人从事任何活动都有一定的原因，这个原因就是人的行为动机，应试动机就是指向应试目的的行为动机。动机的功能之一是激励作用，对测验行为具有维持和加强的作用。在心理测量中，由于应试者应试动机的不同，会影响其答题态度、注意力、持久性、反应速度等，从而影响测验结果。例如，在能力测验中，一个具有较强竞争意识的应试者，怀有强烈的动机，因而在测验中会力求发挥好的水平，争取好的成绩，兢兢业业地作答；另一个竞争意识淡薄的应试者，动机水平低，争取高分的内在驱动力不强，往往会在测验中随便作答。因此，由于掺杂了不同的应试动机，测验成绩的差异经常不能完全真实地反映二者能力的高低。

在人格测验中也会有类似的情况。例如，当人格测验用于人事测评中时，雇主真正感兴趣的是应试者的典型行为特点，但有的应试者为了迎合雇主，给主试留下一个好印象，在答题时揣测雇主的期望，或以社会期望答题，而不按照真实情况答题，从而给测评结果带来误差。Brikeland等学者在2006年的一篇论文中利用元分析技术研究求职者在多大程度上会对人格测验做假，在分析综合了33篇研究后，发现对比非求职者大五人格测验的得分，求职者的大五人格测验的各个维度得分都偏高。

此外，由于应试者对测验目的往往是不知道或不清楚的，为了避免给自己求职带来可能的障碍，有的应试者会选择中庸的答案，或以一种恒定的方式答题（如始终选择不置可否的答案），导致系统误差的产生，降低了测验的有效性。当然，如果应试者的动机引起答题时的不稳定反应，还会导致随机误差的产生，这时测验的有效性和可信性都会下降。

（2）测验焦虑

测验焦虑是指应试者因接受测验而产生的一种紧张的、不愉快的情绪，它会直接影响应试者水平的发挥。例如，在进行操作性测验时，过度紧张会使手与眼失去良好的协调，导致测验结果产生误差。焦虑作为一种测验时正常的情绪反应，既可以是认知评价的结果，也可以是生理状态的后果。如果应试者在以往的测验中产生了消极的自我评价，并固化为心理定势，则一旦接触测验情景就会唤起焦虑情绪体验，同时自主神经系统活动增强，出现心率加快、呼吸加剧、肠胃不适等生理现象，生理与心理相互诱导，影响应试者水平的发挥。

心理学研究表明：

①能力与测验焦虑成负相关。能力强的人，测验焦虑一般较低，而对自己能力没有信心的人，测验焦虑较高。

②抱负水平与焦虑成正相关。抱负水平高的人，对测验成绩的期望值也高，测验焦虑相应也高。

③竞争性测验导致测验焦虑高，当然这取决于个人的成就动机水平和测验经验等因素。

④经常接受测验的人焦虑水平较低，而对测验程序不熟悉的人焦虑水平较高。

⑤轻微的测验焦虑会增进测验效果，但焦虑太高或毫无测验焦虑，则会降低测验效果。

⑥患得患失、缺乏自信、情绪不稳定的人容易产生测验焦虑。

⑦应试者不了解测验目的，指导语不清楚，采用了新的题目形式或施测程序，或者有严格时间限制等，也会增加应试者的测验焦虑。

（3）测验经验

为了真实地测量出一个人的某种心理特性，我们有一个基本假设：所有应试者在相当大的范围内对于测验所包含的材料、测验程序、反应技巧都具有同等的熟悉程度。任何时候，只要引入一种新的格式、新的测验题型或新的反应程序，都有可能造成理解上的错误，从而给测验结果带来误差。

那些具有多次同类测验经验、具备应试技能的人，能够根据答案之间的排列顺序、相似性等细微的差别，运用时间策略、答题技巧来超越个人能力完成测验，从而使测验结果产生误差。

（4）练习效应

任何一个测验在第二次应用时，都会有练习效应而使测验成绩提高，应试者经历一次测验等于参加了一次练习。心理学研究证实，在能力测验方面：

①对于受教育经验少的人，练习有比较明显的正效果。

②对于智力较高者，练习效果较为显著。

③着重速度的测验，练习效果比较明显。

④再做同一个测验比做复本的练习效果显著。

⑤量词测验之间的时间间隔越大，练习效果越差，相距3个月以上，练习效果可以忽略不计。

⑥一般的平均练习效果，大约在1/5标准差以下，但第二次再测后，练习效果接近于零。

（5）反应倾向和反应定势

反应定势是指应试者以某种习惯的方式对测验项目作出反应，使得我们无法正确判别应试者的真实能力水平。在心理测验中主要有这样一些反应定势。

①速度与准确性定势：有的人倾向于慢而细致地答题，另一些人常常快而粗略地作出反应。

②认可定势：对正误或是否题不肯定时，倾向于选择“正确”或“是”的答案。

③位置参照定势：有的人对等距量表的某些位置比较偏爱，另一些人则倾向于每题变换一种量表位置。

④投机定势：也是一种猜测定势，倾向于探究题中线索，猜测答案。

此外，社会认知和评定中的各种消极效应会产生各种主观倾向，比如趋中效应、宽大效应和晕轮效应等。趋中效应是指在评级时倾向于作出“中等”区域的评级，而很少作出高分或低分的评级；宽大效应是指评分倾向于过高或过低，前者叫做宽大效应，后者称为负宽大效应；晕轮效应则指的是由于对受测者的笼统印象而形成某种稳定的评级倾向，这些主观倾向都会对测验效果造成误差。

（6）生理因素

不但应试者的心理因素会影响测验结果，生病、疲劳、失眠等生理因素也会影响测验结果，带来误差。当测验包含的项目众多时（例如，MMPI有566个题目），应试者有可能在测验过程中由于生理上的疲劳和心理上的厌倦而暂时分散注意力，作出不符合自己实际情况的回答，给测验结果带来误差。在心理测量中，也会出现多种不同功能的测验需在一次测评中完成的现象，这同样会引起疲劳和厌倦，测验形式的类似程度越高，疲劳和厌倦感就会越强烈。

对于这种情况，可以有多种解决方案。最便捷的方式是改变测验日期，当测验实施者发现应试者由于生理因素不适合接受测验时，如果可能的话，可以选择改期，来避免误差的产生，给予应试者一个公平的机会。还可以选择恰当的测验方式，比如同样用MMPI进行人格测验，如果对测验目的没有原则影响，可以选择399道题的减缩本，以避免应试者的疲劳和厌倦感。对于多个测验，可以分步完成或者分多次完成，中间安排必要的休息时间。在心理测量中采用测验组合时，除了考虑测验的功能外，还要注意测验的答题形式。变换答题形式，交叉采用纸笔测验、操作测验、投射测验等不同形式，可以减轻应试者生理上的疲劳感和心理上的厌倦感，避免误差的产生。

8.2.5 绩效评估的误差

绩效评估是一种正式的员工评估制度，它通过系统的方法和原理来评定和测量员工在职务上的工作行为和工作成果。绩效评估是企业管理者与员工之间的一项管理沟通活动。绩效评估的结果可以直接影响到薪酬调整、奖金发放、职务升降、培训提供等诸多员工的切身利益。如前所述，在绩效评估中，既有结果主导型，主要着眼于“干出了什么”，适合于对实绩的考评；又有品质主导型，主要着眼于“怎么干”，适合于对员工心理素质、工作潜力、工作态度的考评；还有行为主导型，主要着眼于“干什么”，适合于对工作过程和工作行为的考评。对于不同性质的工作职位，应该根据客观性、有效性、准确性选择相应的合理的评估类型，这样才能达到绩效评估的目的。

1）源于绩效评估体系的误差

在建立绩效评估体系的过程中，每个组织应该以自己的组织发展目标为导向，以达成科学有效的管理为目的。绩效评估体系一般包括个人特征、工作行为、工作结果三个方面，三个方面根据职位性质的不同占不同的权重。绩效评估应该体现与组织发展的一致性、绩效系统的标准化、绩效系统的公平性、绩效系统的明确性、评估时间和评估者的合理性等特点。如果绩效评估体系与组织发展目标有所偏离，在评估指标的权重上对职位性质考虑欠周，以及在标准化、公平性、明确性、合理性方面有所欠缺，都会造成来源于绩效评估体系的误差。

2）源于绩效评估过程的误差

在绩效评估的过程中，会采用等级评价法、目标考评法、序列比较法、相对比较法、小组评价法、重要事件法、评语法、强制比例法、情景模拟法、综合法等具体的方法，各种方法都有自己的优势，也会产生方法局限带来的误差。同时，在评估过程中还会出现考评指标理解误差、光环效应误差、趋中误差、近期误差、个人偏见误差、压力误差、完美主义误差、自我比较误差、盲点误差等。

3）源于绩效评估者的误差

绩效评估的评估者可以是自己，也可以是上司和下级，这三类人都可能由于缺乏绩效评估的训练而造成误差。作为上司，在评估时可能会由于偏见、偏爱等原因造成误差；作为本人，可能会由于高估、记忆偏差造成误差；作为下级，可能会由于以偏概全、人际压力等造成误差。

关于绩效评估，本书有专门章节详细论述，请读者参看查阅有关章节，在此不重复阐述。

8.3　人事测评误差的控制

8.3.1　控制测评工具的误差

1）测评形式的选择

由于测评的形式在人事测评中占有相当重要的地位，因此它对测评目的的达成以及误差的产生具有直接的影响。在进行人事测评时，要紧扣测评的目的来选择测评的形式。如果决定采用观察类测验，测验前要对观察情景的选择、观察时机的选取、观察时间的长度作充分准备，尤其是观察指标的采用更是关键，如果条件许可，应该尽量采用客观的仪器，如录音、录像设备进行观察，避免由于肉眼观察带来的主观偏差。客观记录的观察资料可以进行反复比对，或请多个专家独立评判，从程序上可以减少误差的产生。客观记录手段的采用，在行为模拟类测验中同样适用。投射类测验一般不宜单独使用，由于其测验时间长度的不确定性、对主试专业背景和经验的依赖、重测信度低、主观解释难以统一等原因，对于其测验的结果，应该审慎地采用。

标准化的纸笔测验是目前在人事测评中使用最广泛的一种形式，无论是成就测验还是人格测验，或者是能力倾向测验，都有多种形式，如人格测验就有16PF、EPQ、YG、MMPI等。为了控制误差，应该根据测验的特点和人事测评的目的来谨慎选用，如YG性格测验试题前面部分有练习题，给予应试者练习的机会，在一定程度上可以减少测验经验的影响；16PF人格测验有三个选择项，可以减少猜测因素；MMPI有测谎题，可以区分应试者的自我掩饰程度。除此之外，它们各自具有不同的特点：YG性格测验共120题，揭示12种人格特质，以情绪特质为主；16PF人格测验共187题，揭示16种人格特质，覆盖认知、情绪、意志行为等方面；MMPI共566题，揭示10种人格特质，以检验心理健康程度。在人事测评中，多选用16PF进行性格评定。

目前的标准化测验中多采用选择题，尤其以包含4个备选项的单项选择题为主，因为这对避免猜测因素的影响是有效的。

在人事测评中，无论是采用面试、心理测量、绩效评估还是其他测评技术，都要注意测评形式与实际工作的吻合度。采用动态测评与静态测评相结合、物理测量与心理测量相结合、具体测量与心理测量相结合的测评方式，有助于保证测评的客观性，控制误差的产生。

2）综合考虑测评指标的特点

为了提供足够的有价值的信息，从而反映个体的心理特征，测评指标必须具备两个条件：一是行为样本要有足够的数量；二是行为样本应具有代表性和典型性。

在心理测量中，测验难度的理想分布是呈现钟形曲线的常态分布，即处于中等难度的项目的百分比最高，依次向两端递减，显然在这种情况下，测验的误差也相应地处于较小的状态。测验的难度应该随着测验目标的变化而变化，当人事测评的目标是为了让绝大多数人获得成就感从而对本职岗位产生兴趣时，可以选择难度偏低的测验，使大家皆大欢喜。事实上，人事测评常常出于选拔、晋升、奖励的目的，多数情况下属于筛选性测验，因此，难度相对偏高，只允许少数人过关。只有根据人事测评的目标来选择合适的测验难度，才能有效控制误差。

此外，测验长度的选择要考虑题目的同质性和难度水平两个条件，以便有效控制误差。

在面试中，面试项目的科学选择、面试清单的合理设计、面试程序的严格标准化，以及在绩效评估中，对心理特征、工作行为、工作结果进行全面评估并以合理的权重分配，都是有效控制误差产生的方法。

8.3.2 控制测评实施过程的误差

1）测评前的准备

在人事测评前做充分的准备工作，可以减少实施过程中产生的误差。在面试前，熟悉面试过程的整个程序，预见可能面临的困难和挑战，准备好各种现场应急措施，熟悉评分标准，都有助于控制误差。在心理测验前，熟读心理测验的指导手册，熟悉整个测验程序、测验材料、测验器具、测验场地等，都可以减少施测过程的误差。在人事测评前，尽可能全面地收集客观资料，熟悉整个评估体系和评价标准，也有助于减少误差。在明确人事测评整个测评程序的前提下，按部就班地实施是控制误差的必要条件。

测评实施者应该具有良好的专业素养，对测评实施者进行专门的测评前培训，是最基本、最重要的准备。除此以外，在临测验前花足够的时间作充分的现场准备工作，可以减少和避免误差的产生。在人事测评前，通过预测验熟习测评过程，也是减少误差的有效方法。

2）采用标准化指导语

通常指导语有两种：一种是给受测者的；另一种是给测评实施者的。

对测评实施者的指导语是为了保证测评情景的一致性，主要是对整个测评过程的细节作进一步解释，包括：测评场地的布置，涉及照明、桌椅、隔音、温度等；测验材料的分发；如何计时计分；如何回答受测者提问；如何应对意外事件发生。测验实施者必须严格遵照执行，才能减少误差。

测评实施者在指导语念完后，要询问受测者有什么问题，寻求反馈信息，确认受测者的理解程度。测评的实施者一定要严格遵守施测指导，不能任意发挥或解释，无论对什么人、在什么时候、什么地点使用同一测评项目时，都必须按照同样的程序，提供同样的指导语，这样才能减少误差的产生。

8.3.3 控制测评实施者的误差

在实施心理测验时，测验的选择、施测、计分和解释都必须由受过专门训练的专业人员来进行，测验的实施者既要具备一定的能力，又要恪守一定的职业道德，才能减少误差的产生。应该采用“双盲程序”来控制实验者效应，避免测验实施者通过表情、手势、语气等有意无意地影响应试者，使应试者的反应符合实施者的期望现象，以及凭借应试者的行为举动、外貌长相、仪表风度、流言蜚语、事先接触的资料，来不经意地对应试者作出预期。

在面试中，也同样存在以上的问题。在绩效评估中，测评实施者一般不具备测评的专业知识，因此，对人事测评的实施者进行评估前的培训，介绍评估的相关知识，剖析各种误差产生的原因，有利于提高其人事测评的认知水平，避免和减少误差的产生。

此外，在测评实施者与应试者之间创造一个宽松而不拘谨的氛围，以使应试者最大程度地完成测验，也是减少测验误差的保证。

8.3.4 控制应试者的误差

注意调控应试者的应试动机、测验焦虑、测验经验、练习效应、反应倾向、生理状况等来避免误差的产生，给予应试者一个公平的机会。

本章小结

误差是在测量中与目的无关的变因所引起的不准确或不一致的效应。事实上，存在着两种主要的误差形式：一种是随机误差，另一种是系统误差。

人事测评的特点决定了它是心理测量与物理测量的结合，是具体测量与抽象测量的结合，是绝对测量与相对测量的结合，是直接测量与间接测量的结合，是静态测量与动态测量的结合。

人事测评的误差主要有四类：第一类来源于人事测评工具本身的误差；第二类来源于测评实施过程的误差；第三类来源于测评实施者的误差；第四类来源于应试者的误差。

为了保证人事测评的准确性、可靠性和科学性，作为专业人员必须认识、预见各类误差，并在实施过程中尽量避免、减少和控制误差。

关键概念

随机误差　系统误差　行为样组　天花板效应　地板效应　宽容定势　首因效应　晕轮效应　实验者效应　双盲程序　测验焦虑　反应定势

课堂讨论题

1. 如何认识人事测评的特点？
2. 人事测评的特点给测评准确性带来了什么样的影响？
3. 如何选择测评工具？一个好的测评工具应该具备哪些特征？
4. 什么是指导语？它在人事测评中如何影响结果？
5. 测验的实施者在人事测评中扮演什么角色？他对测验结果有何影响？
6. 反应定势有哪些？如何设法避免？
7. 是否测验的长度越长，测验误差就越小？为什么？
8. 如何做到计分客观？有哪些原则可以遵循？

复习思考题

1. 什么是误差？误差有哪些形式？
2. 人事测评的特点是什么？
3. 人事测评的误差来源有哪些？
4. 如何有效控制面试中的各类误差？
5. 如何有效控制心理测量中的各类误差？
6. 如何有效控制绩效评估中的各类误差？

补充阅读材料

郑日昌. 心理测量［M］. 长沙：湖南教育出版社，1987.

戴忠恒. 心理与教育测量［M］. 上海：华东师范大学出版社，1987.

王重鸣. 心理学研究方法［M］. 北京：人民教育出版社，1990.

王垒，等. 实用人事测量［M］. 北京：经济科学出版社，1999.

第9章 /人事测评信度分析

学习目标

1. 理解信度的含义和理论。
2. 掌握估计信度的一般方法。
3. 了解影响信度的因素，掌握提高信度的方法。
4. 了解如何用信度和测评误差来解释测评得分。

当完成一次人事测评后，我们不禁要问，这次人事测评做得到底好不好？是否有效？是否可靠？评价一次测评，可以从多方面考虑。测评所花费的人力、物力、财力是否经济实用，测评的有效性（效度）如何，测评的可靠性（信度）怎样，测评报告是否符合规范要求和易于理解……本书引用传统测量学理论（真分数理论），对人事测评的两个重要指标信度和效度进行介绍。

9.1 信度的基本概念和理论

9.1.1 信度的概念

当我们用尺去量一张桌子的长度时，多次测量之后可能会有误差的产生。人事测评和其他物理测量一样，不可能达到100%的一致性。如我们对候选人进行一般智力测验，第一次智力测验他得到110分，过一周再做智力测验得114分。这种不一致是非常普遍的。但从另一个角度来说，测评结果又不应该是完全随机的，对于一个好的测评来说，它会有误差，但误差是在一定范围内的。比如一个人第一次智力测验为110分，第二次为40分，两次的差异太大，人们就会对测量的可靠性产生怀疑。而这个就是本章要讨论的人事测评的信度问题。宽泛地说，信度是对测量一致性程度的估计；人事测评的信度则指对人员测量评估的可靠性和一致性程度。效度是测评的有效性，指实际的测评测量到所要测评的东西的程度，在第10章中我们将就其进行讨论。

9.1.2 真分数理论

1）误差

假设我们用A、B、C 3套测评工具对甲、乙、丙、丁、戊5名管理人员进行成就动机测评，测试后得到这样的结果（见表9-1）。

表9-1　A、B、C 3套成就倾向测评工具对5名管理人员进行测试的结果

人　员	工具A测得的成绩	工具B测得的成绩	工具C测得的成绩
甲	47	38	57
乙	35	30	49
丙	52	45	59
丁	55	47	60
戊	45	39	51

可以看到，3套工具测得的结果有所不同。工具A测得甲的成就动机分比戊高2分，但工具B测得的结果却是甲的成就动机分比戊低。工具A和C测得的结果5名管理人员的成就动机的得分顺序相同，都是从低到高依次为乙、戊、甲、丙、丁。看起来结果相同，但仔细一观察，尽管顺序相同，但差距大小不一样。工具A测试的结果，戊与甲比较接近、戊与乙差距较大。而工具C测试的结果，戊与甲差距较大、戊与乙比较接近。

假如我们用同一套测验工具在不同的时间里对同一个人施测两次，结果又会如何呢？表9-2是对某位销售主管测试两次（间隔时间为两个月）16PF的结果。

表9-2　间隔两个月对某位销售主管施测16PF两次的结果对照

	A	B	C	E	F	G	H	I	L	M	N	O	Q_1	Q_2	Q_3	Q_4
第一次16PF测试结果	7	6	9	8	7	10	9	3	2	3	7	5	6	2	8	2
第二次16PF测试结果	8	7	10	9	8	10	10	3	2	4	6	3	6	5	9	2
两次测试结果的差异	1	1	1	1	1	0	1	0	0	1	-1	-2	0	3	1	0

两次测试结果几乎每个因素分都有差异。相差大的高达3个标准分。实际测试中经常会遇到上述情况。可以说，任何两个测试工具对同一组被试的测试结果或同一个测试工具对同一组被试的测试结果都不会相同。那原因何在呢？

因为如前面一章所述，任何人事测评都有其测评误差，都不可能是完全准确的测评。即使是物理、化学测量，也会有误差。用两个不同的长度测量仪器A和B测量某一小球W的直径两次。第一次测量，仪器A测得的结果是1 750微米、仪器B测得的结果是1 748微米；第二次测量，仪器A测得的结果是1 752微米、仪器B测

得的结果是1 749微米。仪器本身的精密程度和周围的温度、湿度、压强、海拔等许多因素都可以成为导致四个数据不一致的原因。重量、长度、速度、比重、浓度、PH值等许多物理化学测量，都不可能达到完全准确的测量。

2）真分数模型

由于误差的存在，受测者所得到的测评分数事实上由两部分构成：一部分是对测量一致性有贡献的分数，这部分分数反映了受测者的稳定的个体特征或者说测评人员想测量的特质；另一部分分数则反映了测评的不一致性，即个体或情境的那些能够影响测评结果，但又和测评特质无关的特征。这样，测评结果可以用公式来表示：

测评分数（观察值）=真分数（要测量的特质）+测评误差（不一致）

如果用X_t表示测评分数，X_∞表示真分数，X_e表示测评误差，则可以用公式表示如下：

$$X_t=X_\infty+X_e \tag{9.1}$$

这里所说的真分数，是假定为任何被测量的特质的纯正的值，即没有误差的值，或者说在理想条件下使用完备的测评工具应当获得的值。如真分数可以看作假定对一个人实施了某一领域中的所有测题时，他所能获得的分数，或者是一个人在某一个测验的大量相等形式中所得到的平均分数。测量误差分数是由引起测评不一致的变因所产生的效应。X_e只是随机误差，不包括系统误差。X_e可以是正数，也可以是负数，在理想状态下，其值为0。X_e的数学期望值是0，用公式表示为：

$$E(X_e)=0 \tag{9.2}$$

当$X_e=0$时，$X_t=X_\infty$。而实际测评中，X_e不可能等于0。因此，实际测评中实得的X_t也不可能等于X_∞。X_∞也就成了一个不可能被实际测到的假想值。之所以用X_∞表示真分数，意在表示真分数是经过无数次等值的测评后获得的平均值。

在信度的基本模型中，有三个假设：（1）误差与真分数相互独立。（2）测量误差是随机的，即误差的平均数应为0，它们的正负值正好抵消。这个假设是信度理论的核心假设。（3）不同测量产生的误差是独立的，即它们之间的相关性为0。当然，对于任何个体来说，测量中的误差不是一个完全随机的事件，但大量个体结果中的测量误差都可被认为是随机的。我们可以用下列公式来表示上述假设：

$\overline{X}_e=0$（误差的平均数为0）

$Rt_e=0$（误差与真分数的相关为0）

$RX_{e1}X_{e2}=0$

基于这样的假设，可以认为测量结果的变差是真分数变差和误差分数变差之和。

如果S_t^2表示实得分数变差，S_∞^2表示真分数变差，S_e^2表示测评误差变差，则可以用公式表示如下:

$$S_t^2=S_\infty^2+S_e^2 \tag{9.3}$$

9.1.3　信度系数

信度系数的基本定义为，在一组测评中，真分数变差与实得分数变差的比率。如果用r_{tt}表示信度系数，则用公式表示为：

$$r_{tt}=\frac{S_{\infty}^2}{S_t^2} \tag{9.4}$$

这里强调一组而非单个人，表示信度系数是代表对一个总体进行测评的一致性，信度系数不仅与测评工具、测评方法有关，而且与被测评的总体有关。

从公式$S_t^2=S_{\infty}^2+S_e^2$，我们可以认为真分数就是实得分数的回归值。于是就有$S_e^2=S_t^2(1-r_{t\infty}^2)$，$r_{t\infty}$为实得分数与真分数的相关系数。

我们可以进一步推理如下：

$$\begin{aligned} r_{tt}&=\frac{S_{\infty}^2}{S_t^2} \\ &=\frac{S_t^2-S_e^2}{S_t^2} \\ &=\frac{S_t^2-S_t^2(1-r_{t\infty}^2)}{S_t^2} \\ &=r_{t\infty}^2 \end{aligned}$$

S_{∞}^2只是一个理论上假设的值，不可能实际测到。因此，我们也不可能直接得到信度系数r_{tt}，我们只能进行估计。在实际工作中，可以通过几种方法对信度系数进行估计。

9.2　信度系数的估计

信度系数的估计一般有3种：稳定系数、等值系数、内在一致性系数。

9.2.1　稳定系数

稳定系数是估计测评跨时间的一致性程度，即在两个不同的时间里进行测评（如间隔一个月测评两次）所获得的结果的一致性程度。获得稳定系数的方法非常简单，对同一组被试进行相同的测评两次，即对一组被试测评一次，间隔一段时间后对同一组被试用相同的测评再测评一次，然后计算两次测评获得分数的相关系数，所得的相关系数就是稳定系数。因为稳定系数是通过进行再测的方法获得信度系数的，所以稳定系数也叫再测信度系数（简称再测信度）。稳定系数越高，说明测评的稳定性越好，测评受随机因素的影响越小。

例如，某个管理意识测评表的稳定系数估计。

运用该管理意识测评表于某年5月5日对某电器公司的55名生产管理人员进行第一次测试，获得测评分数X_1（X_{11}，X_{12}，X_{13}，…，X_{155}）。

同年的6月15日再运用该管理意识测评表对这55名生产管理人员进行第二次

测试，获得分数X_2（X_{21}，X_{22}，X_{23}，…，X_{255}）。

计算X_1与X_2的相关系数（本例中为积差相关系数，其具体计算公式见本章阅读材料1），得r_{12}为0.78。r_{12}就是r_{tt}的估计值。

表9-3为稳定系数列表。

表9-3 稳定系数列表

测评	被试				
	1	2	3	…	55
X_1	76	68	63	…	80
X_2	78	66	72	…	79

再如第4章阅读材料中曾经提到的GATB测验，采用间隔两周重测的方法，得到了测验的稳定系数。表9-4是该测验在中日两国的稳定系数。

表9-4 中日两国9种能力倾向的稳定系数

国别	能力倾向								
	智力	言语能力	数理能力	书写知觉	空间判断能力	形状知觉	运动协调	手指灵活度	手腕灵活度
中国	0.82	0.84	0.82	0.83	0.74	0.68	0.71	0.65	0.51
日本	0.83	0.85	0.82	0.82	0.75	0.65	0.72	0.67	0.48

从表9-4的数据也可以看出，该测验在中日两国的稳定系数比较接近，说明其在中国做的工作还是能反映原量表的测量可靠性的。

获得稳定系数时，最需要注意的是再次测评的时间间隔。只有控制合理的时间间隔，才有可能获得较好的稳定系数。

时间间隔长了，被试的心理特征就会因为学习、经历、教育培训等因素而发展变化。如上例，如果间隔6个月进行再测，这6个月中被试的管理经验就会有所变化，而且这6个月中被试阅读管理的有关书籍、参加管理的培训（如领导力训练）、对管理的有关问题进行反思等都可能会影响其管理意识的变化，尤其是对于初次走上管理岗位的被试，一两个月甚至更短的时间里，其管理意识的发展变化是很快的。如果再次测评时，所要测评的被试的心理特征已经发生了变化，这时两次测评的不一致性就不再是测评工具和方法的可靠性的问题了，所获得的再测相关系数也就不是稳定系数了。一般来说，再测相关系数随间隔时间的增长而逐渐减小。通常，再测间隔时间超过6个月，再测相关系数就不能用来代表稳定系数。

时间间隔短了，又会使首次测评时的练习效果和记忆效果的影响增大。同样是参加测试，不同的被试练习效果和遗忘效果是不一样的，这种差别也会降低再测相关系数。

正因为再测时间间隔的长短会影响再测相关系数，我们报告信度系数时必须报告两次测评的时间。

不同性质的测评，获得稳定系数所需要的再测时间间隔应该有所不同，一般来说，再测时间间隔是几个星期。

获得稳定系数，还需要注意使两次测评的条件尽量相同。尤其是那些受周围条件或生活事件影响较大的心理因素的测评，如动作灵活性和稳定性，天气寒冷时手脚会被冻僵，天气热而潮湿时手脚会容易出汗，过分紧张会使得动作变得不灵活、不稳定。

另外，获得稳定系数要注意测评的被试样本。样本应该有代表性。样本不能太小，一般应该选用大样本。

稳定系数的最大优点是能代表测评随时间保持稳定一致的程度，而且，因为两次用的是同一个测评工具和方法，所以测题取样不影响稳定系数。但其局限性也很明显，因为获得稳定系数是使用同一个测评工具和方法测评两次，几乎所有的测评都会有练习和记忆的影响，练习和记忆使得被试第二次参加测评时更加熟练，有些问题再次出现时可以完全凭借记忆来回答而不用经过中间的过程（如计算题）。有的被试在第一次测评结束以后，会与别的被试交换意见，查阅与测题有关的资料，这就会使第二次测评不能反映被试真实情况，再测相关系数也就不能反应测评的稳定性。因为间隔时间、所选被试、测评条件的不同，再测相关系数就会有所不同，可以说，任何一个测评工具，其再测相关系数有无数个。考虑这些情况，对那些受重复影响较大的测评就不能使用稳定系数来代表信度系数。

9.2.2　等值系数

当某个测评不适合重复实施时，我们可以采用与该测评平行的复本（或复份）。复本是指在内容、数量、格式、难度、平均数、标准差等各方面与原测评一样的测评。再测时用复本代替，就可以避免因为被试已经记住了测题的答案和解决方法而造成的测评失真。计算原测评和复本测评之间的相关系数（复本相关系数）就可以用来代表信度系数。这时获得的相关系数就不再称为稳定系数，而改称为等值系数。所谓等值系数是指在对被试进行测评以后间隔一定的时间（一般很短），运用复本再测评一次所获得的复本相关系数。

获得等值系数的方法与获得稳定系数相似。制定两个等值的测评型式A和B，先用A型（原测评）对被试进行测评，间隔适当的时间后用B型（复本）对同一组被试再进行一次测评。计算两次测评得分的相关系数。

例如，某个记忆力测试的等值系数估计。

制定型式相等的记忆力测试A型和B型。

运用A型测试于某年6月8日上午对某储运公司的62名管理人员进行第一次记忆力测试，获得测评分数X_A（X_{A1}，X_{A2}，X_{A3}，…，X_{A62}）。

第二天上午再运用B型测试对这62名管理人员进行第二次测试，获得分数X_B（X_{B1}，X_{B2}，X_{B3}，…，X_{B62}）。

计算X_A与X_B的相关系数（本例中为积差相关系数），得r_{AB}为0.88。r_{AB}就是r_{tt}的估计值。

表9-5是等值系数计算表。

表9-5 等值系数计算表

测评	被试				
	1	2	3	…	62
A	38	48	52	…	38
B	42	46	55	…	32

获得等值系数，最重要的是保证两个测评是平行测评。两个测评的项目内容、项目数量、项目表达式、难度水平和分布、实施方法和过程都应该等值。

控制合理的时间间隔对等值系数的获得同样也很重要。两次测评间隔的时间很短，这时r_{AB}主要表示A型和B型两种型式测评的一致性（跨型式的一致性），我们可以把r_{AB}称为等值系数。两次测评间隔一定的时间，但并不长（几天、几个星期），这时r_{AB}主要表示测评跨时间的一致性，我们可以把r_{AB}称为稳定系数。如果两次测评间隔的时间较长（几个月，甚至若干年），X_A和X_B的差别表示被试在所测评特性上的发展变化，我们可以了解某因素对所测评的特性的影响程度，这时r_{AB}的意义不大，不被用来估计稳定系数或等值系数。正因为间隔时间的长短不同，所获得r_{AB}的意义不同。所以在提供等值系数时，也应该报告间隔时间。

复本相关系数可以用来代表测评跨型式上的一致性，又可以用来表示测评跨时间上的一致性和变化。它比再测相关系数要有用得多，其应用也比再测相关系数广泛。它可以用来估计信度系数，也被广泛用于实验研究，尤其是追踪研究。

如果选用两个有代表性的被试样组，对其中的一个样组以很短的时间间隔进行原测评和复本测评，而对另外一个被试组间隔一定的时间间隔（如几个星期）进行原测评和复本测评，两次获得的复本相关系数都比较高的话，那我们可以说该测评既具有跨型式的一致性，又有跨时间的一致性，具有较高的信度系数。

但复本相关系数也有其局限性。首先，复本相关系数受项目取样的影响较大。两个测评型式等值的程度可以很高，但不可能完全等值。两个测评型式所取的项目的一致性程度就可以影响复本相关系数，如果两个测评型式的项目一致性程度较低，这时复本相关系数就不能较好地代表随机因素对测评的影响，不能较好地代表信度系数。在现实中，编制理想的复本常常是很困难的，有许多测评都没有复本。其次，复本测评也会受练习的影响，尽管这种影响要比用同一测评形式重测要少许多。被试在解答原测评中的有关题目时，会总结出一些经验，这些经验可以迁移到复本测评中。

9.2.3 内在一致性系数

用再测相关系数和复本相关系数，都需测评两次，不但要花较多的精力，而且受测者会受练习的影响使第二次测评失真。另外，有些测验其复本的制作很困难。内部一致性系数则不同，它只需要测评一次，它通过分析同一测评内部各测评项目之间的相互关系的方法来估计信度系数。但其意义也有所不同，稳定系数反映的是跨时间的一致性，等值系数反映的是跨型式的一致性，内部一致性系数反映的是跨测题的一致性。所谓跨测题的一致性是指测评内部各部分之间的一致性，即测评内部各部分之间是否具有同质性。

所谓同质性，是指测评同一特性的各个项目的得分呈正相关。这里的一致性，并非是测评项目的内容和格式的一致性，而是指被试的得分的一致性。各项目的得分呈正相关时，各项目之间具有同质性，相关度越高，同质性程度越高。各项目得分呈负相关，各项目之间不具有同质性，是异质的。

运用内在一致性系数来代表信度系数的条件是：各个测评项目是同质的。

内部一致性系数的具体估计方法有3种：

1）分半信度

获得分半信度的方法为：第一，把一个测评分成两个最为等值的两半，获得两个分数。第二，检验两半之间的相关性，获得相关系数r_{hh}。第三，根据这两半之间的相关系数来估计整个测评的信度。

不能把测评随便地分为两半，而应该使两半尽量等值，而且两半之间的题目要相互独立。最常见的分法是，把题号为奇数的测题作为一半，把题号为偶数的测题作为另一半。遇到一组相互关联的测题，则要把这一组题目全部归入在一半中，不能把这一组关联的测题分别归在两半中。

计算两半之间的相关r_{hh}可以采用一般的相关系数计算方法来计算。这个相关系数只是半个测评的信度，不能代表整个测评的信度系数。由分半信度系数r_{hh}估计整个测验的信度系数r_{tt}可以采用斯皮尔曼-布朗（Spearman-Brown）公式：

$$r_{tt}=\frac{2r_{hh}}{1+r_{hh}} \tag{9.5}$$

也可以采用卢龙（Rulon）公式：

$$r_{tt}=2(1-\frac{S_a^2+S_b^2}{S_t^2}) \tag{9.6}$$

或弗拉南根（Flanagan）公式：

$$r_{tt}=1-\frac{S_d^2}{S_t^2} \tag{9.7}$$

式中：S_a^2和S_b^2分别为两半测评分数的变差；S_d^2为两半测评分数的差的变差；S_t^2为整个测验总分的变差。

在实际应用时需要注意，斯皮尔曼-布朗公式要求两半分数的平均数、标准差、项目的组间相关、分布形态以及内容上类似，如果不满足这些条件，估计得到的值就有误差。而卢龙公式和弗拉南根公式则两半的变异性相等。

分半信度系数会受到分半方法的影响，分半的方法不同，得到的信度系数也不同。分半信度系数的估计要求两半是等值的，如果两半不等值，就会产生估计的偏差，等值性越低，偏差越大。但实际上有的测评很难做到两半等值。

2）库德-理查逊（Kuder-Richardson）信度

库德-理查逊信度不需要把测评分为两半，它考虑每个项目得分的一致性。所以，库德-理查逊信度不受分半方法的影响而变化，它只有唯一值。库德-理查逊信度的估计最为广泛的为K-R20公式：

$$r_{tt}=\left(\frac{n}{n-1}\right)\cdot\left(\frac{S_t^2-\sum pq}{S_t^2}\right) \tag{9.8}$$

式中：n为测验的项目数（即测题数量）；S_t^2为整个测验总分的变差；p为项目的答对人数比例；q为项目的答错人数比例，q=1-p。

库德-理查逊信度系数与分半系数有一定的关系，若对一个测验，采用不同的方法进行分半，可以得到不同的分半信度系数，可以推算，所有不同分半方法获得的分半信度系数的平均值等于库德-理查逊信度系数。假如分半信度估计时两半部分等值情况较好，而测评项目的内容又有不同（比如，一个测验中有的项目为管理意识，有的项目为创造意识，有的项目为规则意识，有的项目为质量意识），库德-理查逊信度系数将低于分半信度系数。库德-理查逊信度系数与分半信度系数的差异可以作为测验内容异质性的一个指标。

库德-理查逊信度系数的运用需要满足几个条件：第一，所有测题都采用0，1记分，答对记1分，答错记0分。第二，测验的项目难度比较接近。第三，项目间的组间相关相等。

3）α系数

当测题不是采用0，1记分，而采用多重记分（如人格测验中，选A记2分、选B记1分、选C记0分）时，库德-理查逊信度就无法运用。克朗巴赫（Cronbach. L）提出了适用于各种记分情况的α系数来估计信度。具体做法是用项目分数的变差之和$\sum V_i$代替K-R20公式中的$\sum pq$：

$$r_{tt}=\left(\frac{n}{n-1}\right)\cdot\left(\frac{S_t^2-\sum V_i}{S_t^2}\right) \tag{9.9}$$

式中：V_i为每个测验项目的变差。α系数是目前计算信度时用得比较多的方法，特别是被广泛地应用在问卷和量表的编制上。

[案例9-1]

如在考察人们对自我是否能够胜任某些工作的看法时，我们经常采用由班杜拉提出的自我效能感的概念，它并不着重考虑人们所拥有的技能，而关注于人们对用这些技能能做什么和做到什么程度的判断。有关自我效能感的实证研究取得了较为一致的看法，学者们普遍认为自我效能感和工作相关的绩效有关系，或与培训的效果有关。有时当我们在进行人员选拔和开发时，可以先了解一下候选人的自我效能感程度，作为挑选的依据之一或者开发的内容之一。国外有多个编制好的自我效能感测验，笔者在进行一次多媒体培训中，曾经编制了一份技术自我效能感量表来考察参加者对使用多媒体技术的自我效能感以及培训后自我效能感是否提高，该量表由8个问题组成，一些问题如下：

作为一名学生，我在这门课程学习过程中将会非常努力。

我认为，在这门课程学习过程中，我将会精力充沛。

我认为，在这门课程学习过程中，我会对自己的学习进度负责。

在这门课程学习过程中，我将会自己处理一些由于不确定性而造成的问题。

我认为，通过这次学习，我将更有信心能够应付下一次的远程学习。

在本课程后，我会更有自信地使用电脑技术。

对参加培训的60多名学员进行初步测试后，得到的α系数是0.82，我们认为该测验具有较高的信度，可以用于今后对培训人员的筛选。

总之，在不同的测评情况下，可采用上述不同方法对信度进行估计。须注意的是，每种估计都会受到误差的影响（见表9-6）。

由此，我们也可以看到，虽然这些方法都可以用来估计信度，但其所隐含的“真分数”和“误差”的内容是有所不同的。

表9-6　**信度系数估计中的误差**

	信度系数估计方法		
	稳定系数	等值系数	内在一致性系数
测评内容因素		测评内容不等同	测评内容不等同
		非平行测验	
第一次测评的影响	被测者的反应性	被测者的反应性	
被测者成长因素	被测者变化	被测者变化	

9.3　信度系数估计中的特殊问题

9.3.1　评分者信度的估计

在计算机高度发达的今天，评分可以由计算机来操作，评分的误差几乎为零。但是人事测评中，常常会使用主观性的测评，比如，面试、工作观察、创造力测验、投射测验、品德考察等，其评分只有依靠评分者的主观判断，不同的评分者其观察角度、注意力、对被试的偏见等都会使评分的结果不一致，评分者之间的差异也就成了误差的来源之一。

对评分者的一致性，我们也可以采用前面的信度估计方法来估计。其具体方法为：由两名评分者对同一个被试样组进行评分，按通常方法计算两个评分者评判的分数之间的相关系数。

例如，某团队合作精神测评的评分者信度。

选择两名评分者，其中一人为测评专业人士，另一人为某市场研究公司的人事主管，并对他们进行相应的培训。

由两名评分者按照评分标准对该市场研究公司的20名员工进行团队精神的测评。评判的分数见表9-7和图9-1。

表9-7 评分者信度

评分者	被试				
	1	2	3	…	20
专业人士A	5.5	7.6	8.3	…	6.2
人事主管B	6.3	7.7	8.0	…	6.3

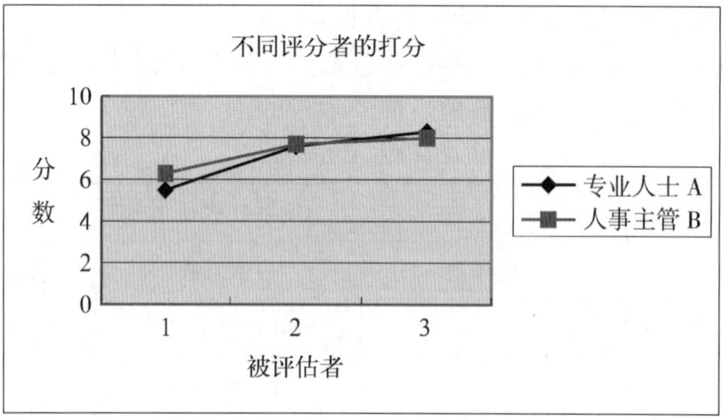

图9-1 不同评分者打分差异

计算X_A与X_B的等级相关，得相关系数r_{AB}为0.78，基本上可以认为两个评分者的分数是一致的。r_{AB}即为估计的评分者信度。

9.3.2 速度测验的信度估计

速度测验的项目难度都比较低，只要有足够的时间，被试基本上都可以正确解答，但测验的时限很短，几乎所有的被试都不能在规定的时限内做完所有的题目。所以，速度测验的得分高低基本上取决于完成的项目数，而不是错误率。这种情况下，除了被试粗心、急躁等原因造成的错误之外，项目间的得分呈高相关，如果采用奇偶分半信度、库德-理查逊信度等估计方法来估计信度系数，会获得假性的高信度系数。

对于速度测验，信度系数的估计最好采用等值系数。如果测验受练习和记忆的影响作用较小，也可以采用稳定系数来估计信度系数。若要使用内在一致性系数来估计，那必须采用时间分半法。时间分半法的具体操作方法是：把整个测验时间分为相等的前后两半，前半段时间里被试的得分为X_A，后半段时间里被试得分为X_B，计算X_A和X_B的相关系数r_{AB}，再利用斯皮尔曼-布朗公式来估计：

$$r_{tt}=\frac{2r_{AB}}{1+r_{AB}} \quad (9.10)$$

这种方法与等值测验其实质是相通的。

也可以把整个测验时间分成相等的四段，四段时间里的得分依次为X_A、X_B、X_C、X_D，把X_A和X_D相加得X_{AD}，X_B和X_C相加得X_{BC}，计算X_{AD}和X_{BC}的相关系数r_{hh}，再利用斯皮尔曼-布朗公式来估计：

$$r_{tt}=\frac{2r_{hh}}{1+r_{hh}} \tag{9.11}$$

难度测验给被试比较充足的时间，但项目难度逐渐增加，有的项目很难，只有极少数被试能解答，有的项目甚至没有一个被试能完全正确解答。难度测验的信度我们可以按实际情况来选择上述的信度估计方法，没有特别的限制。

问题是在现实中，许多测验既不是纯粹的速度测验，又不是单纯的难度测验，而是两种类型的项目兼而有之。这时，是否需要采用时间分半法就成为一个问题。只要测验中速度是一个重要的影响因素，采用时间分半法估计的信度系数比奇偶分半法估计的信度系数要高，速度因素的作用越大，两种方法估计获得的信度系数差越大。两种信度系数差的大小，可以用来作为判别测验是否为以难度测验（或速度测验）为主的测验的一个指标。当我们无法确定速度因素的影响、又不方便采用时间分半法时，采用等值系数或稳定系数来估计信度系数是比较合适的方法。

9.3.3　项目间异质时的信度系数估计

有些测评，其项目间是异质的。还有一些测评，部分项目间是同质的，部分项目间是异质的。而内在一致性系数的估计要求项目间是同质的，用内在一致性系数估计项目间异质的测验的信度系数得到的值往往偏低。对这些测验我们不宜采用内在一致性系数来估计信度，最好采用稳定系数来估计。

9.4　影响信度系数的因素

前面已经论及误差对信度的影响，在此再从其他因素来进一步讨论影响测评信度的因素。

9.4.1　测验长度

在其他条件相等的情况下，测验长度越长，信度越高。增加同质、难度相同的项目带来的信度的提高可以由斯皮尔曼-布朗公式获得：

$$r_{nn}=\frac{nr_{11}}{1+(n-1)r_{11}} \tag{9.12}$$

式中：n为增加项目后的测验长度与原测验长度的比率倍数，即原测验有m个项目，增加项目后的测验项目数为n×m个项目；r_{11}为原测验的信度系数；r_{nn}为增加项目后的测验的信度系数。

假如某公文写作测验有10道题目，其信度系数为0.60，我们增加同质的、难度相当的题目，使测验题目达到100题，则增加项目以后的公文写作测验的信度为10×0.60÷（1+9×0.60）=0.9375。

根据这个规律，我们可以通过增加同质、难度相等的项目来提高测评的信度。事实上，增加测验的项目，诸如误答、对项目的猜测、内容取样的偶然性等许多误差都可以降低，某些误差可以因测验长度的增加而抵消，这样信度自然就提高了。

当我们想以增加项目来提高测评信度时，我们增加多少项目才可以获得预计的效果呢？我们可以由斯皮尔曼-布朗公式推出增加项目后测验长度与原测验的倍数比：

$$n=\frac{r_{nn}(1-r_{11})}{r_{11}(1-r_{nn})} \tag{9.13}$$

比如，某个公文写作测验测题数为10，其信度为0.6，我们要增加多少测验项目来使测验的信度达到0.88？用公式计算：

$$n=\frac{0.88\times(1-0.60)}{0.60\times(1-0.88)}=4.89$$

10×4.89=48.9

增加项目后的测验应该有49个项目，我们应该增加39个项目。

但在实际实施时并非这么容易。一方面，测题编制有时困难不少，难以编制出那么多符合要求的测题。另一方面，测验长度受测验时间、被试的疲劳和厌烦等的影响，在人事测评中常常是有许多个测评指标，要使用多个测验、多个测评方法，在某一个测验中用很多的测验项目常常不可行。对于需要多个评分者的主观性评价，我们可以用一种变通的方法——增加评分人数来提高测评的信度。

9.4.2 被试样组的分数分布情况

被试分数的分布情况对信度系数的影响在于被试得分的分布范围和平均水平。

在其他条件不变的情况下，被试样组的分数分布范围越大，变异性越大，信度系数将越大。

我们知道，许多信度系数的估计方法都要采用相关系数公式来计算，而相关系数是要受分数分布范围影响的，分数分布范围越窄，变异性越小，相关系数也越低。分数的分布范围对信度系数的影响也是如此，分数分布范围越窄，信度系数越低。

从图9-2给出的整段分数散点分布与某段分数散点分布的差异可以很直观地看出，分数分布范围变窄以后相关系数的减小。

分数分布范围对信度系数的影响也可以从信度系数公式$r_{tt}=1-\frac{S_e^2}{S_t^2}$清楚地看出。当$S_e$不变时，$r_{tt}$随$S_t$的减小而减小。

根据以上规律，在实际测评时，所选的被试样本其差别大小程度可以影响测评的信度系数的大小，即可以影响测评的可靠性。我们不能因为某测评工具在编制刚完成时报告的信度系数高，就武断认为用于以后各种情况时都有较高的信度。如果

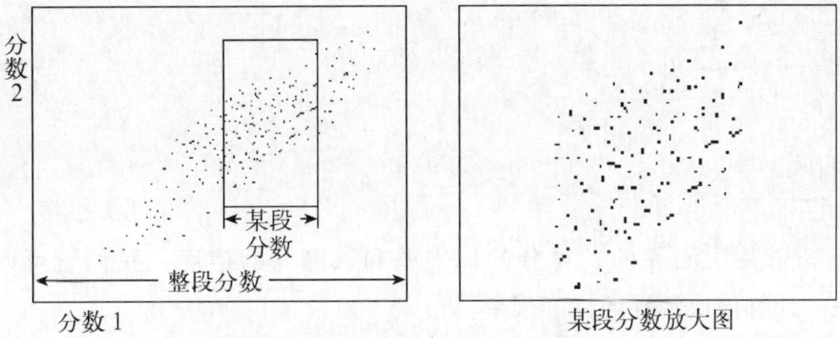

图9-2 分数分布范围与相关系数的关系

编制时所选的被试样本分数分布范围比较宽，而实际测试时被试的分数分布范围比较小，则实际使用时其信度系数要偏低。以某知觉速度测评为例。编制该测评工具时选的被试有100名，年龄在20~40岁，学历层次从初中到博士，全距为76，等值系数为0.89。再以某电力公司35名25~30岁具有本科学历的技术人员作测评试验，结果，全距为39，等值系数为0.68。

测评的准确可靠性还与被试得分的平均水平有关系。平均水平过高、过低都会使测评的可靠性降低。

被试得分的平均水平可以代表测评项目的平均难度，而项目的难度可以影响测评的可靠性。测评题目过难，多数被试都只能凭猜测答题，测评的准确可靠性就会降低。如果测评题目很容易，大多数被试都可以轻而易举地答对题目，该测评就不能有效区分被试水平的高低，这些题目就没有什么意义。只有当题目难度适中、对被试有良好的区分度时，测评才会有较高的信度。被试得分的平均水平，也可以影响被试得分的分布范围，过高或过低都可以使得分分布范围减小，从而降低信度。一般而言，测题的难度从易到难有一个合理的安排、测题的平均难度水平适中对提高测评的信度最为有利。

从被试分数的分布情况对信度系数的影响来看，测评的信度不单单取决于测评工具本身，还取决于被试样组的情况。我们在实际应用时，应该尽量选择那些对所欲测评的被试而言难度适中、有良好的区分度、得分分布范围较大的测评题目或工具。在测评工具编制时，被试最好能按年龄、性别、学历、职业等报告划分的不同样组的信度系数。

9.5 根据信度系数解释测评分数

9.5.1 测评标准误差的估计

1）由信度系数间接估计测评标准误差

根据真分数理论，我们可以推理：

$$r_{tt}=\frac{S_{\infty}^2}{S_t^2}=\frac{S_t^2-S_e^2}{S_t^2}=1-\frac{S_e^2}{S_t^2}$$

$$\frac{S_e^2}{S_t^2}=1-r_{tt}$$

$$S_e^2=S_t^2(1-r_{tt})$$

$$S_e=S_t\sqrt{1-r_{tt}} \tag{9.14}$$

如果知道某次测评的实得分的标准差和该测评的信度，我们就可以由公式$S_e=S_t\sqrt{1-r_{tt}}$计算该次测评的标准误差。

这种估计方法须得先估计信度，所以它是间接的估计方法。

2）直接估计测评标准误差

测评标准误差的直接估计也需要像估计信度一样通过再测、复本、分半方法来获得。

以再测法为例：用X_{t1}表示第一次测试的得分，用X_{t2}表示第二次测试的得分。

按照真分数模型$X_t=X_{\infty}+X_e$有：

$$X_{t1}=X_{\infty}+X_{e1}$$

$$X_{t2}=X_{\infty}+X_{e2}$$

把两式相减得：

$$X_{t1}-X_{t2}=X_{e1}-X_{e2}$$

从上式我们可以推出，（$X_{t1}-X_{t2}$）的标准差等于（$X_{e1}-X_{e2}$）的标准差。用X_{1-2}表示（$X_{t1}-X_{t2}$），用$S_{X_{1-2}}$表示X_{1-2}的标准差，用S_e表示测评的标准误差，我们就可以用如下公式来估计测评的标准误差：

$$S_e=\frac{S_{X_{1-2}}}{\sqrt{n}} \tag{9.15}$$

9.5.2 解释个体得分

在求得测评的标准误差以后，我们就可以根据测评的标准误差对个体的得分进行解释了。

假设某个体的真分数为X_{∞}，因为随机误差的存在，我们每次测评该个体获得的实际得分X_t都不一样，如果对该个体测评无数次，就获得无数个不同的X_t。无数个不同的X_t就形成一个平均数为X_{∞}、标准差为S_e的正态分布。这样，我们就可以说，测评得分X_t有68%的可能性（概率）落在$X_{\infty}\pm S_e$的范围内；有95%的可能性（概率）落在$X_{\infty}\pm1.96S_e$的范围内；有99%的可能性（概率）落在$X_{\infty}\pm2.58S_e$的范围内；有99.7%的可能性（概率）落在$X_{\infty}\pm3S_e$的范围内。

真分数X_{∞}只是一个假想的值，我们无法真正知道，所以，我们也就不能用真分数X_{∞}来推测实际得分X_t。但我们可以应用其逆向推理，即由实际得分X_t来推测真分数X_{∞}。

假设某个体的实际得分为X_t，我们可以推出，该个体的真分数X_{∞}有68%的可能性（概率）落在$X_t \pm S_e$的范围内；有95%的可能性（概率）落在$X_t \pm 1.96S_e$的范围内；有99%的可能性（概率）落在$X_t \pm 2.58S_e$的范围内；有99.7%的可能性（概率）落在$X_t \pm 3S_e$的范围内。即：

$P(X_t - S_e < X_t + S_e) = 0.68$

$P(X_t - 1.96S_e < X_t + 1.96S_e) = 0.95$

$P(X_t - 2.58S_e < X_t + 2.58S_e) = 0.99$

$P(X_t - 3S_e < X_t + 3S_e) = 0.997$

例如，某管理素质测评的测评标准误差为3.7，其中某个个体参加管理素质测评的得分为75，那我们就可以说，他的管理素质测评的真分数在99%的可靠性里落在（75-2.58×3.7）~（75+2.58×3.7）即65.45~84.55。

由此，我们在实际看待测评得分时，不能把某个个体获得的某个得分看作代表其水平的一个精确的点，而应认为该个体的真实水平是有多大可能性在以其实际得分为中心的某个范围内，即用一个范围来理解其得分。

同样的，在看待个体间的得分差异时，我们也不能因为个体A的得分比B高，就下肯定的结论说个体A的真实水平比个体B高。

9.5.3 信度多高才算可靠

在介绍了有关信度的基本理论、估计方法、解释后，我们不禁要问：那么多高的信度才能说这个测评是可靠的呢？

有关测评信度的高低，并没有绝对的评判标准，但可以给出一个大致的评判框架（见表9-8）。

表9-8 信度系数的评价

信度系数	测评类型	解　释
0.95		测量误差几乎没有影响
0.90	标准化的团体智力测验	高信度
0.85	标准化成就测验	
0.80		
0.75	非标准化的多项选择/问卷	中等信度
0.70		
0.65	一些投射测量	较低信度
0.60		
0.50		真分数和误差对测验（实得）
		分数效应相同

通常来说，信度大于0.90的测评被认为是可靠的，比较知名的智力测验基本上都在这个水平。0.80左右的信度意味着在实得分数中，误差的变异占到20%，通常也认为是比较可靠的，多数编制良好的个性测验能够达到这个水准。信度系数低于0.70则认为可靠性较低。一般人们往往会倾向于使用高信度的测评工具，但最可靠的测评工具也往往是最昂贵或最难实施的工具，有时将信度上的增加带来的收益和为了提高信度所投入的成本相比较，会觉得成本过高，有时可靠性增加了，其适用性又降低了。克朗巴赫等人把这种现象称为“带宽-保真两难”（bandwidth-fidelity dilemma）。带宽和保真本来是沟通理论中的两个术语，带宽指的是沟通时所包含的信息的广度，而保真则是指信息传递的准确度。要传递的信息越多，则准确度会降低，而要求的准确度越高，则能够传递的信息越少。这同样可以用于测评中，如果我们在测评中，对于每一个测评指标都有专门的测评工具，传递同一信息，则信度会提高，但由于时间和资源的限制，我们希望能够在一定的时空条件下，测量更多的东西，这样就可能导致准确度的降低。这就给实际工作带来一个思考，要做出权衡。笔者认为，在具体应用时，不一定每个测评都要求信度达到0.90以上，要根据测评的具体情境和企业的实际状况来选择。比如，当测评进入到最后决策阶段时，测评工具的信度应该比较高，当不同候选人之间的差异较小，但又必须对他们做出评价时，也应该采用信度较高的测评工具，而当用于初步筛选，或有较大差异的不同人群时，中等程度的测评工具就可以了。

本章小结

信度就是测评的可靠性，在测评多次或使用两个（或多个）等值的测评后所得结果的一致性程度。

所谓真分数，是假定在理想条件下使用完备的测评工具和方法测得的、没有测评误差（随机误差）的，表示任何在测评者的纯真的参数值。

信度系数的基本定义为，在一组测评中，真分数变差与实得分数变差的比率。用公式表示为：

$$r_{tt}=\frac{S_{\infty}^{2}}{S_{t}^{2}}$$

信度系数的估计一般有三种类型：稳定系数、等值系数和内在一致性系数。稳定系数是估计测评跨时间的一致性程度，即在两个不同的时间里进行测评（如间隔一个月测评两次）所获得的结果的一致性程度。等值系数是在对被试进行测评以后在很短的时间里运用复本再测评一次，所获得的复本相关系数。内部一致性系数，它只需要测评一次，它通过分析同一测评内部各测评项目之间的相互关系的方法来估计信度系数。运用内在一致性系数来代表信度系数的条件是：各个测评项目是同质的。内部一致性系数的具体估计方法有三种：分半信度、库德-理查逊（Kuder-Richardson）信度、α系数。

在实际估计测评信度系数时，有一些特殊的问题：评分者的信度也可以采用一般的信度估计方法来估计。其具体方法为：由两名评分者对同一个被试样组进行评分，按通常方法计算两个评分者评判的分数之间的相关系数。对于速度测验，信度系数的估计最好采用等值系数。如果测验受练习和记忆的影响作用较小，也可以采用稳定系数来估计信度系数。若要使用内在一致性系数来估计，那必须采用时间分半法。项目间异质的测验的信度系数得到的值往往偏低。对这些测验我们不宜采用内在一致性系数来估计信度，最好采用稳定系数来估计。

影响信度系数的因素除了误差外，还有测验长度和试样组的分数分布情况等。在其他条件相等的情况下，测验长度越长，信度越高。增加同质、难度相同的项目带来的信度的提高可以由斯皮尔曼-布朗通式获得：$r_{nn}=\dfrac{nr_{11}}{1+(n-1)r_{11}}$。测题的难度从易到难有一个合理的安排、测题的平均难度水平适中、对被试有良好的区分度，使得被试样组的分数分布范围大、平均得分适中，这样测评才会有较高的信度。

除了信度系数外，测评的标准误差也可以用来表示信度。测评的标准误差可以由信度系数间接估计，也可以用公式 $S_e=\dfrac{S_{X_{1-2}}}{\sqrt{n}}$ 来直接估计。

根据信度理论，我们不应该把某个体获得的某个得分看作代表其水平的一个精确的点，而应认为该个体的真实水平是有多少的可能性在以其实际得分为中心的某个范围内。也不能简单地凭借得分的高低武断地判断被试之间的水平高低。

在实际应用中，要根据具体情况选用信度系数不同的测评工具。

关键概念

信度　真分数　测量误差　测评分数（实得分数）稳定系数　等值系数　内在一致性系数　分半信度　带宽-保真两难

课堂讨论题

1. 如何理解信度和测评误差的关系？

2. 如何理解真分数？

3. 在实际测评时，如何选择稳定系数、等值系数、内在一致性系数等方法来估计信度。

4. 影响信度系数的因素有哪些？

5. 如何从信度系数、测评的标准误差来理解被试的得分？

复习思考题

1. 采用不同的方法来估计信度系数时，各应该注意什么，以使估计更为准确？

2. 在一次面试中，三位主考官对四名候选人的打分情况见表1。

表1 候选人得分情况

候选人	主考官1	主考官2	主考官3
A	77	88	70
B	85	86	67
C	92	84	63
D	84.6	86	62

你认为这三位主考官的评价一致吗？是否可以根据他们的平均分来做出录用决策？

3.什么是带宽-保真两难？它对实践应用有何启发？

补充阅读材料

材料1 测量统计基本概念

统计学从不同角度来分，可以分为不同的类型。从具体应用的角度来分，主要可以分为描述统计、推断统计和实验设计。描述统计指的是对已获得的数据进行整理、概括，显示其分布特征的统计方法。推断统计则是根据样本所提供的信息，运用概率的理论进行分析、论证，在一定的可靠程度上，对总体分布特征进行估计、推测，推断统计的内容包括总体参数估计和假设检验两部分。以下主要对描述统计进行介绍。描述统计中经常用到如下一些统计量：

1.集中量

集中量是代表一组数据典型水平或几种趋势的量。它能反映频数分布中大量数据向某一点集中的情况。算术平均数、中数、众数等都是描述集中量的统计指标。

算术平均数是所有观察值的总和除以总频数所得之商，简称为平均数或均数。算术平均数具有这样一些特征：观察值的总和等于算术平均数的N倍；各观察值与其算术平均数之差的总和等于零；若一组观察值由两部分（或几部分）组成，这组观察值的算术平均数可以由组成部分算术平均数而求得；算术平均数具备一个良好的集中量所应具备的一些条件：反应灵敏；严密确定、简明易懂、计算方便；适合代数运算；受抽样变动的影响较小。其公式如下：

$$\overline{X}=\sum(X_1+X_2+X_3+\cdots+X_n)/n$$

但算术平均数易受两极端数值（极大或极小）的影响，并且当一组数据中某个数值的大小不够确切时就无法计算其算术平均数。

中位数是位于依一定顺序排列的一组数据中央位置的数值，在这一数值上、下各分布着一半频数的数据。中位数虽然也具备一个良好的集中量所应具备的某些条件，例如，比较严格确定、简明易懂，计算简便，受抽样变动影响较小，但是它不适合进一步的代数运算。它适用于以下几种情况：一组数据中有特大或特小两极端数值时；一组数据中有个别数据不确切时；资料属于等级性质时。计算中位数的简单方法是将一组原始数据依大小顺序排列，若总频数为奇数，就以位于中央的数据作为中位数；若总频数为偶数，则以最中间的两个数据的算术平均数作为中位数。若一组原始数据已经编成了频数分布表，可用内插法，通过频数分布表计算中位数。在测量中，用得较多的是百分位数，即位于依一定顺序排列的一组数据中某一百分位置（不仅仅是50%位数）的数值。在心理测量中，常通过计算百分位数来说明、解释和评价分数在团体中所处的位置。

众数是集中量的一种指标。对众数有理论众数及粗略众数两种定义方法。理论众数是指与频数分布曲线最高点相对应的横坐标上的一点。粗略众数是指一组数据中频数出现最多的那个数。众数虽然简明易懂，但是它并不具备一个良好的集中量的基本条件。它主要在以下情况下使用：当需要快速而粗略地找出一组数据的代表值时；当需要利用算术平均数、中位数和众数三者关系来粗略判断频数分布的形态时；利用众数帮助分析解释一组频数分布是否确实具有两个频数最多的集中点时。粗略众数不需要计算，可通过观察直接寻得。

当一组数据符合正态分布时，算术平均数、中位数和众数三者合一。在微偏态情况下，算术平均数、中位数和众数满足这样的关系，即均数与众数之差约为均数与中数之差的3倍。

2.差异量

差异量是表示一组数据的离散程度的。最常用的差异量指标为方差和标准差。方差是指离差平方的算术平均数，标准差是指离差平方和平均后的方根，即方差的平方根。方差和标准差的优点是反应灵敏，它们会随任何一个数据的变化而变化；一组数据的方差和标准差有确定的值；计算简单；适合代数计算，不仅求方差和标准差的过程中可以进行代数运算，而且可以将几个方差和标准差综合成一个总的方差和标准差；用样本数据推断总体差异量时，方差和标准差是最好的估计量。总体方差用σ^2表示，样本方差用S^2表示，总体标准差用σ表示，样本标准差用S表示，则：

$$\sigma^2=\frac{\sum(X-\mu)^2}{N} \qquad S^2=\frac{\sum(X-\bar{X})^2}{N-1}$$

$$\sigma=\sqrt{\frac{\sum(X-\mu)^2}{N}} \qquad S=\sqrt{\frac{\sum(X-\bar{X})^2}{N-1}}$$

式中：X是观测到的分数；$\bar{X}$，μ分别为样本，总体的平均数；N为个数。

3.偏态度和峰态度

偏态度和峰态度是用来描述数据分布特征的统计量。一组数据分布偏斜的程度，可以用偏态度（SK）来表示，按偏斜的方向不同，可以分为正偏态（向左偏）和负偏态（向右偏），也可以利用算术平均数与众数或中位数的距离来计算，当算术平均数大于众数时，分布为正偏态，当算术平均数小于众数时，分布为负偏态。峰态度用来表示数据分布的陡度，峰态度分布又可分为尖峰态和低峰态。

4.正态分布和标准分数

正态分布是统计学中最基本、最重要的分布，有时人们也将其称为“钟型曲线”。其数学公式如下：

$$Y=N/\sigma\sqrt{2\pi}\times e^{-(X-\mu)^2/2\sigma^2}$$

式中：Y为X值的频数；N是观察数目；σ是分布的标准差；π为常数3.1416；e是自然对数之底2.7183；μ是分布的均值，如图1所示。

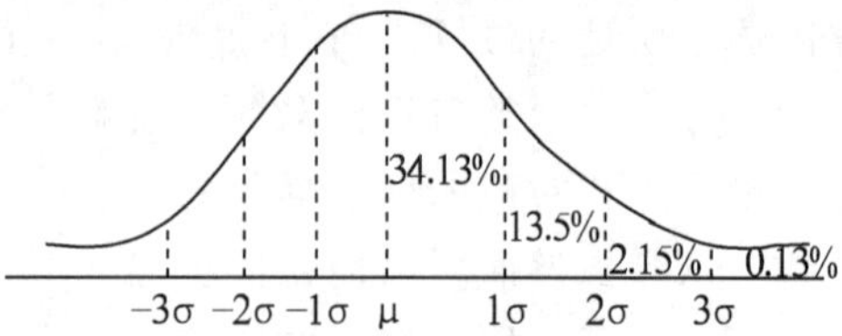

图1　正态分布

在正态分布中，平均数和标准差之间具有特定的关系，即平均数和不同标准差之间在曲线下所包含的面积成一定比例。另外，它还具有这样一些特点：

（1）曲线在Z=0处为最高点。

（2）曲线以Z=0处为中心，双侧对称。

（3）曲线从最高点向左右缓慢下降，并无限延伸，但永远不与基线相交。

（4）标准正态分布上的平均数为0，标准差为1。

（5）曲线从最高点向左右延伸时，在正负1个标准差是拐点。

标准分数通常用Z分数来表示，它的计算公式为：

$$Z=(X-\mu)/\sigma$$

式中：μ为平均数；σ为标准差，当总体未知时，可用样本$\overline{X}$和S。

标准分数与原分数分布的形状系统，标准分数的平均值等于0，标准分数的标准差为1。将原始分数转化为标准分数，可以对不同标准下的分数进行比较，因标准分数的单位是绝对等价的。标准分数的正负和大小可以反映出一个人在一群人中的情况。在人事测评中，如果采用标准分数，可以增强数据的可比性，使结果更可靠。

在人事测评中，另外一个非常重要的统计手段是相关分析和回归分析。

在测评中，常常需要考虑不同变量之间的关系，如我们前面提到的第一次测评和第二次测评之间的关系。用来描述两个变量之间变化方向及密切程度的数字特征量称为相关系数，一般用r表示。相关系数只能描述两个变量之间的变化方向及密切程度，并不能揭示二者之间的内在本质联系。图2可以表示出不同的相关程度。

根据数据性质不同，可采用不同的相关类型。最常用的皮尔逊积距相关适用于两列等距或等比的连续变量。其公式为：

$$r=[\sum XY-(\sum X)(\sum Y)/n]/\sqrt{[\sum X^2-(\sum X)^2/n][\sum Y^2-(\sum Y)^2/n]}$$

（X，Y：观测分数；n：分数个数）

当两个变量值以等级次序排列或以等级次序表示时，可以用等级相关。常用的斯皮尔曼等级相关系数计算公式如下：

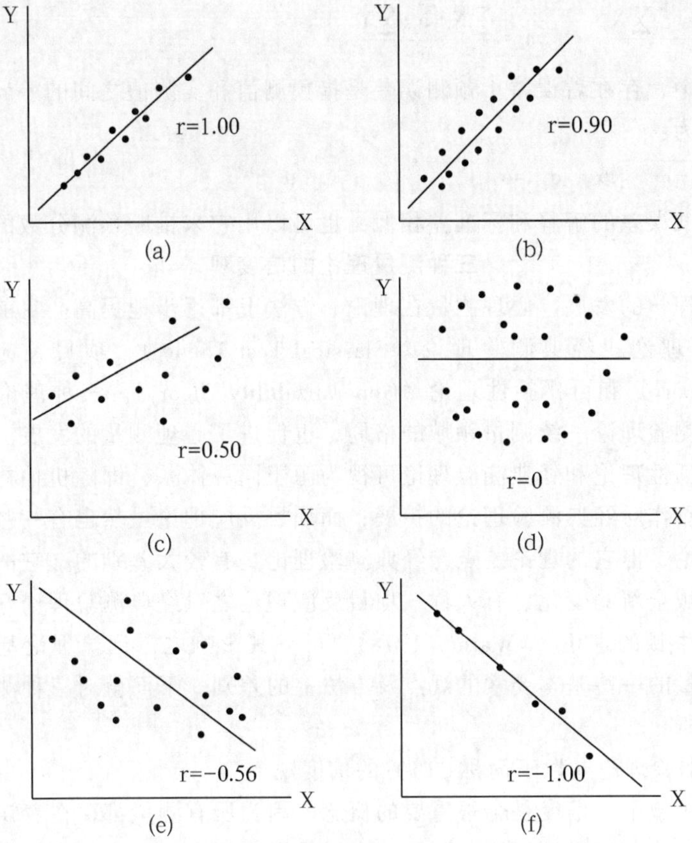

图2 不同的相关程度

$$e=1-\frac{6\sum d^2}{N(N^2-1)}$$

式中：e为等级相关系数；d为两列成对等级的差数；N为个数。

在人事测评中，有时评分采用的是给被测评者依次排序的方法，在计算评分者信度时，可用等级相关系数计算。

统计方法的一个重要用途就是对今后进行预测，运用统计方法，可以根据高考成绩预测大学表现，人事测评的一个重要依据也就是测评结果在一定程度上可以对被测者未来工作业绩进行预测。回归分析描述一个变量如何依赖于另一个变量。回归分析中，用回归线表示最能代表散点图上分布趋势的直线。常用的拟合这条回归线的原则，就是使各点与该线纵向距离的平方和最小（最小平方法）。

一元线性回归可用下列方程式表示：

$$Y=a_y+b_{y\cdot x}X \qquad 或者 \qquad X=a_x+b_{x\cdot y}y$$

式中：a_y和a_x表示截距；$b_{y\cdot x}$和$b_{x\cdot y}$分别表示从X预测Y，或从Y预测X的回归系数。计算公式如下：

$$b_{y\cdot x}=\frac{\sum XY}{n\sigma_x^2} \qquad b_{x\cdot y}=\frac{\sum XY}{n\sigma_y^2} \qquad 或者 \qquad b_{yx}=rS_y/S_x, b_{xy}=rS_x/S_y$$

$a_y=\frac{\sum Y-b_{y\cdot x}\sum X}{n}$　　$a_x=\frac{\sum X-b_{x\cdot y}\sum Y}{n}$

在预测中，存在着误差。预测误差是指预测值和实测值之间的差异。预测的标准误差公式为：

$\sigma_{y\cdot x}=\sigma_y\sqrt{1-r_{xy}^2}$　或　$\sigma_{x\cdot y}=\sigma_x\sqrt{1-r_{xy}^2}$

预测标准误差的解释和标准差相似，也可以用它来推断预测分数的分布范围。

材料2　　三种测量理论的信度观

随着心理学的发展，心理测量在理论、方法上都逐步地提高。目前，心理测量有三大派别理论：经典测验理论（Classical Test Theory），项目反应理论（Item Response Theory）和可概括性理论（Generalizability Theory）。三种理论并存，改变了过去经典测验理论一统测量领域的格局，也促进了心理测量的发展。从理论体系来说，可概括性理论和经典测验理论可视为源于同一体系，即随机抽样理论，可概括性理论可看作对经典测验理论的扩展；而项目反应理论虽然也有一些思想类似于经典测验理论，但它的理论要点与经典测验理论是有较大差别的，它的出现，导致心理测量领域全新的变化，有人称“项目反应理论之对经典测验理论好比爱因斯坦相对论之对牛顿的理论”（Warm，1978），可见其影响之深远。理论基础不同，必然带来对测量的一些基本要素的观点及方法上的差别。下面就对三种测量理论的信度观作一分析。

1.经典测验理论（以下简称CTT）的信度观

在测量领域中，信度是个很重要的概念。因为所有测量都存在着误差，使测量精确性受到影响，这样评价所欲测量的变量受误差污染的程度具有相当重要性，而信度就是用来表示测量可靠程度的概念。CTT是以真分数理论为基础的。

假设：$X_t=X_\infty+X_e$（X_t表示实得分数，X_∞表示真分数，X_e表示误差）

$S_t^2=S_\infty^2+S_e^2$

$r_{tt}=r_{t\infty}^2=S_\infty^2/S_t^2$　　（1）

$r_{tt}=1-SE_x^2/S_t^2$　　（2）

（1）式是CTT中信度的基本定义。在这里，CTT假定误差与真分数是相互独立的。基本定义表明，信度为真分数变差与实得分数变差之比。但事实上，真分数、真变差在实际的心理、教育测量中不可能直接测量到。这样，对信度常用$r_{tt}=S_\infty^2/S_t^2=1-SE_x^2/S_t^2$式来估计。即用误差变差对信度作估计，（2）式提供了对测验信度估计的基础。

在实际应用中，通常根据实际测验结果估计信度。常用方法有：①稳定系数；②等值系数；③内在一致性系数。这三种方法都应用了平行测验的思想，即假设有两个或两部分难度，鉴别力相同的测验，它们所测定的是同一心理特征，也即是“平行”的，以这两个平行测验之间的相关性来说明某个测验的可靠程度。根据求得的信度，即可对测验标准误差作估计，即：

$SE_X=S_t\sqrt{1-r_{tt}}$　　（3）

在CTT中，信度、测量标准误差的概念几十年来一直被运用着，几乎每一编制良好的测验都应有信度指标。估计信度的一些公式，如斯皮尔曼-布朗公式［$r_{nn}=nr_{11}/1+(n-1)r_{11}$］、库德-理查逊公式$\{r_{tt}=[n/(n-1)][(S_t^2-\sum pq)/S_t^2]\}$等等也颇为著名。但是随着学科的发展，人们也开始对CTT中的这一“基石”提出疑问，主要看法在于：

（1）平行测验构成了CTT中测验信度具体应用时的框架，但实际上，满足要求的平行测验很难达到。很有可能几个看似平行的测验，其实并不等同；对同一测验来说，有时它的上、下半部分或奇、偶数题部分，也并不完全等同。要达到“有效”的平行，也缺乏一个完满的判断标准，测验至何种程度就算平行了呢？以相关系数求得信度，并不能说明相关越高，信度越高，因为有可能出现两个毫无关联的测验分数存在高相关的情况。另外，在一些测验情境中，完全平行测验的构造可能并不正确。对平行测验的疑问，也即对CTT信度的疑问。

（2）CTT中对测量误差的估计是较为笼统的，只能给出一个较为粗略的指标，说明可能在哪些方面存在误差，不能具体说明到底是哪种因素造成了测量误差。

（3）CTT中不能给出测验中每一测题对测验贡献大小的特殊信息。在一个测验中，每个测题的可靠程度并不一样，CTT中用项目分析的方法给出每道题的难度、鉴别力，但这些指标只能看作对某个样本情况的描述，也没给出对于特定能力水平的被试每一测题的适用情况。

可概括性理论、项目反应理论对这些不足均有改变。

2.可概括性理论（以下简称GT）的信度观

一些学者常把可概括性理论看作对经典理论的解放和概念框架上的突破。虽然同属于随机抽样理论体系，探讨实得分数与真分数之间的关系，即根据样本来推断总体，但二者在一些具体问题的方法上还是有较大的差别。在可概括性理论中，特别注重测量的情境，认为现实的测量是在特定情境中的测量，强调测量的条件、条件与条件之间的关系。而CTT中则对此并不关注。从技术方面看，GT优于CTT的方面有二：首先，GT中避免了严格平行测验的假设，而采取较弱的假设，GT称为随机平行测验的假设，也被称为范围取样方法（domain-sampling approach）；其次，GT通过ANOVA的方法能够评估不同来源的测量误差，得出多个信度指标，对不同来源、数量的测量误差进行估计。

在GT中，用了全域（universe）这样一个概念，它是指包括许多可容许的观察值和真实观察值的范围。这样可把实际观察值看作是来自全域的一个样本。测量目标是把这些观察值“概化”到可允许的观察值的所有范围。这样就有了它的随机平行测验假设，即如果两个测验中的项目是从同一总体的可能项目中随机抽取的项目，那这两个测验可说成是随机平行的，这个假设较之CTT的平行测验假设是一弱假设，在实际工作中，有可能做到。如建立规模较大的题库，就有可能随机抽取一定的项目分别构成测验。

测验中，有许多可能来源的变差。GT把变差分为两种：一种是测量对象的变差，即测量情境某一维度上的变差，是我们欲研究的对象作用产生的变差，可称为真变差。而其他来源的变差可看作另一种变差，称为测量误差。这些测量误差的来源被称为测量侧面（facet）。如一些评分者对所有学生的某项考试进行评分，分数变差有三个来源：考生之间的差异，评分者之间的差异及项目之间的差异，如果测量目标是考生的知识水平，则后两者成为测量误差的来源侧面。在GT中，测量侧面的数目与研究者的要求有关可有单面、双面和多面设计，上例为一双侧面设计。侧面可以是随机的或固定的，把侧面固定，即对测量误差的可能来源加以控制，也即CTT中常用的标准化。侧面越是固定的多，所得结果的信度、效度愈好；但当更多的侧面固定时，测量目标受到更多的限制，而变得较少有意义。如果所有侧面都固定，则测量目标也将变得毫无意义，所以应用GT时至少有一个面应是随机的。

侧面是GT中的一个重要概念，它与GT的研究方法有关，侧面涉及的是各种来源的变差成分。GT的主要目标是估计这些成分。它通过G研究（generalizability study）估计变差成分，并通过D研究（decision study）收集数据，作为决策和解释的依据。

所谓G研究，是指在尝试性测量设计中，估计同此测量设计有联系各种分数的变差的性质与大小的过程。G研究采用变差分析（ANOVA）的方法。ANOVA的目的是估计来自于测量对象，测量不同侧面及它们之间相互作用的变差。一般变差分析中，通常以F比率来看均数差异，是否有显著性意义，在G研究的ANOVA中，对F比率不感兴趣，它感兴趣的是全域的变差，即所有的变差成分，它以均方估计值作为估计各种变差成分的基础，通过变差分析，估计各种主效应及相互作用的均方，根据抽样理论，从这些均方值中估计全域变差的最可能值。下面以单侧面随机交叉设计为例，简要说明其G研究过程。

对一单侧面随机交叉设计来说，被试P在项目i上的得分X_{pi}可看作：

$$X_{pi}=\mu+（\mu_p-\mu）+（\mu_i-\mu）+（X_{pi}-\mu_p-u_i+\mu） \quad (4)$$

式中：μ指均数；μ_p表示被试在试题全域上平均每题得分的期望值；（$\mu_p-\mu$）指被试效应；（$\mu_i-\mu$）指项目效应；最后一项是残差。残差可进一步分解为被试和项目的相互作用μ_{pi}和一随机误差e_{pi}。

对（4）式，可以进行相应的变差分析。对于这个等式中的每个变量，可有一变差成分，这样，有：

$$\sigma^2_{(x_{pi})}=\sigma^2（p）+\sigma^2（i）+\sigma^2（pi，e） \quad (5)$$

（5）式中等式右边的三项分别表示被试、项目、残差的变差。在进行均方估计时，假设被试是从一无限全域中随机抽取的，项目是从一无限项目全域中随机抽取的。这样，可给出ANOVA表中的均方期望值（EMS），见表2。

对变差成分的估计通过使EMS与MS相等得到。即有：

$$\hat{\sigma}^2_{(pi,e)}=MS(p_i,e) \quad (6)$$

$$\hat{\sigma}^2_{(i)}=[MS(i)-MS(p_i,e)]/n_p \quad (7)$$

表2 单面随机交叉设计ANOVA表

方差来源	df	SS	MS	EMS
被试（p）	n_{p-1}	$\sum n_i(X_p - X)^2$	$SS_p/df_{(p)}$	$\sigma^2_{(pi,e)} + n_i\sigma^2_{(p)}$
项目（i）	n_{i-1}	$\sum_i^n n_p(X_i - X)^2$	$SS_i/df_{(i)}$	$\sigma^2_{(pi,e)} + n_p\sigma^2_{(i)}$
残差（pi，e）	$(n_{p-1})(n_{i-1})$	$SS_t-SS_p-SS_i$	$SS_{(pi,e)}/df_{(pi,e)}$	$\sigma^2(pi,e)$
总体（t）		$\sum\sum(X_{pi} - X)^2$		

$$\hat{\sigma}^2_{(p)} = MS_{(p)} - MS(pi,e)/n_i \quad (8)$$

当样本容量较大，项目较多时，上述估计为正确。从均方入手，估计变差成分完成了作为概括分析的G研究。分析得到的变差成分结果指出了对一单个水平或侧面的分数变差最可能的预期程度，例如，对单个项目，单个评分者的预期误差的估计。

$$\sum\sum(X_{pi} - X)^2$$

D研究是一个决策过程。从G研究中，得出各种来源的变差估计值，D研究根据这些结果，作出进一步的决策分析。它可以有多种应用情况，比如，分别采用10，20，30个项目会怎样？分别用2，3，4个评分者又有什么影响？与各种情境有关的信度通过对G研究中得到的变差成分的各种操作来估计。CTT信度隐含着只有一种来源的测量误差，而GT能够估计到不同情境下各种来源的误差，为了从概念上对GT这种与单维的CTT信度不同的多维性质加以区分，在GT中用概化系数（generalizability coefficient）或G系数来描述在常模参照背景下D研究中得到的信度指标。这一指标指在某一特定测验上的实得分数与全域分数的相关系数的平方，用E_p^2或p^2表示。对于上述单侧面随机交叉设计来说，常用以下公式来计算概化系数：

$$p^2 = \sigma^2_{(p)} / \sigma^2_{(i)} + \sigma^2_{(pi,e)} \quad (9)$$

对于不同的研究设计，$\sigma^2_{(pi,e)}$可以不同，则p^2相应变化。在不同测量条件下，p^2值不同，也就有多个信度指标，这与CTT中单一的信度概念是有区别的。

Hol.K.Suen曾用图3来表示概化分析的过程。

由上述，可对GT的信度观有一了解。其实，在CTT中也有受限制更多的G研究和D研究。在CTT中，除了项目，其他侧面都假设经由标准化而固定，当我们计算CTT的信度系数时，并不是估计变差，而是估计变差所占的百分数，仅有一个侧面，则估计经典信度类似于估计在所有测验项目上总测验分的方差。这类似于一个有关总分变差的G研究。在信度估计后，通过斯皮尔曼-布朗公式探究如果增加或减少项目会使信度出现怎样的变化，这又类似于D研究。但在CTT中，因为仅有一个侧面，我们不可能探究对这一侧面进行固定处理会有什么结果，如前所述，当所有侧面都固定后，测量也就毫无意义了，这也是CTT中的一个局限。

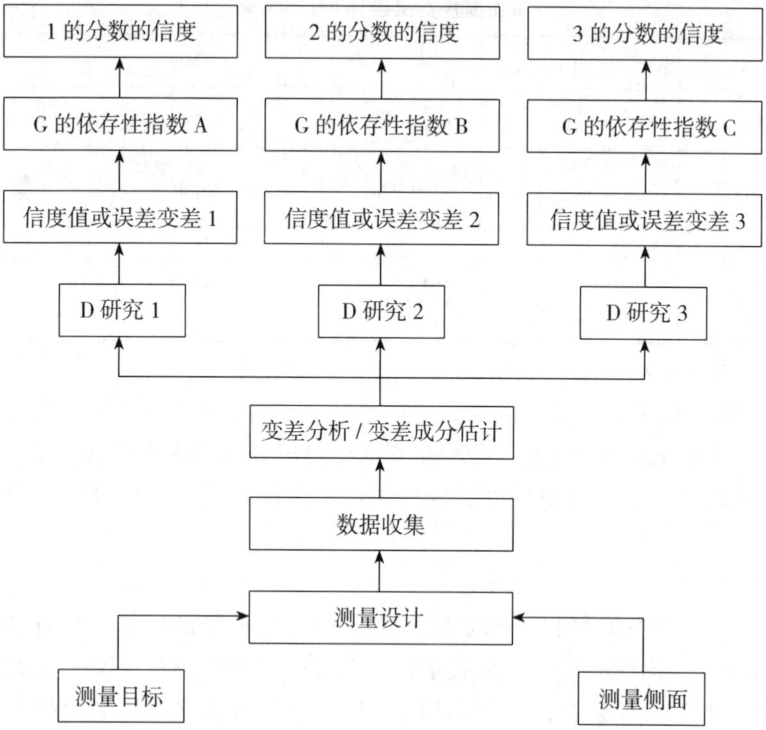

图3　概化分析过程图

3.项目反应理论（以下简称IRT）的信度观

有关IRT的一些基本思想、假设在此不再赘述。与信度有关的是它的核心内容：项目特征曲线（item characteristic curve，ICC）和由此而来的项目信息函数（item information function，IIF）。IRT中，对CTT中的平行测验思想有较大的异议，它不复使用依赖于平行测验的信度指标，而是深入到分析每一项目所能提供的信息量大小，每一项目的测量误差，并得出整个测验的测验信息函数，以这些指标对测量的可靠性程度加以分析。

项目特征曲线是IRT的一个重要概念，它描绘了受测者的某一能力（或特质）水平与他可能正确回答项目的概率之间的关系。IRT中，常用θ表示这种能力或特质水平，P_i（θ）即表示θ能力的被试回答i项目的正确概率。ICC描绘的即是θ与P（θ）之间的关系。

在CTT中，也隐含着项目特征曲线。但由于难度p值对所有能力水平的被试都是取一相同值，所以传统项目分析的ICC可看作一条直线，如图4所示。P_i（θ）是对所有θ值等同的常数。这条ICC并没给出对于不同能力水平的特殊信息，P值仅提供对平均P_i（θ）的一个一般描述。

在哥特曼量表中，体现了一种阶梯式的ICC。特质水平在某值以下的被试对项目反应正确概率为θ。超过这个阈值，则概率为1，如图5所示。这种ICC在区分阈值或临界值之上、之下的被试时是有用的，但对于同在临界值之上或之下的能力水平的区分就显得毫无意义了。

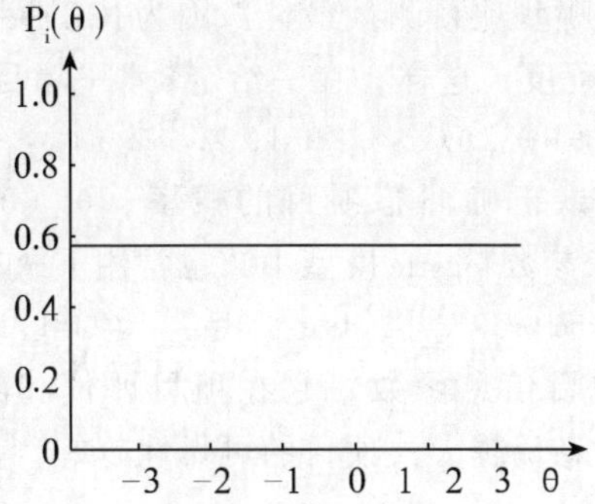

图4　经典ICC

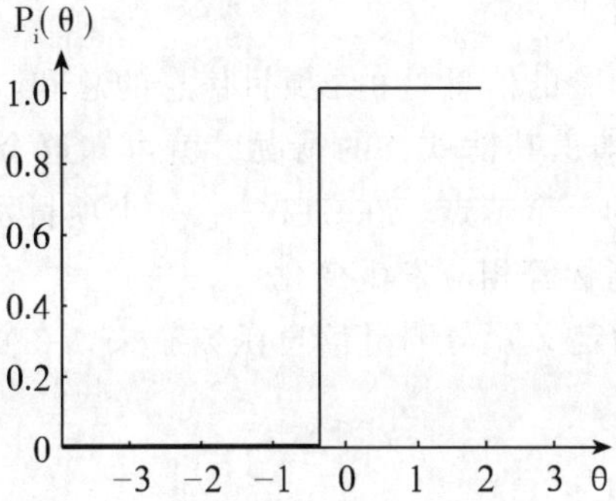

图5　阶梯式ICC

一个更一般化些的ICC中，θ和P_i（θ）的关系更似一卵形曲线。这种模式也是IRT中所采用的，今天已被普遍接受，认为其是对θ和P_i（θ）关系的一个良好描绘，如图6所示。

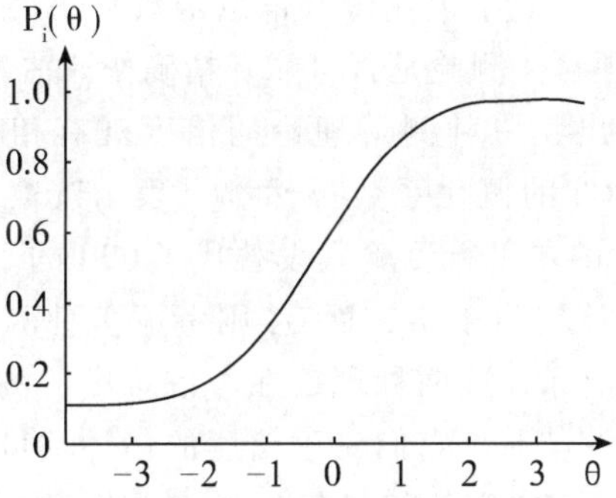

图6　IRT的ICC

ICC的a，b，c三个项目参数可定量表示θ与P_i（θ）的关系。b指在ICC拐点上的θ值，相当于CTT中的难度指标；a指ICC拐点处的斜率，对应于ICC中的鉴别力指标；c则是一猜测指标，表示随机猜测的可能性。

在IRT中，信息的概念很重要。对心理测量或统计来说，信息与估计某物的精确度有关。在IRT中，有可能推断每个项目在θ连续体的每一点上提供的信息。在一给定θ水平，提供信息越多，则在θ水平的测量越精确。IRT的一个优点就在于能决定在一特定θ水平，哪些项目测量最佳。因为ICC曲线上任一点的斜率反映了项目区分θ水平连续体的程度，这样，在一给定θ水平项目提供的信息量可表示为：

$$I_i(\theta)=[P_i(\theta)]^2/P_i(\theta)\theta_i(\theta) \quad (i=1, 2, \cdots, n) \tag{10}$$

其中，$P_i(\theta)$为被试正确回答项目的概率，$\theta_i(\theta)=1-P_i(\theta)$ $P_i(\theta)$为$P_i(\theta)$的一阶导数。在三参数logstic模型中，也常用下式来计算：

$$I_i(\theta)=2.89u_i^2(1-c_i)/[c_i+e^{1.7ai(\theta-bi)}][1+e^{1.7ai(\theta-bi)}]^2 \quad (i=1, 2, \cdots, n) \tag{11}$$

这个$I_i(\theta)$，也即项目信息函数，它在项目评价和测验编制上有重要意义。$I_i(\theta)$越大，则提供的信息量越大，项目的可靠性越好。一个测验的信息函数，定义为$I(\theta)$，则有：

$$I(\theta)=\sum_{i=1}^{n}I_i(\theta)\sum_{i=1}^{n}[P_i^2(\theta)]^2/P_i(\theta)\theta_i(\theta) \tag{12}$$

上式表明，在θ处测验的信息是θ处项目信息的总和。项目对测验信息的贡献是独立的，这样，无需知道其他项目的情况，就可知道个别的测验项目的贡献大小。这是CTT所不具备的一个特点。在CTT中，一个项目发生变化，测验分数随之改变，则难度、鉴别力指标等相应发生变化。

IRT中的测量误差的定义，与测量信息函数有关，在θ处的信息量与测量误差成反比，即有：

$$SE(\theta_0)=1/\sqrt{I(\theta_0)} \tag{13}$$

$SE(\theta_0)$也即估计的标准误差。在IRT中，$SE(\theta_0)$与CTT中的测量标准误差目的是一致的。但区别在于，$SE(\theta_0)$不是一个统计量，它依赖于能力水平，是关于θ的函数，对于一个给定测验来说，不同的θ，有不同的标准误差，而CTT中的标准测量误差则是一集体统计量，它用于样本所有被试。在IRT中，信度系数的概念相对变得不那么重要了。它一般用测验信息函数$I(\theta)$，标准误差$SE(\theta_0)$和项目信息函数$I_i(\theta)$来对项目、测验是否可靠、精确作评估。

综上，我们可以看出，三种测量理论的信度观有相似之处，但也有很多区别。CTT的信度系数与GT的概化系数虽然都是表示观察分与真分数（或全域分数）之间的关系，但GT的弱平行测验假设替代了CTT的平行测验假设，CTT的指标较为笼统，对误差估计较为粗略，而GT则考虑多种测量条件、多种可能的误差来源，得出多个信度指标；这两种理论在考虑难度、测量误差指标时，并没考虑到能力的差异，在这一点上，它们对于信度的估计都可被描述为在所有能力水平上的一个平均信度。而IRT则从信息量出发，分析每个项目的贡献大小，把测量误差看作θ的函数，能给出更精确的指标，如果说CTT和GT都是对真分数作间接估计，IRT则试图对真分数作直接估计，在IRT中，可以直接估计能力水平θ值，这个θ类似于经典的真分数。从方法上来看，CTT的方式最为简单明了，GT中设计的不同，复杂程度就不同，IRT计算方法最为复杂，通常需借助于计算机软件方得完成。

现在，虽然有种看法认为IRT必将取代另两种理论，但大多数测量工作者仍持三种理论各有利弊的观点。经典测验理论仍发挥一定作用，可概括性理论正兴起，项目反应理论的应用工作逐步深入。任何一种，都不是能用其他两者简单代替的。对信度观的分析比较，也只是为更好地从理论、方法上区分这三种测量理论，更好地应用。

资料来源　唐宁玉．三种心理测量理论的信度观［J］．心理科学，1994，17（1）．

第10章 /人事测评效度分析

学习目标

1. 了解人事测评效度的含义和基本理论。
2. 掌握人事测评效度的几种基本类型。
3. 掌握人事测评效度的估计方法。
4. 了解和掌握人事测评决策的有效性。

10.1 效度的基本理论

10.1.1 效度的含义

在前面几章中，我们在讨论各种测评方法时，已经多次提到要考虑测评的有效性或效度。确实，和任何测量工具一样，人事测评也有其特定的功能和实用的目的，所以人事测评就必然要有一定的有效性，我们把这种有效的程度称为效度。一般认为，人事测评的效度就是所采用的测评工具对其所要测评的特性测量到什么程度的估计，这也往往被认为是效度的操作定义。由于在人事测评效度的研究中，很多是和测验效度有关的，故在下文中有时会用测验效度来描述人事测评的效度，事实上它们的思想是一致的，只不过人事测评效度考虑的内容更广，涉及各种测评工具。从上述定义中，我们可以看到，效度是个高度相对的概念，这主要表现在以下两个方面：

1）效度是针对某种特定的测评目的而存在的

对人事测评来说，这一点显得尤为重要，任何一个人事测评方案的设计都是为特定的目的而存在的，只有符合该测评目的的方案才是有效的，不存在一种对任何目的都有效的测评手段，如为招聘一般人员而设计的测验用到高级管理人员的选拔上就不那么有效。所以，人事测评工具的编制要做到有的放矢，人事测评的使用也要物尽其用，只有在此基础上，才能来谈测评的效度，否则是没有意义的。

2）效度是一个关于程度的估计

众所周知，测验编制的根据是行为样组，由此对测评对象的特性作出间接的推断，所以这其中肯定有一定的偏差，只能达到某种程度的正确性。因此，针对特定的测评目的而言，效度只是程度上的差别，而不是全或无的差别。在对效度进行评价时，也不是说某个测验结果“有效”或“无效”，而要在考虑到其用途的基础上，用“高效度”、“中等效度”或“低效度”来对它进行评价。例如，用测评新员工素质的测验来测评老员工，效度肯定就很低，但仍然是可以测评出一些结果的。

效度除了上述含义外，还包含了另一层意思。很多人事决策是依据人事测评的结果而作出的，这样就有了决策有效性的问题，即对所录用或选拔的人员是否有效的估计。

10.1.2　效度的基本模型

1）真分数模型与效度

在讲述测验的信度时，我们曾介绍过，实得分数中存在一部分测量误差，它影响测量的一致性，所以可以把总分变差（S_t^2）分为真分数变差（S^2_{∞}）和测量误差的变差（S_e^2）两个部分。但是，除了测量误差外还可能存在由与测量目的无关的因子引起的系统误差，它们是恒定的，所以并不会影响到测量的一致性，但却影响了测量的准确性，使得对真分数的估计并没有达到百分百的准确性，也即没有对真正的能力水平有完全准确的测量。因此，可以把总分变差（实得分数的变差 S_t^2）分为三个部分：

$$S_t^2 = S_{co}^2 + S_{sp}^2 + S_e^2 \tag{10.1}$$

式中：S_{co}^2 为由所测量的心理特性引起的主要变差，或与所测量的心理特性有关的共同因素所引起的变差（这部分变差才是我们真正希望了解和测量的）；S_{sp}^2 为由与所测量的特性无关的其他个别特性所造成的变差（系统误差引起的变差）；S_e^2 为误差变差，是测量误差分布的变差。

只有由所观察的心理特性引起的变差（S_{co}^2）才是真正要测量的部分，它在总变差中所占的比重大小也就是效度的大小。所以说，效度是与测量目的有关的真实变异数与总变异数的百分比：

$$\mathrm{Val}=\frac{S_{co}^2}{S_t^2} \tag{10.2}$$

我们把公式（10.2）称为效度的理论定义。

2）效度和信度的关系

（1）高信度是高效度的必要条件，而不是充分条件。

在信度一章中提出 $S_t^2 = S_{\infty}^2 + S_e^2$，误差变差 S_e^2 是测量误差分布的变差，由于测量误差是随机的，所以 S_e^2 会影响到信度的大小。但在实得分数变差（即总变差 S_t^2）中，还存在着与所欲测量的特性无关的因素造成的误差，它是恒定的系统误差，不影响测验的一致性，所以在信度部分未加以考虑。但是，由于系统误差的存在对测验的有效性会产生影响，所以真分数变差 S_{∞}^2 就应该分为两个部分，即 $S_{\infty}^2 = S_{co}^2 + S_{sp}^2$。由此可以看出，$S_{co}^2$ 决定着测验效度的高低；S_{sp}^2 则是降低效度的变异部分，但它的存在却提高了信度。也就是说，在测评中，S_e^2 的变化能引起信度的改变和 S_∞^2 的改变，但这并不代表 S_{co}^2 一致的变化。所以，信度高是效度高的必要条件，而不是充分条件。

当然，信度是效度的必要条件，也并非指在任何情况下，信度越高越好。比方说，就某些预测效度来说，测验的内部一致性系数过高，则其中测题的同质性过高，导致测验不能全面体现被评估者的情况，反而引起测验预测效能的降低。这时，为了切实提高预测效度值，对信度系数值适当降低要求也是必要的。

（2）信度系数的平方根是效度系数的最高限度。

根据效度和信度的定义，可知：

$$S_\infty^2 = S_{co}^2 + S_{sp}^2 \tag{10.3}$$

$$r_{xy}^2 = S_{co}^2 / S_t^2 \tag{10.4}$$

$$r_{xx}^2 = S_\infty^2 / S_t^2 \tag{10.5}$$

$$r_{xy}^2 = (S_\infty^2 - S_{sp}^2) / S_t^2 = r_{xx}^2 - S_{sp}^2 / S_t^2 \tag{10.6}$$

S_{sp}^2 大于等于零，所以信度系数的平方根是效度系数的最高限度。

信度系数的平方根又称信度指数，也就是说，效度系数的最高限度是信度指数。

10.2 人事测评效度的类型

如前所述，由于人事测评在很大程度上是心理测量在实践中的具体应用，人事测评的效度理论和心理测量的效度理论是一致的，只不过其应用的范围更加广泛，应用于从心理测验到人事测评的各个方面。所以，本章中的大多数内容与心理测量的效度理论是一致的，在对效度类型进行讨论时，我们将从心理测量的效度理论入手。

10.2.1 有关效度类型的不同看法

在20世纪40年代和50年代，心理测量对效度的研究主要着眼于定义和评估效度的方法。1954年，美国心理学学会颁布了《心理测验和诊断技巧的技术建议书》。该建议书中形成了一套效度的分类和评价系统，认为效度有四种基本类型，即内容效度（content validity）、构思效度、预测效度和同时效度。多年以来，人们一直保持着这种想法。这四种不同的效度适用于不同的目的，如对于知识测试来说，内容效度非常重要；而对于人事筛选来说，预测效度更为重要。这样，在具体应用时，往往会根据测评的不同要求选择效度指标。心理测量理论发展到今天，人们更多地将这四种效度看作是在测验分数上作出决策的四种不同策略，或者说是效度的四个方面，而不再将它们看作是四种不同类型的效度。这些不同策略的目标是相同的，即理解测评分数的意思和含义。Messick 在 1991 年指出，效度化就是指

“对测验分数意义的科学探究”。

20多年前，有关效度的理论研究非常不同，有些对效度的看法甚至是不相容的。今天，大多数研究者认为所有对效度的研究都可以放在一个宽泛的主题即构思效度的概念之下，因为任何想了解测验或测评分数的意图都与测验测量的特质有关，这样的看法与20年前的想法已经大不一样。尽管如此，一些学者认为把效度分成几大类对于更好地理解效度来说还是有些价值的。目前的主流看法认为，效度从本质上来说，可以分成两类，这两个类别与测评用于测量还是用于预测的目的有关，内容与构思效度和是否测量到所想测量的特质有关，而预测和同时效度则检验了预测或决策的有效性。这样，测评效度可以从测量有效性和决策有效性两个角度来衡量。比如我们用一个领导技能测验来选拔经理人员时，首先，我们要考虑这个测验是否测量了领导技能，这里我们更关注测验的构思和内容；其次，我们想知道在该技能测验上得分高的经理人员以后的绩效是否也一样出色，这里我们想要知道该测验是否能够成功预测未来。如果一个测评工具兼具这两方面的有效性，当然非常理想，但在实践中，有时会出现高构思和内容效度、低预测效度的情况，反之亦然。所以，有些学者认为应该把这两种效度区分开来。

尽管对效度类型的看法经过时代变迁和理论发展，已经和刚开始时的效度概念有所不同，但为了让读者对这四类效度有更好的理解，本章仍将对这四种效度进行分别介绍。

10.2.2 内容效度

1）含义

内容效度是指测验的行为样组能代表所测量的特质的程度，在人事测评中即指采用的测评工具能够测量到某些特质的程度。从另外一个角度来说，在进行测评时，我们总是选用一定的项目来对某个特质进行衡量，内容效度就是这些项目能够代表所有表示该特质的项目的程度。这里通常用“内容范围”这个概念来对内容效度加以说明。

2）内容范围

对内容范围的详细规定提供了评估内容效度的基础。内容范围代表了能够用来测量个体的某个特点的所有行为样组，而每个测评工具都应是一个特定的行为范围的系统抽样。测量不同的特质，其内容范围也有所不同。例如，我们想测量棒球运动员的运动技能，测评行为样组就应该从其内容范围——奔跑、守备和攻击中取样。

内容范围应该具备以下两个特点：

(1) 边界：内容范围是有边界的。它包含了一些内容，同时也将另外一些不相关的内容排除在外。只有具备明确的边界，才能确保测验测量了要测量的特性。比如对上述棒球运动员的运动技能进行测量，如果我们选用的测验内容除了奔跑、守备和攻击外，还有加减法，则后者的内容就在测量棒球运动员的运动技能范围之外了。

（2）结构：内容范围是结构化的。通常，内容范围中的内容总是被归为几个类别，对于每个类别，又有详细的说明。例如，组织承诺是指员工对所从事的工作的一种态度，它包含了三个主要结构：感情承诺，即员工由于对企业目标的认同和深厚的感情而对企业组织所形成的忠诚并努力工作的程度；持续承诺，即员工愿意留在组织中的倾向；规范承诺，即受社会责任感和社会规范约束的程度。该内容范围具体见表10-1。

表10-1　　内容范围示例（态度类）

要测量的特性：组织承诺水平

内容范围（三个结构）：感情承诺、持续承诺、规范承诺；
从态度的三个层面上界定：认知、情感和行为

	感情承诺	持续承诺	规范承诺
认知	对组织的认同	离职会导致个人损失	关心组织发展的前途
情感	对组织的自豪感	为避免个人利益受损而留在组织中	如果离职会感到难过 愿意留在组织中
行为	表现出维护组织的行为	为留任可以做任何工作	为组织成功付出努力 长时间为组织工作

表10-1的每一格中的内容都是结构和边界的具体化。一般知识、技能测量的内容范围比个性、态度等更容易明确和特定化。比如要考察对世界历史的知识掌握程度，编制该测验的内容范围见表10-2。

表10-2　　内容范围示例（知识类）

要测量的特性：世界历史知识

内容范围：

A：问题	B：区域	C：时间跨度	
社会	欧洲	18世纪	
政治	美洲	19世纪	
文化	亚洲和非洲	20世纪	
	社会问题	政治问题	文化问题
欧洲18世纪—19世纪			
美洲18世纪—19世纪			
亚洲18世纪—19世纪			

内容范围事实上与我们在第3章中论述的测评指标的形成非常相关。在测评指标的构成中，要思考需要测量什么，其内容范围是怎样的，并通过表10-1的做法来明确测量内容的边界和结构，这样可以从开始编制或形成测评工具时就把效度因素考虑进去。

3）表面效度（face validity）

有时，人们会把内容效度和表面效度混淆。事实上，两者的含义是不同的。表面效度是指测评工具在使用者或被评估者的主观认识上觉得有效的程度，是测验在使用者或被评估者看来，直觉地认为它在测量什么，是否测到了所要测量的内容。它不同于内容效度，它表征的是被评估者的感知。严格来说，表面效度并不算是效度，这种认识是主观的，但是表面效度可以取得被评估者的合作。譬如，如果被评估者主观上认为测验与测验目的无关，测验内容幼稚无聊，或是测验介质的印刷质量太差，他们就可能排斥这个测验，从而影响测验的效果，损害测验的实际效度。但是，对于一些需要掩盖测验目的的测验如人格测验就不一样了，为了引出被评估者的真实反应，高的表面效度反而是不合适的。

表面效度并不是测评工具所必须具备的，但由于其能影响到被评估者对测评的态度，所以有时在测评中还是会考虑这个问题。一般来说，当被评估者觉得测评工具要测量的内容与他们的想法相一致的时候，他们通常会觉得该测评工具有较高的表面效度。在能力测验中，当测验要求被评估者“尽你最大能力完成”，通常会让被评估者觉得该能力测验是有效的。

10.2.3　构思效度（construct validity）

1）构思

在人事测评中，经常需要测量一些抽象的概念，如智力、动机、社会化程度等。事实上，这些特性是物理上不存在的。在测量理论中，通常用“构思”来解释人类行为的理论框架或心理特质，即那些抽象的假设性的概念、特性或变量，如上面所说的智力、动机等。构思不能直接测量，需要借助测评工具将其反映出来。

对于每个构思来说，都有两个特点：一是其抽象性；二是其都和具体的可观察的事件相联系。例如，“诚实”是个抽象的概念，不能直接测量，但如果一个人在大多数场合下都说真话，我们就可以用“诚实”来形容他。在确定某个构思时，通常有3个步骤：

（1）明确那些与测量的构思相关的行为样组；

（2）明确该构思与其他一些构思之间是否相关；

（3）明确与那些其他构思相关的行为样组。

例如，成就动机是麦克利兰需要理论中的一个重要构思，麦克利兰认为对于专业人员和初级管理人员、小企业的创业者来说，具备较高的成就动机非常重要。如果我们要测量个体的成就动机，根据上面3个步骤，我们所做的工作如图10-1所示。

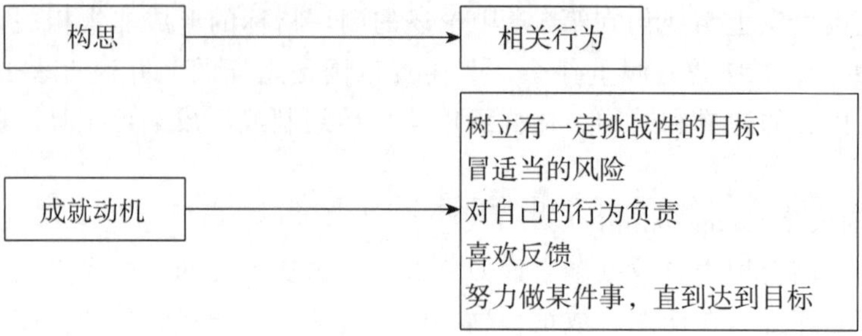

图 10-1　构思的步骤

首先，明确与成就动机相关的行为，或者说能体现成就动机的行为。

其次，看有没有相关的构思或可能有关系的构思。

根据已有的研究，成就动机倾向可能与主动性、分析能力、创新性有关，而与人际技能相关不显著，则再对这些构思进行分析如图 10-2 所示。

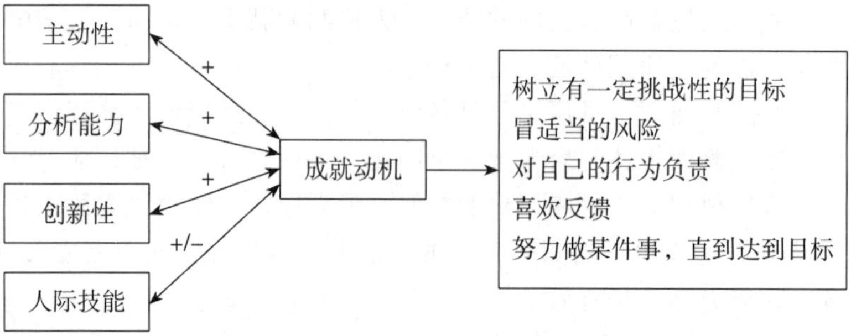

图 10-2　不同构思之间的关系探究

最后，对与主动性、分析能力和创新性相关的行为表现再进行分析。如主动性的行为组有做事计划，能独立完成工作等；人际技能的行为组包括和同事建立相互信任的工作关系，积极主动和同事或客户进行沟通等。这样就可以得到一个有关成就动机的构思图。通过这样的过程，可以把抽象的成就动机构思外显化，并且探询可能和它之间存在关系的其他构思及其行为组。

2）构思效度

从上面的例子中，我们可以看到，抽象的构思可以通过一定的方法表示出来，在很多情况下，人事测评就是为了测量到这样的内在构思。构思效度是指测评工具能说明构思或特质的程度，或用某种构思或特质来解释测评分数的恰当程度。在上面的例子里，如果我们根据这样的假设编制了相应的测验，且对于每个构思我们都编制或采用两个测验进行测量，那么得到的结果见表 10-3。

根据表 10-3 中的相关系数，可以看到 A 测验下的相关和假设的关系比较吻合，与成就动机相关的行为样组的实际相关系数均较高，而与其他有关构思的行为表现呈现弱相关。因此，可以认为 A 测验比 B 测验能更有效地测量我们所界定的成就动机构思，也就是说，A 测验具有较高的效度。从这个例子可以看到，构思效度是和理论假设紧密联系在一起的。如果理论假设有误，则构思效度就没有意义了。

表10-3　　两种情况下行为组之间的相关和构思效度

	假设和构思之间的关系	实际相关	
		A测验	B测验
树立有一定挑战性的目标	强，正相关	0.60	-0.32
冒适当的风险	强，正相关	0.71	0.14
对自己的行为负责	强，正相关	0.65	0.10
喜欢反馈	强，正相关	0.58	0.21
努力做某件事，直到达到目标	强，正相关	0.62	0.32
做事有计划	弱，正相关	0.25	-0.23
独立完成工作	弱，正相关	0.31	0.45
和同事建立相互信任的工作关系	不相关	0.10	0.56
积极主动和同事或客户进行沟通	不相关	-0.22	0.39

10.2.4　准则关联效度（criterion-related validity）

如前所述，人事测评可以帮助人们更好地作出决策。决策的准确性是和测评结果的有效性相关的。为了明确某个人事测评结果用于决策的有效程度如何，通常可以把测评分数和决策后的结果（如工作行为、绩效）等进行相关计算，如果这两者之间存在高相关，说明该测评结果具有较好的预测性，这就是准则关联效度。

1）准则

准则关联效度是以测评分数和效度准则之间的相关系数来表示测评效度高低的，也就是测评分数对所要测验行为的预测能力。在这里，被预测的行为是检验测评效度的标准，称作准则或效标，它是用来检验效度的标杆。

准则必须以某种测量根据加以测定。对于员工选拔和大学生入学考试来说，可以用“优秀员工”和“学业成功”作为准则，但这些只是概念上的东西，必须让它们可以测量，如前者可以用生产力、销售额等测量，后者可以用学习成绩作为具体化的准则。通常，准则随测验种类的不同而不同，不同的测评目的需要有与之相对应的准则。例如，对于人事选拔来说，通常工作业绩、行为表现是测评较好的准则；对于大学生入学考试来说，通常被录取的学生入校后的学业成绩、是否能完成学业是测评较好的准则。

对于每个测评来说，要寻找到合适的准则。很多年来，美国军队使用《陆军服务职业能力倾向测验》（ASVAB）作为其选择新兵的依据。ASVAB的主要效度依据是发现ASVAB的得分和新兵入伍后的军事训练成绩有一致相关，但ASVAB设计的初衷是为了预测工作中的业绩，而不仅仅是培训中的表现。所以，在很长一段时间里，人们并不认为ASVAB对于作出录用决策是有效的，虽然一些研究认为其确实是有预测力的。为了改变这一状况，美国军队开始着手研究ASVAB和工作业绩之间的相关性，以实际的工作业绩作为准则来更好地说明ASVAB对于作出决策的帮助程度。从这里我们可以看到，准则关联效度更多地和实践应用有关，选择准则事实上和决策者的目的是有关系的。

在进行准则关联效度估计时，要求准则本身具备构思效度，即准则能够有效测量我们所想检验的特征，这样才能反映出预测指标的有效性。

2）两种准则关联效度方法

一般来说，可以用两种方法来估计准则关联效度，即预测效度（predictive validity）和同时效度（concurrent validity）。许多学者认为，这两种效度在本质上并没有很大区别，但它们在实践应用中所带来的一些问题有所不同。墨非（1998）在他的《心理测验》一书中认为，这是两种准则关联效度策略，它们在实践、操作和统计上有所不同，所以下面对它们分别加以介绍。

（1）预测效度

预测效度的目的是决定决策前得到的测评分数和决策后得到的准则分数之间的相关性。在人事测评中，预测效度是非常典型的，人们必须作出录用或拒绝的决策，此后被录用者的工作业绩就是衡量测评是否有效的准则。

获得预测效度信息的理想做法是：首先从所有候选人那里随机抽出一群人进行测评（也可以用所有候选人），得到测评分数，但并不根据该测评结果作出决策，将他们全部录用或随机录用，然后经过一段时间后，获得这些人的绩效评估结果，计算这两组成绩之间的相关系数从而得到预测效度。这里的一个关键点是在理论上进行预测效度研究时，并不如我们通常所想的，根据该测评结果作出决策，它隐含的意思是该测评或测验的预测效度是针对所有候选人群体的，而不仅仅是被录用的那部分人，如果是根据测评结果作出决策，则该效度针对的仅仅是那些在测评中获得高分的群体。

预测效度的方法被认为是理想的评估方法，但在人事测评中是不符合实际的。预测效度研究中，要求研究群体（样本）和实际候选人群体具有相似的特点，并且在事后进行测量，最好的办法是录用所有的候选人或随机地作出录用决定，以这样的方式来求得测评分数和事后的绩效评估分数之间的相关系数，符合了预测效度的本意，但从实践角度来说是不可行的，很少有人理解这样做其实是为了真正获得测评的效度依据。从另一个角度来说，为了获得预测效度依据而采取随机方式录用人员，可能会有很多后患：一是组织会蒙受没有找到合适的人选而需投入更多的培训成本的损失；二是有些人上任工作，自己会产生挫折感，同时也会面临解除合同或被开除的情况。

（2）同时效度

由于预测效度存在实践应用上的一些问题，同时效度被认为是更切合实际的一种做法，它对涉及的群体并没有太大的要求。把一组人的测评分数和其绩效分数求相关系数就可以得到同时效度了。有时，绩效分数几乎和测评分数同时获得，这样才用“同时”来说明其时间上没有太大的滞后。

Guion等学者（1982）认为，同时效度和预测效度的最大区别不在于准则资料收集时间上的滞后，而在于预测效度是根据对所针对群体的随机取样进行的，而同时效度是以事先已经选择好的样组（如现有员工、已经被录用的大学生等）为基础进行效度依据获得的。

通常采用的获得同时效度依据的方法有以下3种：

①对现有员工施行测评，这样就同时获得了测评分数和绩效分数，计算两者之间的相关，得到同时效度。

②在招聘时对应聘者进行测评，随后对录用的人员进行绩效评估，计算两者之间的相关，得到同时效度。

③采用现有人事档案中的数据，根据以往的测评分数和绩效资料来决定测评的效度。

同时效度会有如下一些问题：

①采用同时效度，在统计学上有些问题，由于采用的是高度选择过的样本群体，这样计算出来的相关系数并不能真正反映实际的相关情况，这种情况被称为“范围限制”（range restriction）。范围限制可以发生在测评分数的取样上，因为通常测评分数低的人会遭到拒绝；也可能发生在准则分数的取样上，在组织中，绩效差的员工往往会遭到解雇。范围限制会降低测评分数和准则分数之间的相关性，从而低估效度系数。图10-3显示了范围限制后的相关系数的变化。

从图10-3可以看到，当没有范围限制，即估计效度时用的是从候选人总体中抽取的样本时，有较高的相关系数；如果只选择测评分数在60分以上或准则分数在60分以上的样本，则相关系数变小；如果选择测评分数和准则分数均在60分以上的样本，则两者之间的相关系数几乎接近0，得到的效度非常低。在后面的三种情况中，由于限制了分数分布的范围，从而导致相关系数降低。

范围限制的产生有多种可能的原因，和测量中的预测变量、效标变量或额外变量有关。在这里，额外变量是指与预测变量和效标变量相关的第三个变量，这个变量并不在研究所关注的范围之内，但是由于它与预测变量和效标变量都相关，所以当该变量发生范围限制时，也会对预测变量和效标变量之间的关系产生影响。范围限制可发生在预测变量x、效标变量y和额外变量z上，也可同时或相继发生在多个变量上。在人事测评的研究中，预测变量受到限制是一种很常见的现象，如研究预测变量x对员工绩效y的预测效度，同时以x作为企业雇佣的决策依据，即只有x达到一定标准的候选者才能够进入公司。在员工进入公司一段时间之后，才对其绩效即效标变量进行测量。这样，构成研究样本的个体是经过选择的，不能代表总体特征，因此预测变量和效标变量之间的相关会受到影响。另外，效标变量y也会受到限制，例如，在企业员工绩效预测变量的研究中，效标变量是员工的绩效。如果公司以绩效作为留任指标，即没有达到绩效标准的员工会被解雇或调离工作岗位，那

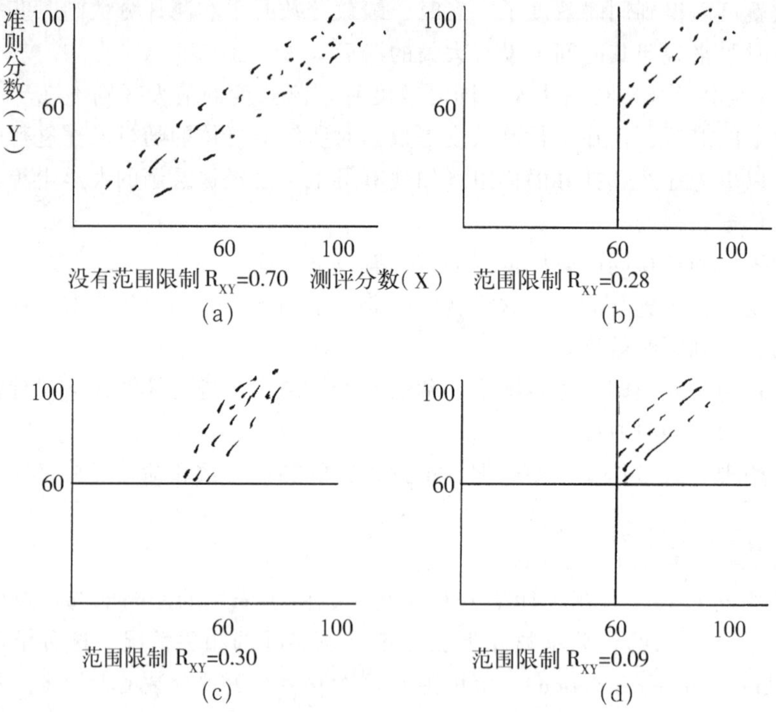

图 10-3　不同范围下测评分数和准则分数的相关系数

么样本仅为总体中绩效达到标准的个体，所有不达标的个体都被排除在样本之外，从而导致效度系数偏离总体相关。

范围限制发生在预测变量或效标变量上，都被称为直接限制。不论限制作用于预测变量还是效标变量，对变量间相关系数的影响是相同的，都会使其降低。然而，这两类范围限制对未标准化的回归系数 b_{yx} 却有着不同的影响。如果限制发生在效标变量上，未标准化的回归系数将受到影响；而如果限制发生在预测变量上，未标准化的回归系数却不会受到影响。另外，存在一种特殊的直接限制，即只选取在预测变量上分数低于25%和高于75%的个体进行分析，而位于当中那50%的个体则被排除在外。对于这种只选取极端群体的范围限制，总体的效度系数将会被高估。

当范围限制发生在额外变量z上时，则被称为间接限制。在这种情况下，变量z的得分低于总体均值的个体被排除在样本之外。由于变量z与预测变量和效标变量都有相关，因此那些因为变量z的得分不符合选择标准而被放弃的样本间接影响了预测变量和效标变量的方差，进而使效度系数受到影响，使其低于总体的系数。

为了克服范围限制的影响，Guion（1965）提出了下述校正公式：

$$Rc=(RSdy1\div Sdy2)\div\sqrt{1-R^2}+R^2(Sdy1\div Sdy2) \tag{10.7}$$

式中：Rc表示经过校正的不受范围限制的效度系数；Sdy1表示所有候选人的测评分数的标准差；Sdy2表示范围限制后所选样本的测评分数的标准差；R表示范围限

制后测评分数和准则之间的相关系数。

②同时效度的另外一个问题是其效度取样的样本组不一定能代表候选人组。根据前面的一些做法，我们可能会根据现有员工来获得效度依据，但现有员工和新员工相比，更有经验，决定他们绩效的因素和决定新员工绩效的因素可能不一样，因而对现有员工有预测力的测评并不能保证其在招聘新员工时作出的决策同样正确。

③采用人事测评，人们希望能够通过测评，将好的合格的人员和不合格的候选人进行区分，从而帮助作出正确的决策。预测效度能够达到这个目的，因其包含了这两类人的信息，但同时效度往往不能，因为其通常选择了某一分数段的样本。

我们可以看到，由于同时效度研究中的样本群体均是选择性样本，这样获得的同时效度依据往往并不能代表测评对所有候选人员作出判断的有效性程度。由此，理论上更倾向于采用预测效度，但实际上的便利、可操作性却使人们在应用时会选择同时效度作为效度依据，并且一些研究发现，有时同时效度和预测效度的结果非常相似，同时可以借助于一些统计手段如Guion的校正公式来获得更准确的效度依据。

10.3　效度的估计方法

10.3.1　内容效度的估计方法

1）通过对照内容范围来估计

前面在介绍内容效度时，曾用内容范围的概念来对内容限定，在估计内容效度系数时，一种基本的做法就是用所描述的内容范围，来考察测验或测评中包含的项目是否涵盖了这些范围，从而对其内容效度加以检验。以上述世界历史知识为例，可以根据项目的分配来看是否将主要问题都包含进去了。上述表10-2有时也被称为双向细目表。有时，会给内容范围中的不同结构赋予不同权重，在双向细目表中就应该看到这种反映，见表10-4。

表10-4　双向细目表示例

	社会问题	政治问题	文化问题
欧洲18世纪—19世纪	4	5	5
美洲18世纪—19世纪	3	5	3
亚洲18世纪—19世纪	3	3	4

为了确保内容效度，要注意编制测验或测评项目时的代表性取样，也就是要根据内容和结构的重要性来选题目，而非随机取样，以便使选出的题目能包含所测内容的主要方面，并使各方面题目比例适当。测验题目并不需要包含该范围的所有材料，而只需包含测验编制者认为重要的材料。双向细目表除了可以提高测评内容效

度外，还可以用来克服专家评定方法中所存在的一些不足，比方说，要求专家根据明确细致的双向细目表来判断测评的内容效度，这样可以避免各人的观点、侧重点不同所带来的判断不一致。

可以用内容效度比CVR来计算内容效度：

$$CVR=(Ne-N/2)\div N/2 \tag{10.8}$$

式中：Ne为评判中认为某项目很好地表示了测量内容范畴的评判者人数；N为评判者的总人数。CVR的值从-1到1，其中-1表示所有人都认为内容不当，而1则表示所有人都认为内容很好。

2）评分者信度

评分者信度是借用信度依据来说明内容效度。专家评定是一种确定内容效度的典型程序，它让一组独立的专家根据评定量表判断测评项目对所考察内容的取样是否完备，然后通过计算评分者信度来获得该测评的内容效度依据。

3）统计分析

克朗巴赫提出了一种量化的方法。其做法是先获得被评估者在两个独立取自同样内容范围的测验上的得分，计算出它们的相关系数，把这个相关系数作为对内容效度的数量估计。如果同样一组被评估者在两个测验上的得分相关性高，可以推论二者具有高的内容效度；如果相关性低，则二者至少有一个缺乏内容效度。

10.3.2 构思效度的估计方法

构思效度是与一定理论基础的有效性有关的。对于理解测评结果来说，构思效度或许是最重要的指标了。构思效度有多种收集方法，可以通过实验室实验、现场研究、问卷和观察等研究手段，也可以通过统计分析来进行。以下从测验内方法和测验间方法两个角度来介绍常用的几种构思效度估计方法。

1）测验内方法

这种方法主要是通过研究测验内部构造（如测验的内容、对测题反应的过程以及项目间或分测验间的关系）来分析测验的构思效度。它主要包括内容效度、被评估者解答测题时的反应过程、测验的同质性和因素分析法等几个方面。

（1）内容效度

内容效度可以作为检验测验构思效度的一个方面。举个例子，在编制成就动机测验时，编制者主要考虑的是成就动机，那么，如果该测验具有较高的内容效度，基本上也就可以排除它测量其他构思如言语沟通等技能的可能性。由此可见，内容效度可以作为构思效度的证据。

（2）被评估者解答测题时的反应过程

一般是在施行个别测验时，要求被评估者边想边说，从而可以分析被评估者解题时的心理过程，以核实测验是否真正测到了所欲测量的构思。比如，在进行分析推理测验时，通过被评估者边想边说就可以了解测题是否测量到了所预期的推理过程，从而排除了只要经过简单的尝试就可以获得答案的可能性。

（3）测验的同质性

这种方法以测验的内在一致性系数（比如库特-理查逊公式20和21（K-R20、21）以及α系数等）为指标，判断测验测的是单一特质还是多种特质，看它与所预期构思的相符度，也就是测验的同质性问题，从测验的一致性就可以为构思效度提供证据。

（4）因素分析法

因素分析法是验证构思效度的一种非常好的方法。它是一种多变量统计分析方法，将彼此高度相关而又与别的变量相对独立的一组变量聚合成群，称为"因素"（又称"潜变量"）。因素分析法的基本思想是：根据相关性大小把变量分组，使得同组内的变量间相关性较高，不同组变量间的相关性较低；每组变量代表一个基本结构即因素，其目的是识别少数几个因子，以之表示并解释多个相关变量之间的关系，从而减少变量数目，简化复杂的数据结构。

通过因素分析法，研究者可以探明测验究竟测到了几个彼此相对独立的因素，测验各组成部分甚至各项目在几个公共因素上的负荷大小，从而从整体关系和各个方面对测验所测特质的结构进行量化分析。因此，因素分析法是测验构思效度验证的一种重要手段。

2）测验间方法

这种方法的特点是同时考虑几个测验间的相互关联，考察这些测验是否在测量同一构思。测验间方法主要有相容效度、聚合效度和辨别效度等。

（1）相容效度（congruent validity）

从理论上说，测量相同构思的各测验之间应该有较高的相关性。这就要求计算新编制的测验与原有的、已知效度较高的测验间的相关系数。比如，在评价新编制的智力测验时，通常要计算这个测验与斯-比量表或韦氏量表的相关系数，如果相关系数高，则推断新量表的相容效度也高，这种方法是检验构思效度的一个常用方法。

（2）聚合效度（convergent validity）和辨别效度（discriminant validity）

聚合效度又称为求同效度，其基本思想是：如果两个测验是测量同一特质的，即使使用不同的方法进行测量，它们之间的相关系数也应该是高的。辨别效度又称为求异效度，其基本思想是：如果两个测验测量的是不同的特质，即使使用相同的方法进行测量，它们之间的相关系数也应该是低的。

聚合效度和辨别效度是由坎贝尔等人于1959年提出的，为了估计聚合效度和辨别效度，他们提出了"多特征-多方法"（multitrait-multimethod）矩阵，这种方法需要至少两种特征，每一种特征至少以两种方法做测量。表10-5是M-M矩阵的常见形式。

表10-5中，实线三角中的数字表示用同一方法测量不同构思（同方法-异特征）所得到的相关系数；虚线三角中的数字则表示不同方法测量不同构思（异方法-异特征）所得结果之间的相关系数；带下划线的数字表示不同方法测量同一构

表10-5　　多特征-多方法矩阵

特征		面试			测验			观察法		
		成就动机	主动性	人际技能	成就动机	主动性	人际技能	成就动机	主动性	人际技能
面试	成就动机									
	主动性	0.30								
	人际技能	0.16	0.32							
测验	成就动机	0.62	0.03	0.20						
	主动性	0.22	0.70	0.24	0.40					
	人际技能	0.12	0.24	0.55	0.22	0.33				
观察法	成就动机	0.58	0.11	0.02	0.60	0.20	0.21			
	主动性	0.14	0.80	0.16	0.12	0.60	0.23	0.30		
	人际技能	0.20	0.10	0.71	0.06	0.20	0.52	0.49	0.36	

思（异方法-同特征）所得到的相关系数，常作为效度指标。根据多特征-多方法矩阵来判断某个测量是否具有构思效度，要考虑三个内容：一是效度系数是否显著；二是根据聚合效度和辨别效度的原理，效度系数应该大于其两侧同方法-异特征或者异方法-异特征三角中的相关系数；三是所有异特征三角中的相关系数模式相同。

本例中，不同方法测量成就动机的相关系数在0.58到0.62的范围内变化，表现出了聚合的倾向，这增加了我们测量“成就动机”这一构思的信心。在采用多特征-多方法矩阵时，通常会选择一些和要研究的构思关系不大的其他构思，这样同方法-异特征三角中的相关系数（辨别效度）会和异方法-同特征所得到的相关系数（聚合效度）有较大差异，也显示出我们所要测量的构思和其他构思不同并得以区分。同方法-异特征三角中的相关系数比异方法-异特征三角中的相关系数要大，这种情况往往被称为“方法偏差”（method bias）。当不同特征由同一种方法进行测量时，会由于“共同方法”（common method）而导致相关，从而比异方法-异特征的相关性要高。多特征-多方法矩阵可以让我们看到这种效应。

（3）用准则关联效度对构思效度进行估计

既然测验能够预测准则，那么准则的性质和种类也就可以作为测验所欲测量的构思的指标。

这种研究最主要是看测验分数能否把不同团体的人区分开来。例如，兴趣测验应该可以把不同兴趣爱好的人区分开来；反过来，也可以根据测验分数的分布组成不同的团体，然后指认出团体的特征，从而对这些构思作出定义。例如，巴伦（Barron）指出在自我强度量表（ego strength scale）上得最高分数的研究生被评为敏捷、具冒险性、有决心、独立、有主动性、坦率、坚持、可靠、富有智谋且具有责任感；得分低者则被评为依赖、女人气、有礼貌与温和。这些描述使得由测验所得的构思具有自己的特点，因此就定义了构思的性质。

（4）发展水平的变化

许多智力量表的效度验证都使用了智力的年龄差异这一特点。众所周知，儿童的智力是随年龄的增长而增长的，那么，智力测验分数也应该随着年龄的变化而变化，如果前后两次智力测验的分数不符合这一点，就可以认为这一测验不具有高的构思效度。

从上例可以发现，前后两次测验智力商数的变化，实际上是一个稳定性的问题，也就是说，稳定系数（即信度资料）也可作为效度的证据，这从另一个角度说明了效度、信度间的密切关系。

10.3.3　准则关联效度的估计

准则关联效度的估计主要可以通过效度系数等方法进行。

1）效度系数

效度系数是指测验分数和准则分数之间的相关系数。计算效度系数时，先要选择适当团体对之施行测验，获得测验分数，再收集这一团体的准则资料，最后求测验分数（预测分数）和准则分数之间的相关系数。常用的方法有：

（1）积矩相关系数

当预测分数和准则分数都是连续变量时，可采用积矩相关系数的计算方法来求得测验的效度系数。

当已有数据是有关测验的原始分数时，可以通过积矩相关系数的计算公式（10.9）和（10.10）来计算效度系数。

$$r_{XY} = \frac{\sum XY - \frac{\sum X \sum Y}{N}}{\sqrt{\sum X^2 - \frac{(\sum X)^2}{N}} \cdot \sqrt{\sum Y^2 - \frac{(\sum Y)^2}{N}}} \tag{10.9}$$

$$= \frac{\frac{\sum XY}{N} - \bar{X}\bar{Y}}{S_X S_Y} \tag{10.10}$$

式中：X是预测分；Y是准则分；N是被评估者总数；S_X，S_Y分别是X和Y变量的标准差。

［例1］假设有10名候选人经职业兴趣测验而选定推销员工作，其测验分数见表10-6第一行，而第二行是经过若干年后他们某段时间内的销售金额总量（以万元为单位）。请问该测验的预测效度如何？

表10-6　职业兴趣测验和销售金额资料表

	被试									
	1	2	3	4	5	6	7	8	9	10
职业兴趣测验X	30	34	32	47	20	24	27	25	22	16
销售金额Y	2.5	3.8	3.0	4.0	0.7	1.0	2.2	3.5	2.8	1.2

注：销售金额Y中数据以万元为单位。

把表10-6中的数据代入公式（10.9），可得：

$$r_{XY}=\frac{\sum XY-\frac{\sum X\sum Y}{N}}{\sqrt{\sum X^2-\frac{(\sum X)^2}{N}}\cdot\sqrt{\sum Y^2-\frac{(\sum Y)^2}{N}}}=\frac{697\ 100}{\sqrt{686.10}\times\sqrt{1\ 254\ 100\ 000}}=0.75$$

①利用离差计算效度系数。利用离差计算效度系数可以采用相关系数的计算公式（10.11）。

$$r_{XY}=\frac{\sum XY}{NS_XS_Y} \tag{10.11}$$

②利用Z分数计算效度系数。利用Z分数计算效度系数可以采用积矩相关系数的计算公式（10.12）。

$$r_{XY}=\frac{\sum Z_XZ_Y}{N} \tag{10.12}$$

式中：Z_X是每个被评估者在预测变量上的Z分数；Z_Y是每个被评估者在准则变量上的Z分数。

［例2］表10-7中资料表示一组人员在能力倾向测验（X）和数学成就测验准则（Y）上的分数。请估计该能力倾向测验的效度系数。

表10-7　**预测变量与准则变量数据资料**

	被试									
	1	2	3	4	5	6	7	8	9	10
能力倾向测验X	11	10	6	5	12	4	4	8	8	2
数学成就测验准则Y	8	6	2	1	5	1	4	6	5	2

用原始分数求相关系数，结果为r_{XY}=0.79。用其他三个公式计算的结果也都等于0.79。其实，这四个公式是等价的，公式（10.11）是相关系数的定义式，其他几个式子可以由它推导得出。当具体使用时，就看哪一个更方便。

（2）二列相关系数

计算效度系数还有一种方法是二列相关方法。当X与Y两个常态连续变量中有一个变量由于某些理由被人为地分为两个类别，如考试成绩的通过与失败、学校分为重点和非重点等，而另一变量为连续变量时，计算出的相关系数就叫二列相关系数。在效度系数的计算中，通常是把准则变量分为两类，而预测变量仍为连续变量。

二列相关系数的计算公式为：

$$r_b=\frac{\bar{X}_p-\bar{X}_q}{S_t}\times\frac{pq}{Y} \tag{10.13}$$

式中：r_b为二列相关系数；p为人为地分为两个类别（通过和失败）的变量中，“通过”一项所占的比率；q为1-p，“失败”一项所占的比率；$\bar{X}_p$为p部分的X数列平均值；$\bar{X}_q$为q部分的X数列平均值；S_t为全部连续变量X的标准差；Y为p的常态曲线下的纵轴高度。

［例3］如图10-4所示，如果以4分为界线，4分以上（含4分）为工作成功，4分以下为工作失败，这样就人为地把准则变量分为两个类别，预测变量仍是连续变量。用二列相关方法求效度系数，可得：

$$p=\frac{60}{100}=0.6 \qquad q=\frac{40}{100}=0.4$$

$$\overline{X_p}=\frac{1\times0+2\times1+3\times4+4\times7+5\times10+\cdots+10\times2}{60}=6.05$$

$$\overline{X_q}=\frac{1\times1+2\times2+3\times9+4\times10+\cdots+7\times1+8\times0+9\times0+10\times0}{40}=4.25$$

$$S_t=1.86 \qquad Y=0.3867$$

$$r=\frac{\overline{X_p}-\overline{X_q}}{S_t}\times\frac{pq}{Y}=0.60$$

工作成绩	1	2	3	4	5	6	7	8	9	10	
10										1	
9											
8							1		2		工作成功
7						5	1		2	1	
6			1		2	5	2	4	1		
5				2	6	3	3	2			
4		1	3	5	2	4	1				合格标准
3		1	4	6	9	2	1				
2			5	2	2	3					工作失败
1	1			2		1					
0		1									

测验分数

图10-4　能力倾向测验分数与工作成绩二元分布

本例中，用积矩相关的方法计算，结果为r=0.68，可以理解为二列相关中在准则上把被评估者看作两类，忽略了被评估者间的个别差异，必然降低相关系数的值。但是总体来说，两个相关系数间的差异并不是很大，二者都是正确的。关键要把握两种方法使用条件的不同。

2）组的分类

组的分类可以更直观地看到预测分数和准则分数之间的关系。如果根据被评估者在准则上的行为表现，将他们分为不同的组别，那么这些组在预测分数上也应该有显著性差异。如果这些显著性差异确实存在，那么说明这个预测的效度是较高的。

在图10-4中，被评估者在工作上被分为两组，4分（含4分）以上的为合格组，4分以下的为不合格组。如果说这两组在预测变量（能力倾向测验）上的得分差别显著，就说明这个预测变量能够把工作成功与工作失败区分开来，换句话说，也就是看合格组的被评估者是否比不合格组的被评估者的得分高，这实质上就是两个独立样组的差异显著性检验。

已知成功组和失败组的均数、标准差、样本规模，独立样组的t检验公式为：

$$t=\frac{\bar{X}_s-\bar{X}_a}{S_{\bar{X}_s-\bar{X}_a}} \qquad (10.14)$$

其中，$S_{\bar{X}_1-\bar{X}_2}=S\sqrt{\frac{1}{n_1}+\frac{1}{n_2}}=\sqrt{\frac{\sum x_1^2+\sum x_2^2}{n_1+n_2-2}\times\left(\frac{1}{n_1}+\frac{1}{n_2}\right)}$

$$=\sqrt{\frac{(n_1-1)S_1^2+(n_2-1)S_2^2}{n_1+n_2-2}\times\left(\frac{1}{n_1}+\frac{1}{n_2}\right)}$$

［例4］根据图10-4，可得到如下资料：

工作成功组：$\bar{X}_s=6.05$，$S_s^2=3.31$，$n_s=60$。

工作失败组：$\bar{X}_a=4.25$，$S_a^2=1.69$，$n_a=40$。

代入公式（10.14），可求得：

df=98时，$t=5.40>t_{.01}=2.626$

所以，两组分数有极其显著的差异，即该能力倾向测验确实可以预测工作上的成败。运用“组的分类”方法表示效度，要检验平均数之间的差异，就要用到均数之差的标准差，而均数的标准差为 $S_{\bar{X}}=\frac{S_X}{\sqrt{n}}$，因此它与样组容量的平方根成反比。均数之差的标准差也存在这种关系，那么，当样组规模n很大时，S_x保持不变，则n越大，均数之差的标准差越小，这样就使得t值增大，增加了拒绝虚无假设的机会，这就意味着作出“两组分数具有显著性差异”这一结论的可能性提高了。也就是说，组间平均数差异在统计上的显著性取决于团体的大小，当参加测验的人数增加了，平均数之间的差异即使比较小，但在统计上也将变得显著了。要避免这一缺点，可以求出这两个分布的重叠量。如果t检验没有显著性，就说明两个均数间无显著性差异；如果t检验有显著性差异，还必须求得两个分布的重叠量。重叠量用以下两个指标来表示：

第一，一组被评估者中得分超出另一组均数的人数与另一组被评估者中得分超出其均数的人数的比率。通常是以“失败”组超过“成功”组均数的人数来计算的。

在图10-4中，成功组均数为6.05，失败组得分超过成功组均数的人有7人，而成功组在均数以上的有38人，则失败组得分超过成功组均数的人的比率为$\frac{7}{38}$。比率越低，差异越大。

第二，两组分数分布共同区域的百分比。

从图10-4可以看出，这个百分比为86%。

可以想象，如果两组分数无差异，则它们的共同区域为100%。所以，共同区域的百分比越小，表明两组分数的差异越显著；共同区域的百分比越大，表明两组分数的差异越小。

因此，研究者在进行效度化过程中，应该把平均数、标准差、重叠量及统计上的显著性一起报告，以防止实际上并无差异，只是由于样组规模增大从而造成统计上的显著性提高。

组的分类虽然采用的是检验差异的做法，但其基本思想和本章前面介绍的预测效度的概念是一致的，它涵盖了所有候选人的信息。

3）元分析方法

元分析概念首先是Glass（1976）提出的，指大量单研究成果的整合统计分析。中国台湾地区的流行叫法是“荟萃分析”，这个翻译更加接近元分析的内涵，即从多个单研究中综合抽取其精华进行统计分析。元分析在管理学的应用起源于20世纪70年代学术界和实践界对人事测评工具或方法效度的质疑。在此之前，有一种较为流行的假设认为人事测评工具与预测指标，特别是工作绩效的效度在不同的岗位和工作情境下是不同的，这种假说是具体情境假说（situational specificity hypothesis）。但Schmidt&Hunter（1977）质疑了这种假说，认为人事测评工具与工作绩效的相关性不稳定是受到了抽样误差或测量误差等的影响，他们提出利用元分析技术综合各个单研究因随机样本抽样引起的统计误差而导致人事测评工具与工作绩效之间的相关性在不同岗位和工作情境下的差异，有利于得出人事测评工具的真实效度。1985年，Schmidt和他同事在其文章《Forty Questions about Validity Generalization and Meta-analysis》中回答了关于元分析、效度概化等关键性问题，其主要思想具体来说是：（1）单个样本由于受到样本规模或抽样方法等的影响，其得出的结论往往不具有普适性，比如智力测验对于创新型人才的工作绩效的预测结论不一定能推论到智力测验对于体育类人才的工作绩效的预测；（2）元分析技术能够整合多项相关研究的结论，扩大样本数，可以有效减少或排除单个研究存在的测量和抽样误差等，提高人事测评工具的效度。

进行人事测评工具效度检验的元分析步骤包括：（1）提出元分析检验问题，比如关注的是智力测验或大五人格对员工工作绩效的效度；（2）收集数据，涉及如何尽可能收集到已有的单研究；（3）数据筛选，涉及如何处理收集到的单样本中的数据；（4）数据分析，比如利用元分析如何得出人事测评方法与工作绩效的关系；（5）数据结果的报告和解读。

以探讨大五人格在中国情境下对工作绩效的预测效度研究为例。第一步，确定元分析检验的主题，即探讨大五人格在中国情境下对工作绩效的预测效度。第二步，收集大五人格与工作绩效的相关实证研究文献，可以采用多种收集方法，具体包括：寻找大五人格或工作绩效的文献综述；以大五人格测验、工作绩效为关键词搜寻中国知网、Google Scholar等常用中英文数据库的文献；对照已找到文章的参考文献，进行二次搜寻；搜寻重点期刊的文献；到相关的会议网站寻找文献；联系相关领域的作者咨询或索要未发表的相关文献。第三步，对数据进行筛选，具体包括：排除理论的、非实证的文献；排除未报告效应量（通常指相关系数）的文献；处理同一批数据重复使用的文献；对数据进行正确的编码，比如编码每个单研究的大五人格与工作绩效的相关系数、大五人格的信度指标、工作绩效的信度指标，还可以对研究的特征进行编码，比如每个单研究的研究时间、研究被试类型、研究的工作情境等；检验发表偏差。第四步，对数据进行分析，对大五人格与工作绩效相关性的元分析，可以遵循Hunter&Schmidt（1990）提出的方法，以样本量为加权值，对单研究的相关系数进行不可信校正，采用R-Fisher’Z-R计算元分析平均相关（meta-analystic mean coorelation），计算其95%的置信区间，对于研究特征的分析类似ANOVA分组比较。第五步，数据结果的解读和报告，首先看元分析平均相关系数是正数还是负数；其次看95%的置信区间是否包括0，如果不包括0，那么可以得出结论认为大五人格是正向（元分析平均相关系数是正数）预测或是负向预测员工的工作绩效，并且综合了众多单研究，可见这个效度是具有普遍性的。

利用元分析方法综合众多单研究的成果来检验人事测评方法或工具的有效性，已成为学术界和实践界的共识。

10.4 影响人事测评效度的因素

影响人事测评效度的因素主要可以从以下几个方面来看。

测评的内容、长度，测评项目的区分度、难度和测评的编排方式都会对测评效度产生影响。所以，在构成测评时，要谨慎选择测评材料和内容，并事先对其区分度和难度进行一定的了解，对测评项目作出合理安排以提高测评总的效度。

测评实施过程的质量对于测评效度来说也是非常关键的，测评程序设计、测评手册的配备和实施、场地的布置、时间的控制等都会影响测评的有效性。要适当控制测评的环境，并根据各个测评内容的指导语进行标准实施。

被评估人员的兴趣、动机、情绪、态度等心理状况和身体状况会影响被评估人员接受评估时的反应，从而影响结果的可靠性和有效性。

在实践中，我们往往采用准则关联效度作为效度依据，这样准则的选取就非常重要。要选择高信度并且确实和所要测量的特征相关的指标作为准则。同时，还要注意效度的针对性，特别是在效度的确定中，选取的样组必须是测评可以合理应用的样组，如大学入学考试应以报考大学者作为效度研究的样本组，组织人员选拔则以求职者作为效度研究的样本组。

10.5 效度系数的解释和应用

10.5.1 效度系数的解释

效度系数在人事测评中有较广的应用：一方面，它可以提供信息，帮助作出决策；另一方面，它可以帮助根据测评分数预测今后的绩效情况。

从理论上来说，效度系数的范围从0到1。但在现实情况中，大多数效度系数都比较小，即便是心理测验也是如此。国外研究发现，只有少数编制非常好的测评工具（如心理测验）的效度系数在0.5以上。自20世纪80年代以来，一些学者开始对现有的人事测评工具的预测效度进行元分析。表10-8是几种常见的能力倾向测验的平均准则关联效度。

表10-8　常用测验的平均准则关联效度

人事测评方法	以工作业绩为准则	以培训成绩为准则
一般智力测验	0.24	0.43
言语能力测验	0.19	0.39
数理能力测验	0.24	0.43
推理测验	0.21	0.22
知觉速度	0.22	0.22
空间-机械	0.14	0.21
文书能力倾向	0.25	0.38

资料来源　Schmidt，Hunter and Pearlman，1981.

从表10-8我们可以看出，以培训成绩为准则时，相对来说其效度要高于以工作业绩为准则的效度，尽管如此，总体的效度水平仍然比较低。

Schmidt和Hunter在1998年所作的元分析中，对更广泛的人事选拔手段的预测效度进行了研究。以一般认知能力测验为起始，首先考察了该种方法对综合工作业绩的预测效度，然后对其他方法的效度进行了考察，并考察了其他方法在一般认知能力测验基础上所带来的效度提高，见表10-9。表10-9中的测评方法，在本书中大多已经有所介绍，在此不再赘述。

从表10-9可以看到，一般认知能力测验相对来说是效度较高的测评方法，如果和诚实测验或者结构化面试的方法结合起来应用，将更有助于效度的提高。

在获得了效度系数的信息后，人们经常用决策系数（效度系数的平方）来表示在准则分数变异时，由预测分数（如测评结果或测验结果）引起的变差。从决策系数（效度系数的平方）角度来看，在决定员工绩效的变差中，只有7%可以认为是与上述这些测验的预测分数有关。不过，上述效度系数基本上采用的是同时效度，也就是说，可能存在着对效度系数的低估。另外，在现实中，我们不仅仅依赖于测验作出决策，这也是我们现在提倡多方法进行测评的原因。

由于准则关联效度是通过计算预测分数和准则分数之间的相关度得出的，可以形成回归方程，以候选人在测评中得到的结果来对其今后的工作业绩进行估计。

$$\hat{Y}=a+bx \tag{10.15}$$

但是，这种估计是有误差的。效度越高，则预测误差越小。预测误差和效度的关系用公式（10.16）表示。

$$Sest=S_y\sqrt{1-R_{xy}^2} \tag{10.16}$$

表10-9　以一般认知测验为对照的常用人事测评方法的效度和递增效度

人事测评方法	效度	R^2	递增效度
一般认知能力测验	0.51		
工作样本	0.54	0.63	0.12
诚实测验	0.41	0.65	0.14
责任意识	0.31	0.60	0.09
结构化面试	0.51	0.63	0.12
非结构化面试	0.38	0.55	0.04
工作知识测验	0.48	0.58	0.07
工作预试	0.44	0.58	0.07
同辈评价	0.49	0.58	0.07
背景调查	0.26	0.57	0.06
工作经验（年数）	0.18	0.54	0.03
个人传记资料	0.35	0.52	0.01
评价中心	0.37	0.53	0.02
接受教育时间	0.10	0.52	0.01
兴趣测验	0.10	0.52	0.01
笔迹测试	0.02	0.51	0
年龄	-0.01	0.51	0

资料来源　SCHMIDT，HUNTER.The validay and utility of selection methods in personnel psychology：practical and theoretical implications of 85 years of research findings［J］. Psychological Bulletin，1998，124（2）：265.

式中：Sest表示预测的标准差；S_y表示准则变量的标准差；R_{xy}^2 表示效度系数的平方。和信度一章中对真分数的估计一样，准则分数的实际值将随预测精确度的要求、预测误差而在某一范围内变化。

［例5］在［例2］中，我们可以根据能力倾向测验的分数来估计数学能力测验。如果某人能力倾向测验上的得分为15，可靠度要求为0.95，则其数学能力测验的实际分数可能为多少呢？

$S_x=3.33$，$S_y=2.4$，则 $b=R_{xy}S_y\div S_x=0.575$，$a=Y-bX=4-0.575\times7=-0.025$。

首先，我们根据回归方程预测到数学能力测验分数为 $Y=-0.025+0.575\times15=8.6$。

但是，由于预测误差的存在，实际分数可能的范围是（Y-1.96×Sest，Y+1.96×Sest）。

$Sest=2.4\times\sqrt{1-(0.79)^2}=1.47$，则实际分数的可能范围是（5.72，11.48）。

10.5.2　效度与人员选拔决策

经过效度化后的测评工具可以增强人员选拔的有效性。在人员选拔上，人们就可以根据测评结果来定出临界分数，挑选在此分数上的人员，则在准则上成功的概率就会提高。根据测评结果作出决策时，会出现四种结果，如图10-5所示。

实际绩效		拒绝	接受
	成功	错误拒绝（FN）	正确接受（TP）
	失败	正确拒绝（TN）	错误接受（FP）
		临界分数	

图10-5　根据测评结果作出决策的四种结果

在图10-5中，TP表示作出正确决策的部分，即在测评中表现好、在工作中绩效也好的那部分人员；FP表示在测评中表现好、但在工作中绩效不好的那部分人员；FN代表在测评中表现不好、但录用后在工作中绩效却好的那部分人员；TN代表在测评中表现不好、在工作中绩效也差的那部分人员。可以看到，图10-5中TP和TN部分是我们作出正确决策的部分，而另外两部分却是错误的判断。通常，我们用下列指标来表示所作出的人事决策的准确性。

取舍正确性=（TP+TN）÷（TP+FP+TN+FN）

录取正确率（正命中率或成功率）=TP÷（TP+TN）

录取率=（TP+FP）÷（TP+FP+TN+FN）

基础率=（TP+FN）÷（TP+FP+TN+FN）

借助于人事测评作出决策，关键问题是临界分数（录取分数线）该如何确定。临界分数的不同可能导致上述三个指标的变化。一般来说，临界分数高，则录取正确率高，但录取率低；如果录取率提高，则取舍正确性比率先增后减。这是因为当临界分数提高时，可能成功而被拒绝的人数增加了，这就导致正命中率提高但录取率降低；而当临界分数降低时，可能失败的人数增加了，录取率提高了，取舍正确性却可能下降，录取正确率也会下降。另外，人们发现不同的基础率也会影响决策的正确性。一般来说，基础率越高，意味着人们在未来工作中成功的可能性越高，这样对于正确选择就不是非常困难了。比如基础率为0.9，也就是说，10个人中9个人做这个工作都会成功，采用测评手段和随机手段选择就不会有太大的区别。不过太高的基础率有时也会导致错误的拒绝增加。比如这10个人来应征5个工作，这样我们不得不再拒绝一部分，而由于他们都有可能在今后的工作中成功，这样作出错误选择的可能性就增加了。当然在实践情况下，基础率不一定会有这么高，从另一个角度来说，在人事测评所应用的对象基础率较低的情况下，采用人事测评更会看到其价值。泰勒和拉塞尔早在20世纪40年代就开始对不同的基础率、录取率和效度之间的关系进行研究，提出了一系列表格来说明不同情况下的正命中率（见表10-10和表10-11）。

表10-10　　基础率为0.10时的泰勒-拉塞尔表

效度	录取率										
	0.05	0.10	0.20	0.30	0.40	0.50	0.60	0.70	0.80	0.90	0.95
0.10	0.14	0.13	0.13	0.12	0.12	0.11	0.11	0.11	0.11	0.10	0.10
0.25	0.22	0.19	0.17	0.16	0.14	0.13	0.13	0.12	0.11	0.11	0.10
0.50	0.39	0.32	0.26	0.22	0.19	0.17	0.15	0.13	0.12	0.11	0.11
0.75	0.64	0.51	0.37	0.29	0.23	0.19	0.16	0.14	0.12	0.11	0.11
0.95	0.95	0.78	0.49	0.33	0.25	0.20	0.17	0.14	0.12	0.11	0.11

表10-11　　基础率为0.5时的泰勒-拉塞尔表

效度	录取率										
	0.05	0.10	0.20	0.30	0.40	0.50	0.60	0.70	0.80	0.90	0.95
0.10	0.58	0.57	0.56	0.55	0.54	0.53	0.53	0.52	0.51	0.51	0.50
0.25	0.70	0.67	0.64	0.62	0.60	0.58	0.56	0.55	0.54	0.52	0.51
0.50	0.88	0.84	0.78	0.74	0.70	0.67	0.63	0.60	0.57	0.54	0.52
0.75	0.99	0.97	0.92	0.87	0.82	0.77	0.72	0.66	0.61	0.55	0.53
0.95	1.00	1.00	1.00	0.99	0.96	0.90	0.81	0.71	0.63	0.56	0.53

从表10-10和表10-11中我们可以清晰地看到，在不同的基础率和录取率下，效度的改善对于提高录取正确率的作用：在保持较低的录取率的情况下，采用效度高的评价工具将有助于提高录取正确率；而在录取率很高的情况下，这种改善是非常有限的。因此，在实践中，我们往往希望能够从一个比较大的候选人库中挑选出满足要求的人员。

10.5.3　效度和人事测评效用分析

效度和人事测评决策的关系在实践中引起了人们的广泛兴趣。泰勒和拉塞尔的工作使人们看到，在人员招聘中采用不同的方法（效度高低）的结果可能不同。人们进一步想知道采用测评后，假设其能够更有效地帮助选拔员工，那么这种改进到底带来了多大价值呢？内勒和塞恩在泰勒和拉塞尔的基础上对模型进行了一些修正，提出了内勒-塞恩模型。该模型假设效度和效用是线性关系，通过考察不同选拔方法的效度，来预测不同选拔方法对企业的效用。它比泰勒-拉塞尔模型的进步之处在于其可以做一些事前的估计，从而更好地为决策提供依据，同时它可以直接看到效度的改进对企业业绩改变的贡献度。但不足的是，它并没有让人们看到效度的改进带来的可以用货币单位表示的价值。在这些模型的基础上，布罗格登等人（1949，1965）提出了Brogden-Cronbach-Gleser模型（BCG模型）。该模型现在已经成为在人力资源管理中最为广泛应用的效用模型。

Brogden运用线性回归的规则来阐明选拔成本、效度和录用率之间的关系。其基本公式为：

$$U=(N)(T)(R_{xy})(Z_x)(Sdy)-C \tag{10.17}$$

式中：U为效用，即采用某种测量工具选拔员工比用随机方式挑选员工带来的用货币表示的收益；N为选拔的候选人数；T为被录用人员的平均服务年限；R_{xy}为某个指标测评的评分值（x）和以货币衡量的工作绩效（y）之间的相关系数（即准则关联效度）；Z_x为被录用人员在录用测验中的平均标准分；Sdy为以货币价值衡量的工作绩效或结果的标准差；C为选拔总成本。通过估算可以清楚地看到，如果我们改进人员选拔的方法，比如采用效度高的测评工具，可以为组织带来的收益。这中间比较难以估计的是用货币价值衡量的工作绩效的标准差，一些学者为此也进行了探讨。考虑到实际应用的可行性，可以采用Schmidt和Hunter（1982）推荐使用的40%原则方法。他们认为，可以用员工年平均工资的40%作为Sdy的估计值。它的假设是人们在绩效上的差异可以通过他们的工资来反映。Hunter还提出，随着工作复杂性增加，Sdy相应增加。多项研究显示，当工作复杂性由日常办事到中等复杂再到高等复杂变化时，Sdy则从平均工资的15%上升到25%甚至到46%。另外，研究还发现在有些岗位上，Sdy值特别大，比如人寿保险销售工作，其Sdy可以达到97%，而其他销售工作大约为39%。

本章小结

人事测评的效度就是所采用的测评工具对其所要测评的特性测量到什么程度的估计，效度是针对某种特定的测评目的而存在的，是一个关于程度的估计。

效度和信度之间存在着一定的关系：高信度是高效度的必要条件，而不是充分条件，信度系数的平方根是效度系数的最高限度。

效度有四种基本类型：内容效度、构思效度、预测效度和同时效度。内容效度是指测验的行为样组能代表所测量的特质的程度；构思效度是指测评工具能说明构思或特质的程度，或用某种构思或特质来解释测评分数的恰当程度；预测效度和同时效度属于准则关联效度，它们以测评分数和效度准则之间的相关系数来表示测评效度高低。

内容效度的估计可以通过对照内容范围、评分者信度、统计分析的方法来估计。

构思效度的估计主要包括测验内方法和测验间方法。测验内方法包括内容效度作为构思效度的指标、被评估者解答测题时的反应过程、测验的同质性、因素分析法等。测验间方法主要有相容效度、聚合效度和辨别效度等。

准则关联效度的估计主要可以通过效度系数、组的分类等方法进行。根据数据的不同类型，可分别采用皮尔逊积矩相关、二列相关或点二列相关等方法进行。

效度系数在人事测评中有较广的应用：一方面，它可以提供信息，帮助作出决策；另一方面，它可以帮助从测评分数预测今后的绩效情况。

不同基础率、录取率、效度和决策正确性之间存在一定的关系。

效用分析（如BCG模型）可以帮助分析人事测评方法上的改进给组织带来的经济上的收益。

人事测评效度受到测评构成、实施、测评被评估者、准则的选取等方面因素的影响。

关键概念

人事测评效度　内容效度　构思效度　预测效度　同时效度　准则关联效度　内容范围　范围限制　评分者信度　相容效度　聚合效度　辨别效度　基础率　录取率　录取正确率　预测误差　决定系数　效用分析　多特征-多方法矩阵

课堂讨论题

1. 如何理解信度和效度的关系？

2. 对效度的四种类型的观点进行讨论，提出自己的看法。

3. 经常采用的准则有哪些？试举例说明。

4. 观察表10-5的多特征-多方法矩阵，可以得到什么样的结论？

5. 和同学一起讨论表10-8的常用测验的平均准则关联效度，如何认识测验效度较低这一现状？

6. 哪些因素会影响人事决策的正确性？

复习思考题

1. 寻找有关资料，说明如何来评估大学英语四级、六级考试的效度。

2. 假设我们要对应聘人员的诚实水平进行测评，从效度的角度来看，应该怎样形成对其的测评工具呢？

3. 表1是一组人员在某能力倾向测验（X）和其工作业绩评估（Y）所得分数，请估计该能力倾向测验的效度系数（分数均以100分为满分）。

表1　能力倾向测验和工作业绩评估资料表

	人员									
	1	2	3	4	5	6	7	8	9	10
能力倾向测验X	90	80	82	85	75	70	89	92	78	67
工作业绩评估Y	80	63	78	87	77	65	87	88	67	60

4.上题中，如果某人在能力倾向上得分为86分，则其工作业绩分数为多少？如果可靠度为95%，请估计其实际工作业绩的可能情况。

5.基础率、录取率、效度和决策正确性之间的关系对实践中的人事测评有什么启发？

补充阅读材料

凌文铨，等．霍式中国职业兴趣量表构想效度的验证性因素分析（Ⅰ）：量表会聚效度和区分效度的验证性因素分析［J］．心理学报，1996（2）．

孙俊，王重鸣．“大五”个性因素模型在工作情景中的效度分析［J］．应用心理学，1998（2）．

苗丹民，等．MBTI人格类型量表的效标关联效度分析［J］．第四军医大学学报，2000，21（11）．

ARTHUR，WOEHR，MALDEGEN.Convergent and discriminant validity of assessment center dimensions：a conceptual and empirical re-examination of the assessment center construct-related validity paradox［J］．Journal of Management，2000，26（4）：813-835.

戴忠恒．心理与教育测量［M］．上海：华东师范大学出版社，1985.

桑代克，哈根．心理与教育的测量和评价［M］．叶佩华，等，译.北京：人民教育出版社，1985.

许建钺，赵世诚，杜智敏，等．简明国际教育百科全书·教育测量与评价［M］．北京：教育科学出版社，1992.

安娜斯塔西，厄比尔．心理测验［M］．缪小春，竺培梁，译．杭州：浙江教育出版社，2001.

CASCIO.Costing human resources：the financial impact of behavior in organizations［M］．3rd ed.Boston，MA：Kent，1991.

SCHMIDT，HUNTER，PEARLMAN.Assessing the economic impact of personnel programs on workforce productivity［J］．Personnel Psychology，1992，35：333-347.

http：//www.37c.com.cn/literature/analecta/data/zglcxlxzz/200002/016.html，该网页提供了一个职业兴趣调查表的结构效度研究．

http：//www.scdc.sh.cn/LD22.htm，该网页提供了工作能力指数表中文版的信度和效度的信息．

第 11 章 /人事测评报告

学习目标

1. 认识人事测评结果分析、内容分析和撰写报告的过程。
2. 了解人事测评结果的表示方法。
3. 学习测评数据处理的方法和分析的方法。
4. 掌握人事测评报告撰写的基本技术。

11.1 人事测评结果分析

11.1.1 人事测评结果的表示方法

人事测评的结果最终将转化为文字和数字信息，从而作为有关部门选拔、任用、考核、培训、晋升的依据。因此，如何科学、直观地表示人事测评的结果将直接关系到人力资源合理利用和科学决策。人事测评结果的表示方法主要有三种：文字表述法、表格表述法和图形表述法。

1）文字表述法

这是一种通过语言文字来表述人事测评结果的方法。文字表述是一种定性表述的方法，可以采用事实记录、面试、资料分析等手段，通过文字评语的方式给出结论。文字表述具有素材丰富、便于理解、生动鲜明等特点，但同时也受到表述者的文字功底、主观倾向，阅读者的理解偏差以及费时费力等因素影响。为了避免主观因素的影响并节省时间，一些测评机构采用“优”“良”“中”“可”“差”等标准化的评语使之客观化，并引入了计算机自动评价，虽然克服了部分文字表述的缺点，但仍然暴露出评语单调、评价粗犷、信息量不足等弱点。

2）表格表述法

这是一种通过数据统计表格来表述人事测评结果的方法。表格表述是一种定量表述的方法，突出了数据客观精确、简明扼要、便于归类、利于计算的特点，是目前人事测评中被广泛应用的有效表述手段。但是，数据表格的专业性，需要以一定的统计学知识作为背景，对阅读者提出了较高要求。

3）图形表述法

这是一种通过统计图形来表述人事测评结果的方法。图形表述也是一种定量的表述方法，它除了具有表格表述的客观精确、简明扼要的特点外，其数据直观性更强，也更形象化，更便于理解。比较常见的有柱形图、条形图、饼图、折线图等。一目了然的图形表述法在人事测评中应用十分普遍。

11.1.2　测评数据处理

1）测评指标的量化

人事测评从某种意义上理解，其实是把人的素质用数字来表示、比较、归类和筛选的过程。为了保证测评的客观性和可比性，人事测评将通过一系列测评手段和工具，获得一组代表人员素质的数据。例如，IBM公司的人事测评包括自我信心、写作沟通能力、行政管理能力、人际关系、个人精力、决策能力、压力的忍受性、计划和组织能力、说服能力、功能性、危险性、口头沟通能力12项指标，在人事测评结果中将被量化为一组12个数据。这时出现了一个十分重要的问题，就是如何来给12个指标分配权重。如果我们在每个测评指标上分配相等的权重，就是等额分配；如果我们在各个测评指标上分配不同的权重，就是不等额分配。显然，不同的员工在公司承担不同的职责，自然对其素质要求的侧重点也各不相同，如高层管理人员、中层管理人员、技术人员、工人对这12种素质的要求应该是不同的。因此，在测评时，不同的员工在各个指标上就会有不同的权重。

测评指标量化的关键一环就是加权分配。加权分配是指依据测评指标体系中各个部分相对于总体的重要性的不同而赋予相应的百分数，以区分测评指标在测评体系中的重要性的一种方法。例如，表11-1是空港边防检查员测评加权系数表，所列4类、20种要素的权重是不等额分配。

（1）确定加权系数的依据

确定加权系数主要有三个依据：按照个别测评指标在这个测评指标体系中的重要性来确定权重，即重要性越高，权重越大，而重要性越低，权重越小；按照测评目的不同来确定权重，即依据测评是旨在选拔、奖惩、培训还是晋升，依据测评的重点来赋予相应的权重；按照测评对象来确定权重，即区分测评对象的职责，区分对象是管理人员、技术人员、营销人员等来赋予相应的权重。

（2）加权系数的分类

加权系数可以根据评估者的不同，分成领导测评权数、同级测评权数、下级测评权数和自我测评权数。表11-1中就包含了3类测评权数，其权重也各有不同。由于测评来自不同层次、不同角度，能够更全面地反映人员素质，但同时也会掺杂人际关系和个人偏见，以及自我防卫等因素的影响。

（3）加权系数的确定方法

①经验加权法。根据相关企事业以往人事管理的经验和测评者的专业经验，权衡测评目的和各测评指标的重要性，直接赋予测评指标相应的权重。

②专家估计法。聘请一些专家，要求他们分别独立地对整个测评体系中的各个测评指标进行权重分配，然后对结果进行数据统计，剔除极端分值，取平均数作为

表11-1　　　　　　　　　空港边防检查员测评加权系数表

结构	素质15%				智力20%					能力30%									绩效35%	
序号	1	2	3	4	5	6	7	8	9	10	11	12	13	14	15	16	17	18	19	20
要素	民族自尊	执行党的外交路线	国法警纪观念	道德品质	外语水平	国际法	世界人文地理	世界政治经济概况	简明世界史	观察能力	辩别能力	处理涉外事件能力	交涉能力	表达能力	服务性	警容仪表	国际礼节礼貌	时间观念	工作效率	工作质量
领导测评	0.5	0.5	0.3	0.3						0.5	0.5	0.6	0.4	0.4	0.4	0.4	0.4	0.3	0.5	0.5
同级测评	0.3	0.3	0.5	0.5						0.3	0.3	0.2	0.4	0.4	0.4	0.4	0.4	0.5	0.3	0.3
本人测评	0.2	0.2	0.2	0.2						0.2	0.2	0.2	0.2	0.2	0.2	0.2	0.2	0.2	0.2	0.2
要素权重	0.04	0.04	0.04	0.03	0.10	0.05	0.02	0.02	0.01	0.03	0.03	0.07	0.03	0.03	0.05	0.02	0.02	0.02	0.10	0.20

资料来源　张品乾．企事业人员素质测评［M］．北京：北京科学技术出版社，1986.

权重系数。

③统计分析法。利用数据统计中的正态分布原理，分析各测评角度测评的标准差，根据标准差的大小来分配权重。标准差越小，表示测评的可信度越高，赋予较高权重；标准差较大，赋予较小权重。

④比较评分法。在同级测评指标中根据重要程度排序，以重要度最小的为基准，两两比较，得到相应的各测评指标的权重系数。

⑤德尔菲法。通过分发专家咨询表，要求每位专家独立地对测评指标进行排序，然后将专家的总体意见反馈给各位专家，再次要求专家进行排序，进而对各个测评指标赋予权重系数，如此反复进行多次，最后通过数据处理确定测评指标的权重。

2）测评数据的计算

测评数据的计算是对测评收集的数据进行整理和汇总，从而获得人员素质总体数量特征的活动。以下是几种常见的数据计算的方法。

（1）加法汇总法

加法汇总法是将被测者在各个测评指标上的得分直接累加，从而获得其综合素质总分的方法。其计算公式如下：

$$S = \sum X_i = X_1 + X_2 + \cdots + X_n \quad (11.1)$$

式中：S表示总分；X_i表示测评指标得分。加法汇总法是一种最简单的统计合成方法，它适用于各测评指标同质且数量级相近的数据。由于各个指标的相对重要性得不到充分体现，所以目前在实际应用时已经很少采用。

（2）算术平均法

算术平均法是求各测评指标得分的算术平均数的方法。当有多位专家参与测评时，对这些专家的测评结果进行汇总，最基本的方法就是求均值。其计算公式如下：

$$X = \sum X_i / n = 1/n(X_1 + X_2 + \cdots + X_n) \tag{11.2}$$

式中：X表示算术平均数；X_i表示专家个人评定值；n表示评定次数或评定人数。采用平均数进行数据处理的最大优点是可以抵消偶然误差对结果准确性的影响。

（3）加权求和法

加权求和法是将各测评指标的原始分值乘以相应的权重系数，然后累加的一种汇总方法。其计算公式如下：

$$S = \sum A_i X_i = A_1 X_1 + A_2 X_2 + \cdots + A_n X_n \tag{11.3}$$

式中：S表示综合加权总分；X_i表示测评指标得分；A_i表示权重系数。加权求和法是对加法汇总法的一种改进，它不仅综合了被测者在各项测评指标上的得分，而且体现了各指标的重要程度，因此使用起来更加合理。

（4）加权平均法

加权平均法是求几个权重系数不同的测评指标的平均值的方法，即将每个测评指标的得分乘以对应的权重系数，然后求和，再除以测评指标得分总和。其计算公式如下：

$$X = \sum A_i X_i / \sum X_i \tag{11.4}$$

式中：X表示加权平均数；A_i表示权重系数；X_i表示测评指标的得分。

（5）连乘综合法

连乘综合法是把各个测评指标的得分直接相乘得到一个总分的方法。其计算公式如下：

$$S = X_1 \cdot X_2 \cdot X_3 \cdot \cdots \cdot X_i \tag{11.5}$$

式中：S表示连乘综合总分；X_i表示测评指标得分。连乘综合法便于拉开总分差距，灵敏度很高，当然也容易在测评中产生晕轮效应。当各测评指标值很小时，总分也会很小。

3）测评数据的转换

测评结果的转换就是运用测量学的手段对原始得分进行调整，形成各种转换分数，提高不同单位和数量级的分数的可比性。常见的转换分数主要有：名次，Z分数，T分数，百分位数和其他标准分数。

（1）名次

名次是对原始分数的最简单的转换方式之一。根据大小将总分排序，然后由小到大赋值。这种方法的优点是简单直观；其缺点是可能会掩盖一些有用信息，如前后相邻两名之间的总分可能差距很大或很小，在名次上却反映不出这些信息。

（2）Z分数

Z分数是一种标准分数，当假定原始分数的总体呈正态分布时，原始分数可以转化成Z分数。其计算公式如下：

$$Z=\frac{(X-\bar{X})}{S}$$

式中：X表示原始分数；$\bar{X}$表示原始分数的算术平均数；S表示原始分数的标准差。$S=\sqrt{\frac{\sum(X-\bar{X})^2}{N}}$，其中N为原始分数的个数。与原始分数相比，Z分数的意义简单明了。Z分数的分布区间在-3到3之间，当Z在0左右时，即为中等；当Z大于2.5时，即为优秀；当Z小于-2.5时，即为很差。但是，由于Z分数带有负数，使用起来会不方便，因此可以进一步转化为T分数。

（3）T分数

T分数也是一种标准分数，它可以通过公式T=10Z+50，经过四舍五入，把Z分数转化成不包含负数的标准分数。T分数的最大值是80，最小值是20。显然，T分数不仅具有Z分数的优点，而且经过转换克服了Z分数有负数、小数点、数值太小的缺陷。

（4）百分位数

百分位数是最常见的一种标准分数，它不仅可以表示被测者素质的名次，而且可以确定被测者素质的优秀程度。其计算公式如下：

$$P_R=100-(100R-50)\div n$$

式中：P_R表示百分位数；R表示对应于原始分数的名次；n表示被测者总数。百分位数的优点是意义明确、可比性强，所以被广泛采用。

（5）其他标准分数

其他标准分数还有标准九、C量表分数、斯坦分数等，在此就不一一列举了。

11.1.3 测评内容分析

在人事测评中，如果我们仅仅得到一个测评分数，是很难进行选拔、任用、考核、培训、晋升等决策的，必须将测评分数放在被测评者总体中，与其他被测评者比较，才能发现测评分数的意义。因此，测评内容分析就显得更加重要。

1）整体分布分析

主要通过编制频数分布表、累积频数分布表、累积百分比分布表的形式来分析测评结果的整体分布状况。借助这些手段可以了解数据的最大值、最小值、全距等信息，还可以通过作图来进一步了解分布的偏态和峰态，如采用次数分布多边图等更加直观地反映被测评者的整体分布状况。

2）总体水平分析

主要通过算术平均数、众数、中位数、加权平均数等代表测评数据的典型水平或者集中趋势的量来分析测评结果的总体水平。

3）差异分析

主要通过两极差、平均差、方差、标准差、差异系数来分析不同被测评者之间的个体差异。

11.2　测评报告

人事测评报告的撰写是人事测评的最后一环，也是最重要的一环，因为人事测评的精巧设计、专业测评、精确分析、严谨建议都将通过人事测评报告来展示。人事测评报告分为个人报告和总体报告两种。

11.2.1　个人报告

一份好的人事测评个人报告要体现结构性、逻辑性、详尽性、客观性四大特点，以便让委托方能充分理解和明白，同时严谨规范的人事测评报告也是展示测评机构实力、树立专业形象的手段。

1）结构性

一份良好的人事测评个人报告首先需要有一个规范严谨的结构，这个结构往往通过一定的格式来体现，完整的人事测评个人报告一般包括8项内容。

（1）测评归类信息

测评归类信息主要包括测评编号、委托单位、测评机构名称、测评日期等。测评报告需要建立归类系统，以便于查找、复核、咨询，因此每份测评报告首先应该有一个类别号和序列共同构成测评编号。注明委托单位和测评日期也是方便查阅的一种有效方式。注明测评机构名称，既代表对测评报告负责，同时也是宣传机构本身提升机构在客户心中形象的方式，有利于扩大测评机构的影响。

（2）被测评者信息

被测评者信息包括姓名、性别、出生年月、教育程度、婚姻状况、职业、职位、特长、爱好等个人资料，既是被测评者个人特征的反映，也是对测评结果真实性的印证资料，可以根据测评目的进行取舍。

（3）测评项目

测评项目是测评的核心内容之一，一般根据测评对象和目的的不同，设置相应的测评项目组合以及先后顺序，要按照测评的真实情况依照顺序严格填写。

（4）测评结果

测评结果一般包括被测评者的总体概况和各个测评项目的结果图表。除总体概况是用文字描述以外，其他都是以图表形式反映，通常标明“见另附结果图表”，根据测评的顺序将结果图表一一呈现，以便于对照、复核和验证。这是测评报告中的客观数据资料部分。

（5）结果分析

结果分析是对各个测评项目的书面解释，按照测评项目排列顺序，逐条揭示测验分数和各个维度的分值所代表的含义，并作出必要的文字阐述。在这个过程中，尤其要注意解释的准确和适度，既要避免对数字信息的含义揭示不足，又要避免过度解释，对数字信息作主观臆断的引申。

（6）总评

总评是一个测评报告中最体现功力的部分。在总评中，报告撰写者要综合考虑测评的目的和测评对象在各个测评项目中的表现，评价被测评者的优点、缺点和适合的发展方向。测评者要据此提出中肯而明确的建议。例如，某公司要招聘销售部经理，测评报告要对候选人的情况明确指出是否适合这个职位，有哪些优点适合、有哪些缺点不适合，是个性不适合、还是技能不适合，是否需要进行培训等，并在候选人中重点推荐最适合的人选。

（7）复核意见

复核意见一栏由专家在仔细检查整个报告，确认准确无误后填写，主要是针对报告撰写人的工作进行评价。

（8）责任人信息

最后，在测评报告结尾注明报告撰写人和复核专家的姓名和日期，以及联系咨询的方式，以便于委托方在对报告中有不明白的地方时，可以进行咨询和确认。

2）逻辑性

任何一份人事测评报告都有内在的逻辑性，这个逻辑体现了测评机构对测评目的的理解程度和操作理念，以及测评机构的专业水平。例如，某企业要招聘管理人员，测评机构根据测评的相关理论和经验，认为管理人员的素质测评应该包括生理素质、知识素质、心理素质三个方面，其中心理素质的测评可以包括智能测评、管理能力测评、创造力测评、职业兴趣测评、人格品质测评、自我实现需要和成就动机测评，操作中分别可以采用韦克斯勒智力量表、公文筐测试和无领导小组讨论、吉尔福特创造力测验量表、霍兰德职业偏好量表、16人格因素测验和职业适应性测试。从中我们不难发现测评逻辑和操作理念。应该认识到，人事测评绝不是测验的简单堆砌，而是要根据测评目的来进行有效评估的一组手段，其逻辑性通过测评指标的可操作性、测评工具和结果的有效性来体现。

3）详尽性

人事测评报告应该具有一定的详细程度，以便于查阅者找到与评语相应的事实依据。这主要是指在人事测评的结果和结果分析部分，应该给人资料翔实的感觉。下面是一份管理人员人格测验的结果报告：

管理人员人格测验

该应试者正性情绪明显，对生活乐观，对竞争和压力有一定的心理适应性，能保持平和稳定的心态；自信心较强，相信自己的能力；自控性较强，能较好地处理自己在他人面前的印象；有很高的成就动机，希望能作出卓越成就，对职业的专注程度较高，积极进取，不断提高对自我的要求；有很强的责任心，办事认真、审慎，对有组织性和原则性的事务管理能力较强，善于处理琐碎繁杂的事务或关系，能够做到有条不紊地、细致地安排，适合从事需要耐心和审慎的工作；广纳性较强，有较强的开创精神，容易接受新事物，有一定创造能力，可以从事需要发挥个人自主性的工作，如研究工作、设计策划、编辑工作等。

附：管理人员人格测验测量结果（见表11-2和图11-1）。

姓名：××× 性别：男 年龄：27 测验日期：××××年5月12日

表11-2 **人格维量所得标准分及高低分区域**

人格维量	标准分	高分区域	低分区域
正性情绪	85.50	*	
负性情绪	13.00		*
广纳性	88.20	*	
乐群性	76.10		
责任心	96.10	*	
内控性	55.60		
自控性	80.40	*	
自信心	89.30	*	
A型人格	59.40		
成就动机	98.10	*	
权力动机	36.50		
面子倾向	30.00		

注：没有标出高低分区域的，属于中等得分。

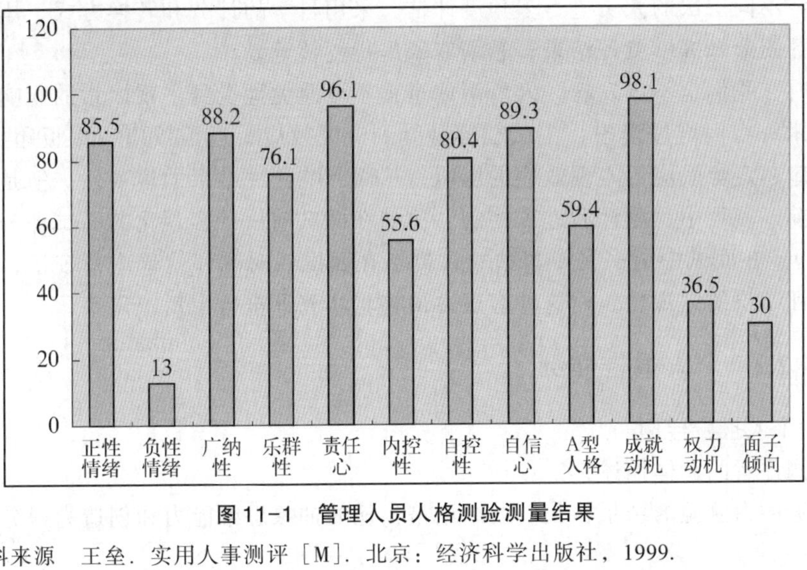

图11-1 管理人员人格测验测量结果

资料来源 王垒. 实用人事测评［M］. 北京：经济科学出版社，1999.

从这则样例我们可以发现，测评结果既有包含文字资料的评语，又有包含数字资料的表格和图形，全面地反映了被测评者与管理绩效有关的12个人格特征，描绘了被测评者在行为风格、思维和处事方式方面的特点，预测了他的组织管理潜力，并对其适合的发展方向提出了建议。这些描绘和建议以图表的数字信息为事实依据，显示出以事实说话的翔实特点。

又如，在个人报告样例中，在评估被测评者的业务能力方面也体现了翔实的特点。报告首先提供了测评的方式——“在业务能力的评估练习中，被测评者需要面对一位发怒的顾客，并且应对他的抱怨”；测评结果先是总体描述“被测评者的经商感觉低于平均水平”，然后具体阐述“在这个过程中，他的人际影响能力不错。他口齿相当清楚，在说话时能很好地保持与顾客的目光接触，并且强调了顾客的重要性。但是，他喜欢对顾客强加自己的观点，而不是主动耐心地倾听他们的意见。基于这一点，我们认为他的倾听技巧不足以适应销售工作”，“被测评者的业务能力没有在练习中表现出来。在处理发货延迟和运输延迟的问题时，尽管他表达了愿意解决顾客抱怨的愿望，但是他质疑顾客提供的数据，打断顾客的话，甚至与顾客发生争执。他在交谈过程中没有提任何问题，也没有进一步来征询信息，而是直奔主题”，“他没有能收拢话题，也没有与顾客约定下次会晤的问题，没有能表现出对事件的管理控制能力”。在评语中，既肯定了被测评者优点的一面，又指出了他的不足之处，而且以测评对象的具体表现为事实依据，言之成理。

4）客观性

人事测评报告的客观性是测评的生命力所在，在人事测评中人们力图使整个测评过程和最终的测评报告客观、科学。这种努力，我们可以从测评中采用的测量工具、测评的程序、测评的方式、测评结果的显示以及测评结果的解释等方面找到证据，比如采用标准化的心理测验、遵循规范的测评程序、依照内在逻辑完成测评组合、邀请不同层次的人员进行多角度评估、采用科学的计分和转换方式、用数据表格和统计图形来揭示测评结果、邀请专家进行复核等。

同时，我们也不难发现，人事测评过程不可避免地受到主观因素的影响，比如面试技术。在面试过程中，主试很容易受到首因效应、近因效应、刻板印象效应、晕轮效应、定势效应等心理效应的影响，从而影响测评结果的客观性。但是，如果在测评前、测评中、测评后进行控制，比如在面试前设计客观化的面试评分表（见表11-3）、在面试中请多名专家独立评价、在面试后对测评结果进行校正，就能够保证测评结果的客观性，而这种客观性最终将从测评报告中反映出来。

11.2.2 个人报告样例

1）个人报告样例一

被测评者的总体描述：

根据能力测验的结果，我们的结论是：他的抽象思维能力和创造力得分略高于平均水平。

表11-3　　　　　　　　××公司面试评分表

序号		姓名		性别		年龄		文化程度		应聘岗位	

面试要素		举止仪表	相关经验与知识	应变能力	进取心	计划组织能力	人际交往能力	思维能力	语言表达
权重		5	10	10	10	15	10	20	20
观察要点		仪表举止，形象气质	经验丰富，掌握工作技巧	对事物的变化反应迅速，遇事沉着	有上进心，有明确的发展目标	计划组织周密、有条理	具有人际交往的意识与技巧	思维活跃、富有创造性，具有一定的广度和深度	语言表达准确、流畅，逻辑严密
评分标准	优	4~5	9~10	9~10	9~10	11~15	9~10	16~20	16~20
	良	3	6~8	6~8	6~8	7~10	6~8	11~15	11~15
	可	2	3~5	3~5	3~5	3~6	3~5	6~10	6~10
	差	0~1	0~2	0~2	0~2	0~2	0~2	0~5	0~5
考官评语		考官签字： 年　月　日							

他在接受能力和思维速度上得到高分，表示他能迅速理解新问题和接受新事物。

他的管理能力受到质疑，虽然他做事迅速，但是准确率很低。

测评结果：

（1）智力

总体智力水平　6

抽象推理　5

接受能力　7

（2）其他能力

管理效率

速度　9

准确率　1

（3）经由评估的能力

倾听技巧　2

坚持性　6

管理控制　2

言语沟通　6

业务能力	3
谈判能力	5
（4）行为特征	
影响力特征	
权威性	8
能承受压力	5
控制冲动	3
决策能力	6
人际关系	
团队导向	4
同情心	2
社交性	4
忠诚度	3
主动性	6

结果分析：

基于心理测验、结构式面谈和评价中心技术（经商练习）的结果，关于被测评者的人格我们得出如下结论：

（1）被测评者在比利时居住过2年，在欧洲公司有过很好的工作经验。他应聘A公司是因为该公司是一家荷兰著名的银行企业，而他正好曾经在银行业有过工作经验，他目前是AIA的经理助理，他认为没有机会发挥他的语言能力，但他不是十分清楚A公司的哪个职位适合他。根据这些信息，我们认为被测评者并没有做好适应新工作的准备。

（2）在面试过程中，我们发现被测评者是一个聪明而富有创造力的人。他相当自信，同时也乐于接受各种挑战。在与他人接触中，他需要花时间来建立对他人的信任。他在情绪上独立而且自我肯定。

（3）在小组活动中，他喜欢充当领导者。他是一个支配者，并试图获得别人的信任。他试图通过推销自己的观点而不是积极地倾听来影响他人。他可能会忽视别人的感受和缺乏同情心。他在领导团队时是一个任务导向者，当他一旦作出决策后喜欢别人跟从。

（4）在工作中，被测评者是一个很有规划能力的人，尽管他可能不太注重细节。他喜欢独立工作，并且能够达成自己的目标。他不能很好地遵守规则和坚守约定，这暗示了他对企业的忠诚度低。

（5）在谈判中，他是一个具有灵活性和能迅速适应变化环境的人。他是一个富有创造性的人，喜欢寻找新途径来解决问题。

（6）当作出决定后，他是一个立即行动者，而不是一个深思熟虑者。他很容易作决定，而且喜欢独立作决定。

（7）他不善于控制情绪，很容易表露情绪，而且有点过于直白。

在业务能力的评估练习中，被测评者需要面对一位发怒的顾客，并且应对他的抱怨。在这项测验中我们发现：

(1) 被测评者的经商感觉低于平均水平。

(2) 在这个过程中，他的人际影响能力不错。他口齿相当清楚，在说话时能很好地保持与顾客的目光接触，并且强调了顾客的重要性。但是，他喜欢对顾客强加自己的观点，而不是主动耐心地倾听他们的意见。基于这一点，我们认为他的倾听技巧不足以适应销售工作。

(3) 被测评者的业务能力没有在练习中表现出来。在处理发货延迟和运输延迟的问题时，尽管他表达了愿意解决顾客抱怨的愿望，但是他质疑顾客提供的数据，打断顾客的话，甚至与顾客发生争执。他在交谈过程中没有提任何问题，也没有进一步征询信息，而是直奔主题。

(4) 他没有能收拢话题，也没有与顾客约定下次会晤的问题，没有能表现出对事件的管理控制能力。

(5) 因此，我们认为他在这个情景中没有表现出经商的感觉。

总论：

(1) 被测评者为A公司工作的动机不够强烈。

(2) 他的强项是智力、自信心、独立性和创造力。

(3) 他的弱项是缺乏倾听技巧、同情心和情绪控制力，此外他还缺乏团队合作倾向，对细节不够关注。

(4) 心理测验和评估也显示出其业务能力属于平均水平。

我们的结论是：被测评者不适合销售岗位，如果他被录用为销售经理，需要培训倾听技巧和团队合作能力。

2) 个人报告样例二

编号：S108

姓名：×××

性别：女

年龄：28

测验项目：

公文筐测验

无领导小组讨论

16PF人格测验

管理人员人格测验

测评结果：

结果分析：

(1) 公文筐测验

①工作条理性

工作比较没有条理，很少能从纷繁的事务中理出头绪，尚能够对事物进行简单分类，没有按照事务的轻重缓急来安排工作的理念。

②计划能力

分析能力较强，能提出有效的处理意见，做事不大注重策略，随意性较强。对工作的处理比较合理，但规划性不强。

③预测能力

比较有远见，能从不同的资料中获取信息，通常能看到环境中各种相关因素的影响，并能在足够的深度上获取解决问题的思路，预测能力较强，并能提出有针对性的实施方案。

④决策能力

决策能力较强，能发现解决问题的多种方法。对各种行动的结果有清醒的认识，并能有效地进行评估。

⑤沟通能力

在书面表达方面，语言比较流畅，谈问题有针对性，能够提供有力的证据，逻辑性、严密性一般，对于熟悉的领域有全盘考虑的理念。

公文筐测验的结果如图 11-2 所示。

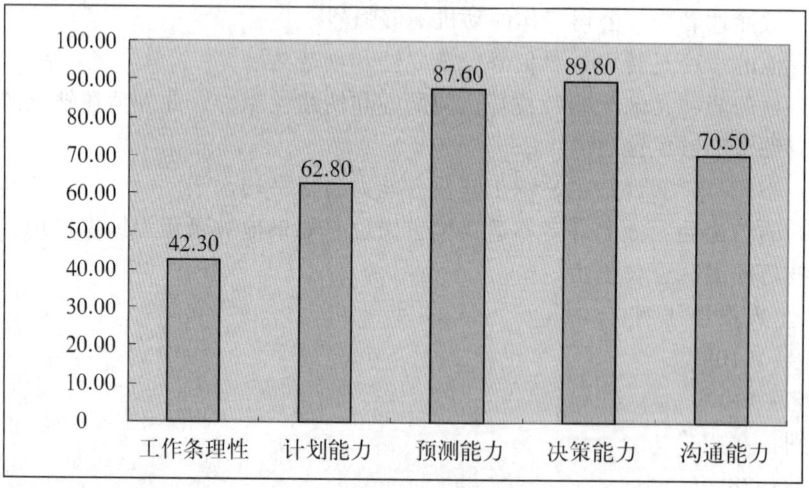

图 11-2 公文筐测验结果图

（2）无领导小组讨论

领导组织意识不强，但能够较好地影响和带动他人，不太注意营造团队合作气氛。

对问题的思考和分析能力强，具有良好的洞察力，能够深入敏锐地把握问题的关键，并作出合理的反应。

在人际沟通方面，缺乏成熟度，但具有良好的沟通潜质，倾听技巧和沟通效果良好。

团队意识差，行为自由散漫，合作性不强，无法有效地成为团队成员。

无领导小组讨论的结果如图 11-3 所示。

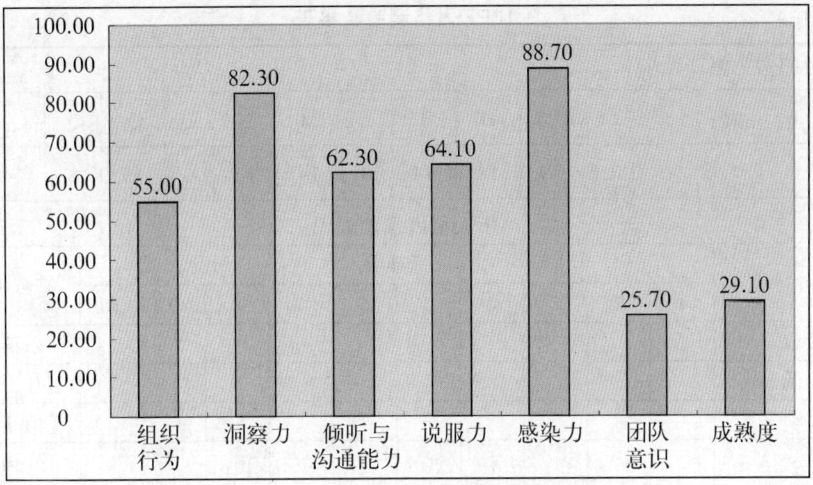

图11-3　无领导小组讨论结果图

（3）16PF人格测验

性格活泼开朗，待人热忱友善，属于外向型。为人处事直爽、自然，不会刻意揣摩和计算利弊得失。对于自己无把握的事显得优柔寡断，容易随群附众，缺乏主见，但在自己所熟悉的领域则十分自信，坚持己见。决策不果断，缺乏闯劲，对目标的专注程度和责任心有待提高。

心理健康状况良好，对竞争和压力有一定的心理适应性，能保持平和稳定的心态。在新环境中的成长能力较低，在新环境中需要注意加强应变的灵活性，注意观察和分析新旧角色之间的差别，应根据环境变化和角色要求的不同及时调整自己的情绪状态和立场观点，尽快进入新角色。

有一定的创造能力，可以从事需要发挥个人自主性的工作，比如研究、设计、策划等工作。事务管理能力一般，不善于处理琐碎繁杂的事务或关系，难于做有条不紊的、细致的安排，适合从事能够发挥个人才华的自主性较强的工作。不苛求作出卓越的成就，对职业的专注程度不够，容易满足，应该培养进取、负责精神，不断提高对自我的要求。

16PF人格测验的结果见表11-4。

（4）管理人员人格测验（略）

（5）综合评价

能力素质良好，尤其是洞察力、预测能力和决策力突出。心理健康，乐观向上，人际沟通能力良好。成就动机不强烈，工作条理性和计划能力差，团队意识淡薄，成熟度低。适合从事独立性强的研究工作和设计策划工作，不适合从事销售管理工作。如果要从事销售管理工作，需要加强团队合作意识、进取心和负责精神方面的培训。

表11-4　　　　　　　　　16PF人格测验结果表

关于人格的初步测评结果

A	B	C	E	F	G	H	I	L	M	N	Q	Q_1	Q_2	Q_3	Q4
16	11	17	16	21	9	18	14	8	14	12	6	15	8	7	8

16人格因素剖面图

低分者特征	标准分										高分者特征
	1	2	3	4	5	6	7	8	9	10	
1.缄默孤独								*			乐群外向
2.智力较低								*			智力较高
3.情绪激动						*					情绪稳定
4.谦虚顺从										*	好强固执
5.严肃谨慎								*			轻松兴奋
6.权宜敷衍				*							有恒负责
7.畏缩退却				*							冒险敢为
8.注重实际							*				感情用事
9.信赖随和					*						怀疑刚愎
10.合乎实际										*	富于幻想
11.坦率天真									*		精明世故
12.安详沉着								*			忧虑抑郁
13.保守传统							*				自由激进
14.依赖附和								*			当机立断
15.矛盾冲突	*										自律严谨
16.心气平和					*						紧张困扰

注：*的位置表明所得标准分数

双重个性因素估算

适应-焦虑型［1~10］：7

内向-外向型［1~10］：10

感情用事-安详机警型［1~10］：5

怯懦-果断型［1~10］：6

注：方括号内左右两端的值为上下限。低分者为维量最左端特征，高分者为维量最右端特征。

16种个性因素测验应用估算

情绪心理状态健康者的人格因素　［1~5.5……………………10］：7.750

专注职业而有成就者的个性因素　［1~5.5（6.7）……………10］：4.800

富于发明创造能力者的人格因素　［1…………………………10］：5.330

在新环境中有成长者的人格因素　［1~5.5（6.7）……………10］：3.500

事务管理能力较强者的人格因素　［1…………………………10］：4.167

注：方括号内左右两端的值为上下限，中间为平均分，圆括号内为临界值。得分越高越好

复核意见：

同意以上陈述。

报告撰写人：　　　　　　　　　　　报告复核人：

日期：　　　　　　　　　　　　　　日期：

11.2.3　总体报告

如果一个企业有大量员工参加了某一项人事测评，就需要对这个企业提交一份总体报告。总体报告一般以心理测验为主要测量工具，评价测评对象的知识水平、工作绩效、性格特征、行为方式等特质，以作为企业内部人员选拔、进修培训、任用配置的参考依据。

总体报告的格式主要包括需求分析、测评设计、测评手段、总体特点、团体测评结果、结果分析、讨论和专家建议八个部分。

例如，某个测评机构曾经为某地纺织科学研究院作一个旨在选拔和培养学科带头人的人事测评。整个测评过程经历如下步骤，就可以根据这些步骤进行最后的报告。

（1）测评机构首先要对委托单位的背景进行研究，以保证测评的成功。

（2）针对测评目的进行需求分析，根据委托单位的特点、测评对象的特点、以往学科带头人的测评实践，认为学科带头人的主要特征是科研成绩显著，创造能力强，有一定的组织指挥能力。

（3）测评者根据需求分析的结果以及跟委托方沟通的结果，建立了一个包括科研实绩、知识结构、外语水平、创新能力、操作能力、管理能力、心理健康和智力水平八项测评指标的基本模型。

（4）通过定性和定量相结合的原则，选择吉尔福特创造性思维量表，来测评科技创新能力；编制计算机知识和操作问卷，来测量科技操作能力；编制科技英语量表，来测量外语水平；编制科技人员业务考绩量表，来测评科技人员的知识结构、业务水平、素质和实绩；编制一套模拟科技管理情景的待处理文件，来测量科技管理能力；选择心理健康量表，来测评科技人员的进取心等心理品质；选择瑞文智力量表，来测量观察能力、思维能力等智力品质。

（5）最后得到测评结果（见表11-5、图11-4）。

（6）分析与讨论（略）。

（7）专家建议：分别对综合素质较高的16名青年科技人员作出推荐和介绍，建议提拔、培训等；根据年龄结构对老、中、青科技人才分别实行管理和培养；科技人才苗子的主要特征是创意思维能力强，有一定的科研潜力和较强的意志；科技人员分为创造型、开发型等类型，使用时要扬长避短。

总体报告一般首先要从统计角度描述测评对象全体的分数分布特点、分数离散程度以及样本特征；然后分析不同部门、不同职责人员之间的素质差异，为企业合理配置人力资源提供可靠的数据结果；其次根据测评数据结果和事实进行分析、解

表 11-5　××纺织科学研究院三个专业学术梯队测评结果

测评项目 / 专业类别		智力测验	创造力测验	英语测验	计算机测验	科技管理测验	定量考核						
							协作精神	献身精神	竞争性	知识面	专业知识	操作能力	工作成果
无纺	平均值	3.89	17.90	44.00	2.56	3.50	90.60	88.60	87.90	86.00	86.20	88.90	84.40
	标准差	1.36	6.97	17.00	1.34	0.53	4.40	2.99	4.79	4.92	4.69	4.78	5.08
染整	平均值	4.53	19.00	66.33	2.18	3.25	90.88	89.41	86.87	87.18	86.69	87.76	82.59
	标准差	1.18	10.35	12.10	1.13	0.45	3.59	43.60	4.87	3.57	3.84	5.09	4.08
自动化	平均值	4.62	20.82	46.10	3.88	3.35	89.06	86.47	86.59	87.00	87.04	87.12	82.06
	标准差	0.65	9.30	21.62	1.03	0.66	3.67	2.74	3.76	4.57	4.45	3.89	4.38
总和	平均值	4.23	19.49	54.03	2.70	3.25	90.11	88.11	86.84	86.61	86.61	87.75	82.90
	标准差	1.17	9.25	19.71	1.36	0.55	3.32	3.37	3.71	4.58	4.20	4.56	4.41

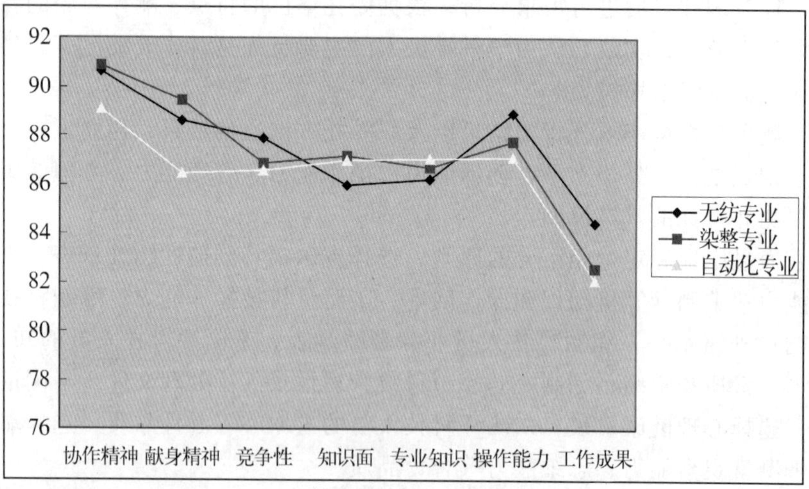

图 11-4　××纺织科学研究院三个专业定量测评结果

释，采用文字描述将抽象的数据信息转化为形象的文字资料；最后由专家结合企业的特点、测评的重点、测评对象的特点展开讨论，提出咨询建议。

一份内容翔实、结构严谨、数据充分、建议合理的总体报告将对企业人力资源的优化配置、科学使用、及时激励、加强培训、有效管理提供科学的依据。

11.2.4　测评总结

测评总结在整个测评报告中起着画龙点睛的作用。在进行总结前，报告撰写者必须通读所有测评数据结果，进行深入分析和综合，对测评模型和测评对象的特征有总体认识，针对测评目的和测评对象作概括性的总体描述和评价，对测评对象在各项测评指标上表现出来的优点和缺点作一矢中的的揭示，对测评对象的发展方向和管理策略提出专家建议。

测评总结的难度是显而易见的，因此对测评人员提出了较高的要求。为了保证测评总结的权威性，测评人员不仅要具有专业的知识和经验，而且要在总结过程中注意避免以下几方面的问题，以保证测评结果公正、科学、客观、有效。

（1）避免首因效应和近因效应。由于人事测评过程是一个系列测评过程，测评对象在测评开始的表现和在测评结束前的表现，会在测评者知觉中留下比较深刻的印象，从而影响测评者对其他测评项目的评价。在进行测评总结时，要注意避免测评项目顺序位置对评价的影响。

（2）避免晕轮效应。在人事测评中，有些测评对象会表现出突出的特点，这种特点可能是优点，也可能是缺点，由于这种特点异常突出，给测评者留下极其深刻的印象，从而波及和影响测评者对测评对象其他特点的评价，导致以偏概全、出现评价过低和过高的现象，使测评结果偏离客观事实。

（3）避免定势效应。由于测评者本身具有个人固有的经验背景、行为方式和价值观念，造成在评价时存在一定的心理定势，有时会不自觉地根据自己的好恶来作出评价，偏离中立、客观、公正的立场。

（4）避免趋中趋势和极端趋势。测评者在评价中采取极端化的评价，出现普遍高分和普遍低分，以及集中于中间分数，导致评价之间缺乏离散性和区分度的情况，都会影响测评结果的有效性。

（5）避免解释不足和解释过度。测评总结中所揭示的信息是依据各种测评工具和测评技术得出的结果，是以数据和基本事实为依据的。测评者如果没有充分解释数据和事实的内容，会导致信息损失，造成解释不足的状况。另外，测评者如果根据自己的主观臆断、猜测作出评价，而不是根据客观依据，又会造成解释过度的状况。

（6）避免宽容倾向和严厉倾向。测评者在测评总结时，受自己的情绪影响，采用过分宽容或者过分严厉的评价，造成评价标准的主观随意性，会影响结果的客观公正性。

测评报告需要经过人事测评专家的复核，复核的目的主要是保证测评报告的权威性，保证测评结果公正、科学、客观、有效，确认整个报告体现结构性、逻辑性、翔实性、客观性。复核的要点有：

①总体评价是否全面；

②报告内容有否遗漏；

③报告格式是否正确；

④测评结果是否真实有效；

⑤测评结果有无前后矛盾之处；

⑥解释是否合理适度；

⑦评价是否依据所有事实。

如果有需要，也可以组成专家小组来完成测评总结和对测评报告的复核。

本章小结

人事测评结果分析包括人事测评结果的表示方法、测评数据处理和测评内容分析三个部分。

人事测评结果的表示方法包括文字表述法、表格表述法和图形表述法。测评数据处理包括测评指标的量化、测评数据的计算和测评数据的转换。其中，测评指标的量化主要是指测评指标的加权分配；测评数据的计算包括加法汇总、算术平均、加权求和、加权平均、连乘综合等方法；测评数据的转换主要有名次、Z分数、T分数、百分位数和其他标准分数。测评内容分析包括整体分布分析、总体水平分析和差异分析。

人事测评报告有个人报告和总体报告两种。个人报告的格式包括测评归类信息、被测评者信息、测评项目、测评结果、结果分析、总评、复核意见、责任人信息八个部分。总体报告主要包括需求分析、测评设计、测评手段、总体特点、团体测评结果、结果分析、讨论和专家建议八个部分。测评总结主要是对测评对象在各项测评指标上表现出来的优点和暴露出来的缺点进行揭示，并对测评对象的发展方向和管理策略提出专家建议。

关键概念

文字表述法　表格表述法　图形表述法　加权分配　加法汇总法　算术平均法　加权求和法　加权平均法　连乘综合法　Z分数　T分数　百分位数

课堂讨论题

1.人事测评结果的三种表述方法各有哪些优缺点？

2.为什么要对测评指标分配权重系数？

3.试比较百分位数和Z分数的优缺点。

4.测评内容分析可以从哪些方面入手？

5.如果要为某企业招聘销售经理，你准备如何进行人事测评？怎样撰写测评报告？

6.在撰写总评时如何避免各类问题？

复习思考题

1.人事测评结果的表示方法有哪些？

2.确定加权系数的方法有哪些？如何运用？

3.测评数据的计算方法有哪些？分别有什么特点？

4.常见的转化分数有哪些？分别如何转换？

5.人事测评的个人报告应该包括哪些内容?

6.测评总结时要注意哪些问题?

补充阅读材料

陆红军．各类人员测评实例［M］．北京：中国展望出版社，1986.

萧鸣政．人员测评的理论与方法［M］．北京：中国劳动出版社，1997.

萧鸣政．现代人员素质测评［M］．北京：北京语言学院出版社，1995.

王垒，等．实用人事测量［M］．北京：经济科学出版社，1999.

况志华，张洪卫．人员素质测评技术［M］．上海：上海交通大学出版社，2001.

罗冠生．人力资源开发与管理［M］．上海：上海大学出版社，1999.

第12章 /人事测评实践应用

学习目标

1.了解人事测评在实践中的具体应用。
2.了解计算机在人事测评中的应用。
3.掌握应用信息技术进行人事测评。

12.1 人事测评应用实例

12.1.1 基于胜任力的测评评价指标体系的建立

我们讨论了以胜任力为基础建立测评评价指标，下面以笔者在VH公司所做的中层经理人员胜任力模型说明基于胜任力的测评评价指标体系的建立。

VH股份有限公司成立于1984年5月，以房地产为核心业务，是中国首批公开上市的企业之一，也是目前中国最大的专业住宅开发企业。几年前，基于公司做国内房地产界持续领跑者的长远发展要求，公司人力资源部计划建立一套围绕VH的文化和组织特点的VH公司管理人员胜任力模型。希望通过这一胜任力模型，产生使一个人在工作上获得杰出绩效的一些基本特质和行为特点，包括外显可见的，以及内在隐藏的态度、动机等。根据这一模型，VH公司可以提高招聘、选拔的甄选成功率，帮助职员更加明确自己的发展方向。

为了顺利进行这项工作，VH公司和上海交通大学的教授组成了项目组。项目组进行了如下工作：第一阶段的访谈主要了解VH的企业文化、管理理念和高中层人员对于中层经理人员胜任力的看法，并由此形成了初步的问卷；在第二阶段对500多名各级员工进行问卷调查，形成了中层经理人员胜任力的初步模型，并在此基础上形成并完善VH中层经理人员的评估问卷和第三阶段的报告，如图12-1所示。

本项目中形成的经理人员胜任力模型虽然也考虑到了专业领域的不同，但更加着重于职业经理人所需要的普遍胜任力。因为多数研究和实践认为，在各个职能领域中出色地完成工作任务的经理人员有更多相似的胜任力特点，项目组把它们称为“关键胜任力”，并将其定义为：“VH中层经理人员出色完成工作任务所必需的关键

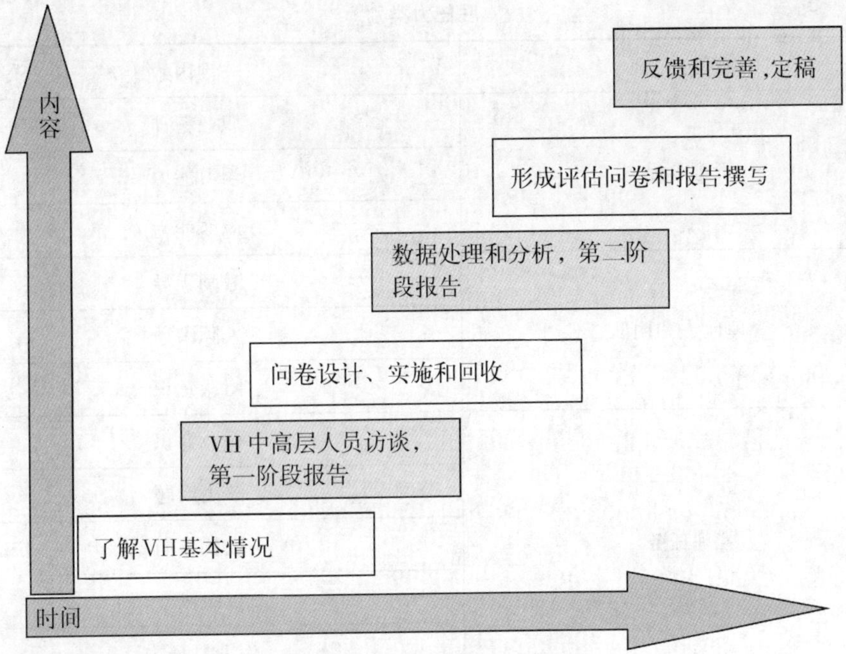

图 12-1　项目组进度示意图

能力特点和行为方式”。经过对VH各层人员的访谈和问卷调查，项目组得到了有关在VH胜任中层经理职位所需要的能力和特点的许多资料。结果显示，VH对于中层经理人员有一定的独特要求，但也有不少内容和其他组织中或“最佳实践”所强调的经理人员胜任力是一致的。在此基础上，项目组对VH中层经理人员胜任力从三个模块，即管理自己、管理他人和团队及管理任务来界定，每个方面又由一些主要胜任力因素来构成。这个结构模型出于对VH组织结构特点和任务要求的考虑，对员工授权较多，每个工作岗位的划分又不会规范过细，比较强调员工的主动性和任务结果的达成。在胜任力的行为描述方面，第二阶段问卷调查集中征询的是从访谈中得到的有关VH经理人员胜任工作所需要的特性，并以此确定主要的胜任力维度。在最后形成的模型中，项目组从VH发展的角度出发，加入了一些行为描述。本项目最后形成的胜任力模型包含了两部分内容：一部分如前所言是针对所有VH中层管理人员的普遍模型；另一部分是考虑到部门之间的差异，由“管理任务”中的专业胜任力来体现，作为VH经理人员胜任力的基本要求。胜任力类别见表12-1。

该模型在问卷调查的基础上得到了验证和进一步改进。在后期工作中，对每一指标都形成了一些关键行为描述。试用后，得到了良好效果。根据胜任力模型挑选人员时，可采用下面的程序进行：

1）基于胜任力模型的招聘选拔的基本流程（如图12-2所示）

2）招聘设计举例

招聘需要：分公司人力资源经理

招聘岗位要求：

表12-1　　胜任力类别

胜任力类别	关键因素
管理自己	职业精神
	学习能力
	应变能力
管理他人和团队	激励领导
	人际沟通
	团队意识
管理任务	企业意识
	解决问题
	成就导向
	组织执行
	专业胜任力

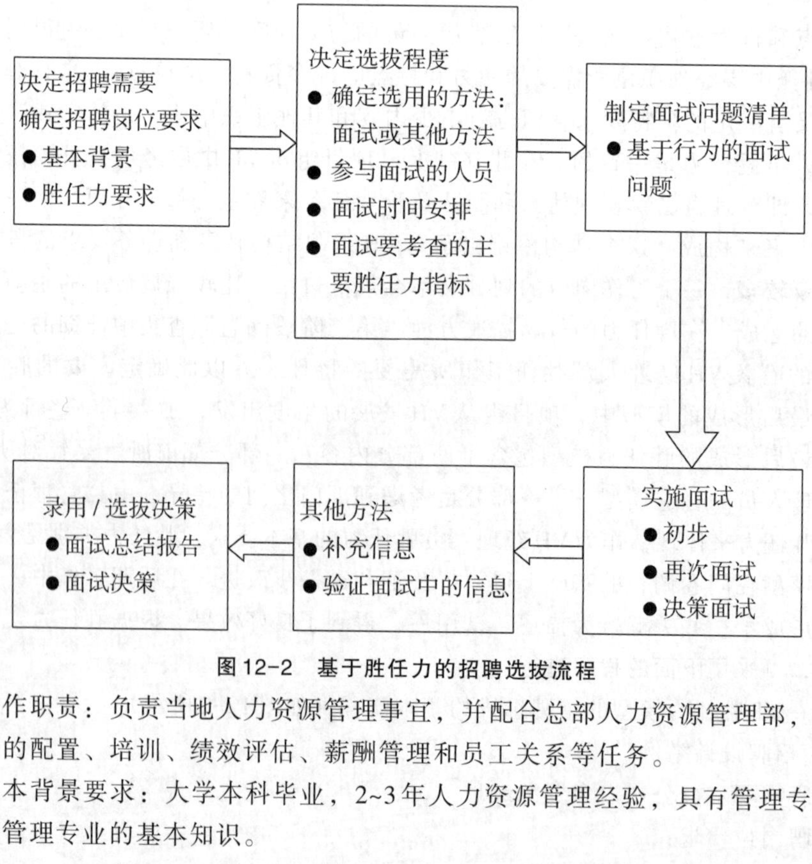

图12-2　基于胜任力的招聘选拔流程

工作职责：负责当地人力资源管理事宜，并配合总部人力资源管理部，完成人力资源的配置、培训、绩效评估、薪酬管理和员工关系等任务。

基本背景要求：大学本科毕业，2~3年人力资源管理经验，具有管理专业或人力资源管理专业的基本知识。

VH公司胜任力要求见表12-2。

表12-2 VH公司胜任力要求

胜任力类别	关键因素	重要性程度	表现内容
管理自己	职业精神	很重要	责任心+主动性+持续改进+诚信
	学习能力	重要	学习意愿+主动学习（内部、外部）
	应变能力	重要	适应工作+适应压力+文化和挑战适应(外派)
管理他人和团队	激励领导	很重要	榜样作用+下属绩效管理+授权发展下属
	人际沟通	很重要	表达能力+演讲能力+通过言语影响他人能力+人际关系建立能力
	团队意识	很重要	团队成员+团队领导
管理任务	企业意识	重要	客户导向+商业意识+前瞻性
	解决问题	很重要	分析问题+提出可能性+创新性解决问题能力
	成就导向	重要	目标导向+一定风险性的目标+创新完成目标
	组织执行	重要	工作布置+时间管理
	专业胜任力	重要	专业知识+专业技能

3）面试问题举例

职业精神：

（1）介绍一下您目前所从事的工作。您在该工作中承担什么样的职责？您觉得在过去的工作中您取得的最大的成绩是什么？

（2）举例说明在您完成自己的工作职责后，通常会继续做些什么？您这样做，产生了什么样的后果？

（3）在过去的工作中，您有没有采取过一些措施来改进自己的工作？

（4）能否举例说明您主动发现问题而不是坐等问题出现？（您是怎么做的？取得了哪些结果？）

（5）有时我们确实意识到问题的存在，但也知道如果主动做额外的工作未必有好的结果，这样往往会放弃。您有没有碰到过这样的情况？

（6）有时和我们一起共事的同事并不一定非常诚实。您有没有接触过这样的情况？您是如何处理的呢？

（7）朋友请您帮忙，您知道这样做可能会违背公司的规则，但又觉得很难对朋友说“不”。您碰到过类似的事件吗？

（8）在过去的工作中，您有没有遇到过类似的情况：其他部门或上级部门向您了解另外一个同事的工作表现。您一般是怎么说的呢？

面试中的问题多用STAR类问题，以了解候选人的行为表现，从而对其胜任力进行评价。评价时可采用表12-3进行记录。

表12-3 经理人员面试（胜任力）评价表

关键胜任力指标	考察内容	问题	评价和记录		
			事例	具体行为表现	结果
职业精神	责任心	1			
	主动性	4,5			
	持续改进	2,3			
	诚信	7,8			

12.1.2 SGM公司的人员招聘

1995年10月，世界第一大汽车公司通用汽车公司成为上海汽车工业总公司的合作伙伴。通用汽车不是最早进入中国的汽车公司，也不是唯一一家落户中国的著名汽车制造公司，它的一些竞争对手，如福特、克莱斯勒和丰田等也早已开始和中国的一些公司进行合作，德国的大众汽车公司早在20世纪80年代就已进入中国，上海大众桑塔纳早已成为家喻户晓的名字，另外一些汽车制造商，如韩国的大宇，日本的尼桑、铃木、富士、三菱，意大利的菲亚特和保时捷等也都把目标瞄准了中国。尽管如此，通用汽车公司却以16亿美元的投资额成为迄今为止中美最大的合资企业，也是中国最大的合资企业之一。SGM的目标是成为世界一流的现代化制造企业，一流的企业就需要一流的员工队伍，因此建设这样一支员工队伍是中美合作双方都非常关心的问题。

SGM的发展远景和目标定位注定了其对员工素质的高要求。SGM不仅要求不同岗位的员工具备优良的生产技能和管理能力，而且还要具备出众的自我激励、自我学习能力、适应能力、沟通能力和团队合作精神。要在短短的一年时间里，客观公正地挑选和录用优秀的员工来配置给各个岗位，对SGM来说，确实是一个不小的挑战。

中美合作双方对吸引并保持一套优秀员工的聘用政策是一致的：一是建立严格规范的评估录用程序；二是强化综合培训。这样，录用前的评估和录用后的培训成为“人才工程”中的两个重要环节。SGM人力资源部门为此进行了一系列准备工作，其人员招聘选拔成为人事测评中的一个范例。

1）“以人为本”的公开招聘策略

第一，根据公司发展的战略和宗旨，确立把传递“以人为本”的理念作为招聘的指导思想。SGM在招聘员工的过程中，在坚持双向选择的前提下，还特别注意应聘者和公司双向需求的吻合。应聘者必须认同公司的宗旨和五项核心价值观，即以客户为中心、安全、团队合作、诚信正直、不断改进与创新。同时，公司也充分考虑应聘者自我发展与自我实现的高层次价值实现的需求，尽量为员工的发展提供良好的机会和条件。

第二，根据公司的发展计划和生产建设进度，制订拉动式招聘员工计划，从公司组织结构、各部门岗位的实际需求出发，分层次、有步骤地实施招聘。1997年7月至1998年6月分两步实施对车间高级管理人员、部门经理、骨干工程师、行政部门管理人员和各专业工程师、工段长的第一层次的招聘计划；1998年年底至1999年10月分两步实施对班组长、一班制操作工人和维修工、工程师的第二层次的招聘计划；二班制和三班制生产人员的招聘工作与拉动式生产计划同步进行。

第三，根据“一流企业，需要一流员工队伍”的公司发展目标，确立面向全国广泛选拔人才的员工招聘方针。根据岗位的层次和性质，有针对性地选择不同新闻媒体发布招聘信息，采取以媒介和人才市场为主的自行招聘与委托招募相结合的方式。

第四，为确保招聘工作的信度和效度，建立人员评估中心，确立规范化、程序化、科学化的人员评估原则。出资几十万元聘请国外知名的咨询公司对评估人员进行培训，借鉴美国GM公司及公司已有的“精益生产”样板模式，设计出具有SGM特点的“人员评估方案”，明确各类岗位对人员素质的要求。

第五，建立人才信息库，统一设计岗位描述表、应聘登记表、人员评估表、员工预算计划表及目标跟踪管理表等。

两年来，公司先后收到50 000多封应聘者的来信，最多一天曾收到700多封信，收发室只能用箩筐收集。这些信来自全国各地，有的还是来自澳洲和欧洲等国家的外籍人士。为了准确及时处理这些信件，SGM建立了人才信息系统，并开通了应聘查询热线。成千上万的应聘者，成筐的应聘者来信，这些都是对SGM人员招聘策略成功与否的最好检验。

2）严格规范的评估录用程序

1998年2月7日到上海科学会堂参加SGM招聘专场的人士无不感慨，“上海通用招聘人才门槛高！”那天，凡是进入会场的应聘者必须在大厅接受12名评估员岗位最低要求的应聘资格初筛，合格者才能进入二楼的面试台，由用人部门同应聘者进行初次双向见面，若有意向，再由人力资源部安排专门的评估时间。在进入科学会堂的2 800名应聘者中，经初步面试合格后进入评估的仅有百余人，最后正式录用的只有几十人。

这是SGM招聘工作流程中最重要的一个环节，也是SGM招聘选择员工方式的一大特点。公司为了确保自己能招聘选拔到适应一流企业、一流产品需要的高素质员工，借鉴通用公司位于东德和美国一些工厂的人员评估中心招聘员工的经验，结合中国的文化和人事政策，建立了专门的人员评估中心，作为人力资源部的重要组织机构之一。整个评估中心设有接待室、面试室、情景模拟室、信息处理室，中心人员也都接受过专门培训，评估中心的建立确保了录用工作的客观公正性。

SGM的整个评估活动完全按标准化、程序化的模式进行。凡被录用者，需经填表、筛选、笔试、目标面试、情景模拟、专业面试、体检、背景调查和审批录用九个程序和环节。每个程序和环节都有标准化的运作规范和科学化的选拔方法。笔试主要测试应聘者的专业知识、相关知识、特殊能力和倾向。目标面试则由受过国际专业咨询机构培训的评估人员与应聘者进行面对面的问答式讨论，验证其登记表中已有的信息，并进一步获取信息，其中专业面试则由用人部门完成。情景模拟是根据应聘者可能担任的职务，编制一套与该职务实际情况相仿的测试项目，将被测试者安排在模拟的、逼真的工作环境中，要求被测试者处理可能出现的各种问题，用多种方法来测试其心理素质、潜在能力的一系列方法。例如，通过无领导的两小组合作完成练习，观察应聘管理岗位的应聘者的领导能力、领导欲望、组织能力、主动性、说服能力、口头表达能力、自信程度、沟通能力、人际交往能力等。SGM还把情景模拟推广到对技术工人的选拔上，如通过齿轮的装配练习评估应聘者的动作灵巧性、质量意识、操作条理性及行为习惯。在实际操作过程中，观察应聘者的各种行为能力，孰优孰劣，泾渭分明。

SGM的人员甄选模式，特别是其理论依据与一般的面试以及包括智商、能力、人格、性格在内的心理测验相比，更注重以下两个关系的比较与权衡：

（1）个性品质与工作技能的关系。公司认为高素质的员工必须具备优秀的个性品质与良好的工作技能。前者是经过长期教育、环境熏陶和遗传因素影响的结果，它包含了一个人的学习能力、行为习惯、适应性、工作主动性等；后者是通过职业培训、经验积累而获得的，如专项工作技能、管理能力、沟通能力等，两者互为因果。但相对而言，工作能力较容易培训，而个性品质则难以培训。因此，在甄选录用员工时，既要看其工作能力，更要关注其个性品质。

（2）过去经历与将来发展的关系。无数事实证明，一个人在以往经历中，如何对待成功与失败的态度和行为，对其将来的成就具有或正或负的影响。因此，分析其过去经历中所表现出的行为，能够预测和判断其未来的发展。

SGM正是依据上述两个简明实用的理论、经验和岗位要求，选择科学的评估方法，确定评估的主要行为指标，来取舍应聘者的。如在一次员工招聘中，有一位应聘者已进入第八道程序，经背景调查却发现其隐瞒了过去曾在学校因打架而受处分的事实，当对其进行再次询问时，他仍对此事加以隐瞒。对此公司认为，虽然人的一生难免有过失，但隐瞒过错却属于个人品质问题，个人品质问题会影响其今后的发展，最后经大家共同讨论一致决定对其不予录用。

为了招聘一个段长，人力资源部的招聘人员在查阅了上海市人才服务中心的所有人才信息后，发现符合该职位要求的具有初步资格的应聘者只有6人，经评估，遗憾的是一个人都不合格。对此，中外双方部门经理肯定地说："对这一岗位决不放宽录用要求，宁可暂时空缺，也不要让不合适的人占据"。评估中心曾对1997年10月至1998年4月这段时间内录用的200名员工随机抽样调查了其中的75名员工，将其招聘评估的结果与半年的绩效评估结果作了一个比较分析，发现当时的评估结果与现实考核结果基本一致，两次结果一致性达84%左右，这证明人员评估中心的评估有着较高的信度和效度。SGM的一套做法，特别是其评估中心正在上海汽车工业总公司内加以推广。

12.1.3　无锡泽根弹簧有限公司总经理竞聘答辩会

2002年春节前，无锡油泵油嘴研究所在无锡市人民大会堂举行了一场别开生面的无锡泽根弹簧有限公司总经理竞聘答辩会，最终由无锡油泵油嘴研究所产品开发室副主任、高级工程师张健“夺标”。广大职工和业内人士盛赞这次竞聘活动搞得好，竞出了应聘者的能力和水平，竞出了广大职工的心声。

无锡泽根弹簧有限公司是无锡油泵油嘴研究所控股的一家中日合资企业。为面对进入WTO后纷繁复杂的世界经济和严峻的挑战，无锡油泵油嘴研究所结合年终的干部考核，对无锡泽根弹簧有限公司进行了一次干部人事制度的大胆尝试——在更大范围内公开招聘总经理。除了召开职工大会，进行公司领导述职、民主评议等一般考核程序外，还聘请了上海交通大学人力资源管理专家石金涛教授、颜世富博士以及无锡市科委主任等专家和知名人士，担任竞聘答辩的考官，全权委托他们进行总经理的竞聘工作。

无锡油泵油嘴研究所所长兼无锡泽根弹簧有限公司董事长朱剑明说，让专家们去评判，更能体现考核测评的科学性、公正性和公平性。在整个竞聘活动中，职工积极参与，踊跃报名应聘，通过筛选有7名应聘者参加最后的竞聘答辩，其中有2名博士、2名硕士、3名本科学历。在召开竞聘答辩会前，考官们对公司的现状和应聘者的基本情况进行了调研考察，用国际上先进的对企业老总的测评办法对7位应聘者进行了心理素质测试，以此作为选人的基本条件。进行公开面试时，竞聘答辩采用了演讲与半结构化集体面试相结合的方式，着眼于选拔解决无锡泽根弹簧有限公司实际问题的人才，专家们拟出了能反映应聘者实际工作能力以及发展潜力的题目，保证应聘者之间有较高的区分度，使测评结果具有可比性。

在面试中，教授们设计了行为型面试题（如“请讲出你在最近的工作中最成功的一件事。你是如何实现工作目标的？这件事对你有什么影响？”）、分析型面试题（如“有人主张国有企业的出路是出售产权，‘国退民进’，你认为这种看法对于国有企业的发展有何影响？”）、情景型面试题（如“由于一些原因，公司的人员流动较大，影响了产品质量的稳定性，你能够采取哪些措施来改善公司的人员流动情况，提高产品的质量？”）等对候选人进行选拔。最后，根据面试、答辩和集体面试的结果选出了新的总经理。

张健在如此人才济济的激烈竞争中脱颖而出，他在竞聘演讲时的开场第一句是：“我犹如一根绷紧的弹簧，正想把自己的潜能释放出来”，并许下诺言：“如达不到自己所承诺的经济目标就拿无锡市最低生活费”。上任半个多月，他全身心地扑在工作上，企业的精神面貌大为改观，各项管理日益规范，生产销售出现了很好的发展势头。张健试用3个月之后，由董事会根据公司章程实行聘用。

12.1.4 长城须崎铸造有限公司的“量化”评价与考核

宁夏长城须崎公司的前身（长城机床铸造厂）是1966年为当地两个机床厂配套的“三线”建设厂。建厂二十余载，累计亏损3 300万元，是国家政策性亏损企业。1994年，与日本须崎铸工所合资（中方股份75%，日方股份25%）成立了长城须崎铸造有限公司。从此，企业发展进入了一个崭新阶段。合资以来，克服了亚洲金融危机的严重影响（特别是1998年和1999年），主要经济技术指标以平均大于25%的速度增长，累计实现利润5 200万元，创汇5 600多万美元。在全国机械行业特别是机床行业不景气的情况下，已成为宁夏的创汇、利税大户，连续四年成为同行业中产量最高、质量最好、创汇最多、效益最好、出口销售占80%以上的外向型企业，其产品销往日本、美国、韩国、意大利、新加坡等国家。

1994年以来，主要的经济效益指标如销售利润率、资产利润率、工业成本费用利润率、全员劳动生产率，都高于机械行业和机床工具行业平均水平。1998年，人均利润额10 708.81元，全员劳动生产率31 356元，是行业平均水平的2倍。在总结公司所取得的成绩时，公司认为和在公司中推行的绩效评估是分不开的。公司在进行绩效评估时，主要采取了以下一些做法：

1）内容具体——“量化”

评价考核体系的核心内容是“量化”，即对员工表现和部门工作可以通过测量用数学关系确定，从而对员工和部门精确定位，通过具体的奖惩制度推动进步。

公司对人员进行分类，将员工分为技术工人、工程技术人员、管理人员三类，并根据种类的不同设置相应的评价项目，共分工作态度、工作技能、工作数量、工作质量、创造性与主动性、协调与组织能力、培训、年终总结、厂规厂纪9个大项30个小项，建立规范的“CSMF员工日常表现评分表”，对每个小项给出杰出、优秀、很好、中、差五档的不同对应分值和权重。评价由人事保卫部负责，各部门设立评分小组，针对评价项目制定具体的评分细则，每月对每位员工评价出具体的分数。在评价中，实行“三公开”原则，即公开评价办法、公开评分细则、公开每月分数。人事保卫部每月对评分结果审核，并对各部门的评价过程进行抽查。

季度评价主要针对工程技术人员，项目主要有设计任务、过程控制、工作效果、自身素质提高4个大项10个小项。每季度由所在部门评价，过程同日常表现评分。

年终评价分为四类人员：一般管理人员、技术工人（日常表现评价分+经核定的自我总结分）；工程技术人员（日常表现评价分+经核定的自我总结分+专家评价分+培训评价分）；科长（日常表现评价分+经核定的自我总结分+专家评价分+培训评价分+《管理手册》评价分）；中层管理者（专家评价分+培训评价分+《管理手册》评价分+领导评价分+单位工作绩效年终评价分）。

评价的主要方法是由人事保卫部负责组织有关部门及人员对公司所属各单位整体工作绩效、《管理手册》实施情况，以及每一位中层管理者、科长、工程技术人员进行专家评价打分（建立“中层管理者、科长、技术人员年度评价表”）和年度培训综合评价考核，组织对每一位中层管理者进行领导评价打分，并对以上评价结果按同岗位（或相似岗位）类比法排定等级，按各占5%~10%、10%~15%、50%、20%~25%、5%~10%的原则比例对全体员工作出最终评价，分出优秀、良好、中、可、差五个等级。评价的结果以“员工评价结果表”形式通知到每一位员工，内容包括年终评价分数、年终评价等级、个人的特点（优缺点）、对其发展趋势和发展能力的评定、要求（和员工自我发展要求的答复）等。

2）“量化”部门工作

进行季度评价时，评价项目设置为质量体系（20%）、员工培训（10%）、设备管理（5%）、安全文明生产（5%）、工作效果（30%）、管理制度（20%）、公司领导（10%），共七个方面，其中每个方面又分若干项目并制定具体的评分细则。根据部门在项目中的重要程度设置不同的评价系数，每季度末对每个部门、每个方面的工作给予排名，靠前（后）者奖励（处罚）部门全员和部门首长。

进行年终评价时，根据每个部门每个方面的评价分，对应各个方面在总评价中所占的比例，计算出每个部门的总评价分，并依次对部门排名，排名靠前的部门可评为先进集体，靠后部门的首长将受到处罚，最重的处罚是下岗。

3）“量化”考核项目

考核的具体内容都尽可能“量化”，并和奖励定量挂钩，这样激发了员工的干劲，提高了员工的业绩。“量化”评价的结果直接用于考核工作，通过资金分配、评先进、涨工资、大力度的奖罚考核，公司内部形成部门创新、人人争先进的良性竞争环境。

12.1.5　D集团的高管测评

国内某知名日化集团（以下简称D集团）正在对下属各区的总经理进行一年一度的绩效考核与工作评估，以此决定明年的人事任免。作为市场重镇的华南大区，总经理人选却是飘摇不定，近两年来走马灯似地换了好几人。年初，五家国内知名猎头公司曾先后向D集团推荐了9人，但真正被董事会看好的也就1人。候选人姓靳，35岁左右，国际MBA，有3年外企服务背景，也曾经在D集团国内市场最强劲的竞争对手那里担任过2年的市场总监，8月份空降到D集团，之后被委以华南大区营销副总经理之任。靳走马上任3个多月后，董事会明显地感觉到了靳副总的专业能力和高效的执行力。比如，销售团队的组建与培训体系的建设初见成效，新招聘来的30多名大学生很快走上市场第一线，老队员的状况也明显回升，这一点充分印证了他作为营销管理高手的专业能力。上任伊始，他还顶住了各方面的压力，彻底贯彻了集团关于优化营销管理体系的战略思想，体现出他优秀的执行力和强势的领导风格。3个多月的市场检验，靳副总应该说为董事会交了一份满意度较高的试用期答卷，他自己也感受到了董事会的信任和满意，期待着能晋升为华南大区总经理。董事会中的多数董事也认为靳副总应该是华南大区总经理的不二人选。

作为D集团的董事长、掌门人，曹总裁显然不会忘记前几任华南大区总经理或离或辞的教训。他对近两年来华南大区高管频繁换人造成的市场起伏痛彻犹深，因此，他不愿再看到所谓的众望所归，他也不想听到众口一词的评弹，他更想听听基层员工的声音，听听第三方的声音，特别是专业人才“质检”机构的声音。于是，一方面，他让集团人力资源部按既定的程序对华南大区中高层管理干部进行考核；另一方面，他想起了四年来一直保持紧密合作关系的ZZ测评公司，希望借助专业的人才评估技术，给D集团一个是否为靳副总晋级的理由和依据，避免重陷以往先凭印象选拔高管、再用实践检验真伪的用才误区。那么，靳副总的素质与能力到底是否适合担任D集团华南大区总经理一职呢？人才“质检”机构从哪些方面入手为靳副总把脉呢？又如何找到D集团华南大区总经理最需要具备的东西，以及靳副总现在所拥有的与所缺乏的东西，从而最终作出客观、科学的评估？

ZZ测评认为，脱离人才所在企业的文化及其担当的岗位职责，孤立地评估一个人才显然是不科学的，也是毫无意义的，更是不公平的。对于D集团董事长犹豫难决的华南大区总经理人选，ZZ测评认为，首先要站在D集团的企业竞争战略层面上，去把握和清晰界定华南大区总经理应担负起的岗位职责与领导方向、战略目标，并在此基础上科学地制定出符合该领导岗位的胜任力素质模型，唯有如此，才可能在评估候选人素质与能力时做到客观公正、有据可依；其次需要结合D集团的企业文化，挖掘华南大区总经理候选人在价值取向、职业动机等“冰山以下”的深层次、潜在的因素，据此对照“人与组织”“人与企业”的匹配度，可以知晓人才在岗位胜任力具备的条件下，是否还会遭遇“水土不服”。基于这样的评估思维，ZZ测评顾问组与D集团高管及人力资源部进行了充分的沟通和交流，明确并共同修订了D集团企业竞争战略目标导向下的华南大区总经理的岗位职责。

华南大区总经理岗位职责：

（1）组织制定和实施华南大区战略和年度经营计划，明确华南大区的发展方向和年度重点工作。

（2）领导建立和不断完善华南大区的组织体系和工作体系，保证公司稳定和健康发展。

（3）决定华南大区日常经营活动中人事、业务等方面的重大问题，保证公司日常经营活动稳定和高效地开展。

（4）组织建立华南大区内外良好的沟通渠道和沟通机制。

（5）监督和指导华南大区日常管理工作，确保其工作的顺利开展。

在此基础上，ZZ测评结合D集团的企业竞争战略需要，围绕以下七项关键指标构建华南大区总经理的胜任力素质模型，分别是战略思维、决策能力、影响力、组织协调能力、统筹规划能力、沟通能力和成就导向。因为建立起了这套评估“标尺”，ZZ测评的评鉴方式就显然是有理有据、顺理成章的。首先，运用“四维度测评”理论，建立全方位的人才评估体系，从岗位胜任力、职业倾向、职业价值观、行为风格四个方面对候选人进行测评；其次，导入系统的测评方法，针对本次测评职位的特点，ZZ测评运用了人才评价中心技术，特别编制相应的测试题目，应用以下的测评方法实施测评：

◎半结构化面试　◎BEI访谈　◎案例分析

◎公文筐测试　◎心理测评

通过测评结果，结合ZZ测评所进行的半结构化面试、BEI访谈、公文筐测试及案例分析等综合测试手段，ZZ测评基本上对靳副总这个候选人有了如下评判：

（1）岗位胜任能力

根据华南大区总经理胜任力素质模型对候选人进行的岗位胜任能力测评，可以看出该候选人的七项关键性管理素质表现一般，其中五项素质处于中等水平，作为总经理的最关键的两项能力“战略思维”和“影响力”则显得非常薄弱。

（2）职业倾向

该候选人以下方面的鲜明特征引起了ZZ测评顾问的高度关注：

①具有现实倾向，属于技术和运动取向，有相对较强的身体技能及机械协调能力。

②做事稳健、务实，喜欢从事规则明确的活动及技术性工作。

③喜欢高度有序、要求明晰的工作，不适应规则模糊、自由空间大的工作。

根据以上测评数据，ZZ测评分析指出，从职业类型上看，该候选人明显偏向操作型，是一个偏向执行而非管理、领导的职业类型。

（3）职业价值观

ZZ测评顾问从测试数据中捕捉到了该候选人引起D集团关注的特征，并随后在D集团人力资源部的配合调研下得到了证明：

①缺乏自主性，喜欢由他人来安排自己的工作，喜欢用既定的方法解决问题。

②在工作中，多运用传统的解决方式，运用自身才能灵活处理问题的意识不强。

（4）行为风格

测评数据显示，该候选人在行为风格上除了沉稳和勤奋、注重效率、善于控制自己的情绪等优点外，如下特征显然会掣肘作为总经理的思维、视野和格局，不利于内部的沟通、协调与和谐：

①习惯遵循那些已有的程序和架构，可能会要求他人按照自己的方式去做事，因而有时显得专制而不够宽容。

②习惯逻辑分析，就事论事，不愿意接受那些看不到实际用途的想法和观点，因此有时显得固执己见。

③不善于理解他人的需要，不懂得在适当的时机表达自己对他人的认同，有可能会无意间伤害他人的感情。

④着眼于现实，重视稳定，有拒绝冒险的倾向，因此有时会令人感到缺乏创意，过于僵化。

⑤过于关注细节，可能会由此而无法很好地对大局以及未来的局势进行把握，

缺乏远见。

通过以上的综合评鉴，ZZ测评顾问认为，该候选人在工作中的优势表现为：

①办事比较精确，希望第一次就能把工作做好。

②乐意遵循确定的日常安排和传统的方针政策。

③每次都能把注意力集中在一个项目或者任务上。

④具有灵敏的组织能力。

⑤一丝不苟，认真专注地对待具体问题的事实和细节。

⑥相信传统的可取之处，并且能够遵循传统模式。

⑦工作伦理明白清晰，认为高效率和多成果是很重要的。

⑧对实现目标有毅力和决心。

该候选人在工作中的不足也明显反映出其担任总经理职位可能带来的潜在风险：

①不愿意尝试新的、没有经过考验的观点和想法。

②对需要很长时间才能完成的项目和任务缺乏耐心。

③有时会因为过于专注近期目标而忽略长远需要。

④办事死板，必要的时候可能难以或不愿适应新情况。

⑤难以看到问题的整体以及行为的长远影响。

⑥可能对方针或者决定将会给他人造成什么样的影响缺乏敏感。

⑦可能不愿意根据实际需要改变努力的方向或者调整投入的多少。

⑧不愿意促成必要的改变，甚至不愿意支持经过仔细考虑的风险行为。

ZZ测评顾问组最终给出的评估意见是：

虽然候选人的成就导向和组织协调能力表现相对突出，并具有较强的责任心，但其作为总经理一职所需要的统筹规划能力、决策能力、影响力、战略思维、沟通能力均明显偏弱，基本上仅能够胜任目前的营销副总职位。

鉴于D集团华南大区总经理身处竞争最激烈、市场地位最重要的战略要塞，D集团非常需要华南大区总经理具有很好的战略规划能力和超强的领导力、影响力及统筹运作能力，而不是寻找一个执行者、实施者，更不需要一个思想上相对保守、能力上难孚众望的领导者。基于此，ZZ测评认为，对应“总经理”这一职位，候选人目前的综合素质离胜任条件还有一定程度的差距。建议可以先作为重点培养对象，在实际工作中经历更多的挑战与实际考验后，再根据其实际工作表现，结合其与D集团文化、核心价值观的适应性来作出进一步适当的人事决策。D集团董事会接到ZZ测评的报告后，为此专门召开会议进行讨论，董事会结合人力资源部深入华南大区对基层员工深入访谈所作的报告，印证了ZZ测评顾问组评估报告的严谨性、科学性和客观性。曹总裁的评语是：“ZZ测评顾问组此次的评估报告无懈可击，让我们规避了一次重大的人事决策失误，教训可谓深刻至极！”[①]

---

① 资料来源 http://www.hroot.com/contents/91/87183.html.

12.2　计算机技术在人事测评中的应用

现代科学技术发展日新月异，计算机、网络技术的出现和不断更新，改变了人们的生活和工作方式，也对人事测评产生了巨大影响。事实上，早在多年前，计算机就在测评中得到应用，但在20世纪80年代前，它们的作用往往仅限于分数的统计上，而现在其在人事测评中正在扮演着更宽泛、更重要的角色。一些学者认为今后在许多测评上，计算机化的测评将取代传统的纸笔测验，另外一个更前沿的发展是有人认为可以采用计算机化的解释系统，这样计算机就可以取代测评人员作出决策，本节将就这样一些问题进行讨论。

12.2.1　计算机在人事测评中的应用

将计算机应用于人事测评中，人们通常用“计算机测评系统”等词来表示。但从应用的程度上看，事实上“计算机测评系统”根据计算机的应用程度不同，其形式和实质有很大的区别。

从图12-3可以看到，计算机在测评中最基本的应用是作为存储数据的工具，用计算机存储数据相对过去用纸笔记录来说是一个很大的进步，同时采用数据库的形式便于数据的检索和查找。但仅用计算机来记录数据，这种形式的应用事实上还不能被称作“计算机化的测评”，因为这种应用并没有改变测评的形式、实施和解释。但如果采用计算机实施测评，则有可能导致测评分数的改变，计算机化的解释和报告则被认为是对传统的纸笔测评的一个突破。计算机化的测评，可以根据其功能上的差异，分为基于计算机的测评和计算机自适应测评。

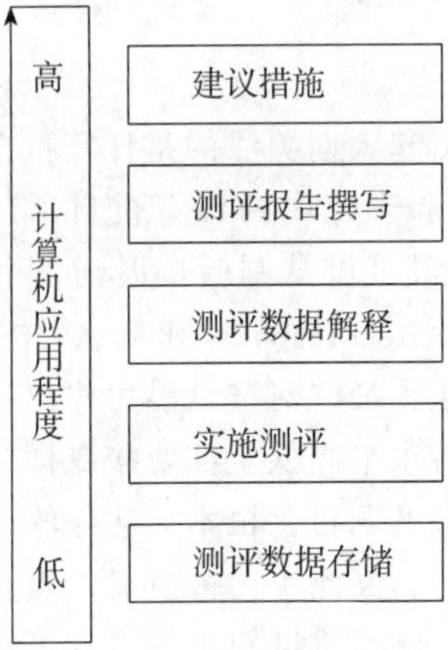

图12-3　计算机在测评中的不同应用程度

12.2.2　基于计算机的测评（computer based testing）

基于计算机的测评，又可称为计算机化的测评实施，是指将人事测评中所用的心理测验和其他测评试题用计算机程序编程后，以一定的规则呈现在显示屏上，被测者则根据电脑上显示的指导语逐步进行测评，计算机将自动记录下被测者的回答，计分并显示结果。

计算机化的测评和传统的测评相比较，不仅改变了测评的实施方式，同时测量到了一些在传统测评中测量不到的特点。比如，计算机化的实施可以测量到被测者对每一题目的反应速度和反应时间；计算机化的测评可以借用计算机程序提供丰富的立体图像，从而使对空间、知觉等能力的测量更易进行。计算机化的测评在对测评有时间要求（如速度测验）、刺激控制、情景模拟、动态图像呈现等条件下比传统的测评会更有效。

但同时，人们也担心采用计算机化的测评是否会影响被测者的水平。很多研究显示，采用计算机化的测评和纸笔的测评，被测者的得分之间有很大的相关。另外，人们通常觉得计算机化的测评更可靠，文化差异更小。有研究分析了被测者对计算机化的测评的反应，结果发现被测者认为计算机化的测评更易于回答、更快、更有趣，最常见的对计算机化的测评的抱怨是眼睛疲劳，从而引起反应速度降低。大多数人都认为计算机化的测评可以作为纸笔测评的替代品。从实施方角度来看，实施测评者认为在实施的具体安排上会有一些难度，而学者们普遍认为大多数能力测验都可以采用计算机化的实施方式。但也有些研究发现，计算机化的测评确实会导致不同，这取决于采用的测评工具，特别是某些测验是否是速度测验、是否有图形呈现、是否有长篇的阅读、是否允许被测者翻回到前页或跳答等实施内容和方式上的差异。Mead等人（1993）曾经对各种测评进行过元分析，发现当速度是测评中的一个关键因素时，计算机化的测评和纸笔的测评方式有显著差异。

12.2.3 计算机自适应测评

1）计算机自适应测评

在计算机化测评中，最引起人们关注的是计算机自适应测评，这里我们所用的计算机自适应测评是借用测验理论中的计算机自适应测验（computerized adaptive testing，CAT）这个概念，将其范围从测验扩展到人事测评中。所谓计算机自适应测验，是指用项目反应理论（item response theory，IRT）建立题库，并由计算机根据被试能力水平自动选择测题，最终对被试能力作出估计的一种新型测验。

传统的测验，不论被测者水平高低全部要接受同一批题目的测验，结果对水平低的被测者来说，那些难度大的题目，根本无法作答，反而引起焦虑；对高水平被测者来说，那些难度小的题目，又测不出被测者的真实水平，浪费时间和精力。理论分析与实践经验都证明，当题目难度跟被测者水平相适应时，题目所提供的信息量最大，被测者的积极性最高，测验效度也就最好。20世纪80年代中期兴起的计算机自适应测验，解决了主动适应被测者状况的“因人施测”问题。

计算机自适应测验不同于传统的纸笔测验，它的测验试题的呈现和被试对试题的解答都是通过计算机完成的。计算机自适应测验也不同于一般的计算机化测验，计算机在测验过程中不光是呈现题目、输入答案、自动评分、得出结果，而且根据被试对试题的不同回答，它能自动选择最适宜的试题让被试回答，最终对被试能力作出最恰当的估计。如果说基于计算机的测评起到了实施测评的作用，那么计算机自适应测评还起到了“决策者”的作用，它要根据被测者的水平来选择相应的题目，并不断对其水平进行估计。

计算机自适应测验的理论基础是项目反应理论。项目反应理论能够建立反映被测者作答反应与题目质量及能力水平间关系的非线性模型，估计出的能力水平不依赖于特定的施测题目样本，而且能明确算出信息量即测量精度。因而，即使两名被测者各自接受了一批难度变化不同的测验，据此估出的能力水平值也可以相互比较。简单来说，项目反应理论认为要测量一个人的能力，最理想的项目就是难度适中的项目，即他答对或答错的概率都在0.5左右。在测验开始时，计算机一般给出一个难度中等的题目，如果被试做对，计算机就会估计他的能力高于中等水平，然后再给他一个难度高一点的题目；如果他做错，计算机就会估计他的能力低于中等水平，然后给他一个难度较低一点的题目。之后，计算机根据被试第二题的回答情况，对其能力再作估计，在第二次估计的基础上，计算机在题库中选择最接近他能力估计值的题目，接着根据被试反应，对其能力再进行估计。这样，随着被试做的题目增多，计算机对他能力的估计精度越来越高，最后其估计值将收敛于一点，该点就是对被试的能力较精确的估计值。

2）计算机自适应测评的特点

计算机自适应测验具有一些其他测验无法相比的优点：

（1）高效性。计算机自适应测验能因人而异地选题，题目针对性强，可以用较少的题目较精确地估计被试的能力。

（2）安全性。由于计算机自适应测验建有题库，同时题目是因人而异的，它比传统的纸笔测验要安全得多。不同的被测者可能得到的是不同的题目，因此，即使被测者事前有所准备，也不能确保自己在测评中见到同样的试题。

（3）生动性。计算机自适应测验往往采用多媒体技术，可创设各种生动、形象的情景，使测验呈现方式能满足多种测验目的，同时更能激发被试的测验动机。

（4）便捷性。计算机自适应测验能及时了解测验结果，并能方便地通过网络将测验结果传送到所需部门或个人。比如美国教育服务测验社提供的GRE测验等，现在都用计算机自适应测验的形式，考试完成后考生马上能知道自己的分数，并决定是否寄到申请的学校去。

（5）灵活性。计算机自适应测验可以非常方便地增加新的项目，同时题目形式更多样化，另外被测者可以根据自己的水平选择起点。

3）计算机自适应测评编制中的关键步骤

在计算机自适应测评的编制中，有两个关键步骤：

（1）建立测验题库

建立优质的题库是计算机自适应测评编制中最基础，也是工作量最大的工程。

这一工程包括试题编制、试测和质量分析等。

试题编制要有编题计划，要有编题双向细目表，以保证试题的代表性。

试题编写人员在开始编题前要进行专门培训。编出的试题首先应让专家进行筛选，剔除一些不适宜的试题，然后将试题在随机抽取的标准化样组上测验，最后根据试测结果进行质量分析。

质量分析包括数据—模型拟合度检验、单维性检验、参数估计、项目参数不变性检验，题库项目分布合理性检查等。

（2）题目编排策略

计算机自适应测评的最大特点就是计算机能根据被试能力的估计值，自动选择最适宜的项目给被试，从而以较少的题目达到较高的测量精度，因此题目编排策略十分重要。计算机自适应测评施测第一题常选择题库中具有中等难度的题目。根据被试反应结果，对被试能力作出第一次估计，估计值为θ。第二题的选择采用极大信息法，即选择能提供最大项目信息量的题目，然后再选择能提供最大项目信息量的题目作为第三题，如此选题，直到被试能力θ的估计值达到一定的精度为止。这里所采用的方法是依据项目反应理论中的方法。

将计算机自适应测评扩展到人事测评中，我们在进行测评时，也可以根据以上所说的这些基本原理，进行题库建设和测题编排，通过较少的题目最有效地实施测评。目前，一些人事测评工具如能力倾向测验、基本管理知识考察、公务员专业考试等都已经有计算机自适应测评工具可供使用。

12.2.4 计算机化的测评解释

用计算机辅助进行对测评结果的解释有多种形式。最简单的形式是由计算机显示有关测评信度和准确度的信息，最复杂的形式包括了计算机自适应测评、分数结果、分析和报告，有些甚至还提供建议和措施。

最早的计算机化的测评解释是在20世纪60年代出现的对明尼苏达多相人格量表（MMPT）的得分所作出的解释。目前，除了对人格测验的计算机化的测评解释外，对智力和能力测验也有计算机解释系统可以对被测者的得分进行解释。根据美国心理学家的统计，到20世纪90年代，至少有400多种测验有计算机化的测评解释。计算机化的测评解释系统受到人们欢迎的主要原因是和个别测评解释相比，它更经济、更快捷，同时也便于那些没有很多经验的人来解释测评结果。同时，计算机化的测评解释系统是一个知识系统，它反映了多名专家的集体智慧。

由于早期的计算机化的测评解释系统主要用于临床上，故在形成计算机化的测评解释系统时的一个基本策略被称为“临床方法”，这种方法对临床上的经验和判断进行编码，并以此作为决策的依据。与之相对，另一种方法称为“现实原则”，它是以统计数据作为依据形成决策系统。大多数计算机化的测评解释系统都采用临床方法，其形成的解释就像是一个临床心理学家的解释报告，而现实原则提供的解释更像是统计学家提供的解释。

从计算机化的测评解释系统提供的分析报告来看，它可以提供三种类型的解释报告：第一种报告是描述型报告，提供测评分数，并对其进行简单说明；第二种报告带有初步筛选功能，报告中不仅有对分数的基本解释，还有对“合格”或“不合格”的说明；第三种报告是咨询报告，在解释分数的基础上，提出相应的建议。1986年，美国心理学家协会出台了“基于计算机的测评解释的指导原则”，提供给业内人士和商业界作为参考。

有关计算机化的测评解释，人们比较关心的是这种解释是否有效，事实上一些研究发现很难找到计算机测评解释的效度依据。出于商业考虑，许多人事测评的计算机化的解释都是保密的，人们很难知道这个解释是如何生成的，同时也没有比较好的效标来进行效度验证。如果要进行效度验证，我们首先需要一些标准对由计算机生成的报告的准确性进行分析。但一些学者也认为，计算机化的解释报告的易于理解和便捷性弥补了其缺乏效度依据的不足。不过，为了更有效地进行测评，使用计算机化的解释报告时要慎重，同时最好由有测评理论基础的人对其进行说明和进一步解释。

12.2.5 计算机测评系统实例

综上所述，我们介绍了计算机在人事测评中的应用，不同的测评系统在功能、内容、重点上都会有所不同，但一般都会比较注意界面设计的友好性、使用的便捷性、易于修改、功能的多样性和灵活性等人-机交互系统具有的特点。目前的计算机测评系统往往兼有以上所说的基于计算机的测评和基于计算机的解释系统等功能。具体来说，通常有以下一些功能：

（1）测评生成功能：用户可以根据自己的需要，在测评系统中选择所要的测评工具，组合成适应用户需要的测评系统。

（2）修改调整功能：用户可以自己对测评系统所提供的测评工具的某些参数（如权重）等，进行修改以适应自己的需要。

（3）数据库管理功能：可以对加入问卷的结果数据进行条件检索、查寻，生成相应的数据列表，并可浏览和打印。

（4）结果生成和统计功能：通常计算机测评系统都能在测评结束后，马上提供数据结果，有些测评软件还能进行统计分析。

（5）自动产生结果报告：测评运行结束后，可自动调用WORD或系统自带的文档处理系统，生成结果报告，同时还能进行编辑、修改、保存和打印等操作。

但一些测评系统并没有做到自适应测评，往往还是依据传统的测量理论，将已经成型的测评工具软件化后形成计算机测评系统。

下面通过一个测评系统来说明典型的人事测评系统软件中包含的主要内容。该人事测评系统由惠诚咨询有限公司编制。在该系统中，选择了13个专业测量工具，从不同角度、方向，对一个人的智商、基础能力、人格、行为、内在的需求与倾向及领导管理方式等诸多方面进行综合分析、评估，并自动生成相应的数据报表和中英文文字分析报告。

测验分析报告的内容主要围绕以下几个方面：①智商；②基础能力；③人际沟通交往；④独立意识；⑤意志力和心理素质；⑥思维观念；⑦行为表现；⑧需求与倾向；⑨领导管理方式等。测验分析报告内容更切合企业对员工素质了解的要求，从而使企业管理者能更加准确地了解和掌握员工的个人情况，真正做到知人善用。其程序包括如下几个主要方面：

进入该平台的主界面如图12-4所示。

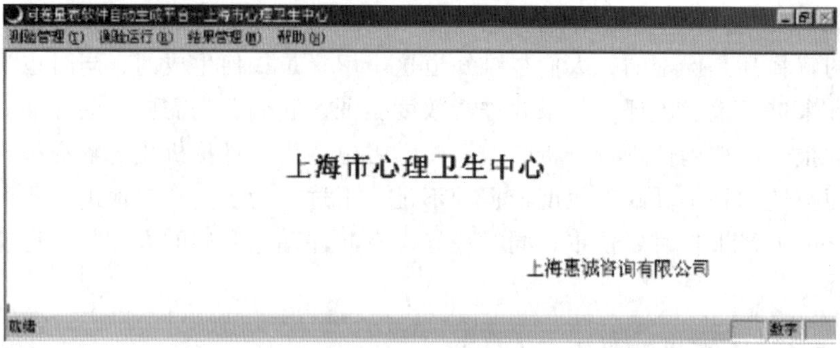

图12-4　主界面

用户可以在软件中进行新建测验、修改测验、删除测验、测验运行、结果查询、结果统计等操作。

新建测验如图12-5所示。

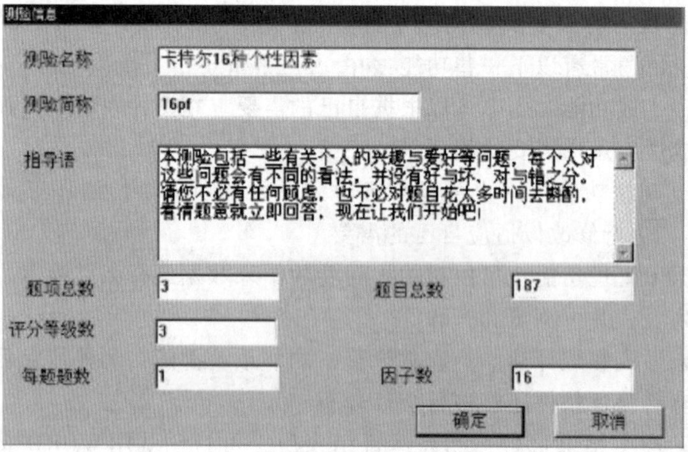

图12-5　测验信息

用户可以在此处填写所需新建的测验信息，其中包括测验名称、测验简称、指导语、题项总数、评分等级数、每题题数、题目总数、因子数。

题目内容输入界面如图12-6所示。

用户可以在此处填写题目内容、题项内容、答案内容、记分方法。

当用户把所有的题目内容填写完毕后，则进入评分方法界面。

评分方法界面如图12-7所示。

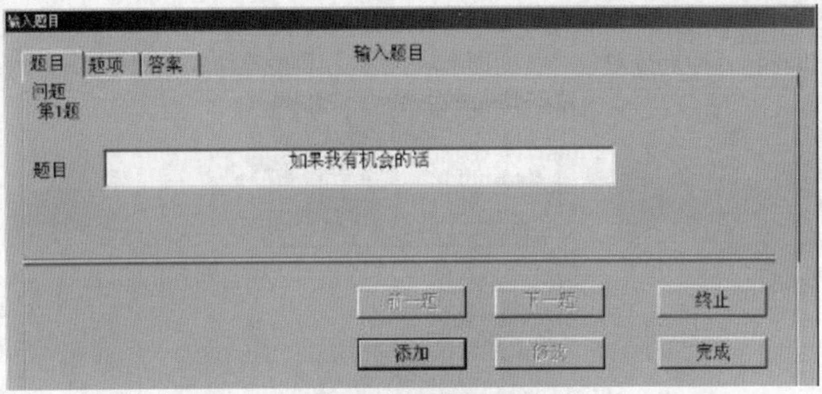

图12-6　输入题目

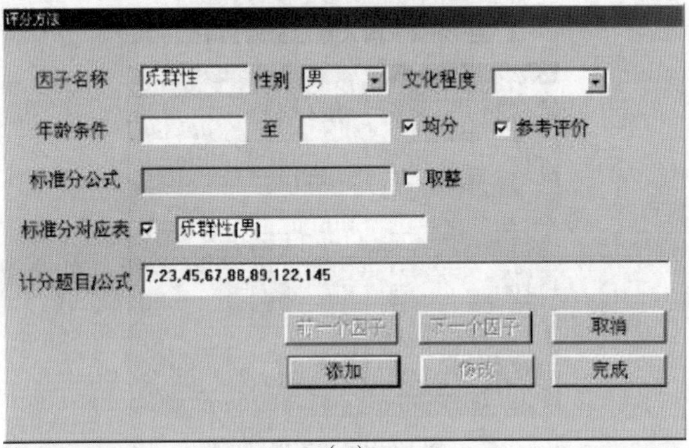

（a）

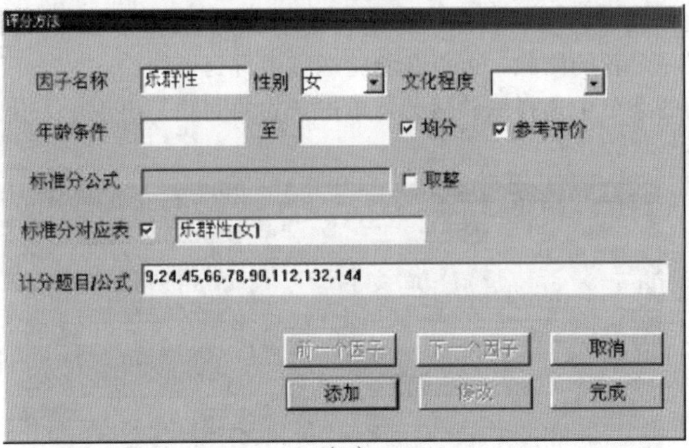

（b）

图12-7　评分方法

用户可以在此处填写因子名称、文化程度、年龄条件、均分、参考评价、标准分公式（或标准分对应表）、计分题目或公式。

图12-7列出了同一因子而性别不同的输入方法。

若用户在填写评分方法时，选择了标准分对应表、参考评价，在结束评分方法后，会出现输入标准分对应表（如图12-8所示）和参考评价（如图12-9所示）。

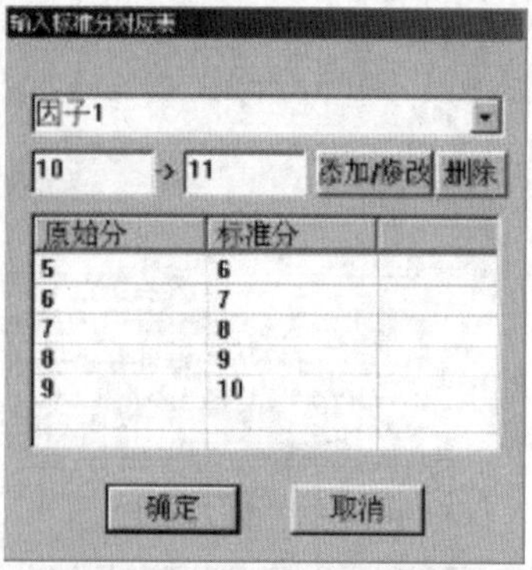

图12-8　输入标准分对应表

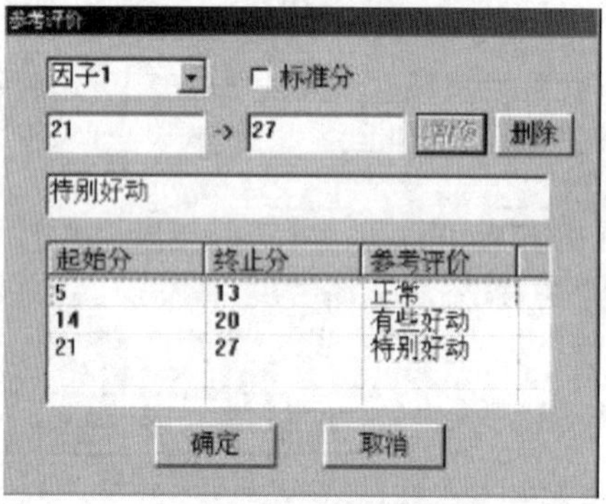

图12-9　参考评价

用户在此处先选择因子名称，然后填写所对应的标准分、参考评价。完成后，您已经建立了一个新的测验，可以在测验运行中看到该测验。

在主界面的菜单中选择测验运行，单击新建的测验，出现个人信息输入（如图12-10所示）。

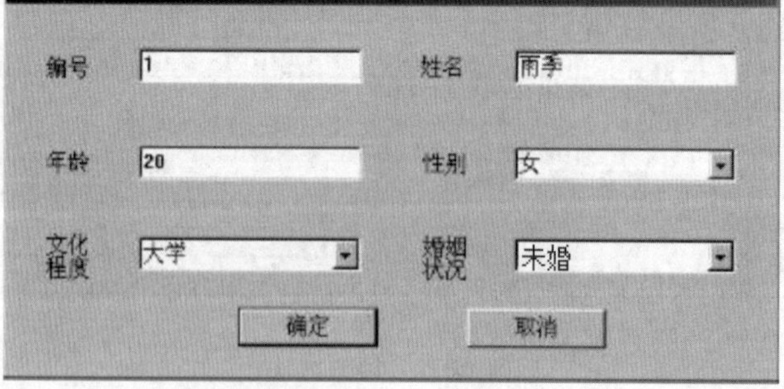

图12-10　个人信息输入

填写完成后，会出现测验开始对话框，看清指导语后，再进行答题。接着进入答题阶段，出现题目内容（如图12-11所示）。

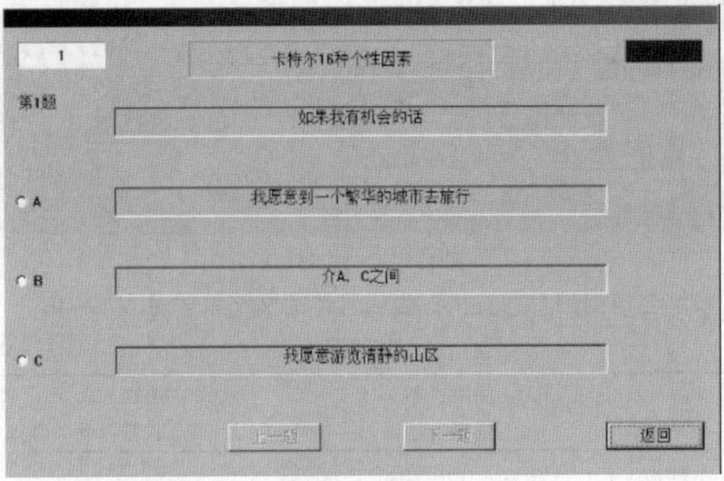

图12-11　答题

答题完成后，会出现可修改的结果报告（如图12-12所示）。

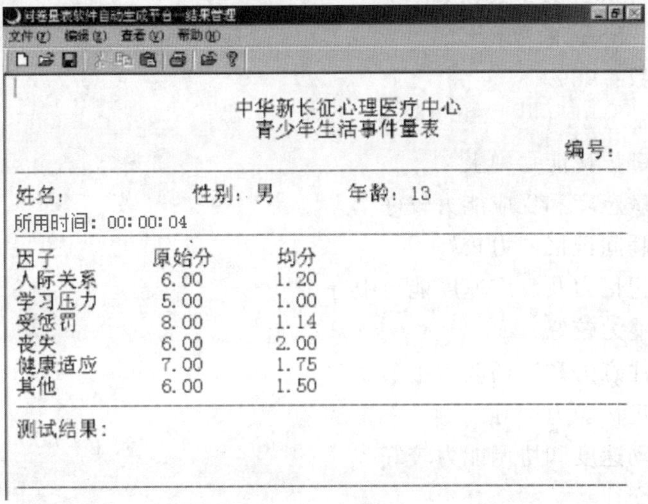

图12-12　结果报告

系统默认以文本类型打开、显示报告，用户也可以到测验管理的设置输出方式中选择其他文字处理程序来显示报告（一般用WORD）。

用户可以在结果查询（如图12-13所示）中查看测验结果，也可以按不同的要求来统计结果（如图12-14所示）。

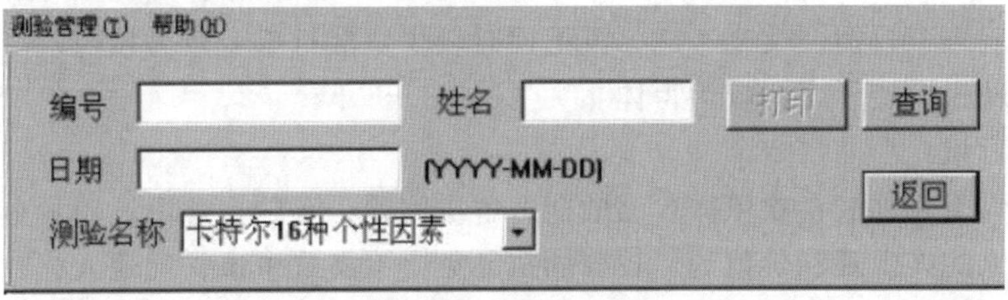

图12-13　结果查询

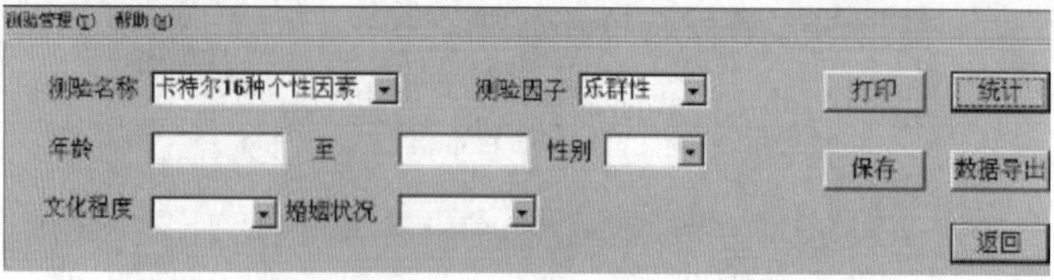

图12-14　统计结果

最后，系统会根据用户的要求，生成具体的文字报告见表12-4。

表12-4　　　　　　　　　　　　　**测试报告**　　　　　　　　　　　　编号：200103260001

姓名：张晓	年龄：37	性别：女
学历：本科	婚姻：已婚	职务：财务经理

测验合作情况：

测验合作认真，回答真实可靠

智商（耗时00：39：18）：

正确题数：56 智商数：127

智商分位数：90%

基础能力：

文字联想、记忆能力中上

对数字的敏感度和反应能力较好

对数字的瞬间记忆能力较好

注意力、记忆力及反应速度能力中等

学习记忆能力较好

警觉性、注意力和协调能力中下

对图形的记忆能力中等

手指的运动速度和协调能力较好

人际沟通交往：

对自己的意识、想法常有所保留，不会随意与他人交流，不太热衷于参加社区或公司组织的团队和集体活动，合作及适应能力一般。兴奋性中等，常以顺其自然的平和态度待人接物，不会过于热情，也较少冷淡，愿意与人谈心，能适时表现自己的心情和感受。多以怀疑、小心和戒备的态度对待生活、工作中的人和事，保持较强的警惕性，较少会轻易相信陌生人。行为较为谨慎和小心，遇到困难或问题时，常喜欢再三权衡，反复考虑，没把握时较少贸然行事。较为精明，处世比较老练，常能随机应变，言行较为得体。

独立意识：

面对人生和挑战喜欢依靠自己的能力解决问题，有独立意识，较少主动寻求援助，有个人的人生观和价值观。较少固执己见，不喜欢事事支配他人，有相应的灵活性，心态平和，较少争强好胜，但在原则性或关键问题上能坚持自己的立场、观点，有亲和力。

意志力和心理素质：

平时有些稳重，对遭受打击有一定的承受能力，一般能较为妥善地处理工作生活中的问题，但有时也会受环境影响而心神不宁，心理素质中等。当前内心宁静安详，对自己的家庭生活、工作情况都较为称心满意，精神比较放松，压力较小。自我评价高，总认为自己是比较出色的，做事自信、坚决，对人生充满信心和乐观精神，较少忧虑。心肠硬，不敏感，不受感情因素的影响，看重现实，多以客观理智的角度去分析、判断和处理工作和生活中所面对的问题。有一定的自我约束和控制能力，较少随心所欲地流露自己的思想、言行和意图，做事讲究自律，不会草率行事。

思维观念：

学习和理解接受能力强，思维敏捷、正确，善于动脑分析。凡事喜欢从实际出发，不会幻想等待，行为多注重现实，合乎常规、常理。保守，尊重传统观念和标准，接受权威性的见解，不太愿意尝试探新。

行为表现：

对工作、家庭都有相应的责任心，常能按规章制度办事，对待工作认真，有原则性，能坚持不懈，不太会表面应付。竞争意识强，希望自己在生活、工作中都能有所建树，会追求一些地位和权力，比较反感那些反对或阻碍自己的人和事，并会带有一些攻击倾向，事业心和进取心较强。常觉得有许多事情应该去做，时间不够安排，占用较多的休闲时间，工作效率较高。有时会有一些急躁或不够耐心，对浪费自己时间的人和事会感到恼火，常回避消磨时间的休闲、娱乐活动，有较强的时间观念。

内心潜在的倾向与需求：

非常明显的内在倾向与需求：

支配性：想成为所在团体的影响力中心或有号召力的人，在团体中乐于指导或领导他人，并且想监督影响别人，按他的要求去做。

坚毅性：办事喜欢坚持到底、善始善终，不愿半途而废。对愿意做的事能全力以赴，执著不懈，较少会分心或受其他人或事的干扰。

成就欲：办事的成功感高，喜欢克服困难，努力完成任务，达到成功的目的，乐于做有重要意义的事，有较强的求胜愿望。

秩序性：喜欢依据一定的系统或概式做事，在进行工作之前要详细地计划，使得整个过程尽量井然有序。

明显的内在倾向与需求：

崇拜欲：容易受暗示，附和别人的观点，乐于依从他人的指示和期望行事，易于接受别人的领导和遵从世俗的要求。

一致性：0分（在5分以上说明回答的前后一致性较差，影响该测试结果。）

领导管理方式：

比较注重组织绩效和工作业绩，不太关心下属、员工本人的需求。

12.3 网络人事测评

前面探讨了计算机在人事测评中的应用，毫无疑问，我们的工作和生活正在越来越多地受到现代技术的影响。特别是进入20世纪90年代以来，信息技术对我们生活中的许多方面都产生了影响。现在，我们可以在网上阅读、浏览信息，可以在网上购物，和他人在网上沟通、娱乐，也可以通过网络学习。同样，人事测评也可以借助于网络手段进行。这里，我们用网络人事测评表示借助于信息技术和网络手段对人员进行测量和评价。

12.3.1 网络测评的主要方法

采用网络人事测评，企业可以通过三种主要渠道进行：一是通过自己的主页建立评价系统；二是通过专业测评公司的网络评价系统；三是寻找候选人在网络上的行为痕迹。具体方法如下：

（1）在线测评是计算机化测评的进一步发展，是将已经计算机化的测评和信息技术结合起来，在网上进行各种测试，测试后可以马上得到评价。它可以与公司的主页配合，在主页上放上测试题，在约定的时间里要求面试者进行测试，并要求他在规定的时间内完成。另外，也可以使用专业测评网站资源，如中国人才网等多家测评机构有在线测评功能，在网上提供多种测试，如智力测验和人格测验等。在线测评往往需要使用者先注册成为其用户，然后才可以进入其测评系统，如中国沈阳人才市场“在线测评”提供职业能力倾向测评、性格测验、管理能力测评、行为能力自测和经营能力测验等。

（2）通过聊天室与BBS和候选人进行书面对话，以此来对其某些方面的特点进行了解。

（3）通过OICQ、NetMeeting、PCICQ等网络交互软件进行对话，实施面试。

（4）采用可视会议系统、电话会议系统对候选人进行远程实时面谈。

（5）企业主动搜寻候选人在网络上的行为痕迹。互联网时代，可以说是人人上网时代，据中国互联网络信息中心发布的第37次《中国互联网络发展状况统计报告》称，中国到2015年12月，网民规模达6.88亿。越来越多的人习惯利用网上社交软件，如QQ、微信、人人网、Facebook或Twitter发布文字、图片或视频等信息从而与家人或朋友交流和分享，因此个体在互联网上留下的行为痕迹也越来越多。这些行为痕迹的信息可能涉及个人的年龄、地理位置、人际关系状态或个人的思想感悟。例如，目前在中国，对一个刚认识的朋友流行的做法是进入其朋友圈，从而可以很快了解到他/她个人最近几个月或是几年的生活细节。显然，发布这些信息资料的个体在发布的当时其实并没有意识到这些信息会有什么影响，或者什么人会来解读这些信息。

现代不少组织认为，互联网行为数据是人事测评的信息来源之一，因此主动出击，利用互联网时代人人上网，人人有行为痕迹，并且这些痕迹大多比较公开的特点来寻找候选人平时生活和学习的行为痕迹，从而推断出个体的行为心理特征。企业可以通过百度或Google搜寻候选人在网上的报道或是进入其社会交往的圈子，比如个人微博、QQ、Facebook，寻找候选人参与的社交圈或是经过其同意进入微信圈等来观察其行为特点。这一做法越来越流行，美国Careerbuilder.com网站统计调查了美国2 600名经理人，利用互联网收集候选人信息这一做法在2008年只有22%的比例，但到2009年已上升到45%的比例，甚至有35%的经理人依据这方面的信息来作出录用决策。心理学研究者认为，通过个体不经意留下的行为痕迹线索，可以推断其人格或行为特点。比如某个候选人在朋友圈中经常发布个人旅游的信息或图片，很大可能推测出这个候选人对于像需要经常出差的工作类型接受度会相对较高。Bohnert&Ross（2010）利用实验法检验候选人个人主页的内容是否影响其测评结果，研究表明被试面对三种不同的个人主页内容，其反应有显著差异，具体表现为：个人主页内容表达了家庭或职业内容更多的个体，相比表现喝酒行为的个体更容易让被试认为是可靠的，在人事测评中得分更高。

基于互联网信息的人才测评主要有以下两个方面的特点：一是信息更为真实可靠。传统的人事测评方法无论是心理测验还是面试等方式，被测评者明显感受到了测评的目的和意图，因此在测评过程中出现做假不真实的反应或是基于印象管理的自我展示，这些都会掩盖被测评者真实的心理行为特点；而基于互联网信息的人才测评不同，这些信息是被测评者主动不经意留下的，此外这些信息不像简历信息那样容易被修改或有不同版本，因此更为真实反映出个体的“真我”，同时人力资源管理者还可以借助候选人亲朋好友对候选人发布的信息的留言来获得更多的信息，这些信息也更为真实有效。二是被测评者主动表现机会更多。传统的人事测评过程大多是测评专家经过系统的设计给予个体一定的刺激，收集测评者面对这些刺激产生的反应并根据这些反应判断出个体的特点，这一过程中被测评者较为被动，其行为反应受到测评者刺激类型的限制；而基于互联网，被测评者可以主动向企业展示自己更多的行为特点，并且展示的内容、风格和方式可以多种多样，从而更为全面的展示自己的个性特点，这也有利于企业以更节省的方式获得候选人更多的信息。这些优点充分说明，在互联网和大数据背景下，人事测评有了新的变化。

12.3.2　网络测评的特点

网络测评，跨越了时空界限，使得对异地人员进行实时测评成为可能，降低了测评成本。另外，在线测评方法使得员工或者候选人能够有更多的机会对自己进行了解，并且在线测评提供的往往是计算机生成的测评报告，比较通俗易懂，一般人都能理解。

但是，网络测评的这些优点也有可能是其不足。由于没有面对面的接触和互动，对候选人的行为表现等的理解可能不如在面对面的测评中来得真实。虽然可视会议使远程情景模拟等测评手段得以实现，但其有效性还取决于技术的可靠性及候选人对技术的熟悉程度和态度。另外，计算机生成报告的有效性和对个人的适合性还有待进一步考察。

一般来说，企业可以有针对性地选择网络测评，如一些知识、技能考试和心理测试，可以借助网络方式进行，而情景模拟、面试从目前来说可能还是通过面对面的方式更为有效。

本章小结

本章就人事测评在实践中的具体应用进行了探讨。主要讨论了以下一些内容：

以VH公司为例，就基于胜任力的人事测评指标体系进行了讨论。从中希望读者了解和掌握基于胜任力的人事测评指标体系的建立过程。

以SGM公司为例，对现代企业中结合多种方式进行科学、有效的人员选拔进行了讨论。

以无锡泽根弹簧有限公司招聘总经理为例，列举了招聘高层管理者可以采用的一些方法。

以长城须崎铸造有限公司的绩效评估体系为例，介绍了如何量化考评。

以D集团的高管测评为例，介绍了ZZ测评公司采用的评价中心手段。

计算机在人事测评中起到越来越重要的作用，根据计算机在人事测评中应用程度的不同，计算机测评的含义有所不同。

基于计算机的测评系统改变了测评的实施方式，同时也可以测量到更多的特点。计算机自适应测评系统对传统的人事测评有很大的改变。计算机化的测评解释系统在实际使用中仍需慎重。

基于网络的人事测评技术是计算机测评系统和信息技术相结合的产物，它在一定程度上改变了传统的人事测评做法，使测评可以跨时空进行。

关键概念

胜任力　评价中心　基于行为的面试　基于情景的面试　基于计算机的人事测评　计算机自适应测评　计算机化的测评解释系统　网络人事测评　在线测评

课堂讨论题

1.根据对VH公司的介绍，你觉得文中所说的胜任力指标体系能反映公司的特点和要求吗？

2.你觉得SGM公司的人员选拔有哪些有利和不利之处？根据第10章效度理论，从基础率、录取率、录取正确率、效度这几个方面来评价SGM公司的人员选拔。

3.在无锡泽根弹簧有限公司招聘总经理的案例中，在面试中设计了几种不同的问题类型，你是如何看待这些问题的？如果让你来做这个设计，你会问哪些问题呢？你是否会尝试其他一些方法？

4.你如何评价长城须崎铸造有限公司的绩效评估体系？

5.你如何看待D集团采用专业测评公司帮助其选拔大区总经理的做法？对ZZ测评公司采用的评价中心手段，你有什么建议吗？

复习思考题

1.如何更全面地理解胜任力？

2.计算机在人事测评中有哪些应用？

3.基于计算机的测评系统、计算机自适应测评系统、计算机化的测评解释系统各具有什么特点？在具体应用时，需注意哪些问题？

4.什么是网络测评？它有哪些特点？

补充阅读材料

四川外企人才在线测评天地，http：//www.scfesco.com.cn/ceping/examsubject_list.asp.（提供多种在线测评和评价报告）

心智网，http：//www.ie2000.com.cn/.（提供智商测验、功能测验、综合测验、脑力激荡、职业测验、情商测验等多种测评工具的介绍和在线测评）

中国人才在线测评，http：//www.chinajol.com/test/nl/default.asp.（提供人事测评的基本知识和理论及在线测评）

中国沈阳人才市场，http：//www.syrc.com.cn/evaluate/index.php.（提供测评案例和在线测评）

MURPHY，DAVIDSHOFER.Psychological testing：principles and applications［M］. Prentice Hall，1998.

BOHNERT，ROSS.The influence of social networking web sites on the evaluation of job candidates［J］. Cyberpsychology，Behavior and Social Networking，2010，13（3）：341-347.

SLOVENSKY，ROSS.Should human resource managers use social media to screen job applicants? Managerial and legal issues in the USA［J］. Info，2012，14（1）：55-69.